2015-2016
中国数字出版产业年度报告

ANNUAL REPORT ON DIGITAL
PUBLISHING INDUSTRY IN CHINA:
2015-2016

主　编／张　立
副主编／王　飚　李广宇

中国书籍出版社
China Book Press

《2015—2016中国数字出版产业年度报告》课题组

组　　　长：张　立
副　组　长：王　飚　李广宇
课题组成员：毛文思　徐　瑶　郝园园
　　　　　　刘玉柱　孟晓明　杨　涛
　　　　　　宋迪莹　李　熙　李大伟
　　　　　　王　健　陆以威　祖铁刚
　　　　　　王　钧

《2015—2016 中国数字出版产业年度报告》撰稿人名单

撰稿人名单（按文序排列）：

中国数字出版产业年度报告课题组
万　智　刘永坚　乔莉莉　周剑恒
白立华　李广宇　戴铁成　高墨冉
中国音数协游戏工委　国际数据公司
占世伟　曾龙文　张孝荣　闫　鑫
郭春涛　侯金香　唐世发　庄子匀
杨　晨　刘　焱　张书卿　童之磊
闫　芳　张　博　葛清秀　李竹君
赵一铭　毕　昱　王　钧　黎元楷
柴继军　石　昆

统　　稿：王　飚　李广宇

前　言

《2015—2016中国数字出版产业年度报告》是对《2005—2006中国数字出版产业年度报告》《2007—2008中国数字出版产业年度报告》《2009—2010中国数字出版产业年度报告》《2011—2012中国数字出版产业年度报告》《2012—2013中国数字出版产业年度报告》和《2014—2015中国数字出版产业年度报告》的延续与发展。本《报告》既有对前六部《报告》的继承，又有根据产业实际发展情况进行的创新。

在研究方法上，本《报告》依然采用数据实证分析与文本分析相结合的方式，且更侧重于前者。在《报告》的撰写过程中，研究人员运用产业组织经济理论，着力从产业主体、产业行为、产业绩效等方面对数字出版产业进行了深入分析，主要通过对各领域从业企业规模、生产规模、用户规模、运营及赢利状况等方面的大量一手数据的梳理、解析，用图表形式呈现，这正恰恰是以往相关报告所缺乏的。同时，本《报告》对我国数字出版产业的环境加以阐析，以求对我国数字出版产业的脉动进行深入追溯。这些努力可能会有利于读者较好地把握我国数字出版产业现状；同时，也能了解到其发展的来龙去脉及因果联系。

本《报告》是中国新闻出版研究院的重点课题。中国新闻出版研究院副院长张立担任课题组组长、数字出版研究所所长王飚与数字出版研究室副主任李广宇担任副组长，共同主持了本《报告》的撰写，并对主报告和有关分报告做了必要的把关及修改工作。中国新闻出版研究院数字出版研究所、清华同方、中文在线、互联网实验室、中国音像与数字出版协会游戏出版物工作委员会、中国印刷科学技术研究院等单位的部分研究人员、业界专家共同参与了本报告的撰写工作。

本《报告》全书统稿工作由王飚、李广宇负责，毛文思、刘玉柱、杨涛协助完成；部分报告中的数据采集与分析、表格制作由杨涛完成。

为数字出版产业的规划和发展提供连续、可比的数据依据，是编写数字出版产业报告的一个重要思路。但鉴于我们的力量和水平还很有限，本《报告》在专题设置、结构布局及数据获取上都有不尽如人意之处，有个别分报告还略显单薄，甚至难免会存在一些缺陷及错误，故恳请广大读者见谅，并予以指正，以便我们在今后的编撰工作中不断改进，进一步提升《中国数字出版产业年度报告》的质量和价值。

本《报告》在撰写过程中得到了多方面的帮助与支持，清华同方、万方数据、重庆维普资讯、龙源数字传媒、艾媒咨询等企业提供了大量一手数据；同时我们也参考了大量的相关论述及文献，虽然在《报告》中有所标注，但可能仍存在遗漏现象，在此我们一并致谢！

编　者

2016 年 6 月 18 日

目　录

主报告

"十二五"收官之年的中国数字出版
　　——2015—2016 中国数字出版产业年度报告
　　……………………………中国数字出版产业年度报告课题组（3）
　　一、数字出版产业环境综述 ………………………………………（3）
　　二、数字出版产业规模分析 ………………………………………（12）
　　三、数字出版产业态势分析 ………………………………………（18）
　　四、数字出版产业问题与对策分析 ………………………………（33）
　　五、数字出版产业趋势分析 ………………………………………（40）

分报告

2015—2016 中国电子图书出版产业年度报告
　　………………………万　智　刘永坚　乔莉莉　周剑恒（51）
　　一、电子图书出版概况 ……………………………………………（51）
　　二、电子图书出版产业的规模与现状 ……………………………（53）
　　三、电子图书出版产业赢利模式及状况 …………………………（59）
　　四、主要技术提供平台发展状况 …………………………………（62）
　　五、年度影响电子图书出版产业发展的重要事件 ………………（64）
　　六、总结 ……………………………………………………………（66）

· 1 ·

2015—2016 中国数字报纸出版产业年度报告

　　……………………………………………刘永坚　万　智　白立华　周剑恒（73）
　　一、数字报纸出版概况…………………………………………………（73）
　　二、数字报纸出版产业的规模与发展状况……………………………（75）
　　三、数字报纸出版的赢利模式及状况…………………………………（79）
　　四、年度影响数字报业出版产业发展的重要事件……………………（82）
　　五、总结…………………………………………………………………（84）

2015—2016 中国互联网期刊出版产业年度报告

　　…………………………………………………李广宇　戴铁成　高默冉（93）
　　一、互联网期刊出版产业概述…………………………………………（93）
　　二、互联网期刊推广销售策略及赢利情况分析………………………（96）
　　三、主要技术提供商平台发展状况……………………………………（99）
　　四、年度影响互联网期刊出版产业发展的重要事件…………………（109）
　　五、总结与展望…………………………………………………………（115）

2015—2016 中国网络游戏出版产业年度报告

　　…………………………………………中国音数协游戏工委　国际数据公司（121）
　　一、中国网络游戏出版产业规模变化情况……………………………（121）
　　二、中国网络游戏用户状况……………………………………………（129）
　　三、中国网络游戏产业分析……………………………………………（130）
　　四、年度影响网络游戏出版产业发展的重要事件……………………（133）
　　五、总结与展望…………………………………………………………（136）

2015—2016 中国网络（数字）动漫出版产业年度报告

　　………………………………………………………………占世伟　曾龙文（144）
　　一、网络（数字）动漫生产商情况……………………………………（145）
　　二、网络（数字）动漫出版产业的生产规模与市场规模状况………（147）
　　三、年度影响网络（数字）动漫出版产业发展的重要事件…………（159）
　　四、总结与展望…………………………………………………………（160）

2015—2016 中国网络社交媒体出版产业年度报告

　　………………………………………………………………………张孝荣（164）
　　一、中国网络社交媒体出版产业发展概况……………………………（164）
　　二、主要服务商发展情况………………………………………………（180）
　　三、网络社交媒体出版产业年度发展特点……………………………（193）

四、年度影响网络社交媒体出版产业发展的重要事件……………（197）
　　五、总结与展望………………………………………………………（201）

2015—2016 中国移动出版产业年度报告
　　………………………………………………………………闫　鑫（204）
　　一、移动出版产业发展概述…………………………………………（204）
　　二、移动出版产业发展现状…………………………………………（208）
　　三、年度影响移动出版产业发展的重要事件………………………（217）
　　四、总结与展望………………………………………………………（219）

2015—2016 中国数字印刷与按需印刷（出版）产业年度报告
　　……………………………………………………郭春涛　侯金香（223）
　　一、数字印刷与按需印刷（出版）产业状况…………………………（225）
　　二、数字印刷与按需印刷（出版）市场分析与预测…………………（229）
　　三、年度影响数字印刷与按需印刷（出版）发展的重要事件………（243）
　　四、展望未来…………………………………………………………（245）

相关专题报告

中国数字教育出版产业发展报告
　　………………………………唐世发　庄子匀　杨　晨　刘　焱（251）
　　一、中国数字教育出版发展情况……………………………………（251）
　　二、中国数字教育出版面临的问题及对策…………………………（264）
　　三、中国数字教育出版产业发展趋势………………………………（268）

中国数字出版标准化年度报告
　　………………………………………………………………张书卿（273）
　　一、国内外发展背景和情况…………………………………………（273）
　　二、数字出版标准化工作取得的成绩………………………………（278）
　　三、数字出版领域标准化工作形势和趋势分析及下一步重点
　　　　工作………………………………………………………………（288）

中国数字版权保护状况年度报告
　　………………………………………………………童之磊　闫　芳（293）
　　一、我国数字版权保护新进展………………………………………（293）

二、各省区版权保护状况统计分析……………………………………（300）
三、数字版权保护技术发展状况……………………………………（303）
四、典型案例分析……………………………………………………（305）
五、数字版权保护存在的困境及应对的措施………………………（308）

中国数字出版教育年度报告
………………………………………张　博　葛清秀　李竹君　赵一铭（311）
一、中国数字出版教育的新进展……………………………………（311）
二、中国数字出版教育的典型范例…………………………………（315）
三、中国数字出版教育发展中的主要问题…………………………（318）
四、加快中国数字出版教育发展的对策……………………………（323）

中国数字出版产业基地研究报告
………………………………………………………………毕　昱（331）
一、发展背景…………………………………………………………（331）
二、发展现状…………………………………………………………（335）
三、发展趋势…………………………………………………………（342）
四、政策及建议………………………………………………………（346）

中国视觉素材产业研究报告
………………………………………………王　钧　黎元楷　柴继军（350）
一、视觉素材产业现状………………………………………………（350）
二、中国视觉素材产业发展环境……………………………………（354）
三、视觉素材产业链分析……………………………………………（357）
四、视觉素材产业竞争格局…………………………………………（364）
五、中国视觉素材产业发展趋势……………………………………（366）

附　录

2015年中国数字出版大事记
………………………………………………………………石昆辑录（371）
一、电子图书…………………………………………………………（371）
二、互联网期刊………………………………………………………（373）
三、数字报纸…………………………………………………………（375）

四、手机出版 …………………………………………（377）
五、网络游戏 …………………………………………（377）
六、网络动漫 …………………………………………（378）
七、视频 ………………………………………………（380）
八、数码印刷 …………………………………………（381）
九、数字版权 …………………………………………（384）
十、综合 ………………………………………………（388）

主 报 告

"十二五"收官之年的中国数字出版

——2015—2016中国数字出版产业年度报告

中国数字出版产业年度报告课题组

2015年,以互联网和移动互联网为核心的新型媒介传播环境渐趋成熟,全球数字出版产业持续发展,呈现出一些发展新特征:国外,大型出版商基本实现了从内容商到服务商的转型,电子书市场形势发生转变;国内,在"十二五"时期的收官之年,数字出版产值再创新高,突破4400亿元,转型升级渐趋深入,传统出版与新兴出版融合发展格局初步形成。

一、数字出版产业环境综述

(一)国际环境

2015年,受新型媒体格局的影响以及科技发展的驱动,以欧美国家为代表的国际数字出版产业环境呈现出以下发展态势:培生、爱思唯尔等大型出版商逐步实现了从出版商到信息服务商的转型;技术发展催生了出版新业务、新形态、新模式;电子书销量下滑,市场发展面临变局;国际出版集团并购重组依然如火如荼;以亚马逊为代表的互联网企业巨头开始布局线下业务,着手构建完整产业生态链。

1. 出版传媒业数字化转型渐趋深入

2015年,伴随信息化水平日益提高,国际出版商的转型步伐进一步加快,从出版商向服务商迈进。在教育领域,2015年下半年,全球最大教育出版商培生集团先后将《金融时报》和其在经济学人集团所持股份予以出售,皆是出于从出版商转型为全球化教育服务商的业务布局考虑。近年来,培生集团专注于教育与培训市场,频频剥离旗下与教育市场无关的媒体资产,同时通过海内外并购数字教育和其他教育企业,与教育机构开展战略合作等方式,不断拓展在教育领域的业务布局。如培生与英国埃克塞大学开展多个学科的在线学位教育项目合作,此前培生已经成功在美国和澳大利亚开展在线学位教育。未来,培生还将通过结构和业务调整,专注在教育、培训、考试领域实现品牌的做大做强,走精益求精深入发展之路,逐步从一家多元化的综合企业转型为国际化教育服务企业。在专业出版领域,2015年2月,全球最大的科学与医药出版商励德·爱思唯尔正式更名为励讯集团①,预示着其正在极力摆脱传统出版形象,向新型信息解决方案提供商转型。7月,该集团旗下LexisNexis法律专业公司宣布购买风险分析报告供应商MLex,实现法律与风险分析的结合,弥补发展上的短板;11月,LexisNexis法律专业公司又购买了软件制作商Lex Machina。该软件制作商主要通过出售软件,为律师提供服务,为律师制定策略,引导数据。由此可见,励讯集团与培生集团一样,正在抓紧进行结构和业务布局的调整。目前,作为全球知名的专业出版集团,励讯集团已经基本完成了向知识服务商转型,而大数据技术在其转型过程中发挥了非常重要的作用。其HPCC全流程大数据平台,具备强大的分析能力,为集团内部各业务板块的解决方案提供了支持。如励讯集团旗下的民航业数据库Flightglobal,可以根据成百上千家航空公司的航班信息,为用户提供在全球各个机场转机的所有可行方案。借助HPCC技术,Flightglobal的运算速度是原先的7倍多。科研论文全文数据库Science Direct也因为HPCC技术大大提高了论文的下载速度。此外,美国圣智学习出版集团、施普林格科学商业集团、贝塔斯曼等出版商在2015年也纷纷加快转型步伐,加大资源整合力度,拓宽业务渠道,调整机构设置。总体来说,大都是逐渐从出版商转向服务商,这也是全球出版业未来的总体趋势。

2015年,英美报纸媒体也加快了数字化转型步伐。美国《纽约时报》积极向数字媒体转型,建立了数字内容的付费墙,目前已拥有了100万数字用户;《华盛顿邮报》也加快数字化转型步伐,在2015年用户数量已占到《纽约时报》的90%。英国主流大报《卫报》《金融时报》《泰晤士报》《独立报》

---

① 世界出版盘点之一:集团年度趋势[EB/OL]. http://www.cbbr.com.cn/article/84384.html

等也都将重心转向数字板块。其中,《独立报》已在2016年初宣布,停止发行纸质版,全面转型互联网新闻产品。

新兴媒体发展迅速。美国第一张全数字化报纸《郝芬顿邮报》已经成为与《纽约时报》齐名的世界著名网站,也是世界最大的网络报纸;新媒体集团Vox Media是一个技术主导的传媒公司,其旗下有科技新闻网站Verge和体育博客SB Nation等媒体,根据市场调查公司comScore 2015年4月份的数据显示,Vox Media全美网站群拥有5 320万独立访问用户;2016年,美国新闻聚合网站BuzzFeed以网页8 000万单独访问量和单篇文章10万+浏览量的业绩持续引发全球新闻业的关注。

2. 科技加速驱动传媒变革

2015年以来,科学技术的迅猛发展成为传媒变革的重要推动力,新闻出版产业与科技的交融渗透日渐加深,与其他产业的融合发展趋势日益凸显,加速了传媒业的业务变革。

现代媒体融合技术推动报业集团加速转型升级。面对纸质发行量大幅度下降的形势,各国报业集团纷纷下大力气布局媒体融合平台。如《华尔街日报》本着全球化、数字化、专业化的战略思路,加快全产品链融合报道业务建设,成立来自英国、香港等地的100多人的视觉中心团队,加强数字编辑队伍建设,依托互联网开发建立了D-wall street journal联合采编平台,便于分布在全世界的记者编辑围绕某个事件、人物或线索,从不同区域和角度进行报道,使得《华尔街日报》成为集文字、图表、照片、二维码视频等于一体的综合产品。

2015年,虚拟现实技术引领可体验媒体高速发展。例如,2015年11月,《纽约时报》给订阅报纸的客户免费发放了100万个Google Cardboard,这是一个可折叠的智能手机头戴式显示设备,提供虚拟实境体验。以此来激发客户对谷歌制作的VR纪录片《The Displaced》的兴趣。

机器编写技术也悄悄改变着出版业务。美国Automated Insights公司开发的自动化写作平台Wordsmith与Allstate、Comcast、雅虎、美联社等数家大公司合作,每周能生产出数百万篇文章。美联社从2015年7月开始尝试这一技术实现财报的自动化报道。自动化新闻写作机器人会根据算法在第一时间自动生成稿件,瞬时输出分析和研判,一分钟内就可以将重要资讯和解读呈现到用户眼前。

云计算和大数据技术在数字出版业发展潜力巨大。甲骨文推出云计算租赁业务，该公司将以小时或月为单位向用户出租计算服务。通过这项服务，用户不必自己购买大量服务器，而是可以直接租用甲骨文的计算资源。

无人机技术不断完善，为无人机新闻时代到来做好了准备。2015年，美国联邦航空管理局已经授权《纽约时报》《华盛顿邮报》、美联社、全国广播公司及CNN等10家主流媒体进行无人机参与新闻报道的可行性研究与试验[1]。无人机参与新闻采访的最大特点是"站得高看得远"，不受空间限制，同时对于战争等一些高难度场景而言，无人机可以降低拍摄成本和风险。从技术上讲，目前新闻媒体利用无人机抢发新闻的条件已经完全成熟，主要在于法律法规的约束上。

3. 电子书市场面临调整

电子书一直是全球数字出版的重要组成部分，然而近年来，英美等国的电子书却呈现逐年下降趋势。2015年，电子书销售市场更是发生较大滑坡。根据企鹅兰登书屋、哈珀柯林斯、西蒙舒斯特等国际大众出版商发布的2015年前三季度财报显示，电子书销售额严重下降成为各财报的共同现象。如西蒙舒斯特前三季度电子书等数字产品销售占比下降至24.8%，同比下降3.5个百分点[2]；据美国出版商协会公布的2015年年报显示，美国2015年电子书销量下滑趋势明显，其中儿童及青年类电子书尤为明显，这两类电子书销量比2014年减少了43.3%，成人电子书销量则下滑了9.5%。英国电子书市场也在7年来首次出现下跌，2015年销售额为5.54亿英镑，较2014年下降1.6%[3]。

虽然五大国际出版巨头的电子书销量都有所降低，但同时通过自主出版平台销售的电子书则有明显增长，表明自助出版在美国的图书市场中拥有了更加重要的地位。

不仅电子书的销量面临下滑，电子书的商业模式也面临巨大挑战。据美国《出版商周刊》报道，业界风靡一时的新兴互联网企业欧伊斯特（Oyster）宣

---

[1] 迎接无人机新闻时代的到来 [EB/OL]. http://news.xinhuanet.com/newmedia/2015-06/15/c_134327508.htm

[2] 年国际数字出版年度总结 [EB/OL]. http://www.cdpi.cn/xzx/toutiaoyaowen/20160121/14447.html 2015

[3] 2015年英国电子书和有声读物市场此降彼涨 [EB/OL]. http://www.chuban.cc/gjcb/201605/t20160523_173951.html

布将于 2016 年终止运营。业界由此展开了关于电子书订阅服务可持续性问题的大讨论①。Oyster 公司于 2013 年成立,以每月 9.99 美元(约合人民币 63 元)的价格为用户提供了上百万部电子书,受到用户好评,而且这种订阅模式让出版商全额获得了用户所读电子书的零售价,因此备受出版商青睐。然而电子书服务提供商 Oyster、Entitle 相继停止服务,Scribd 也宣布减少言情类作品的供应,让人们对电子书订阅模式的可持续性产生质疑。由此可见,电子书正面临调整,从产品形态到服务模式都亟待创新突破。

相较于电子书销售下降的态势,有声书却在日渐崛起。美国 2015 年有声读物总销量比 2014 年同期增长了 37.8%,其中 8 月表现最佳,销量同比增长了 43.3%;成人有声读物销量比 2014 年增长了 38.9%。② 另外,据美国出版商协会公布的数据,2015 年上半年美国可下载有声书增长了 31.0%,是大众类图书中增长最多的类别③。此外,因为有声读物所遵循的代理模式与电子书有所区别,黑石、吉尔登传媒、阿歇特等知名机构旗下的音像制品公司均已开始提供有声读物订阅和捆绑销售服务。

4. 并购重组持续火爆

出版企业之间的并购、重组成为 2015—2016 年国际出版业令人注目的现象。在欧美市场,大型出版集团依靠并购项目来为其商业王国开疆拓土。同时也预示了这些集团在未来发展道路上的布局与思考。

通过并购重组,国际出版集团可以迅速拓展自身业务范围,增强综合实力。2015 年 9 月,美国圣智学习出版集团宣布收购位于华盛顿的教育技术公司 Learning Objects。该公司拥有自主开发、个性化定制、在线学习项目和通过学习平台为高等教育机构制定课程等方面的能力。此次并购,能使圣智学习引以为豪的数字化课程解决方案 MindTap 进一步完善功能,拓展客户群。紧接着在 10 月,为了让 MindTap 更完善,圣智学习又在 2015 年教育技术领袖年度盛会上宣布收购了 Pathbrite 公司,该公司的顶级电子档案解决方案,能够收集、跟

---

① 2015 国际出版:纸书暖流回归 [EB/OL]. http://www.chuban.cc/gjcb/201512/t20151221_171567.html
② 2016 年数字出版业三大趋势展望 [EB/OL]. http://www.chuban.cc/gjcb/201603/t20160325_173379.html
③ 美有声书出版商营销有道 [EB/OL]. http://www.chuban.cc/gjcb/201512/t20151222_171596.html

踪、展示学生的学习成果，帮助他们完善升学、鉴定和求职评估。通过这次并购，圣智学习能够将 Pathbrite 公司的电子档案融入到数字化课程解决方案中，弥补学生数字档案方面存在的一些缺陷。

通过并购重组，国际出版集团可以迅速为集团企业的业务发展找到新的方向，实现收入的进一步增长。约翰威立公司 2015 年 10 月收购了 Analyst Success.com 和宾夕法尼亚州的美国金融服务学院，借此进一步开拓教育领域业务。AnalystSuccess.com 网站上设有 CFA（注册金融分析师）学习课程。该课程是通过简单有效的学习体验来帮助考生准备 CFA 考试。该网站除了有经验丰富的课程开发团队、优秀的分析师和课程设计专家外，还会设计优质的内容、全新的学习方法以及更容易的课程来帮助全球考生通过 CFA 考试。这对于有意开拓专业教育领域的约翰威立公司来说无疑是绝佳的选择。

5. 互联网企业逆向布局 O2O 模式

O2O（Online To Offline）即线上到线下，其核心是把线上的消费者带到现实的商店中去，也就是让用户在线支付购买线下的商品和服务后，到线下去享受服务。通过 O2O 模式，将线下商品及服务进行展示，并提供在线支付，这对于消费者来说，不仅拓宽了选择余地，还可以通过线上对比来选择最需要的服务类型。互联网企业的 O2O 应立足于实体店本身，线上线下并重，形成一个有机融合的整体，使两部分内容信息互通、资源共享，形成立体互动，而不是单纯的"从线上到线下"或"从线下到线上"。

2015 年 11 月，数字出版巨头亚马逊在西雅图开设了实体店，出售各种书籍和其研发生产的各种设备：电子书阅读器 Kindle、虚拟助理 Echo、电视机顶盒 Fire TV 以及平板电脑 Fire Tablet 等。除此之外，亚马逊还在许多 Westfield 商城开设了固定商铺。书店和电子产品零售店的组合意味着通过电子商务击败了巴诺书店、百思买等连锁巨头的亚马逊公司，开始拥有自己的产品展示场所并发展 O2O 融合模式。同时，亚马逊正在快速扩张速递业务，其向全美 20 座城市推出了 1 小时送达服务，这正是 O2O 发挥作用的表现之一，其开设的实体书店不仅能够让消费者快速购买商品，还能让他们取到已从网上订购的商品。亚马逊的这些实体店不仅仅是产品展示厅，将其变身成配送中心可以使亚马逊定位 O2O 的布局过程更为平滑。继亚马逊之后，美国连锁书店巨头巴诺书店表示在 2016 年将开设"数字+实体"混合式书店，创建出一种实体与网络相结合的新型书店。巴诺书店在亚马逊推出Kindle之前即已投入资金和精力探索电子书市场，但由于诸多因素未能铺开电子书市场。而亚马逊推出电子书阅读器Kindle时正处于网络化电子读物兴起的转折点，这使得巴诺即使在两年后推出自己的电子书阅读器Nook，也未能具备应有的市场竞争力，而巴诺此次开设混合式书店的目的，则在于通过调整业务布局寻求市场突破。

无论是全球互联网企业巨头还是大型连锁书店均已将发展方向对准O2O或反向复刻O2O模式，以增强自身市场竞争力，巩固行业领先地位，这足以说明O2O模式对现行出版环境的重要影响。

（二）国内环境

1. 政策体系不断完善，产业环境日臻趋好

近年来，国家高度重视互联网和新兴文化产业的发展，出台了一系列相关政策，对数字出版产业起到了极大的促进作用，营造了良好的产业政策环境和发展空间。2015年6月，国务院发布《关于大力推进大众创业万众创新若干政策措施的意见》，进一步强调了推进大众创业、万众创新的重要意义，提出了总体思路和若干措施，为数字出版产业的创业创新起到重要的指导作用，为进一步激发产业发展活力提供了重要保障。同时，2015年国家大力推行"互联网＋"行动战略，推进传统产业借助互联网，利用大数据、云计算、物联网、人工智能等互联网新技术实现革新升级。2015年7月，《国务院关于积极推进"互联网＋"行动的指导意见》出台，对推进"互联网＋"行动的要求、重点行动、保障支撑等进行了部署，为新闻出版业实施"互联网＋"提供了行动指南；8月，《国务院关于印发促进大数据发展行动纲要的通知》出台，对我国开展大数据的发展形势和重要意义、指导思想和总体目标、主要任务、政策机制等进行了规划。"互联网＋"与"大数据"两大政策的出台，对数字出版产业的持续快速发展极为利好，为新闻出版业的转型升级、融合发展提供了发展方向和有力支撑。

在推动文化产业发展方面，国家同样予以高度重视。2015年9月《关于推动国有文化企业把社会效益放在首位、实现社会效益和经济效益相统一的指导意见》和10月《中共中央关于繁荣发展社会主义文艺的意见》相继发布，强调推进文化与新技术、新业态、新模式、新媒体的有机融合，对以数字出版为

核心的新兴出版业态有重要的指导意义，也提出了更高要求。《中共中央关于繁荣发展社会主义文艺的意见》中明确提出"大力发展网络文艺，推动网络文学、网络音乐、网络剧、微电影、网络演出、网络动漫等新兴文艺类型繁荣有序发展，促进传统文艺与网络文艺创新性融合"。

此外，2015年中央财政对文化产业的扶持力度进一步加大，下拨了50亿元中央文化产业发展专项资金，共有834个项目获得财政资金支持，新闻出版业数字化转型升级、传统出版和新兴出版融合发展纳入重点支持的八项内容之列。

2. 文化产业地位突出，分享经济作用凸显

我国《关于国民经济和社会发展第十三个五年规划纲要》中提出，"2020年国内生产总值和城乡居民人均收入比2010年翻一番，工业化和信息化融合发展水平进一步提高，文化产业成为国民经济支柱性产业，新产业新业态不断成长"，支柱型产业即指产业增加值应占到国内生产总值的5%以上，文化产业增加值需达到4.6万亿元以上（2020年国内生产总值的预期性指标是大于92.7万亿元）"的发展目标。据相关数据显示，2015年我国文化产业实现增加值25 829亿元，比2013年增长21.0%；年平均增长10.0%，比同期GDP现行增速高2.3个百分点。文化产业增加值占GDP的比重为3.82%[①]。同时，新兴文化产业在整个文化产业中占据日益重要的地位，具有巨大的发展潜力。随着我国新型工业化和信息化的加快发展，跨界融合成为文化产业发展最显明的特点。以数字出版为代表的新兴文化产业将融合经济社会各领域，形成以文化为内生驱动力的产业发展新模式与新形态。在"互联网+"的驱动下，文化产业的创新力、生产力不断增强，并不断变革着文化产品的生产和消费模式，以数字化、全息化、交互性为代表的文化创意、移动多媒体、数字出版等新兴文化业态迅速兴起，逐渐成为推进文化产业发展的新动能。

随着我国国民经济发展进入新常态，文化消费逐渐成为新的经济增长点和经济转型升级新的增长点。2015年互联网消费增长强劲，全年网上零售额达到近3.9万亿元，较2014年增长33.3%。2015年11月，国务院先后印发《关于积极发挥新消费引领作用加快培育形成新供给新动力的指导意见》《关于加快发展生活性服务业促进消费结构升级的指导意见》两个事关我国消费结构调整

---

① 2015年文化产业增值2.58万亿"互联网+"推动快速发展［EB/OL］. http://mt.sohu.com/20160505/n447762270.shtml

的政策文件，足见政府推进改革的决心、力度之大。提出"支持可穿戴设备、智能家居、数字媒体等市场前景广阔的新兴消费品发展"，并把文化服务纳入到今后一个时期重点推进的消费领域之一，这对于包括数字内容消费在内的新兴消费市场具有重要的推进作用。

在我国着力推进供给侧改革的背景下，2016年的政府工作报告中，首次提及"分享经济"的概念，明确提出"要推动新技术、新产业、新业态加快成长，以体制机制创新促进分享经济发展，建设共享平台，做大高技术产业、现代服务业等新兴产业集群，打造动力强劲的新引擎"。从2015年中央文件首次提出"发展分享经济"到2016年政府工作报告里的"促进分享经济发展""支持分享经济发展"，政府支持共享经济发展的态度更加鲜明。所谓分享经济，被腾讯解释为"公众将闲置资源通过社会化平台与他人分享，进而获得收入的经济现象"。通俗而言，从供给侧角度，一方面，分享经济通过存量资源的重构，提升资源利用率，产生新价值，同时扩大资源供应面，提升市场供给；另一方面，分享经济可促进收入增长。个体参与到分享经济中，能够取得额外收益。如滴滴专车即是分享经济一个较为典型的范例，从事专车服务为滴滴专车司机带来了收入的提升①。从需求侧角度而言，分享经济有助于降低消费成本，提升消费者的实际购买力；同时扩大消费者可选择空间，实现供需匹配，培育拉动我国国民经济新的消费增长点。分享经济被视为供给侧改革的重要助力，扩大消费需求，将服务业变成经济增长的"主引擎"。在移动互联网时代，从消费到生产，分享经济已经渗透到社会的方方面面，影响着人们的生活方式。自媒体的兴起、数字产品社交功能的日趋强化、知识平台的搭建，均凸显出分享经济在信息传播中发挥的重要作用。

3. 数字方式已成主流，全民阅读前景广阔

据中国互联网络信息中心（CNNIC）发布的《第37次中国互联网发展状况统计报告》显示，截至2015年12月月底，中国网民规模达6.88亿，全年共计新增网民3 951万人。互联网普及率为50.3%，较2014年提升2.4个百分点。中国手机网民规模达6.20亿，年增长率为19.4%，继续保持上网第一大终端的地位。网民中使用手机上网的人群比例由2014年年底的85.8%提升至

---

① 马化腾"两会"为何敢力挺分享经济？[EB/OL]. http://tech.163.com/16/0305/08/BHCNI-BRS000915BF.html

90.1%。手机网民规模的持续平稳增长，进一步促进了手机终端阅读和各类手机应用的发展。

随着4G网络的进一步普及，以及智能手机和其他移动终端的进一步完善和发展，各类移动互联网的需求被迅速激发，从基础的娱乐沟通、信息查询、网络教育，到网络金融、网络教育、医疗、交通等公共服务，都大面积地向手机终端快速转移。中国新闻出版研究院发布的"第十三次全国国民阅读调查"相关数据显示：2015年我国成年国民包括书报刊和数字出版物在内的各种媒介的综合阅读率为79.6%，受数字媒介迅猛发展的影响，网络在线阅读、手机阅读、电子阅读器阅读、光盘阅读、Pad（平板电脑）阅读等数字化阅读方式的接触率为64.0%，较2014年的58.1%上升了5.9个百分点。总体来讲，移动阅读、社交阅读正在成为国民新的阅读趋势。国民对阅读的需求日趋旺盛，对个人的阅读需求和全民阅读公共服务的需求均不断提高，意味着开展全民阅读活动正面临良好的发展机会，而数字内容在全民阅读推广中将发挥日益重要的作用。

从数字化阅读方式的人群分布特征来看，我国成年数字化阅读方式接触者中，18—29周岁人群占到38.9%，30—39周岁人群占到28.1%，40—49周岁人群占到21.1%，50周岁及以上人群占12.1%。可见，我国成年数字化阅读接触者中的87.9%是18—49周岁人群。

二、数字出版产业规模分析

2015年，我国数字出版产业继续保持强势增长势头，全年收入规模超过4 400亿元。其中，互联网广告、移动出版与网络游戏依然占据收入榜前三位。值得注意的是，过去的一年里，互联网期刊保持了较高的增长势头，增长幅度超过10%。

（一）收入规模持续上升

2015年国内数字出版产业整体收入规模为4 403.85亿元，比2014年增长30%，数字出版产业收入在新闻出版产业收入的总比由2014年的17.1%提升至20.5%。其中：互联网期刊收入达15.85亿元，电子书（含网络原创出版物）达49亿元，数字报纸（不含手机报）达9.6亿元，博客达11.8亿元，在线音乐达55亿元，网络动漫达44.2亿元，移动出版（手机彩铃、铃音、移动游戏等）达1 055.9亿元，网络游戏达888.8亿元，在线教育达180亿元，互联网广告达2 093.7亿元。收入比例情况见图1。

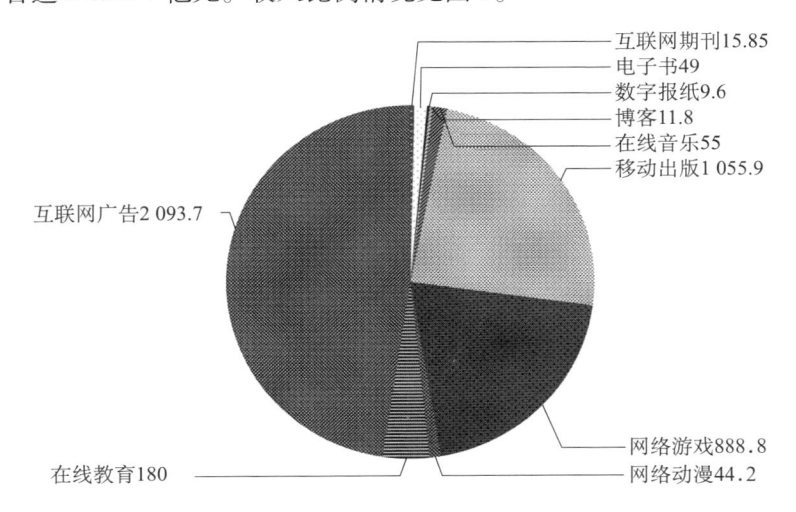

图1 2015年数字出版产业收入情况（单位：亿元）

从图1中的数据我们可以看出，2015年互联网期刊、电子图书、数字报纸的总收入为74.45亿元，比2014年增长了6.66%，在数字出版总收入中所占比例为1.69%，相较于2014年的2.06%来说是下降的。这说明传统出版单位在数字化转型升级、融合发展方面仍需要加大力度，要转变发展思维，以内容为中心，将"互联网+"转化为"内容+"，充分利用互联网等渠道，开展业务布局与探索；要充分发挥内容资源优势，加强对存量资源的认识，实现对资源的盘活与充分应用，使内容价值得到最大化挖掘与体现；要充分利用高新技术，实现内容与技术的高度融合，拓展增量资源的积累与储备，探索新产品的开发与应用，提高市场竞争能力，巩固和提升已有的市场竞争地位。移动出版和网络游戏的收入分别为1 055.9亿元和888.8亿元，在数字出版总收入中所占比例分别为23.98%和20.18%，两者合计占比44.16%，接近全年总收入规模的一半，这说明移动出版和网络游戏依然是拉动数字出版产业收入的主力军，地位比较稳固，也意味着休闲、娱乐类产品在数字出版产品形态中占据了相当比重。具体情况详见表1。

表1 数字出版产业收入情况

(单位:亿元)

数字出版分类	2006年	2007年	2008年	2009年	2010年	2011年	2012年	2013年	2014年	2015年
互联网期刊	5+1(多媒体互动期刊)	6+1.6(多媒体互动期刊)	5.13	6	7.49	9.34	10.83	12.15	14.3	15.85
电子书	1.5(电子图书)	2(电子图书)	3(电子图书)	14(电子图书4+电子阅读器10)	24.8(电子图书5+电子阅读器19.8)	16.5(电子图书7+电子阅读器9.5)	31	38	45	49
数字报纸	2.5(网络报+手机报)	1.5+8.5(网络报+手机报)	2.5(网络版)	3.1(网络版)	6(网络版)	12(不含手机报)	15.9(不含手机报)	11.6(不含手机报)	10.5(不含手机报)	9.6(不含手机报)
博客①	6.1	9.75	—	—	10	24	40	15	33.2	11.8
在线音乐	1.2	1.52	1.3	—	2.8	3.8	18.2	43.6	52.4	55
移动出版②	80	150	190.8	314	349.8(未包括手机动漫)	367.34(未包括手机动漫)	472.21(未包括手机动漫)	579.6(未包括手机动漫)	784.9(未包括动漫)	1 055.9(未包括动漫)
网络游戏	65.4	105.7	183.79	256.2	323.7	428.5	569.6	718.4	869.4	888.8

① 近年来,以微博、微信等为代表的社交媒体发展迅猛,为数字出版产业的发展带来了新的动力与活力,其发展业绩也是数字出版产业的重要组成部分,所以本报告将《中国博客与播客出版产业年度报告》改为《中国网络社交媒体出版产业年度报告》,但为了保持统计口径的一致性,所以仍将博客的收入数据纳入最终统计。

② 近年来,数字出版与移动互联网联系得到加强,数字出版物的移动阅读终端已经突破智能手机的限制,开始走向多元化,扩大了数字出版物传播领域和用户群体,丰富了数字出版物的传播与阅读形式,因此,本报告将手机出版年度报告改为移动出版年度报告,进行研究,以更接近产业发展实际。

续表

数字出版分类	2006年	2007年	2008年	2009年	2010年	2011年	2012年	2013年	2014年	2015年
网络动漫	0.1	0.25	—	—	6	3.5	5	22	38	44.2
在线教育	—	—	—	—	—	—	—	—	—	180[1]
互联网广告	49.8	75.6	170.04	206.1	321.2	512.9	753.1	1 100	1 540	2 093.7[2]
合计	213	362.42	556.56	799.4	1 051.79	1 377.88	1 935.49	2 540.35	3 387.7	4 403.85

---

[1] 数据来源：互联网教育研究院《2015中国互联网教育行业研究报告》，主要包括学前教育、中小学教育、高等教育、职业教育等领域。
[2] 数据来源：艾瑞咨询《2016年中国网络广告行业年度监测报告（简版）》。

从表1中我们可以看出：互联网期刊的收入规模从2006年的5亿元增长至2015年的15.85亿元，虽在11年间增幅出现过些微起伏波动，但总体依旧呈现增长趋势，且近两年来态势趋稳。电子图书（e-book）收入规模2006年为1.5亿元，2007年为2亿元，2008年为3亿元，2009为4亿元，2010年为5亿元，2011年为7亿元，2012年为31亿元，2013年为38亿元，2014年为45亿元，2015年为49亿元，虽然其收入总量与纸版图书销售收入相比，所占比例依然很少，但从2012年开始，呈现快速增长态势，年平均增长幅度达19.46%。这与国家大力推广全民阅读、出版企业生产制作产品的日益丰富、平台运营商的大力推广、智能移动阅读终端的广泛普及和用户数字阅读习惯的逐步养成等诸多因素密不可分。这既表明了移动阅读对数字出版产业发展方向的强大影响力，也说明在机构用户需求趋于饱和的情况下，与移动互联网相结合进行商业模式创新的至关重要性。移动出版收入规模2015年为1 055.9亿元，在增加了统计项（在线教育）的情况下，占数字出版收入规模的比例比2014年增加了0.81%，这是非常难能可贵的，表明移动出版依然是数字出版的重要发展方向，具有雄厚的发展潜力。网络游戏和互联网广告在2006年至2015年的十年间都实现了大幅度增长，均表现出强劲的发展势头。在线教育是数字教育出版的核心部分，经过多年布局与市场竞争，产业发展取得实质性进展，2015年收入规模为180亿元。作为教育大国，可以预见在线教育市场在"十三五"期间将会进一步繁荣发展。

（二）用户规模保持平稳

从表2可以看出：截至2015年年底，我国数字出版产业的累计用户规模达到17.235 7亿人（家/个）（包含了重复注册和历年尘封的用户等）。在线音乐、网络游戏的用户规模数则分别在2008年至2015年都有一个跨越式的大幅增长过程。博客的用户规模数有所回升，但经研究发现博客的使用率却有所下降，主要是依赖博客和个人空间进行网络互动。另外，虽然原创网络文学注册用户数从2009年开始统计，但也保持着高速增长的势头。

表 2　2007—2015 年中国数字出版产业用户规模

(单位：人、家/个)

数字出版物	2007 年	2008 年	2009 年	2011 年	2012 年	2013 年	2014 年	2015 年	来源
互联网期刊用户数	7 600 万人	8 700 万人	9 500 万人	数据缺失	数据缺失	数据缺失	数据缺失	数据缺失	—
电子图书机构用户数	3 800 家	4 000 家	4 500 家	8 000 家	8 500 家	数据缺失	数据缺失	数据缺失	—
数字报纸用户数	手机报 2 500 万	5 500 万人	6 500 万人	>3 亿人	数据缺失	数据缺失	数据缺失	数据缺失	—
博客注册用户数	9 100 万	1.62 亿人	2.21 亿人	3.186 4 亿人	3.729 9 亿人	4.37 亿人	1.1 亿人	4.745 7 亿人	分报告
在线音乐用户数	1.45 亿	2.48 亿人	3.2 亿人	3.8 亿人	4.36 亿人	4.5 亿人	4.78 亿人	5.01 亿人	《第 37 次中国互联网络发展状况统计报告》
网络游戏用户数	4 017 万人	4 935 万人	6 587 万人	1.2 亿人	1.4 亿人	1.5 亿人	3.66 亿人	4.51 亿人	分报告
手机阅读活跃用户数	—	1.04 亿	1.55 亿	3.09 亿	数据缺失	数据缺失	数据缺失	数据缺失	—
原创网络文学注册用户数	—	—	1.62 亿人	2.03 亿(数据截至 2011 年 12 月)	2.33 亿(数据截至 2012 年 12 月)	2.74 亿(数据截至 2013 年 12 月)	2.94 亿(数据截至 2014 年 12 月)	2.97 亿(数据截至 2015 年 12 月)	《第 37 次中国互联网络发展状况统计报告》
合计①	—	—	10.84 亿	16.31 亿	11.82 亿	13.11 亿	12.48 亿	17.235 7 亿	—

注：由于网络原创作品数无法追溯，所以 2008 年和 2010 年数据无法搜集。

① 电子图书机构用户数没有计算在内；2012、2013、2014、2015 年互联网期刊用户数、数字报纸用户数和手机阅读活跃用户数缺失，未计算。

（三）产品规模显著增加

从表3我们可以看出，互联网期刊产品规模从2013年至2015年发展平稳，变化不大。多媒体互动期刊产品规模从2013年的0.29万种，降至2015年的0.055 2万种，降幅为80.97%，这说明多媒体期刊面临急剧萎缩的局面，这一数字出版物形态与市场需求之间没有很好地吻合，不能适应用户需求，作为产品形态已基本趋于没落。电子图书产品规模从2013年的100万种，增至2015年的170万种，增长率为70%。互联网原创作品的产品规模从2011年的175.7万种，增至2012年的214.43万种，再降至2013年的175.78万种，再增至2014年的201万种，到了2015年增至256万种，产品规模变化明显，这与网络原创作品平台自律机制的不断形成，以及政府引导与内容规范管理，近年来涉及色情、暴力、反动等不良题材的网络原创作品受到遏制与删除，侵权盗版行为得到一定程度的遏制，IP价值得到进一步重视密切相关。上述数据表明，新的产品形态如果不符合互联网用户消费习惯及使用特点，不能与互联网特点及发展趋势相结合，就会失去发展机遇，丧失竞争能力，最终被市场淘汰。

三、数字出版产业态势分析

（一）规划绘制产业发展新蓝图

《数字出版"十二五"时期发展规划》是数字出版的第一个专项五年规划，对数字出版产业发展具有深远意义。在"十二五"收官之际，可以看到，规划实施情况良好，总体进度正常。五年来，数字出版创新能力不断增强，重大科技工程稳步推进，传统出版企业向数字出版转型升级步伐加快，传统出版和新兴出版融合发展成效初显，农家书屋数字化取得突破，数字出版公共服务体系日趋健全。规划的主要任务中，数字出版骨干企业发展、数字内容转换和加工中心建设、公共数字出版服务体系等建设进展顺利，成效明显；数字出版总产出目标、国家数字出版基地建设、数字内容投送平台建设、传统出版企业

表3 数字出版物品种数

（单位：种/家/户/款）①

产品	出版者	2013年（截至2014年6月查询所得）	2014年（截至2015年6月查询所得）	2015年（截至2016年6月查询所得）
互联网期刊产品种数	同方知网	10 000	10 434	12 000
	万方数据	8 935	8 551	7 600
	维普资讯	8 000	8 304	9 100
	龙源期刊	4 700	3 104	4 200
多媒体互动期刊种数	Zcom	1 702	未查到	未查到
	Xplus	549	283	未查到
	Vika	未查到	未查到	未查到
	Poco	648	726	552
电子图书出版种数	方正阿帕比	—	—	>60万
	超星（含汇雅电子书和超星电子书世界）	—	—	>120万种
	当当	—	—	>40万种
	京东	—	—	>13万
	亚马逊	—	—	>23万种

2013年查询所得：减去平台之间重复授权数量，总数应在25 000左右（包括学报等）；互联网期刊2.5万种+0.289 9万种多媒体互动期刊100万种+电子图书175.78万种+互联网原创作品+0.09万种数字报纸=278.659 9万种数字化图书业务，万种电子书报刊(总计)；3家合计数为2 899种左右；超过540家出版社开展了电子图书出版业务，共出版电子图书超过100万种

2014年查询所得：减去平台之间重复授权数量，总数应在25 000左右（包括学报等）；互联网期刊2.5万种+0.055 2万种多媒体互动期刊170万种+电子图书256万种+互联网原创作品+0.09万种数字报纸=428.645 2万种数字化图书业务，万种电子书报刊(总计)；2家合计数约为1 009种；超过540家出版社开展了电子图书出版业务，共出版电子图书超过160万种

2015年查询所得：减去平台之间重复授权数量，总数应在25 000左右（包括学报等）；互联网期刊2.5万种+0.100 9万种多媒体互动期刊+160万种电子图书+201万种互联网原创作品+0.09万种数字报纸=363.690 9万种数字化图书业务，万种电子书报刊(总计)；1家合计数约为552种；超过540家出版社开展了电子图书出版业务，共出版电子图书超过170万种

① 表中电子书原创平台出版种数采集方法为：2016年6月6日，检索各原创网站书库计算所得，由于多数网站对作品的计算方式以提交稿件为单位的，实际上那些连载性的作品可能是按章节计算的，这种计算方式与传统出版物的计算方式可能存在差距。

续表

产品	出版者	2013年（截至2014年6月查询所得）	2014年（截至2015年6月查询所得）	2015年（截至2016年6月查询所得）
电子书原创平台出版种数	起点中文网	790 734	949 100	1 435 811
	搜狐读书原创、连载、小说、文学频道	22 137	22 109	22 093
	晋江原创网	897 800	949 979	1 023 893
	子归原创文学网	暂时关闭	15 340	暂时关闭
	红袖添香	14 800	12 000	15 600
	潇湘小说原创网	32 280	61 503	62 499
	诸子原创文学网	—	—	—
	方正阿帕比	900 减去平台间重复授权总数在900左右	900 减去平台间重复授权总数在900左右	900 减去平台间重复授权总数在900左右
	Xplus	166	341	—
数字报纸家数		437 000 000	110 000 000	474 570 000
博客注册用户数		549	515	750
网络游戏款数				

≈1 757 751 （2013年电子书原创平台出版种数合计）
≈2 010 031 （2014年电子书原创平台出版种数合计）
≈2 559 896 （2015年电子书原创平台出版种数合计）

向数字出版转型、促进优势产业发展、数字版权保护、数字出版"走出去"战略等进度正常。在"十二五"规划的指引下，数字出版产业持续发展壮大，出现了许多亮点，着重表现在以下四个方面：一是数字出版产业结构和产业格局发生巨大变化，市场主体日趋多元，数字消费需求日益旺盛，数字出版产业规模大幅提升，逐步向产业化、规模化、集约化迈进；二是在互联网快速发展的形势下，国家对互联网环境下的文化新兴业态给予了更高的重视，相关利好政策轮番密集出台，对产业持续发展提供了政策保障；三是以国家政策为依循，国家新闻出版广电总局作为行业行政管理部门，通过政策制定、项目带动，推动产业实现跨越式发展，出台相关政策措施的速度和数量都有了明显的提高；四是产业环境日趋向好，出版企业参与数字出版的热情和主动性日益提高。在数字出版方面的投入越来越多，通过进行机构调整，重塑业务流程，招揽新型人才，并通过建平台、创产品，提高数字出版实力和赢利能力。

"十二五"时期数字出版产业的良好发展态势，为"十三五"时期各项工作的开展奠定了坚实的基础。然而，由于诸多因素制约，规划中的部分目标未达到预期，如电子书包及配套资源数字化工程、少数民族文化数字出版促进工程等，主要由地方、企业进行小范围试点和探索，未能实现规模性效益。"十三五"时期，一方面要继续深入推进"十二五"未完成项目，另一方面要根据产业发展实际情况，调整项目发展侧重点和推进方式。

步入"十三五"开局之年，《数字出版"十三五"时期发展规划》已完成编制工作。结合"十二五"时期的发展情况和存在问题，国家新闻出版广电总局对"十三五"时期数字出版产业综合部署、统筹规划，提出了未来五年数字出版产业发展五个方面的主要目标：一是到"十三五"末期，新闻出版业数字化转型升级全面完成，传统出版与新兴出版融合发展初见成效；二是出版一批导向正确、质量上乘、形态多样、效益突出的数字出版精品；三是打造一批新兴出版与传统出版俱佳、具有示范效应和强大国际竞争力的复合型出版机构，培育一批具有国际领先水平的新兴数字出版企业；四是培养一批面向未来产业发展需要的数字出版专门人才和高端复合型人才；五是数字出版业服务于经济社会发展和公共文化服务体系建设的能力显著提升。同时也制定了具体指标，一是数字出版总体营业收入保持年均17%的增长速度；二是国民数字阅读率达到70%；三是数字化产品和服务在公共文化服务内容采购中的比例达到40%；

四是产品海外市场收入达到200亿美元;五是传统内容资源数字化转换率达到80%。《数字出版"十三五"时期发展规划》为未来五年数字出版产业发展指明了方向,绘制了新蓝图,将引领数字出版产业向更高层次迈进。

(二)转型升级、融合发展持续推进

2015年,新闻出版业在转型升级、融合发展方面取得了新的进展。管理部门在政策层面持续推进,对出版业融合发展起到了重要的指引作用。2015年4月,国家新闻出版广电总局与财政部联合发布《关于推动传统出版和新兴出版融合发展的指导意见》,对新闻出版业融合发展提出明确路径和发展要求。同时,总局持续以遴选传统出版单位数字化转型示范为抓手,促进新闻出版业转型升级、融合发展整体水平的提升。继2013年6月评选出首批70家传统出版数字化转型示范单位后,总局于2015年7月公布了第二批100家转型示范单位名单,包括5家出版集团、10家报业集团、26家图书(含音像电子)出版社、30家报社、29家期刊社,至此传统出版数字化转型示范单位总计已达到170家。这些示范单位既包括出版集团、报业集团,也包括图书、报纸、期刊及音像电子出版单位,覆盖了传统出版单位的业务形态,它们在内容聚集、技术应用、产品创新,以及探索数字化商业模式等方面为产业发展起到了积极的表率作用,带动整个行业转型升级、融合发展取得实质性进展。

经过几年来的探索和积累,2015年出版业融合发展转型升级思路进一步清晰,传统出版单位已逐渐探索到新媒介环境下的自我重新定位和发展路径,积极应用新技术、新媒介、新渠道,对于投身转型升级、融合发展有了更强的主动性,通过整合资源、实施项目、应用技术、优化流程、重塑布局,积极开展内容创新、产品创新、服务创新与模式创新,融合态势初显。特别需要提出的是,专业出版单位在专业知识服务模式探索方面卓有成效,已形成了特色资源数据库、专业领域在线教育、专业数字化工具书等多个产品形态。如中国医药科技出版社的"爱慕课"在线智能化学习平台"于2015年11月发布,通过MOOC模式,专注于医学类在线教育服务[①];北京语言大学出版社"对外汉语和中国文化资源平台"已有来自270个国家和地区的注册会员上万人;五洲传

---

① http://www.chuban.cc/szcb/201511/t20151126_171105.html "爱慕课"在线智能化学习平台发布。

播出版社的 that's book 电子商务平台目前已有英文版、西文版、阿文版①。

  管理部门在推进专业出版的转型升级方面也做了大量工作。2015年3月，总局主持开展了专业数字内容资源知识服务模式试点工作，加快推进专业化知识服务平台建设，有效聚集专业领域内容资源，推动形成中国特色的专业数字出版模式，为国家知识服务体系建设贡献力量。11月，根据这一工作的统一部署，总局发布了《关于推荐专业数字内容资源知识服务模式试点工作技术支持单位的通知》，推荐中国科学技术信息研究所等11家单位为相关核心技术支持单位，中新金桥数字科技（北京）有限公司等9家单位为知识体系建设及知识化加工、管理技术支持单位，武汉理工数字传播工程有限公司等12家单位为知识服务与运营技术支持单位。同时，教育出版单位和大众出版单位在转型升级、融合发展方面的成果也日益显著，发展模式和产品形态日趋丰富多元。而总局作为行业行政管理部门，在"十三五"期间也将加大力度，推进专业、教育、大众出版在转型升级、融合发展方面的全面突破，实现服务模式的多元创新，内容运营能力和水平的有效提升。

  在过去一年里，传统出版单位与新兴出版企业的合作力度进一步加大。这一方面源于传统出版单位充分发挥借力优势，不断寻求转型升级、融合发展的突破；一方面源于新兴出版企业进一步聚焦内容产业，加大布局力度。如阿里巴巴于2015年10月与四川日报集团开展战略合作，成立"封面传媒"，打造移动媒体平台②，并在当年相继入股投资博雅天下、南华早报、北青社区报等传统媒体。

（三）网络文学领域发展迅速

  据速途研究院发布的《2015年网络文学市场年度综合报告》显示，2015年网络文学市场规模达到70亿元，用户规模达到3.5亿人③。当前，网络文学已成为数字阅读内容和收入的主要构成。网络文学在过去一年来，呈现出蓬勃

---

① 专业社数字出版：六个模式和三个战略［EB/OL］. http://www.chuban.cc/szcb/201510/t20151014_170283.html.
② 阿里巴巴牵手四川日报集团 传统报业集团谋变新媒体［EB/OL］. http://finance.qq.com/a/20151028/045279.htm.
③ 速途研究院：2015年网络文学市场年度综合报告［EB/OL］. http://www.sootoo.com/content/661067.shtml.

的发展态势。

行业格局初步形成。2015年，在市场需求日益旺盛和泛娱乐化产业形势的影响下，多家企业进入网络文学领域。腾讯、百度、阿里巴巴三家互联网企业以网络文学作为布局泛娱乐产业链的入口。继2014年年底百度文学成立后，2015年腾讯兼并盛大文学组建阅文集团，旗下拥有创世中文网、起点中文网、云起书院、起点女生网、红袖添香等多家有影响力的网络原创与阅读品牌，成为该领域的"品牌领导者"。阿里文学也于2015年4月成立，与阿里影业形成对接；数字阅读领域知名企业掌阅科技也于2015年初成立了掌阅文学集团，在出版、影视、游戏、动漫、有声等泛娱乐方面进行生态布局；2015年4月，中国移动整合手机阅读基地相关业务，成立中国移动咪咕数字传媒有限公司，凭借其庞大的手机用户规模优势，围绕全用户、全渠道、全终端、全产品、全版权，打造智能化、社交化数字阅读平台，构建手机阅读产业生态圈。数字出版领先企业中文在线也在2015年深耕网络文学市场，通过"产品线"，以项目制方式开展IP运作，通过"聚合众创"实现网络文学零门槛商业化创作①。由此可见，2015年，网络文学领域格局已初步形成，竞争日益激烈。

行业管理进一步健全。伴随网络文学在传递正能量、弘扬社会主义核心价值观方面日益发挥重要作用，同时为进一步推进网络文学繁荣发展，实现社会效益和经济效益相统一，营造行业良好生态，有关部门加强了对网络文学的管理，开展了对网络文学内容进行不定期审读工作。同时，为提高监督网络数字出版情况的效率，加强了网站内容编辑、网站审核人员的业务培训和资质认定，规范了网络文学出版秩序，并引导网络文学网站增强社会责任感，提升内容把关能力。2015年，国家新闻出版广电总局正式开展了重点网络文学网站作品阅评工作，全年共收到阅评意见46份，涉及重点网络文学作品520部，连续形成了8份月度审读报告，2份季度分析报告和1份全年报告，为网络文学管理提供了有效支撑。进入2016年，国家新闻出版广电总局进一步扩大了阅评网站范围，既包括专门从事原创的文学网站、综合型网站文学频道，也包括集成投送型的传播类文学网站，覆盖了目前全国范围内规模较大、知名度较高、影响力较强的网络文学网站及其客户端。同时，总局正在着手建立网络文学社

---

① 2015网络文学产业发展三大趋势：跨界　调整　重组［EB/OL］. http://www.chinawriter.com.cn/wxpl/2015/2015 - 12 - 22/261321.html 中国作家网.

会效益评价体系。

网络文学主流化步入快车道。中国作家协会于2015年年底成立中国作家协会网络文学委员会，同时在网络文学较为发达的上海、广东、浙江和江苏等十多个省市，由作家协会牵头，陆续成立了网络作家协会、网络文学委员会等相关组织机构，为网络文学创作提供重要支撑，这意味着网络文学逐渐被主流文学领域所认可，网络文学作家找到了归属。

（四）数字教育出版初具成效

近年来，在国家大力推行教育信息化的背景下，数字教育出版成为互联网一大热点。数字教育出版不仅是教育领域发展的必然趋势，也是教育出版转型升级、融合发展的必由之路和必要选择。2015年以在线教育为主要形态的数字教育出版领域热度持续升温。

此前，数字教育出版领域主要参与者为新兴出版企业和专业教育机构，传统出版单位普遍处于尝试摸索阶段。随着教育信息化的全面推进，传统出版单位充分认识到在线教育是传统教育利用互联网技术的转型过程，而非重构。它们依托自身的优质教育和出版资源，通过产业链的延伸来进行转型发展，开展跨界融合，在学前教育、中小学K12教育、高等教育、职业教育等领域都进行了积极有效的探索，取得了突出成效。一是积极利用自身教育和出版优质资源，进行在线教育平台的搭建和数字教育出版产品的开发。2015年年底，江苏凤凰传媒旗下"凤凰创壹教育云平台"上线发布，该平台集合图片、动画、视频、PPT等海量数字化教学资源，并可在原理展示、仿真实训、评估考核等方面实现三维互动可视化呈现，立足职业教育，并逐步向基础教育、高等教育以及社会培训领域延伸[1]；二是积极开展与互联网企业合作，借助双方优势，实现互惠共赢。2015年7月，人民教育出版社、同济大学出版社与互联网学习平台沪江网签订数字版权业务合作框架，分别就沪江网旗下《新版中日交流标准日本语》《新求精德语强化教程》两套教材的数字产品开发达成合作，双方共

---

[1] 凤凰创壹教育云平台上线发布会暨投资者见面会在京召开［EB/OL］. http：//www.ppm.cn/Html/Article/7915/

同探索在"互联网+教育"环境下打造优质数字教育产品与服务①;三是积极运用资本市场,借助资本力量,推进融合发展。2015年10月,江苏凤凰出版传媒股份有限公司(凤凰传媒)、北京学而思教育科技有限公司(好未来)、北京凤凰学易科技有限公司(学科网)正式对外宣布,由凤凰传媒控股的学科网获得好未来3 000万美元战略投资②;四是成立独立的科技公司,以更加灵活的机制投入数字教育出版转型。2016年3月,浙江教育出版社和浙江省新华书店集团联合控股成立浙江青云在线教育科技有限公司,主要承担浙江出版联合集团在线教育服务平台的建设任务。在该公司成立以前,浙教社于2014年年底即已开始数字教育出版业务的初步尝试,2015年开发了劳动与技术O2O课程、微信公众号"青云端"等在线教育产品③。此外,外语教学与研究出版社也成立了自己的全资子公司"外研在线",并开发了"Unipus"在线学习平台,上线一年多以来,已积累了规模较为可观的数字教学内容,仅数字课程一项,就覆盖了大学英语、专业英语、商务英语、四六级考试、托福、雅思、小语种等多个类目的数十门课程④。由此可见,2015年传统出版单位在数字教育领域的探索粗具成效,已基本形成了产品、平台、服务、模式较为完整的行业体系。

  同时,过去一年来,以百度、腾讯、阿里巴巴为代表的新兴出版企业也加大了数字教育领域的布局力度。2015年4月,百度推出觅题APP(后更名为百度高考APP),为高考生预测推荐所在考区最热门的知识点以及相关试题;12月,百度成立教育事业部,将在线教育平台"百度传课"作为其核心业务。2015年9月,阿里巴巴旗下"淘宝教育"上线"乡村云端计划",主推公益在线直播课;并于2016年年初与高校信息化服务提供商金智教育达成合作,面向高校推出云计算课程。腾讯则在2015年6月投资了K12教育O2O平台"疯狂老师",并于7月推出"互联网+教育"的智慧校园整体解决方案,并与多

---

  ① 沪江与国内五家出版社达成数字合作[EB/OL]. http://www.chuban.cc/szcb/201507/t20150724_168772.html

  ② 凤凰传媒、好未来、学科网达成战略合作[EB/OL]. http://edu.sina.com.cn/zxx/2015-10-10/1357485293.shtml

  ③ 青云在线:以拓展性课程为主服务浙教社传统出版[EB/OL]. http://www.cptoday.cn/news/detail/1129

  ④ 外研社的数字化转型:深扎高校,要与第三方共建外语学习平台[EB/OL]. http://www.jiemodui.com/N/44943.html

家高校签署战略合作协议,通过腾讯QQ公众号体系、QQ钱包、腾讯课堂、腾讯云等多种产品的支持,连接校园行政、教学、校园生活等方面,构建完整的网络学习环境;2016年2月,腾讯收购老牌教学机构新东方集团旗下"新东方在线",进一步开展数字教育领域O2O布局①。

(五) 产业集群效应日益显现

产业集群是产业间相互关联纵深发展的重要表现,产业集群效应则是衡量集群发展水平的重要标准。自"十一五"时期以来,政府管理部门即通过建设数字出版产业基地(园区),开展数字出版产业的区域布局,成效明显。数字出版"十二五"规划中提出,到"十二五"期末,要在全国建成8—10家年产值超百亿元并各具特色的国家数字出版产业基地。因此,进入"十二五"时期以来,根据产业发展的迫切需求,政府管理部门加快了数字出版产业基地(园区)建设步伐。截至2015年,全国共设立国家级数字出版产业基地14家,在建设数量上超出了"十二五"规划的预期目标。这14家国家数字出版基地分布在华东、西南、西北、华中、华南、华北六大区域。其中,数字出版产业基础较好、发展较快的华东地区基地数量最多,共有七家,尤以长三角流域最为集中,聚集了上海、江苏、杭州、安徽四家基地;华中地区建有华中、中南两家基地;华北地区建有北京、天津两家基地;华南、西北、西南各建有一家基地,初步形成以东部沿海为带动,长三角流域为核心,华北、中南、西北、西南为辐射的综合产业区域布局。

国家数字出版产业基地(园区)在培育产业龙头、科技创新、人才和企业孵化、推进传统出版转型升级等方面起到了积极的示范引领作用,也成为推进数字出版产业发展与壮大的重要力量。据初步统计,2015年14家国家数字出版基地营业收入总和超过1 500亿元,占到全国数字出版总收入的30%以上。其中,上海张江基地2015年产值突破300亿元大关,达到346亿元;江苏基地和广东基地营业收入超过200亿元。龙头企业是国家数字出版产业基地发展的骨干力量与重要引擎,如上海张江基地聚集了方正科技、盛大网络、中文在线等行业龙头。中南基地积极打造以中南传媒为核心的主基地、以青苹果和四海

---

① BAT频繁布局在线教育,到底有何不同?〔EB/OL〕. http://mt.sohu.com/20160516/n449676340.shtml

通达为分基地的"一体两翼"建设格局；杭州基地则汇聚了咪咕阅读（中国移动手机阅读基地）、中国电信天翼阅读、杭州日报报业集团、华数传媒、阿里巴巴等知名企业。各家基地凭借龙头企业的影响力，带动产业链上下游企业有效聚集，集群效应日益显现。

经过多年的经验积累与实践探索，当前国家数字出版产业基地的发展战略和重点已从基础建设逐步转向差异化、特色化发展。一是发展路径的差异化，各家基地根据自身资源、技术、区位优势，结合本地既有产业基础，探求特色化发展路径，发展定位、发展重点日臻明朗，大多数基地已形成了自己的发展特色和优势产业。如天津基地和重庆基地主打云计算；杭州基地依托中国移动、中国电信两大电信运营商，重点发展数字阅读；江苏基地扬州园区以数字教育（电子书包）和电子书为重点，逐步健全相关产业链。二是发展模式的差异化。有的基地依托既有的发展较为成熟的工业园区、软件园区、产业园区进行开发建设，借助现代信息技术，积极整合各类资源向数字内容产业拓展，形成了较为健全的产业集群生态系统，在产业融合发展上也走在了全国前列；有的基地则依靠已有龙头企业和自身优势产业，通过产业基地，形成产业聚集。三是管理模式的差异化。各家基地在管理方面进行了多方尝试，从较早的省部共建模式，到设立基地管理委员会，再到设立公司，实现了从管理思路和管理方式的不断拓展创新，管理模式渐趋成熟，形成了"政府引导、市场主导"的管理运营机制，为基地可持续发展提供了重要保障。

为进一步推进产业规模化、集约化发展，充分激发产业基地的集群效应，今后管理部门将继续制定出台相关政策及指导意见，对基地发展给予更多的支持与引导，并为基地发展争取更多的财政资金支持与项目扶持。同时，通过落实基地年度抽检制度，健全基地考核评估指标，建立基地准入退出机制等措施，进一步强化基地管理。

（六）数字内容版权运营备受关注

IP（Intellectual Property），直译为知识产权。其含义是为广大用户所熟知的、具有粉丝基础的文化产品，可表现为文学作品、音乐、影视戏剧、动漫游戏等多种文化形式，可衍生为电视电影、动漫游戏、音乐文学、周边创意等各种文化产品，以实现内容价值的最大化。2015年被称为IP元年，文学、游戏、影视等领域对 IP 的关注和需求迅速扩张。过去一年里,《寻龙诀》《九层妖塔》《滚蛋吧！肿瘤君》《盗墓笔记》《花千骨》《琅琊榜》等一系列知名网络文学作品被改编成影视作品并大获成功,一时之间掀起 IP 改编热潮。这一热潮也为出版业的内容运作激发了新活力,提供了新风口,开拓了产业融合发展的新空间。通过数字内容版权运营,实现内容、用户、渠道等方面的深度转化,促进优质内容的充分挖掘与运用,构建多元化商业模式,打造新型文化产业新生态。

IP 概念的火热源于网络文学领域的粉丝效应和口碑积累,让业内看到其潜藏的巨大商业价值。由于网络文学具有较为完整的故事结构,在口碑和受众群体上也已形成一定规模的积累,最容易获得市场认可,故而成为最普遍的 IP 资源。由于原创 IP 的潜在价值巨大,互联网公司也加速了对于原创 IP 的追逐。百度、腾讯、阿里巴巴等互联网巨头纷纷加入到 IP 争夺的角斗场,在网络文学、网络游戏、网络影视等领域进行全面布局,原创内容版权产业链条已初步形成。传统出版单位也加快了对 IP 运营的探索与实践,将其视为融合发展的突破口,提升对优势内容的整合利用,加强与影视、游戏、互联网企业的合作,力争实现图书、动漫、游戏、影视的多领域延伸,共赢发展[1]。

目前 IP 运营的主流模式是网络文学/漫画＋游戏/影视＋X,IP 的最大价值在于原著粉丝的二次开发,可以大大降低产品初期在市场的推广难度,迅速吸引流量。然而随着 IP 热度不断提升,市场竞争日益激烈,IP 的开发运营成本也水涨船高,同时也更加考验企业对 IP 的运作能力。因此企业开始以 IP 为驱动,将运作重点从已实现纸质出版的网络文学作品,转向有潜力 IP 的挖掘、培育和孵化,开展传统图书出版、动漫、网游、影视、周边衍生品等产品形态的同步、多元开发,围绕 IP 进行全产业链运作、全方位运营,打通各业务板块以发挥协同效应,从而缩短 IP 变现周期,放大品牌影响力,延长生命周期,实现市场价值最大化。

IP 概念的持续发酵也带动了文化资本市场的活跃,相关数据统计显示,2015 年国内市场共产生 IP 相关收购 42 起,其中披露收购金额 39 起,合计产生并购金额 209.59 亿元,被并购企业涵盖文学、动漫、游戏、影视等多个领域[2]。

---

[1] 优质 IP 将引爆数字出版发展 [EB/OL]. http://www.chuban.cc/szcb/201602/t20160217_172423.html

[2] 清科观察：2015 年中国 IP 并购大爆发,全产业链价值挖掘驱动整合加速 [EB/OL]. http://research.pedaily.cn/201603/20160301393863.shtml

（七）产业保障体系日趋完善

2015 年，我国数字出版产业保障体系在诸多方面得以完善与丰富，尤其是在标准建设和版权保护方面取得了新的进展，成为传统出版与新兴出版融合发展的有力支撑。

数字出版标准体系建设进入新阶段。2015 年，国务院印发了《深化标准化工作改革方案》、贯彻实施的《行动计划》（2015—2016），以及《国家标准化体系建设"十三五"规划》，提出了未来标准化工作改革的总体目标，明确了各项任务和保障措施。《中国标准法》也正在修订进程中。国家标准化管理委员会印发了《2015 年全国标准化工作要点》。这些指导性法规文件共同为数字出版标准体系建设指明了新的发展方向。全国新闻出版信息标准化技术委员会在 2015 年完成了由行业标委会向国家级标委会升级的工作，标志着我国新闻出版业标准化组织建设基本完成。多项标准制定取得重大进展，电子书内容系列 13 项标准、《数字版权唯一标识符（DCI）》《版权权利描述元数据》《版权服务基础代码集》等 5 项基础性标准，以及《中小学数字教材加工规范》等行业标准的正式发布，填补了该领域的空白，这些标准的发布将有利于电子书产业、数字版权保护与管理、基础教育类数字出版的发展。《数字出版卫星传输规范》《数字期刊》等系列标准即将发布，有望充分发挥卫星传播优势，规范数字期刊出版行为。需要强调的是，我国主导制定的《国际标准关联标识符 ISLI》在 ISO 正式出版，这标志着我国逐步打破了英、美、德、法在国际标识符领域的长期垄断，跻身世界标识符大国行列。

数字版权保护是数字出版产业发展的基石。为了保护作者权益、推动出版企业数字化转型的可持续发展、兼顾各方利益的平衡，建立良好、合理的网络传播秩序，多方力量进行了不懈的探索与创新。

数字版权保护技术研发工程研发任务已全部完成。工程核心成果物——数字版权保护技术管理与服务平台，可提供数字版权认证、授权信息管理、网络侵权追踪等全流程数字版权保护技术服务，其他包括内容分段控制技术、多硬件绑定技术等六项核心技术，以及互联网出版、移动出版、出版单位自主发行、富媒体报刊、按需出版等五类版权保护应用系统。工程下一步将推进成果转化管理工作，开展产业化运营。

数字版权保护立法工作取得新进展。2015年2月，《最高人民法院关于适用＜中华人民共和国民事诉讼法＞的解释》开始实施，改变了原有立案管辖权规则，便利了权利人维权诉讼的开展；2015年9月，国家版权局就《著作权行政处罚实施办法（修订征求意见稿）》向社会公开征求意见，该《意见稿》进一步完善了版权行政保护制度，加大了对侵权盗版行为的行政打击力度；2015年11月开始实施的《中华人民共和国刑法修正案（九）》强化了对网络行为和网络犯罪的监管，增强了对数字版权网络著作权的刑事司法保护。

司法与行政保护力度加强，成效显著。国务院于2015年底印发《关于新形势下加快知识产权强国建设的若干意见》，提出了要完善行政执法和司法保护两条途径优势互补、有机衔接的知识产权保护模式。国家新闻出版广电总局、国家版权局印发的《关于推动网络文学健康发展的指导意见》《关于规范网络转载版权秩序的通知》《关于规范网盘服务版权秩序的通知》《关于责令网络音乐服务商停止未经授权传播音乐作品的通知》《关于大力推进我国音乐产业发展的若干意见》等规范性文件，在加强网络文学作品版权保护、明确网络版权转载的重要问题、规范网盘服务版权秩序、加强数字音乐作品的版权保护等方面予以明确指示和规范。各级法院受理的知识产权案件数量快速增长，网络著作权案件数量比例达50%以上，审理力度不断加大。"剑网行动"成果显著，有效规范了网络作品的传播秩序。在2015年开展的专项行动中，共查处案件383起，移送司法机关刑事处理59起，关闭违法网站113家。

社会保护获得新进展。社会保护具有专业性与灵活性，与司法保护、行政保护、技术保护共同全方位推动数字版权保护工作。由搜狐视频、腾讯、优酷土豆、凤凰视频、爱奇艺等互联网公司于2015年7月发起组建互联网视频正版化联盟，旨在通过联盟成员的自律、互助，维护互联网视频版权市场的良好秩序；《关于规范网盘服务版权秩序的通知》发布后，百度云盘和6家视频网站及权利人签署了云盘版权保护共同声明，携手抵制网络云盘上的侵权盗版行为。

（八）人才队伍建设取得突破

人才是数字出版产业发展的根基，也是产业创新的关键要素，很大程度上决定着融合发展的路径、进程、深度与广度。在"互联网＋"背景下，首先要实现人才方面与互联网的对接。在这样的思想共识下，2015年政府管理部门和企业在数字出版人才队伍建设方面开展了积极有益的探索。

数字出版人才培养工作得到有力推进。管理部门组织了多次基于"互联网+"环境下的人才培养研讨会议，行业协会、科研机构、企业也加大了对数字出版相关人才的培训力度。各家出版单位为加快推进转型升级、融合发展，对数字出版人才的培养与引进给予了更高的重视。积极实施数字出版人才发展优先战略，已成为各家出版单位的重要战略部署之一。各家单位进一步优化人才结构，更加注重数字出版人才、技术人才、融合型人才在企业人员中的比例，在创新人才培养、引入、管理、选拔、评价、激励保障机制方面进行了积极有益的探索，进一步加强了对创新型、融合型人才的培育和扶持力度，努力为各类数字出版人才的成长创造良好环境。如中国出版集团、地质出版社等单位专门针对引入数字出版人才建立"协议工资制"，即由应聘者提出薪资待遇预期，出版单位决策层根据其面试表现，确定相应的绩效考核任务，继而给予相应的协议工资[1]。中国出版集团还向社会力量开放创业空间，与中国教育电视台泰国教育部合作，相互借力，共同推进"互联网+"人才培养；山东出版集团通过强化互联网思维、跨界融媒思维、学习创新思维，培养"互联网+"领军人才，同时围绕其工程项目和业务布局，着力进行"互联网+"时代下的编辑人才、创新型人才、版权贸易人才；清华大学出版社则通过"+互联网"和"互联网+"两种途径，前者是让编辑参与数字化项目实践，逐步掌握数字化产品的内容资源整合及其结构化方法，从而逐步实现由传统编辑向传统与数字复合型编辑的转型；后者则以"互联网+"业务为抓手，选派传统编辑到下属互联网企业工作，让其逐步适应"互联网+"思维模式和运营机制[2]。各家出版单位数字人才队伍建设初见成效，为数字出版产业培养了一批数字出版领导人才、内容生产人才、产品运营人才、专业技术人才等高素质专业队伍人才。与此同时，2015年还呈现出传统出版单位与新兴出版企业双向流动频繁、人才相互融合的态势。

特别值得一提的是，2015年北京市将数字编辑职称评审纳入全市职称评审

---

[1] 出版企业内部创业5模式［EB/OL］. http://www.chuban.cc/cbsd/201510/t20151023_170586.html

[2] 专家：如何利用"互联网+"打造出版人才［EB/OL］. http://www.ce.cn/culture/gd/201511/10/t20151110_6961665.shtml

序列，在评审编辑人员范围上实现了数字内容产业领域的全覆盖，包括数字新闻、数字出版、数字视听、动漫游戏等领域，涵盖了内容编辑、技术研发、运维营销等产品生产流程。由中国新闻出版研究院牵头组织专家编写教材和考试大纲，于2016年5月组织开展了北京市首次数字编辑初中级职称考试，有近3 000人报考，并将于7月开展数字编辑高级职称评审工作。此项工作开创了全国数字编辑职称评审工作先河，并为全国数字出版人才队伍建设做出率先示范。同时，北京市正在着手制定"十三五"时期数字出版人才的专项规划。

2016年3月22日，中共中央印发《关于深化人才发展体制机制改革的意见》，表明中央对新常态下的优秀人才培育给予高度重视，对今后数字出版人才队伍建设也具有重要的指导作用。国家新闻出版广电总局在《新闻出版广播影视"十三五"时期发展规划》以及数字出版专项规划中，也将建设产业新型人才队伍作为重点工作。据悉，目前国家新闻出版广电总局正在着手制定数字出版人才培养和选拔方案，将推行数字出版千人培养计划，在书报刊和音像电子出版领域分别遴选一批一线骨干从业人员，进行定向培养，丰富数字出版人才体系，并着手建立数字出版高端人才和专业人才数据库，引导形成"人才培养链与产业链、创新链"等三链有机衔接，形成政产学研协同创新人才培养体系，从创新驱动的角度，制定人才发展新机制，将规模宏大的人才队伍建设从人才培养、激励、引进、合理使用等方面进行制度的科学规划、大胆创新。

四、数字出版产业问题与对策分析

2015年，尽管我国数字出版产业规模仍然保持上升态势，产值再创新高，出版业融合发展态势初步形成，然而一些突出问题仍然存在：一是融合发展的思路有待进一步开拓，产品、模式有待进一步创新；二是数字出版产品内容整体水平有待提升，核心竞争力有待进一步加强；三是科技研发与应用水平与产业发展需求尚有较大差距；四是数字出版产业有效、优质供给不足，产业发展尚不均衡。在进入"十三五"时期之际，无论是政府管理部门还是出版企业，都需要认清形势，总结经验，共同推进产业融合发展向更高层次迈进。

（一）不断完善政策体系，引导产业健康发展

近年来，以习近平为总书记的党中央高度重视推进新兴文化产业发展，做出了一系列具有深远影响的重要部署，为政府管理部门开展相关工作提供了重要遵循，也为数字出版产业可持续发展铺平了道路。

当前，我国数字出版已进入"十三五"开局之年。下一阶段，政府部门要加快研究制定有利于推进数字出版产业发展的系列政策文件，制定相关配套措施，持续优化数字出版政策体系，持续优化数字出版产业顶层设计，推动融合的均衡化发展，为数字出版产业发展提供更大的动力支撑。结合新闻出版广播影视"十三五"时期发展规划和数字出版专项规划中制定的主要目标和重点任务，加快数字出版产业基地（园区）、网络文学等重点领域相关政策规范研究制定工作，推进数字出版产业法律法规、标准体系的建立健全。着重加强对传统出版单位和新兴出版企业的统筹协调和管理，制定同一标准的管理办法，持续优化管理手段。

在推进产业转型升级、融合发展方面，总局仍将以推进出版业转型升级、融合发展作为"十三五"时期的重要任务。政府管理部门对融合发展具有更清晰、更全面、更前瞻性的认识与把握，以推进转型升级、融合发展的提质增效。当前，传统出版单位转型示范的推荐评估工作已基本告一段落，2016年将推动转型升级的纵深化发展，着重从四个方面入手：一是推动文化企业进入服务模式建设；二是研究完成数字出版教育应用服务示范工程项目实施方案，推动教育出版单位进入转型升级、融合发展的快行轨道；三是总结第二批转型示范单位的有效做法和成功经验，进行后续工作部署；四是发布数字出版转型升级制度保障体系范本，引导出版单位建立健全规章制度，保障转型升级、融合发展工作的顺利开展，着重健全行业新兴人才管理、评估、考核、激励等相关政策和制度。

同时，围绕新闻出版广播影视"十三五"时期发展规划和各个专项规划，抓住国家增加对新闻出版事业投入的契机，结合国家"十三五"规划纲要中提出的"全民阅读""国家重大出版工程""少数民族新闻出版东风工程""国家重点古籍整理出版项目"等新闻出版业"一大三小"工程，充分发挥数字出版在其中的推进作用。持续以实施项目为推动产业发展的重要抓手，结合"一带

一路""互联网+"等国家战略,着力在重点领域尽快形成一批进入海外市场的重点项目,增强我国数字出版的国际竞争力。

(二)努力拓宽发展思路,驱动产业融合创新

在"互联网+"形势下,出版业需要更新行业发展理念,树立融合发展思维。只有理念更新才能带动思维创新,引导从内容生产到科技应用,再到产品开发、经营管理的全面创新。出版产业必须适应时代发展,用互联网思维指导出版产业的服务理念,根据市场变化,更新出版观念,立足当前,着眼长远,不断开拓融合发展创新思路。充分借助国家大力推行"互联网+"战略的重要契机,开拓进取,用新观念、新思维,推进产业融合发展,实现从内容到产品到模式的全面创新突破。

注重内容创新。"互联网+"时代的出版业,内容仍然是其立足之本,也是产业创新的核心所在。从优势内容资源入手,提升对资源的聚集、整合、加工能力,运用先进技术,对内容进行解构重组,注重不同用户对象、产品形态、传播渠道内容的多元开发、多种呈现,实现内容的多样化特色化、分众化生产,让内容更加贴合用户需求,将内容优势发展为竞争优势。

加强产品创新。从产品形式上,着力加强产品的可视化、多维化创新,注重移动阅读产品的场景化设计;注重用户评价与反馈,结合用户意见不断完善产品设计;整合传统品牌内容,将原有品牌影响力延伸至数字领域,打造融合品牌产品系列,提升优势品牌的竞争力和辐射力;吸收、借鉴新兴出版单位的先进理念与手段,提升产品的运营能力。

推进服务模式创新。出版将逐步走向全面开放化运营之路,包括内容开放、出版平台开放、发行渠道开放和运营模式开放,在出版互动过程中提高产品的用户满意度和美誉度。要顺应互联网传播移动化、社交化、多媒体化、互动化发展趋势,提供面向用户不同需求的多类别、多层次的立体化服务,同时积极运用社交化工具在社交关系网络营销和社交媒体开展营销推广。

探索商业模式创新。在"互联网+"时代,出版业需要加强培育其生态链条的动态性和开放性,不断挖掘自身与互联网的结合点,寻求新的利润增长点。同时,要与其他产业不断融合发展,拓展服务范畴,通过跨界整合推进新兴内容生态链建设,实现社会价值和商业价值的最大化。出版业必须清醒地认

识到，未来数字内容产业的竞争将是生态之间的比拼。

(三) 注重社会效益优先，提升产品核心竞争力

数字出版产业虽然是伴随互联网技术而生的，但内容永远是其发展的立足之本。与传统出版一样，数字出版同样承担着传承与传播优秀文化的责任与使命。开展数字出版要坚持始终把数字产品的社会效益放在首位，不断提升数字产品内容质量，为大众提供导向正确、质量优良、情趣健康、有思想、有灵魂、有价值、有深度的数字出版精品，实现内容质量和市场效应的双赢，实现社会效益和经济效益的双丰收，才能保持数字出版产业的持续生命力。习近平总书记在文艺工作座谈会和新闻舆论工作座谈会上的重要讲话精神，以及中共中央办公厅、国务院办公厅印发的《关于推动国有文化企业把社会效益放在首位、实现社会效益与经济效益相统一的指导意见》，将社会效益的重要性提升到了一个前所未有的新高度，为下一步文化产业发展指明了方向，也为文化体制改革提供了遵循，同时也将为数字出版产业今后的发展起到极大的推动作用。

落实讲话精神和指导意见，将社会效益放在首位，实现社会效益和经济效益相统一，需要政府管理部门、行业协会、企业共同发力，以突出社会效益优先为追求、以提升数字出版产品核心竞争力为目标，加强相关体系与机制的构建。各级管理部门要坚持正确舆论引导，确保讲话精神与指导意见落地，建立健全把社会效益放在首位的体制机制，探索和制定社会效益考核、评估机制与方法，加大对社会效益的考核权重，组织优秀内容及其数字出版产品的开发、挖掘、生产与传播，提供相应的政策扶持与保障。行业协会要配合管理部门，坚守责任，助力数字出版发展，加强对数字出版活动的管理与监督检查，规范全国性数字出版推荐活动，建立一支素质过硬的督查队伍，洞悉管理与监督上的问题，严把质量关，勤于市场调研，做好与用户的沟通工作。传统出版单位要坚持正确出版导向，坚持以人民为中心的工作导向，以多出优秀作品为工作中心，修订对部门与员工的考核方案，注重内容深耕，继续加强对内容质量高标准和严要求，持续保持内容的权威性、专业性，进一步巩固内容优势，提升其核心竞争力；新兴出版企业要提升对数字内容的把关能力，不能片面追求数量增长忽视质量效益，要强化责任意识、担当意识，肩负起传播知识、传承文

化、推进文明发展的重任,加强新技术的研发与应用,继续推进数字内容与技术融合,实现内容创新与形式创新,满足人们高层次精神文化需求的责任与使命,向传统出版借鉴在内容编辑、质量保障方面的经验,生产文化底蕴丰厚的数字出版精品佳作。多管齐下,协同发展,弘扬主旋律、传递正能量,凝聚社会主义核心价值观共识,把社会效益放在首位,有效推动数字出版产业发展,提升数字产品核心竞争力,切实实现社会效益与经济效益相统一。

(四)提高科技应用水平,促进转型升级提质增效

科技是产业创新发展的重要驱动力量。新技术孕育了出版的新业态,科技发展为产业转型升级、融合发展提供了有力支撑。随着数字技术的发展,出版业态不断被解构重组,以充分适应信息化社会的发展需求。目前,传统出版单位普遍加大了对新技术的研究和应用力度,但现阶段还存在新技术应用不灵活、技术与内容产品协调欠缺,很多技术仍停留在浅层次应用上等问题,这主要源于对技术的认识和把握尚不到位。

为推进转型升级的深入发展,出版企业仍需在技术应用上进一步加大投入力度,加大对新技术的理论与实践研究。要找到内容、产品与技术的契合点,把技术更合理地应用于流程改造、内容整合、丰富呈现、优化体验等环节中去,根据需要,如根据内容特点、传播媒介、产品形态等因素,选择适合的技术,使内容、产品与技术更加合理地结合,实现从运用技术到用好技术、善用技术的完美过渡,从而使内容更充分地发挥其潜在价值。出版企业需要进一步加强与科技的融合创新,为用户提供不同场景、满足多元需求下的个性化信息和服务。

充分运用结构化加工制作、资源知识化管理、产品优化工具、跨终端呈现工具等关键技术应用,提升内容加工和产品制作水平;加强大数据、云计算、物联网等相关技术应用,推动建设新闻出版业新兴业态的支撑环境,优化内容生产、存储、分发流程,提高数据采集、存储、管理、分析和运用能力,加强出版资源、产品、用户数据库建设,精准洞察用户需求,运用于内容多层次整合和产品多元创新;灵活应用增强现实(AR)、虚拟现实(VR)、裸眼3D等可视化技术,丰富内容呈现方式,增强交互式体验;加强对人脸识别、语义技术、人工智能等先进技术在出版领域的研究与探索应用,提高出版产品和服务

的智能化水平；开展数字版权标识管理与追踪、媒体指纹提取与检索、版权交易结算等技术研发与应用，提升数字版权管理与保护能力；充分利用新一代网络的技术优势，加快发展移动阅读、在线教育、知识服务、按需印刷等新业态。同时，传统出版单位需进一步强化共赢意识和借力意识。一方面，加强与新兴出版企业、技术企业、平台商的合作，充分借助其他成熟的技术、平台，提升自己转型升级、融合发展的水平和能力；另一方面，继续加强传统出版单位之间的合作，共同攻克转型升级中存在的技术难题，共建行业大数据平台，共同推动行业标准制定，形成全行业互通互融的良性互动机制。

政府管理部门要对行业前沿技术、关键技术、核心技术具有更为清晰的认识与把握，对行业科技工作进行正确布局和引导；持续完善行业科技工作政策与制度，对企业应用技术推进转型升级、融合发展给予引导与扶持，通过树立典型，引导和鼓励企业加强技术研发能力，推动科技成果应用与转化；提升行业科技工作服务水平，推进行业科技管理与服务机构建立健全，建设科技工作管理平台，建立行业科技供需库、科技专家库，为行业科技创新提供更有力的保障。同时，引导建立以企业为主导、政产学研用合作的各类产业化科技创新战略联盟，推进出版业科技创新体系的不断完善。

（五）充分发挥引导作用，做大做强消费市场

2015年11月10日，在中央财经领导小组第十一次会议上，习近平总书记提出了"供给侧结构性改革"的概念，并在2016年1月26日中央财经领导小组第十二次会议上再次强调要从生产领域加强优质供给，减少无效供给，扩大有效供给，提高供给结构适应性和灵活性，提高全要素生产率，使供给体系更好适应需求结构变化。"供给侧"也成为2016年"两会"期间的一大热词，"供给侧"改革将作为未来一个时期推进我国经济结构调整、促进经济转型的重要举措。供给侧改革同样适用于数字出版产业发展。2015年我国成年国民数字阅读率达到64.0%，成年国民日均手机阅读时长超过一小时，数字出版显现出旺盛的需求和巨大的潜在消费市场。然而，目前我国读者的付费阅读率仍然较低，同网络游戏、互联网广告、手机出版在数字出版产业收入中所占的高份额相比，与出版产业直接相关的互联网期刊、电子书、数字报纸等领域产值偏低，且同质化现象严重，呈现出产业供给与市场需求不匹配的问题。为了进一

步壮大数字出版产业消费市场，我们认为，应该从政府管理部门和市场主体两个方面着手，以调整产业结构，促进产业优化供给为重点，做好数字产品生产和市场环境建设工作。

政府管理部门层面，要致力于打造公平竞争的市场环境。一方面，制定版权保护政策，强力打击盗版行为，降低企业维权成本，保护创作者的合法权益；另一方面，通过扶持、奖励等措施，引导企业将社会效益放在首位，生产具有正确价值观、传递正能量的产品。只有合法权益得到保护，创作和创新的积极性和潜力才能得到最好的发挥；只有以社会效益为先，产品的格调才不会盲从于市场，数字出版产业才能正向、良性发展。从而实现生产引领消费，消费带动生产的良好态势。

企业层面，应树立优化供给的发展理念，调整产品结构，强化出版服务。摒弃粗制滥造、迎合市场、抄袭模仿的生产方式，加强策划力度，生产贴合人们学习、工作、生活的精品；摒弃墨守成规，积极运用新技术，加强产品研发，创新产品形态，为用户提供适合各种场景的实用性产品；摒弃传统单一的经营理念，积极拥抱互联网，利用大数据、云计算和新一代社交工具，努力把握用户特点，了解用户实际需求，增强服务意识，做到深入市场、了解市场，从而瞄准市场、找准关键、精准发力，根据市场需要调整产品结构，探索新的商业模式；精耕细作每一个细分领域，发掘蓝海价值，从提高供给质量出发，通过推进产品结构调整，切实提高对需求变化的敏感度和灵活性，通过扩大、创新有效供给，释放消费潜力，培育市场新动能，满足用户的多元需求。

（六）积极借助资本力量，激发产业内在活力

资金是产业发展的重要支撑，资本运营是实现产业结构调整、转型升级的切实需要。特别是以互联网信息技术为支撑的数字出版产业需要资源、技术、平台、人才等方面的大力投入，如果没有资本作为支撑，新闻出版业的转型升级、融合发展将难以顺利实施。以往在传统体制机制下，资金渠道来源单一，基本上是依靠国家财政扶持，造成可持续发展活力和动力不足。近年来，国家大力支持文化产业与资本融合，加强文化企业的财税金融支持，鼓励社会资本进入文化领域，融资方式得以丰富，融资渠道得以开拓，文化企业融资难的困境得到了有效缓解。然而如何以资本为纽带，充分发挥资本市场的推动作用，

持续激发、释放产业转型升级、融合发展的潜能，仍然是出版业需要积极面对和深入思考的问题，需要政府管理部门和企业的共同推动。

政府管理部门层面，要进一步争取文化产业专项资金等中央财政资金支持，同时健全相关配套措施，进一步加大投融资体制改革力度，完善政策保障机制，为出版企业做大做活资本市场提供有力支撑。如建立健全文化企业资产评估、担保、风险补偿等相关机制；进一步适当放宽民营资本准入等政策准入条件，鼓励民营资本参与国有文化企业改制上市、兼并重组，鼓励风险投资基金、私募基金投资新闻出版业；设立国家出版融合发展投资引导资金，带动社会资本积极参与传统出版与新兴出版融合发展。与此同时，对出版企业加快借助资本市场形成积极有效的引导，搭建融资服务平台，助力企业拓宽融资渠道，促进出版资源与金融资本、社会资本的有效对接，为出版与资本的融合创造良好的环境，努力构建能够满足不同企业需求、不同产品属性、不同生产流程的宽领域、多层次、开放型的数字出版产业投融资体系。

企业层面，需要对资本市场具有更为全面深入的认识，采取多种融资手段，拓展多渠道资金来源，为壮大自身实力提供更大的动力支撑。一是以项目为抓手，积极争取中央财政专项资金扶持，充分发挥财政资金的杠杆效应；二是与银行及相关金融机构开展合作，争取相关借贷类金融服务；三是大型企业可通过并购、重组，壮大自身资本实力和整体规模，完善产业链布局，积极开展跨媒体、跨地域、跨行业、跨所有制、跨国界并购重组；四是通过在中小板、创业板、新三板挂牌以及海外上市，更有效地打通资本和出版的通道，以更加市场化、专业化推进转型升级、融合发展，得到更多融资机会，获取持续发展资本，特别是新三板为中小微型企业提供了广阔的融资平台，正处于初创期、成长期的中小企业可通过新三板挂牌获取更多融资机会。此外，有条件的传媒企业可建立投资基金，在为有潜力、创新型的新媒体项目提供资金支持、激发市场创新活力的同时，也可获得高额回报。

五、数字出版产业趋势分析

我国已进入"十三五"发展时期，国家"十三五"规划纲要和《新闻出版广播影视"十三五"时期发展规划》将对今后五年的数字出版产业起到重要的规划引领作用;科技发展与应用水平的提升将推进传统出版与新兴出版的融合发展迈向更高层次,促进产业创新机制建立完善;自媒体运作模式渐趋成熟,内容价值得到进一步发挥;新兴电商模式和渠道将推动出版营销模式的创新突破。具体到未来一年,我们有望看到数字出版产业呈现以下发展趋势。

(一)顶层设计引领产业发展格局

2016年3月17日,《中华人民共和国国民经济和社会发展第十三个五年规划纲要》正式发布,明确提出了"文化产业成为国民经济支柱性产业"的发展目标,文化产业所承载的责任和使命进一步加强,相信针对这一发展目标,国家对于文化产业,特别是包括数字出版在内的新兴文化产业将会做出一系列新的部署。同时,《纲要》涉及新闻出版业工作的8个方面,并首次纳入"数字出版"这一概念,指出要"加快发展网络视听、移动多媒体、数字出版、动漫游戏等新兴产业",对于国内已有十余年发展历程的数字出版产业而言,具有划时代的意义。这意味着以数字出版为代表的新兴文化产业得到国家的高度重视,在未来具有远大的发展前景。

可以看到,"十二五"时期末,特别是2015年下半年,从国家层面已针对新兴文化产业展开了一系列重点部署,相关政策和举措密集出台。而进入"十三五"时期以来,国家对新兴文化产业的推动力度必将持续加大,为数字出版产业的可持续发展营造更好的发展环境。可以预见,新兴文化产业在"十三五"时期仍将保持较快增速,具有较好的发展潜能。

同时,可以看到2016年度中央财政文化产业发展专项资金管理较往年发生较大变化,实施方式确定为"基金化+重大项目"的模式,基金化是指引入市场化运作模式,培养遴选一批中央、地方和市场的优秀文化产业基金,引导和撬动社会资本支持文化发展;重大项目主要包括"文化金融扶持计划""支持特色文化产业发展"和"促进文化创意和设计服务与相关产业融合"等三个方面主要内容。由此推断,中央财政资金对文化产业的支持重点将是"扶强扶优",而不是"扶贫扶弱",将会更加注重财政资金的杠杆和撬动作用。这意味着国家财政对文化产业的扶持思路有了较大调整,对于数字出版产业而言,既提供了更大的动力,也提出了更高的要求。

在政府管理部门层面，新闻出版广播影视"十三五"时期发展规划和数字出版"十三五"时期发展规划的相继出台，都将会对数字出版产业发展起到重要的指引作用。一是数字出版在整个新闻出版广电领域将占据更加突出的位置；二是两个规划均结合"十二五"时期数字出版的发展状况和突出问题，对"十三五"时期数字出版的发展目标和重点方向进行了统筹部署，产业顶层设计进一步完善。在规划的指引下，数字出版的产业重点或将发生一定程度的变化，部分领域或将面临方向性转变，推进产业从形态到模式的升级更新。管理部门将以规划为纲领，加快进行产业布局，出台更加细化、更有针对性的政策举措，针对产业基地（园区）、网络文学、网络游戏等领域出台专门的指导意见和管理办法。同时，地方政府和出版行政管理部门，也将以总局规划为指引，加快推动地方数字出版产业发展。据了解，北京市新闻出版广电局正在着手开展数字出版人才队伍建设、网络文学发展等方面相关政策的研究制定工作。随着政策体系日益健全，将为数字出版产业提供一个更有利于发展的政策环境。

（二）产业创新机制渐趋完善

当前，我国经济发展已从要素驱动转向创新驱动，创新成为引领社会和产业发展的第一动力。近年来，国家对创新在经济发展和产业转型升级中的重要作用给予了高度重视。特别是"大众创业、万众创新"被写入2015年《政府工作报告》以来，国家推动创业创新的力度不断加大。2015年6月，国务院发布《关于大力推进大众创业万众创新若干政策措施的意见》，强调推进"大众创业、万众创新"对于推动经济结构调整、打造发展新引擎、增强发展新动力、走创新驱动发展道路的重要意义。在国家的大力推动和积极部署下，激发了各个领域的创新活力，出版业创新创业良性环境也正在逐步形成。包括数字出版在内的文化创意产业的"众创空间"在全国各地如雨后春笋般涌现，为新兴文化产业的创新创业搭建了有益平台，营造创新创业的良性生态，将对数字出版产业的企业孵化和人才孵化起到积极的推动作用。企业是产业创新的重要主体，人才则是产业创新的关键力量。此外，各类创新创业扶持基金为产业创新提供了重要支持，创新项目为产业创新提供了有力抓手。

科技作为创新的核心要素，在推动产业发展中将发挥日益重要的作用。新闻出版广播影视科技"十三五"专项规划业已完成编制工作,未来将重点围绕完善行业科技工作政策、健全行业科技管理与服务机构、加强行业共性关键技术研发与应用及深入推进行业标准化建设等几个方面,推动我国新闻出版业科技创新体系建设不断深入健全。在"互联网+"的加速推动下,科技与出版的融合程度将进一步加深,科技对数字出版产业发展的支撑作用不断加强。大数据、云计算、虚拟现实、人工智能等新一代技术在出版业深层次应用,将促进出版业的内容创新、产品创新、模式创新与业态创新,带动出版业服务能力的不断提升,推进出版业转型升级、融合发展不断深入。同时,在"互联网+"的加速推进下,各个领域、各个产业都因为互联网带来的新技术、新渠道、新模式,有了更为紧密的联接,出版业与其他行业的跨界合作逐渐兴起,文化内涵与实体产业实现了有机嫁接,跨界合作使出版业与其他行业实现了联动融合发展,不断开拓出版业发展的新领域。

2016年5月,国务院印发了《国家创新驱动发展战略纲要》,提出了实施创新驱动发展战略的"三步走"目标。纲要从战略任务和保障措施两个方面,对实施创新驱动发展战略进行了全面部署,为产业创新发展创造了有益环境,对于出版业转型升级、融合发展实现创新突破同样具有重要的指导作用。随着国家和政府部门顶层设计的不断完善,数字出版产业创新机制必将逐渐完善,逐步实现以科技创新为核心带动产业全面创新,以体制机制改革激发创新活力,充分发挥创新"双轮驱动"作用。激励创新的政策法规更加健全,创新环境更加优化。自主创新能力大幅提升。通过建设各类创新主体协同互动和创新要素顺畅流动、高效配置的生态系统,以体制机制创新、人才、管理模式不断激发产业创新活力。

(三) 电子书领域将迎来新格局

从国际上的发展趋势来看,英美等国家的电子书在过去一年中普遍销量下降,但同时有声书和自出版日渐兴起。在此背景下,我国电子书领域将迎来发展的新格局。据易观国际发布的《2016年中国有声阅读市场专题研究》[1] 显示,2015年我国有声阅读市场规模已达16.6亿元,同比增长29.0%,其中仅

---

[1] 易观国际:2016年中国有声阅读市场专题研究 [EB/OL]. http://www.199it.com/archives/453877.html

电信运营商的收入就将近3亿元，预测2016年该市场规模将达到22亿元，由此可见这一领域具有良好的发展前景。同时，随着网络文学的迅速发展，原创电子书的比例将得到大幅度提升，出版企业将加快包括有声书在内的电子书产品形态的多元创新开发，以满足日趋多元化的阅读需求。同时，在IP市场的持续热度下，各阅读平台基于数字版权的竞争也将日益激烈。

在终端方面，手机、平板电脑等智能终端已成为电子书阅读的主要终端，电子阅读器由于智能手机大屏化等因素，近两年在中国的发展始终"不温不火"。然而，这一市场仍然不乏有新企业进入。2016年5月，数字阅读企业掌阅发布其第二代电子阅读器产品iReader Plus，声称要跟Kindle展开竞争；而在2016年，京东也通过众筹方式推出了其第一款阅读器产品JDRead①。腾讯阅文集团也在2016年3月宣布将进入电子阅读器终端领域，声称"要做国内内容最全的电子阅读器"。可以看到，与之前从外观到体验均千篇一律的电子阅读器不同，新一代电子书阅读器外观设计更加注重细节，更加注重营造品牌的特色化。早期的电子书阅读器更多地被作为礼品销售，其数字内容的价值被忽略，这也与我国数字出版产业发展初期的"重终端、重技术、轻内容"的观念不无关系。随着数字内容的价值逐步上升，企业的理念已得到更新，从以"设备为核心"到"以内容为核心"，相信适合电子阅读器发展的良性市场环境会逐步形成。虽然目前电子阅读器在我国的发展前景仍不明朗，大部分市场份额仍然被外来者亚马逊Kindle所占据，但随着新进入者的不断涌入，以及产品在阅读体验和功能上的不断完善，内容与设备的适配程度不断加深，我国本土电子阅读器市场也将重新活跃起来。

（四）出版与资本融合日益加深

近年来，文化产业借助资本力量加快发展步伐，出版资源与金融资本融合程度不断加深，掀起了文化企业上市融资、并购重组的热潮，资本市场已渐趋成为出版企业转型升级借力的主阵地。中文在线、读者传媒集团等文化企业相继实现上市，越来越多的文化企业登陆A股、借壳上市、挂牌新三板。特别是2015年以来，新三板逐渐成为文化企业，尤其是新兴文化企业融资的重要途

---

① 京东阅读杀入电子阅读器领域 众筹只是个开始 [EB/OL]. http：//media.people.com.cn/n1/2016/0421/c40606-28294191.html

径。据不完全统计，2015年文化企业在新三板挂牌的数量破百，达到114家①，占全部挂牌文化企业的73%。传统出版单位中，以广西师范大学出版社集团旗下昊福文化登陆新三板为标志，北京出版集团旗下北教控股、中信出版集团也相继跟进，开拓了融资及估值的新渠道。2016年5月，知名数字内容服务企业龙源数媒也在新三板挂牌上市。与A股、创业板上市有所不同，新三板最早仅局限于中关村科技园区的非上市股份有限公司，后逐步开放面向全国的非上市股份有限公司，面向大宗交易市场。企业规模上，以互联网、高新技术等新兴领域的中小微型企业居多，这些企业多处于初创期、成长期，新三板则为它们提供了一个吸引投资者关注，获得更多融资机会的平台，以充分激发其发展潜力，提升企业价值，逐步发展成为所在新兴行业的龙头。2016年3月，新三板分层标准正式发布，分为基础层和创新层两层。创新层对于企业营业收入、利润、投资者人数等参数有更高的要求，进入创新层的企业，势必会赢得更多投资者的关注与扶持。随着国家相关政策推进，在新三板挂牌的新兴文化企业数量还将持续攀升，将进一步激发数字出版产业市场活力，激发新兴出版企业发展潜力。

随着金融资本、产业资本和互联网逐渐渗入文化产业，出版业并购日益活跃，既有行业龙头通过并购拓展产业链，又有传统出版单位通过跨界并购实现向文化产业的转型，推动文化产业各垂直细分领域的整合加剧。这一趋势在2015年的互联网领域也有所呈现。2015年，携程并购去哪儿、美团合并大众点评、58入驻赶集网等一系列互联网并购案例，多半发生在互联网不同细分领域的行业第一与行业第二的强者之间，形成了强者更强的局势，巩固了行业龙头的领军地位。在数字内容领域，则呈现出行业龙头通过并购整合，开展基于数字版权争夺以抢占市场话语权。在网络视频领域，阿里巴巴收购下国内视频领域领头羊合一集团（原优酷土豆）；早前腾讯亦是通过收购盛大文学逐步实现了在网络文学乃至泛娱乐产业里的领军地位。

此外，2015年11月，中南传媒发布公告拟成立出版传媒业首家基金管理公司，同时联手潇湘资本首期欲推出规模5亿元的泊富文化产业投资基金②。

---

① 2015年共114家文化企业挂牌新三板［EB/OL］. http：//www.ce.cn/culture/gd/201512/30/t20151230_7952792.shtml

② 中南传媒成立出版传媒首家基金管理公司［EB/OL］. http：//www.xxcb.cn/event/caijing/2015-11-17/9031045.html

由此可见，出版业以资本为纽带实现跨越升级的方式日趋多元，出版与资本的融合渐趋深入。

（五）自媒体发展步入新阶段

近年来，随着移动互联网的迅猛发展，自媒体已成为互联网产业中不可或缺的内容生产者，在数量上已形成较大规模，仅仅是微信公众号就早已突破了1 000万个，根据腾讯发布的数据，全国微信用户达到6亿，意味着每60个用户中就有一个在运营着公众号。而自媒体正步入从量变到质变的迭代升级，竞争日益激烈，主要呈现出以下四个发展趋势：一是内容向精细化、专业化转变。用户对于自媒体的内容提出更高要求，同质化内容逐渐失去竞争力，加剧了自媒体行业生态的优胜劣汰。从微信公众号推送内容的演变趋势可以看出，用户需求日趋多元，从早期的以消遣休闲为主，现在有越来越多的用户希望通过对自媒体文章的阅读获取专业知识、开阔眼界，时下有不少微信公众号专注于提供文化、互联网、法律、金融等领域的分析评论文章，加强垂直领域下细分行业专业化内容的深耕细作。二是运营模式向团队化转变。优质原创内容成为自媒体可持续发展的核心竞争力，这就要求自媒体具备较强的内容持续供给能力。已形成一定影响力的自媒体为保证优质内容的持续供给，开始向团队运营转变，甚至实现了公司化运作，出现了专业的自媒体运营企业。如厦门的飞博共创，旗下运营着"冷笑话精选""星座密语""生活智慧"等知名新浪微博账号。该公司在2015年12月在新三板挂牌上市，被誉为"自媒体第一股"。三是自媒体成为投资新宠。专业的优质内容持续供给不仅让很多自媒体得到广泛关注和影响，产生粉丝效应，也为它们赢得了资本市场的青睐。从2015年开始，自媒体逐步迈入投融资快车道，一些自媒体因优质内容和用户积累，发展潜力和商业价值得到投资者的认可。据不完全统计，仅2015年下半年就有10余个自媒体品牌获得投融资。2015年10月罗振宇的"罗辑思维"完成B轮融资，估值13.2亿元人民币。2016年刚过去三个月，"有车以后""铅笔道""北美留学生日报""政商参阅"等多个微信公众号也先后完成融资，获得投资已成为自媒体加快变现的重要途径。同时值得注意的是，这些自媒体项目的投资者中也不乏自媒体领域的知名人士，如微信公众号知名博主吴晓波投资了

"十点读书""酒业家"等多个自媒体账号①。四是新形式、新热点持续涌现。网络直播是2015年下半年兴起的自媒体新形态,据2016年4月艾媒咨询发布的《2016年中国在线直播行业专题研究》报告显示,截至2015年年底,中国在线直播平台数量已接近200家,其中网络直播的市场规模约为90亿元,网络直播平台用户数量已经达到2亿。网络直播的兴起,造就了一批网络红人,催生了一系列的热点话题,进一步引领数字内容进入全民创作时代,同时将引起各家新兴出版企业的新一轮的竞争布局。

(六) 出版营销模式有望实现突破

"互联网+"时代,不仅改变了内容的呈现形式和传播方式,也对营销模式产生了重大影响。特别是自媒体的兴起,推动了网络社群崛起。自媒体在创造了内容价值的同时,也通过聚集社群,向电商业务拓展。"电商+社群"也称网络社群营销,这一新型营销模式就此兴起。网络社群营销借助虚拟社群中的人际关系,通过品牌聚拢、内容吸引、社交转化,通过更加个性化、精准化的产品和服务,获得社群成员的认同,从而形成以用户为中心、以口碑为媒介、以互动为手段的营销架构。用户对产品的体验、态度会直接影响到营销效果,用户对产品的点评将转化为口碑效应,并通过社群成员的分享与传播,影响到更广泛的群体。如妈妈社群电商平台"大V店",以亲子阅读为切入点,服务于妈妈的创业、学习、社交、购物,截至目前已拥有百万级妈妈精准用户,日活跃用户50万,月交易额超过千万元。

网络社群营销也正在悄然转变着出版业的营销模式。在互联网思维影响下,出版社更加注重读者的实际需求与选择。网络社群则为出版社与读者之间提供了一个增进相互了解的桥梁。越来越多的出版社开始尝试"社群+电商"营销模式。如"大V店"2015年累计上架图书2 100多种,图书销售额已突破亿元,仅接力出版社就上架127种图书,销售码洋达到1 200万元②。自媒体标杆"罗辑思维"也通过优质内容拓展电商业务,在主持、出书、演讲授课、微

---

① 最全自媒体融资一览表曝光 最高融资达13亿 [EB/OL] . http://www.p5w.net/fund/gqjj/201603/t20160316_ 1386801. htm.
② 社群电商异军突起,书业进入精准营销时代 [EB/OL] . http://www.chuban.cc/cbsd/201601/t20160125_ 172108. html

商、广告、淘宝等跨界领域实现影响力的变现。

网络社群营销的出现，突破了出版社单纯依靠实体书店、网络书店为主体的销售格局，出版社与用户之间形成了更加高效的互动。出版社能够更加清晰地了解读者的实际需求与选择，用户的需求和体验，对出版社的选题策划、图书设计、产品形态开发、营销方案制定等提供了重要参考。在社群电商的影响下，图书的目标受众群体更加清晰，也让出版社更加了解个体用户的心理需求，面向个体用户的精准营销正在成为趋势，营销方式更加立体、注重线上线下互动体验。同时，出版社的选题策划思路正在由资源思维向用户思维转变，使整个出版流程更具有方向性、针对性，针对精准用户的特殊阅读需求进行定制出版，正在成为趋势。为了适应社群电商的营销模式，有些出版单位调整了营销部门的组织架构和人才结构，增加微信、微博等社群平台营销专员，社群电商已逐渐成为出版单位营销的一大重点，并将在出版社未来的营销中发挥日益重要的作用。

（课题组组长：张立；副组长：王飚、李广宇；课题组成员：毛文思、徐瑶、郝园园、刘玉柱、孟晓明、杨涛、宋迪莹、李熙）

分 报 告

2015—2016 中国电子图书出版产业年度报告

万 智 刘永坚 乔莉莉 周剑恒

一、电子图书出版概况

（一）总体情况

2015年是我国图书国际传播力大幅度提升的一年。在世界各大图书博览会上，包括英国伦敦图书博览会、美国图书博览会、法兰克福图书博览会等，人们看到的场景是：越来越多的中国参展商活跃在书展场内场外，越来越多的中外图书合作协议签署，越来越多的中国主题图书发布会举行，越来越多的中国学者、作家积极参与……这些越来越多的事实背后，显示的是中国图书国际传播力的大幅提升。尤其引人注目的是，几乎在2015年所有的国际图书博览会上，《习近平谈治国理政》多语种版成为海外读者追捧的重点图书。

电子图书作为新兴的一种产品存在一定的优势，但在近几年内电子图书还不能真正代替传统图书，成为纸质图书的完全替代品。电子书和传统印刷书籍各自的优缺点，决定了不可能出现一方独霸市场的现象。未来传统印刷市场的缩水之势不可避免。但传统的印刷方式并不会消失，传统图书与电子图书并存之势将成为未来图书市场发展的主色调。

1. 图书出版总量规模略升

2015年我国图书出版行业出版社规模保持平稳发展的趋势，出版社总数基本维持在580家左右。截至2015年年底，全国共有出版社583家（包括副牌社33家），其中中央级出版社221家（包括副牌社13家），地方出版社362家

（包括副牌社20家）。

2015年，全国共出版图书45.1万种，较2014年增长0.6%。其中，新版图书25.5万种，降低0.39%；重版、重印图书19.6万种，增长1.6%。总印数81.7亿册（张），降低0.24%；总印张697.5亿印张，降低0.97%；定价总金额1 341.2亿元，增长1.6%。图书出版实现营业收入798.7亿元，增长0.95%；利润总额114.5亿元，降低2.2%。

表1 2015年图书出版总量规模

单位：万种、亿册、亿印张、亿元,%

总量指标	数量	较2014年增减
品种	45.1	0.6
总印数	81.7	−0.24
总印张	697.5	−0.97
定价总金额	1341.2	1.6
营业收入	798.7	0.95
利润总额	114.5	−0.2

2. 图书营收增长速度下降

营收方面，2015年，我国图书出版实现营业收入798.7亿元，增长0.95%；从图1可以看到，2009—2015年，我国图书出版行业销售收入不断增加，增长速度总体趋缓。

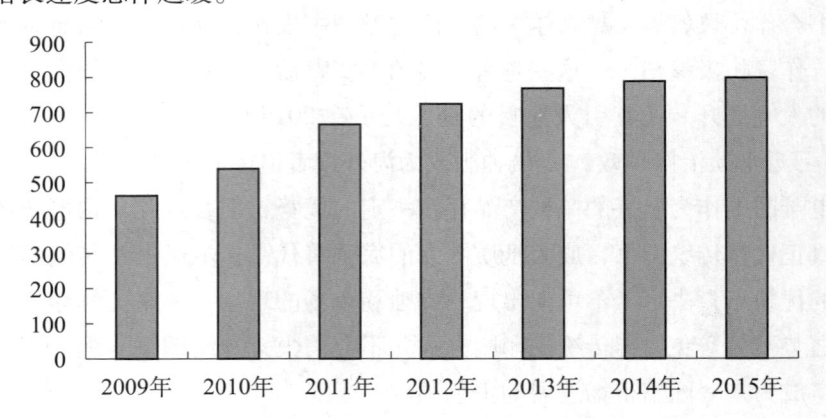

图1 2009—2015年我国图书出版行业销售收入规模（单位：亿元）

3. 图书利润出现负增长

利润方面，2015年，我国图书出版利润总额114.5亿元，降低2.2%；

2014年，我国图书出版行业利润总额为117.1亿元，同比降低0.1%。如图2显示，2009—2015年，我国图书出版行业利润总额不断增加，增长速度先增后减，2014年出现负增长。

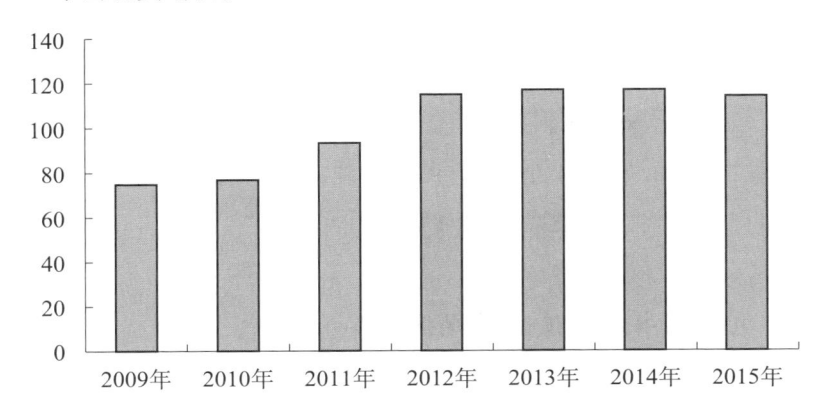

图2 2009—2015年我国图书出版行业利润规模（单位：亿元）

（二）电子图书年度出版情况

2015年，电子图书出版产业的收入规模超过49亿元，同比上年增长8.9%。从2006年的1.5亿元发展到2015年的49亿元，增长快速。虽然与纸版图书销售收入相比依然很少，但从2012年开始，电子图书就呈现了快速增长态势。

截至2015年年底，国内电子图书出版已达到了崭新的高度，图书总类别总量已超过了170万种。电子图书在品类上已覆盖了大众图书的各个类别，尤其是文学、小说、哲学、社会科学、经济管理、法律、历史、少儿、生活等人文学科和大众生活等门类。

二、电子图书出版产业的规模与现状

（一）电子图书出版的规模与现状

近年来，随着我国智能终端的普及以及移动互联网的发展，阅读电子图书已经成为许多人的休闲方式。电子图书作为一种全新的阅读方式正潜移默化地改变着大众的阅读习惯，在取纸质书之所长上，电子图书已经在阅读的清晰度、舒适性上获得了不少进展。电子图书有效地填充了大众的碎片化时间，提升了生活品质。越来越多的电子设备厂商加入到生产研发电子阅读器的行列中，出版商也不得不将更多以前只出现在纸上的内容转移到屏幕上，从而带动了电子图书行业良好的发展势头。

2015 年，我国电子图书的产品规模增加显著，从 2011 年的 90 万种，增加至 2015 年的 170 万种，增长率为 91.1%。

（二）电子图书发行使用的规模与现状

1. 数字化阅读接触率达 64.0%

据中国新闻出版研究院发布的《第十三次全国国民阅读调查》数据显示，2015 年我国成年国民图书阅读率为 58.4%，较 2014 年的 58.0% 上升了 0.4 个百分点；受移动互联网迅速发展影响，数字化阅读方式（网络在线阅读、手机阅读、电子阅读器阅读、光盘阅读、Pad 阅读等）的接触率为 64.0%，较 2014 年的 58.1% 上升了 5.9 个百分点。综合以上各媒介，2015 年我国成年国民包括书报刊和数字出版物在内的各种媒介的综合阅读率为 79.6%，较 2014 年的 78.6% 上升了 1 个百分点。

具体来看，2015 年有 51.3% 的成年国民进行过网络在线阅读，较 2014 年的 49.4% 上升了 1.9 个百分点；60.0% 的成年国民进行过手机阅读，较 2014 年的 51.8% 上升了 8.2 个百分点；8.8% 的成年国民在电子阅读器上阅读，较 2014 年的 5.3% 上升了 3.5 个百分点；11.3% 的成年国民使用 Pad（平板电脑）进行数字化阅读，较 2014 年的 9.9% 上升了 1.4 个百分点；2.1% 的成年国民用光盘阅读，比 2014 年的 2.0% 略有提升。与往年调查结果相比，微信阅读增长势头迅猛，有 51.9% 的成年国民在 2015 年进行过微信阅读，较 2014 年的 34.4% 上升了 17.5 个百分点。而在手机阅读接触者中，这个数字还要高，有超过八成的人（87.4%）进行过微信阅读。

2. 移动端阅读方式受追捧

网易云阅读发布的 2015 年《全球数字阅读报告》显示，58.1% 的中国人

图3 数字化阅读方式接触率

选择看电子图书，电子图书总阅读量超过14亿册，平均每人电子图书阅读量3.22本，手机阅读人均花费16.47元。而最受国人青睐的电子图书类型是都市、玄幻和言情类小说，占比72%，18岁以下的年轻人钟爱都市生活类图书，30岁以上的用户则更喜爱历史人文类图书。

3. 阅读场景碎片化

根据掌阅与北京印刷学院新闻出版学院共同发布了《2015年国人阅读数据报告（上半年）》显示，由于人们社交时间的增加，工作、社交都占用了白天绝大部分时间，人们阅读电子图书的场景也呈碎片化和在某一场景集中化：床上。数据显示，阅读场景中，床上时间占比最多，达到54%；书桌上其次，占比15%；另外沙发上为10%，厕所中5%，咖啡厅/商店、等人、公交均为1%，其他13%。

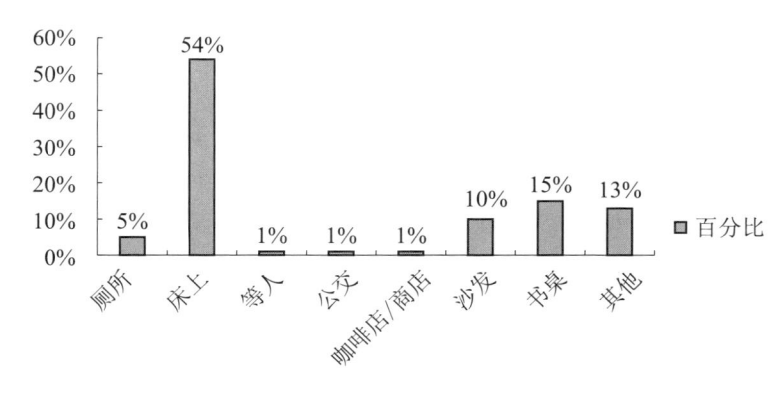

图4 2015年国人阅读场景

4. 90 后成为电子图书阅读主力

在电子图书的阅读用户中，90 后成为了绝对的主力军，占比超过五成，达到 53%，80 后紧随其后，达到 22% 的占比。70 后和 00 后用户势均力敌，占比均为 11%，60 后占比最少，仅为 2%，由此也可以看出，阅读用户数量的占比显然与智能手机主要用户群数量成正比，未来 00 后的移动阅读潜力还有很大的发掘空间。

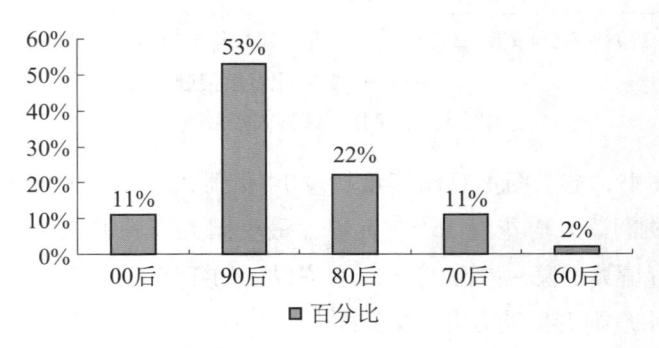

图 5　2015 年国人阅读年龄段

5. 性别差异影响显著

在阅读习惯方面，不同性别呈现了不同的偏好，并且差异巨大。在阅读类型方面，"霸道总裁"和情感类作品显然更受女性欢迎，男性则更偏好热血的玄幻题材。其中在女性阅读排行榜中总裁豪门、穿越时空类型的阅读占比分别为 37% 和 33%，占了 7 成，《左耳》《花千骨》《何所冬暖，何所夏凉》这三部作品更是在掌阅口碑榜位列前三；而男性最爱的东方玄幻和西方奇幻则占了 37% 和 23%，达到阅读占比的 6 成。

《第十三次全国国民阅读调查》数据显示，2015 年我国成年国民日均手机阅读时长首次超过一小时。其中，人均每天微信阅读时长为 22.63 分钟，较 2014 年的 14.11 分钟增加了 8.52 分钟。人均每天电子阅读器阅读时长为 6.82 分钟，比 2014 年的 3.79 分钟增加了 3.03 分钟；2015 年人均每天接触 Pad 的时长为 12.71 分钟，较 2014 年的 10.69 分钟增加了 2.02 分钟。在手机阅读接触群体中，最喜欢的电子书类型为"都市言情"，其后是"文学经典""历史军事""武侠仙侠""玄幻奇幻"等。

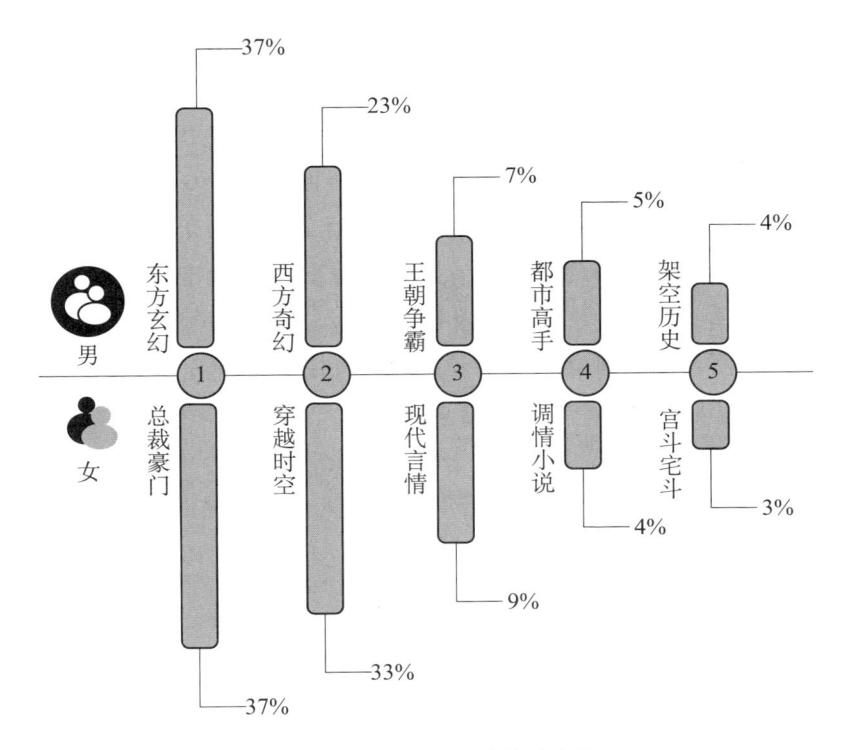

图 6　2015 年国人阅读性别差异

男：东方玄幻 37%、西方奇幻 23%、王朝争霸 7%、都市高手 5%、架空历史 4%

女：总裁豪门 37%、穿越时空 33%、现代言情 9%、调情小说 4%、宫斗宅斗 3%

（三）数字图书馆的发展与现状

1. 我国数字图书馆的发展现状

我国数字图书馆自 20 世纪末起步。1997 年 7 月，国家文化部正式向国家计委提出"中国试验型数字式图书馆项目"的立项，该项目由国家图书馆、南京图书馆、上海图书馆、深圳图书馆、中山图书馆以及辽宁图书馆等六家公共图书馆参与。这也是我国数字图书馆实施与建设开始的重要标志。1998 年，国家 863 计划智能计算机系统主题专家组在国家科技部的支持和配合下，设立了"中国数字图书馆示范工程"这一数字图书馆重点科研项目。国内许多组织单位一起参与到这个文化大工程的建设中。"十二五"期间，文化部和财政部共同推出的"数字图书馆推广工程"使得我国数字图书馆进入高速发展阶段，数字图书馆建设成果显著。

截至 2015 年 10 月，数字图书馆推广工程覆盖全国 40 家省级图书馆、479

家市级图书馆,服务辐射2 900多个县级图书馆;各级财政投入建设经费近20亿;各地数字图书馆基础设施大幅提升,平均网络带宽、存储容量、服务器速度指标翻一番;全面联通覆盖全国的数字图书馆网络;全国各级图书馆资源均衡、持续增长,总量超过10 100TB;全国各级图书馆356个业务平台互联互通;国家数字图书馆网站实名注册用户超过655万人,遍布全国32个省、直辖市、自治区及港澳和部分海外地区,各服务系统年均点击总量超过12亿次;移动阅读用户覆盖全国,并辐射全球44个国家,总访问量达到9 600万次;数字电视及互联网电视面向全球67个国家500万用户服务;盲人数字图书馆为100多个国家和地区的用户服务,总点击量近2 000万;各类服务推广活动参与公众超过3 000万人次;培训数字图书馆从业人员10万人次。推广工程在满足人民群众日益增长的文化需求、开展为基层人民群众提供文化服务、为弱势群体开展无障碍服务等方面发挥了重要作用,为进一步加强公共数字文化建设,加快构建现代公共文化服务体系奠定了坚实的基础。

2. 数字图书馆在发展中存在的问题

(1) 对数字图书馆观念的转变

现阶段,数字图书馆还在继续发展阶段,还有许多人在观念上没有彻底接受这种新型的获取信息和知识的方式。因此人们对数字图书馆的使用仍然很少,这也在一定程度上对数字图书馆的发展造成了阻碍。

(2) 对知识产权的保护

数字图书馆的运营过程中,对数字资源的无限制阅读与下载,构成了对著作权人和出版商利益的打击。如何规范数字图书馆的运营行为,维护数字版权所有者权益,成为数字图书馆发展过程面临的重要问题。数字资源版权运营的问题,需要联合立法的力量,结合出版商单位和数字图书馆的建设,在不违反法律法规的前提下,探索一套合理的解决方案。

(3) 相关技术问题

建设数字图书馆面临着许多技术问题,比如在信息资源的索引方面、分类以及安全性方面都需要做出改善。数字图书馆依托科学技术而生,以技术作为支撑,对于数据库的管理、数据分类、信息搜索等都需要技术方面给予极大的支撑。我国数字图书馆的建设起步较晚,技术水平相对落后,需要在技术上加大投入,以推动数字图书馆更进一步的建设发展。

3. 数字图书馆未来的发展趋势

（1）储存的信息量更加庞大

数字图书馆将自己搜集到的信息资源分门别类地进行存储，方便用户进行快速的检索和查找，这也正是数字图书馆在当今社会超越传统图书馆并立于不败之地的一个独具特色的优势。但信息会随着时间和空间的拓展而不断增加，未来的数字图书馆随着自身的信息存储量加大，以实现为用户继续提供高效、便捷的服务方式和更多更精确的信息资源。

（2）加强在全球范围内的合作

数字图书馆是面向全世界的。在互联网社会，信息资源必然是世界人民共同享有的，所以在数字图书馆的建设过程中，全球范围内的通力合作是顺应时代和技术发展的。数字图书馆的建设不是单单由一个国家来进行就可以实现的，各国的合作开发是数字图书馆面向更广阔平台的一个重要支持。全世界范围内资源共享，携手并进，才能顺利地实现数字图书馆的信息建设工作。

三、电子图书出版产业赢利模式及状况

（一）总体状况

我国电子图书的收入规模，由 2006 年的 1.5 亿元，到 2015 年的 49 亿元，八年间增加了 32 倍。虽然与纸版图书销售收入相比依然很少，但从 2012 年开始，呈现快速增长态势。

（二）赢利模式

1. 终端硬件支撑模式

国内电子图书行业最初的赢利模式依靠的是终端硬件。当然，为了用户的阅读需求，不少厂商会在产品中事先顶存大量的图书资源，但仍是以卖硬件的思维将内容打包出售。2010 年国内电子书阅读器的市场价格大部分在两千以上，也有不少三千多的产品，如汉王 T61 在"中关村在线"上的报价为 3 480 元，盛大文学推出 999 元"超低价"电子书阅读器 Bambook。而在海外市场，为了回应苹果和其他电子书阅读器供应商的竞争，电子书阅读器的鼻祖——亚马逊 Kindle 的售价也一降再降。但是，从 2011 年电子书阅读器的销售达到峰值之后，电子书阅读器售价就一直在下降。此外，随着网络的升级与智能手机的普及，相比电子书阅读器，平板电脑和手机更便宜、更轻巧、拥有更长的电池寿命和更多功能。不断推陈出新的平板电脑、智能手机，都不谋而合地反映出目前电子书阅读器市场的激烈竞争。根据 IHS iSuppli 的数据，如图 9 所示，全球电子书阅读器的出货量将从 2011 年最高峰的 2 320 万台，下降到 2016 年的 710 万台。

图 7　2010—2016 全球电子书阅读器出货量

以卖终端来获取利润，忽视电子图书本身的内在价值，单纯依靠终端赢利的模式是很难长久的。一方面，商家认为市场的电子图书定价过低；而另一方面，国民习惯了"免费阅读"，很少人愿意付出一定的金额去购买电子图书。如果单靠获得售卖电子图书，利润没有或很低。因此，相关厂商都在试图扩大终端的售卖量，以提高公司的收益，这将导致企业忽视对电子图书内容的制作投入。

2. 内容收费模式

亚马逊 kindle 的成功得益于与众多内容提供商的合作。由于它是全球网上零售业的巨头，kindle 拥有庞大的用户群，在吸引内容提供商合作方面有得天独厚的优势，同时 Kindle 的价格很低，因此仅仅通过内容的优势即可获得丰厚的收益。

我国国内的代表企业盛大文学，其主要赢利方式就是以内容为依托。盛大主攻的是原创文学，盛大文学拥有起点中文网、潇湘书院、言情小说吧、晋江原创网、红袖添香、榕树下等多家原创文学网站，占国内原创文学市场份额的

80%以上。艾瑞咨询发布的2015年9月垂直文学网站行业数据显示，垂直文学网站日均覆盖人数1 070.8万人。其中，起点中文网日均覆盖人数达180万人，网民到达率达0.7%，位居第一；晋江原创网日均覆盖人数达156万人，网民到达率达0.6%，位居第二；小木虫日均覆盖人数达118万人，网民到达率达0.5%，位居第三。同时，垂直文学网站有效浏览时间达1.7亿小时。其中，起点中文网有效浏览时间达1 804万小时，占总有效浏览时间达10.8%，位居第一；晋江原创网有效浏览时间达1 254万小时，占总有效浏览时间的7.5%，位居第二；我听评书网有效浏览时间达997万小时，占总有效浏览时间的5.9%，位居第三。

电子图书的内容除了原创文学，还包括已经出版的各种书籍。目前中国有580家出版社，基本都已经开展电子图书出版的业务。但是要发展以内容收费为主的赢利模式，就必须在内容的多样性上做文章。

3. 依靠广告赢利模式

目前，电子图书阅读存在一个普遍现象，那就是免费书籍，读者不需要也会去下载阅读；反之，付费书籍，读者会考虑到成本而放弃自身的需求。同本书，免费和付费时下载的数量相差甚大。免费的电子图书已经不再是一个单一的产品，而是一种介质，一种渠道。因为我国数字版权在运行规则和法律上都不完善，数字版权大多在内容集成商、代理机构和作者手中，出版单位拥有的版权内容较低，这种情形造成的版权乱象，使业内官司不断。在电子图书的各参与方，诸如硬件制造商汉王、方正，电商平台当当、京东，大型互联网平台腾讯阅读、百度阅读，电信运营商中移动手机阅读基地等，普遍存在版权资源有限或者版权政策限制问题，而且更为突出的是盗版严重，维权不易。此外，还存在出版权和分销权不协调问题。我国大多数出版单位没有数字版权，只有纸质版权，造成盗版产生，而且易出现版权纠纷。随着免费书籍的盛行，很多商家已经在通过这种介质和渠道植入广告，利用附加值来获得收益。

（三）存在问题

1. 市场规模尚未形成

尽管电子图书市场发展迅速，但国民的阅读习惯还是以纸质书为主。2015年我国国民人均纸质图书阅读量为4.56本，电子书阅读量为3.64本。与2014

年相比，阅读量均有所提升。虽然数字阅读在逐年上升，但是与纸质书相比，市场规模仍然太小。

2. 电子图书产业链过于分散

在2007年Kindle诞生后，汉王科技、爱国者、方正、纽曼、大唐电信等都推出了自己的电子书阅读器，但至今却没有一家能够得到出版商的信任。更为重要的是，各个阅读器相互不能兼容，造成读者为阅读一本书可能需要下载（或购买）一个阅读器的局面。图书在线销售的当当、京东商城等电商平台，虽然都宣称自己在售电子书超过10万册，但在内容上却没有得到出版社的支持而波澜不惊。而类似百度文库、盛大文学、豆瓣阅读、多看书城、唐茶等互联网企业，不管是巨头也好，还是小不点也罢，虽然都以自己擅长的方式置身于电子图书市场，但显然弱小、分散，缺乏强有力的整合者。

3. 内容短缺，盗版盛行

内容是电子图书产业的核心竞争力，优质电子图书内容的缺乏已经成为制约电子图书市场发展的瓶颈。目前，我国电子图书市场在内容方面同质化严重、缺乏深度支持。而由于盗版的盛行和内容上的欠缺，导致用户将盗版内容导入电子书阅读器，弱化了内容的需求以及电子书阅读器自身的黏性。更为重要的是，与图书几乎同步对应的电子图书版本，在我国连Kindle Store也做不到跟美国一样。内容与阅读习惯的培养有着必然关系，但我国目前缺乏与读者的阅读习惯以及阅读内容匹配的数据，更缺乏在大数据背景下挖掘数据、分析数据的技术和人才，这使得我们电子图书的内容生产无法做到有的放矢。

四、主要技术提供平台发展状况

（一）北京方正阿帕比技术有限公司

北京方正阿帕比技术有限公司是方正信息产业集团旗下专业的数字出版技术及服务提供商。方正阿帕比公司自2001年起进入数字出版领域，在继承并发展方正传统出版印刷技术优势的基础上，自主研发了数字出版技术及整体解决方案，已发展成为全球领先的数字出版技术提供商。

方正阿帕比最近几年在电子书阅读的一些关键性技术上取得了突破，这将极大地推动各种数字阅读格式的统一，并促进最终建立数字出版业的版式技术标准。该技术面向移动阅读领域，能够保留原文件的所有信息，实现高保真的中文电子文档格式，并能将文件数据压缩到最小。CEBX 中文是基于混合 XML 的公共电子文档，能支持更多的设备。同时，方正阿帕比发布了基于该技术的数字阅读软件系列——Apabi Inspire Suite，包括 Apabi Reader（阅读器，可阅读 CEBX 格式文档）、Apabi Maker（可以将其他文档格式转换为 CEBX 格式）、Apabi Carbon（编辑平台）三款软件。Apabi Reader 还可以支持 Windows Mobile、Android 和苹果的 iPhone 与 iPad 平台。

（二）中文在线

中文在线 2000 年成立于清华大学，是中国数字出版的开创者之一。中文在线以版权机构、作者为正版数字内容来源，进行内容的聚合和管理，向手持终端、互联网等媒体提供数字阅读产品，为数字出版和发行机构提供数字出版运用服务。

中文在线以互联网云平台为主，云屏数字借阅机为辅，支持用户多终端接入，实现 PC、手机、触控终端等多种方式间的无缝阅读。同时独创"读书+活动"的交互式阅读体验，用户不仅可轻松实现个人阅读轨迹在显示设备间的无缝对接及永久保留，还可畅享互动、共享的全民阅读学习型环境，实现个人图书馆的"私人定制"。截至 2015 年，中文在线书香中国平台已覆盖 28 个省，45 000 所中小学，1 300 余所高校，广泛应用于基础教育、高校公图、地方公图、宁波市地铁及湖北农家书屋多个领域。在国家新闻出版广电总局的规划和指导下，中文在线建设了国内第一家全民数字阅读平台——"书香中国"互联网开放式数字图书馆，利用先进的互联网技术服务于全民阅读。"书香中国"互联网开放式数字图书馆突破了实体图书馆的诸多限制，消除了一般数字图书馆的弊端，打造了一个互联网阅读云平台，实现了"24 小时无障碍无边界立体式阅读"。读者在任何时间都可以通过电脑、云屏数字借阅机、手机客户端、微信公众账号等多种形式登录平台，在任何一个有互联网的地方免费使用该平台中的数字内容。

中文在线年投资数千万元从出版社采集图书数字版权，一方面充实自己的数字资源，另一方面为百度、腾讯、亚马逊、新华网等各大门户网站提供数字版权。

（三）超　星

超星数字图书馆成立于1993年，是国内专业的数字图书馆解决方案提供商和数字图书资源供应商。超星数字图书馆，是国家"863"计划中国数字图书馆示范工程项目，2000年1月在互联网上正式开通。它由北京世纪超星信息技术发展有限责任公司投资兴建。

"超星数字图书馆"为目前世界最大的中文在线数字图书馆，提供大量的电子图书资源，其中包括文学、经济、计算机等五十余大类，数百万册电子图书，500万篇论文，全文总量13亿余页，数据总量1 000 000GB，大量免费电子图书，超16万集的学术视频，拥有超过35万授权作者，5 300位名师，1 000万注册用户，并且每天仍在不断增加与更新，是目前世界最大的中文在线数字图书馆。

五、年度影响电子图书出版产业发展的重要事件

（一）中文数字出版与数字图书馆国际研讨会召开

2015年6月，中文数字出版与数字图书馆国际研讨会在西安隆重召开。

本届研讨会以"知识服务的机遇与挑战""出版社的知识服务转型""图书馆的嵌入式服务""数字化与学术研究""环境下的学者、图书馆和出版社"为主题，围绕数字出版及其传播利用的新模式，图书馆建设与服务的新模式，全媒体出版：理念、技术和运营，图书馆平台建设与个性化服务，出版的国际化发展策略，图书馆服务整合，数据、设备与馆藏，基于移动互联的出版新业态，机构知识库的应用与发展等话题进行了深入的研讨。

（二）腾讯文学收购盛大文学，成立阅文集团

2015年1月，腾讯文学收购盛大文学，成立阅文集团，打造华文数字阅读旗舰。在整合腾讯文学、盛大文学原有资源后，阅文集团旗下目前拥有创世中文

网、云起书院、起点中文网、潇湘书院、红袖添香、小说阅读网等网络原创与阅读品牌，腾讯文学图书频道、中智博文、华文天下、榕树下等出版与图书数字发行品牌，天方听书等音频听书品牌，作品储备总数近 1 000 万部。这三大业务品牌群未来将统一归集至"QQ 阅读"平台，打造最大的"云中"内容图书馆。

（三）阿里集团成立阿里文学

2015 年 4 月，阿里巴巴集团宣布正式推出新业务阿里巴巴文学（简称：阿里文学）。阿里文学将与书旗小说、UC 书城组成阿里移动事业群移动阅读业务的主要部分。

阿里文学主要负责业务以内容生产、合作引入以及版权产业链的双向衍生为主，依托内容生产，从数字内容阅读、数字内容传播、版权衍生、粉丝经济等多个角度出发，建立跟文学产业相关的开放生态。阿里文学已和天下书盟、微博有书等达成培育文学 IP 的战略合作关系。阿里文学总编辑周运表示，阿里文学没有旧原创网站模式的历史包袱，不强调绝对控制版权，提倡版权共享，并不要求掌控 IP 产业链的所有环节，而是希望与合作伙伴共担成本、共享收益。同时，阿里文学与阿里影业、光线传媒、华谊兄弟等公司达成深度合作关系，阿里文学还愿与原创网站、出版集团、动漫公司、影视公司、游戏开发厂商等合作。

（四）网络文学成为最大 IP 源头

网络文学在移动互联网的促进下迎来了新一轮爆发式增长的浪潮，也随之成为 IP（知识产权）的最大源头。

不管什么时代都以"内容为王"为基础，IP 与作者是网络文学市场最具核心的竞争力。从 2015 年改编的游戏、影视等作品可以看出，其中有大量的作品自网络文学改编而来，并且达到改编一部大卖一部的地步。互联网巨头在 2015 年争相布局网络文学市场，正是看中了该市场"泛娱乐"产业的潜力，希望通过改编网络文学产品，向影视作品、手游、动漫等行业扩展。

网络文学赢利模式的多样化，可以推动更多优秀的网络文学作品面世，促进行业的健康发展。而随着 IP 热潮的兴起，文化版权问题提高到新的高度，行业掀起了新的一轮打击盗版的浪潮。网络文学作为 IP 产业链的上游，势必成为文化版权维护的先锋，树立行业版权意识，打造健康可发展的网络文学市场将成为行业共识。

（五）优势学科带动学术出版"走出去"

中国出版企业的学术出版"走出去"近些年抓好学术出版内容，以优势学科和新型学科为主，突出中国学术出版和学术"走出去"的重点领域。2015年4月，西南交通大学出版社与爱思唯尔合作出版项目"中国高铁出版工程"第一部图书、也是目前世界上第一部专注于中国高铁的英文学术著作——《高速铁路道岔设计理论与实践》正式出版。

六、总　结

（一）总体态势

由于受互联网阅读、移动互联网阅读和数字出版的冲击，自2012年起，纸介质出版整体规模下降。但是具体来看，数字出版营业收入中网络广告和休闲、娱乐产品几乎各占半壁江山，真正与出版相关联的电子图书、互联网期刊和数字报纸占全体总份额比例特别小。这反映出两个势态：一是数字出版中真正对纸介质出版产生替代作用的产品尚处微弱之中；二是互联网期刊与电子图书的营收增速高于新闻出版业总体水平，而其中传统出版的数字化转型和内容嫁接占相当比重，初显传统出版与新兴出版的融合发展。

（二）主要问题

1. 版权及相关法律问题突出

在我国目前的电子图书产业链中，版权问题是最重要的也是最突出的问题。侵权现象屡禁不止，严重打击了内容提供商的运营积极性，影响了电子图书产业的整体发展。随着数字传播技术的快速发展，数字作品广泛快速传播的同时，作者的版权没有得到尊重。

就出版商而言，拥有大量内容资源是其独特的优势。然而现阶段的传统出版企业对于电子图书产业的兴趣并不强,其一是因为电子图书并未开启大众市场,没有获得很好的销量;其二是即使参与,内容被数字化后在网上极易被盗版,进而损伤传统出版者本就不高的赢利。

此外,还存在出版权和分销权问题。我国大多数出版单位没有数字版权,只有纸质版权,造成盗版产生,而且易出现版权纠纷。分销权问题也是一个棘手的问题。

2. 商业运行规则不成熟

我国电子图书市场的商业模式和赢利模式至今尚不成熟。以汉王尝试的阅读器厂商主导模式,并没有取得成功。当当、京东商城等电商主导模式分别采取了"网络书店+电子书阅读器"与上游出版商六四或七三分成的模式,虽然取得一些成效,但仍然举步维艰。

盛大文学作为中国最受欢迎的原创文学网站,不但推出了自己的阅读器Bambook,而且在2011年将文学网站和云中书城对接,但却在终端渠道阅读器业务上摇摆不定,特别是在传统书数字化上面,由于整个版权产业链和相关游戏规则的缺乏,加之非主流的身份,很难撼动整个电子图书商业运行规则。

中国移动手机阅读基地在收入分配方面按照内容提供商、内容运营商、中移动4:2:4的比例进行收入分配,但由于硬件合作方大都默默无闻,缺乏用户体验和号召力而影响有限。

3. 电子图书出版人才短缺

人才是制约数字出版业的关键因素。在信息化背景下,原有的出版模式被颠覆,数字出版、数字流通、数字管理格式、数字保密、数字传输等等都需要高技术人才,而目前既懂出版又懂技术的人才极其短缺。

在出版管理上,很多出版单位依然沿用传统的人才管理方式,管理不规范、制度不健全,既阻碍了优秀人才的流入,又导致现有人才不能人尽其用而流失。在人才培养方面,高校出版专业的人才培养滞后于市场的需求,更为重要的是数字出版方面的师资也不能满足教学需要,更加剧了数字出版人才的短缺。

(三) 建 议

1. 资质认定,保护版权

电子图书产业若想做大,必须有政府的政策支持和法律保障,无论是保护版权还是统一标准都需要较长时间。当前形势下，政府应该起到主导作用，以政策的落实和资金的支持保证电子图书市场的稳定秩序。

2011年1月，最高人民法院、最高人民检察院、公安部《关于办理侵犯知识产权刑事案件适用法律若干问题的意见》出台，这份文件详细认定了"以赢利为目的"而侵犯著作权的行为，为日后打击网络侵权案件提供了有力的依据，在一定程度上起到了规范公民的网络行为的作用，帮助降低了网络盗版事件发生的可能性。

2. 规范运营规则

传统平台软件同质化现象严重，而越靠近最终用户的企业越具有发言权，我国电子图书产业发展无论形成何种模式，最终选择权都在用户手中。亚马逊模式是终端厂商兼做无线下载平台，而我国当前市场规则的模式主要是移动运营商主导模式和终端厂商主导模式。在信息时代，以行业垂直整合，规范运营规则，达到精准策划、精准营销、精准服务的目的，将是未来电子图书产业的主要运营模式。

3. 加快内容平台建设

我国的电子图书行业已经开始由只依靠出售阅读终端获得利润转向依靠平台赢利来支持终端建设的阶段。在此阶段，技术提供商们致力于打造一个标准的电子图书出版平台，联合传统出版商、杂志社、报刊中心等更好地把纸质版的丰厚内容资源转化为电子图书资源。

在未来的电子图书产业链中，如何深入挖掘并制作适合阅读终端的内容资源，将是拓展大众市场的主要手段。内容资源降低将吸引普通用户，促进大众市场的开启，达到真正的以平台发展带动终端发展的中期产业发展阶段，厂商们才能获取更大的利润。

4. 借力技术与人才

培养和培训大数据人才是关键。可以说电子图书产业需要的是高素质的复合型人才，单靠目前高校的相关专业毕业生是不能满足产业发展的，我们需要对现有人才进行再培训，亦需引进人才来填补空白。政府应采取相应措施增加大数据人才的培养、培训，扫除人才引进的障碍，相关企业亦应采取相应措施激励人才成长，并对管理者进行数据挖掘技术和数据分析技术培训。

附 录

国外电子图书出版产业发展现状及启示

（一）美国电子图书市场特征

1. 读者群体快速增长，积极满足用户需求

无论在美国还是其他国家，作为尚待普及的创新性阅读方式，与传统纸质阅读相比，电子书阅读的主体仍然是一个相对较小的群体，但是其发展势头强劲。据美国皮尤研究中心的调查显示，2010年，美国18岁以上的成年读者中，平时阅读纸质图书的人占阅读总人数的比例高达95%，电子图书的阅读比例仅占4%。而2014年皮尤研究中心的最新调查显示，在美国18岁以上的成年受访者中，有28%的人表示在过去一年中曾阅读过电子图书。短短几年时间，美国电子图书读者数量增长迅速，这也为未来电子图书发展提供了源源不断的庞大用户群。值得注意的是，随着人类在数据记录、获取及传输方面的技术革命，造成了数据获得的便捷与低成本，我们今天已俨然进入一个大数据时代，并且大数据业已成为数字出版领域的一个热门话题。在美国，出版业正在经历着一场大数据革命，很多出版商已经建立相当复杂的数据部门，正在将经由数据获得的洞察力整合到日常运营中。很多出版商开始审视手中的信息并打算弄清楚如何使用它们。他们一般会通过各级电子图书销售商、专业的数据调查公司以及技术应用提供商，如怡台尔比特（Iobyte Solutions）和安妮应用（App Annie）等，获取大量的第一手的图书销售、用户阅读特征等方面的数据，再通过多维度、多层次的分析进行精准营销。

2. 强化终端建设，助推数字阅读消费

相对于传统的纸质图书来说，电子图书的消费对于电子终端设备的依赖更为明显。在互联网发展早期，电子图书只能通过普通PC和电子书阅读器进行阅读。如今随着移动互联网技术的快速发展和应用的优化，可供读者选择的阅读终端也在不断拓宽。智能手机、笔记本电脑、平板电脑、iPad、电子书阅读器等各类终端设备层出不穷，为电子图书的阅读提供了前所未有的便利优势。

从电子书阅读设备市场占有情况来看，目前，美国电子书阅读器的竞争进入了四方逐利的态势。亚马逊的 Kindle 目前占比最大，其次为索尼的 Prs，第三为苹果的 iPad，最后为巴诺的 Nook，这四者目前占据了市场的绝大部分份额。但是，由于苹果的 iPad 具有视听兼备的彩色屏幕，更加适合当代消费者的使用习惯，按照高盛公司 2010 年的预测，到 2015 年，苹果公司将会占去整个美国电子书阅读器市场 1/3 的份额，而亚马逊的 Kindle 由于黑白屏幕的原因市场份额将会由当前 50% 的市场占有率下降为 28%。由此可见，美国电子书阅读器市场的竞争呈现白热化态势。除了这些电子书阅读器厂商之间不断强化终端建设，抢夺用户之外，一些图书出版商也陆续加入电子阅读的竞争之中，直接面向读者出售他们的电子书。比如以浪漫小说为主打的西蒙·舒斯特公司的"热床"（Hot Bed），专注健康服务的戴莫斯健康出版社（Demos Health）等，都通过建立自己的门户网站或者通过第三方授权合作的方式，找到自己的目标消费者。

（二）日本电子图书产业市场规模持续扩大

据《日本经济新闻》报道，日本 Impress 综合研究所公布的一项名为"电子书商务调查报告书 2014"的调查结果显示，2013 年度日本的电子书市场规模为 936 亿日元，比上年增长 28.3%；包括电子杂志在内的数字出版市场规模超过了 1 000 亿日元。

自 2012 年起，以智能手机、平板电脑、电子书专用终端等为新平台的电子书市场迅速扩大。2013 年成为电子图书市场真正的扩张期，电子杂志市场达 77 亿日元，包括电子杂志在内的电子出版市场规模总计达 1 013 亿日元，首次突破了 1 000 亿日元大关。

此外，面向新平台的电子图书市场为 789 亿日元，比 2012 年增加 421 亿日元，同比增长 114.4%。由于智能手机和平板电脑的普及，加之电子图书店和出版社开展积极的广告宣传活动，促使电子图书用户迅速增加，用户对电子图书的购买量也随之增长。电子图书市场规模因此而急剧扩大。

新平台电子图书的阅览方式也广受用户欢迎，电子图书销售额持续扩大。电子图书店对此的调查分析结果表明，面向新平台的电子图书市场，占到市场总规模的 84.3%。与新平台电子图书市场火爆的局面相反，手机电子图书市场则大幅缩小。2013 年度的手机电子图书市场规模由 2012 年度的 211 亿日元减少到 140 亿日元。

该研究所预计，日本的电子图书市场今后将持续增长，到 2018 年度将增至 2 790 亿日元，为 2013 年度的 2.9 倍。

（三）国外电子图书产业发展给我国的启示

1. 明确产业发展战略和规划

作为一个新兴产业，政府的政策扶持和良好的发展环境是电子图书健康快速发展的重要推力。政府及时修订产业分类，明确产业内涵，并就电子图书产业发展出台了一系列的规划、扶植政策和标准等，有利于推动产业发展。而目前我国对于电子图书产业的战略和规划还局限于宏观层面，没有细化到产业操作层面。因此应尽早完善电子图书产业具体的发展目标和战略规划，有关电子图书的如格式统一、标准、行业准入等问题虽以出台相关规定，但是宣贯不够强。

2. 加速产业融合和协调

与传统出版业不同，电子图书发展涉及多个产业，与信息技术产业、通信业等密切相关，同时发展电子图书产业还需要进行跨部门和跨行业合作。日本通过行政管理部门的分工协调和业界跨界的"合纵连横"，推动了产业融合。所以我们也应加强电子图书产业链各方协调发展，打破相关产业原有的产业界限，推动产业融合和内部协调合作。

3. 完善版权授权和保护机制

与其说电子图书贩卖的是内容还不如说电子图书贩卖的是版权，健全的版权授权和保护机制是发展电子图书的前提和基础。但目前国内对于电子图书的版权保护存在着法律法规体系不健全、社会版权意识不强等问题，电子图书盗版和版权纠纷依然不断。正是对于版权保护的不信任，不少作者和内容提供商都对电子图书持警惕心理。所以发展电子图书产业需要我们完善电子图书版权保护的法律法规，形成一整套完善的版权授权、保护和维权机制，使数字内容的提供者、销售者、使用者的合法权益都得到保护。

4. 加强内容平台建设

纵观国外电子图书产业，也有在发端阶段就是因为内容的缺失而导致电子图书探索的失败；而日本在转型阶段，正是因为重视电子图书内容和平台对于完善产业链的重要性，积极推动电子书内容和平台建设，才有 2012 年日本新型终端电子书阅读器市场的爆发。而国内电子图书产业发展现在是只见"电子"（电子书阅读器）不见"书"（内容），内容的缺失已经成为阻碍电子书阅读器发展的瓶颈。现有的内容平台，如当当电子书、苏宁易购图书馆、汉王书城、盛大"云中书城"等还存在内容分散、规模有限、市场混乱等问题。因此，在推动阅读终端普及的同时，还需加强电子书内容平台的建设，建立与终端阅读器发展相适应的内容平台。

5. 推动产业链各方合作分工

现阶段国内电子图书产业链各方都想占据产业的主导地位，所以拼命跑马圈地，而事实上以我国现有企业的实力和技术力量，谁都无法独占电子图书天下。一个健康的产业链应是各方合理分工，利益均衡分配，所以应推动电子书产业链各方分工合作，各司其职，努力打造各自的核心竞争力，而不是上下游通吃、独大垄断。

参考文献

[1] 周子渊. 大数据背景下电子书出版困局及其突围 [J]. 编辑学刊，2014（06）：16—21.

[2] 刘一鸣、黄细英、罗雪英. 我国电子书赢利模式研究 [J]. 科技与出版，2013（08）：18—22.

[3] 徐振云、王璐璐. 免费电子书产业打造的可行性与赢利模式探析 [J]. 出版广角，2014（9）：58—61.

[4] 李冰茹. 中外电子书发展现状及对策研究 [D]. 湖北，华中师范大学，2013.

[5] 任强、张朋. 美国电子书市场透视及其对中国的启示 [J]. 科技与出版，2015（2）：74—76.

[6] 张志强、李镜镜. 日本电子书产业的发展及启示 [J]. 编辑之友，2013（12）：109—112.

[万智单位：长江出版传媒股份有限公司；刘永坚、周剑恒单位：武汉理工数字传播工程中心；乔莉莉单位：理工数传（北京）科技有限公司]

2015—2016中国数字报纸出版产业年度报告

刘永坚　万　智　白立华　周剑恒

一、数字报纸出版概况

（一）2015年数字报纸出版企业的总体情况

2015年是中国报业喜忧参半的一年。在这一年，部分报社经历了发行量、广告收入滑坡，经历了内容影响力下降、版权保护困难，经历了业务骨干跳槽、人均工资缩水……在一系列困难面前，有的报社无奈休刊停办，黯然退出市场；更多报社已不再唉声叹气，而是进一步加强体制机制变革，在深挖主业的同时，鼓励内部创业，加速媒体融合，进军文化产业相关领域，找到适合自身发展的路径。具体体现在以下几个方面。

1. 多份报刊休刊停办

2015年，受新媒体冲击，传统报业普遍面临读者流失、广告下滑、赢利降低、发行量缩水等挑战，纸媒休刊停办的真实案例继续在国内乃至全球上演。2015年7月，《生活新报》正式休刊。创刊30年的《上海商报》自2015年10月1日起停刊。《上海壹周》自2015年11月起休刊，《外滩画报》于2016年休刊。

2015年，我国共有报纸1 912种、期刊9 966种。在新媒体的冲击下，2016年仍将会有一批资不抵债、质量低劣、毫无市场竞争力的纸媒停办退出市场。

2. 报纸广告收入大幅下降

根据中国广告协会报刊分会和央视市场研究（CTR）媒介智讯发布的《2015年1—9月中国报纸广告市场分析报告》显示，1—9月传统媒体广告刊登额降幅为7.3%，广电媒体降幅收窄，平面媒体降幅扩大，其中杂志广告下降18.5%，资源量下降26.4%，状况最为严峻的报纸广告降幅扩大到34.5%，资源量（广告占版面积）降幅达36.5%，创下了2012年报纸广告进入下降通道以来的新低。从报纸广告主要投放行业来看，也是继续着大幅度下降的趋势。在前6个行业中，房地产业降幅达44.9%，商业零售业降幅达35.6%，娱乐及休闲业下降19.1%，金融业下降5.8%，邮电通信业下降23.5%，医疗保健机构下降20.9%。这些反映了2015年传统媒体广告整体下降的态势，报纸广告面临着严峻的形势。

3. 资本进入媒体

在传统媒体感慨寒冬来临之际，资本市场却看好媒体的影响力和较低的估值，在2015年积极寻求机会进入媒体。阿里巴巴公司2015年大举进军各类新旧媒体。5月，阿里巴巴与北京青年报社签署战略合作备忘录，双方在物流、O2O等方面展开战略合作。6月，阿里出资12亿元参股第一财经传媒有限公司。9月，阿里联手财讯集团、新疆网信办打造无界新闻客户端。10月末，阿里与四川日报报业集团成立"封面传媒"，携手打造"个性化定制"的新型主流媒体。12月，阿里宣布收购南华早报，包括《南华早报》纸质版和网络版、杂志和户外媒体等全部业务。另一个值得关注的是今日头条公司，这家号称"我们不生产新闻，我们是新闻的搬运工"的APP类公司，在2015年为补充自有内容短板开始扶持自媒体。9月8日，该公司推出"千人万元计划"，在一年内确保至少1 000个头条号创作者，单月至少获得1万元的保底收入，且重点扶持100个以上"群媒体"，单月至少获得2万元的保底收入。今日头条通过给创作者输送利益来聚拢优质内容，已经具有了媒体的属性。

与上述互联网公司不同，还有为数众多的资本进入传统媒体的发行、经营等领域，有的甚至突破政策界限影响到报刊的采编环节。2016年各类非公资本还将继续投资新旧媒体，随着技术的更新，信息传播平台越多，优质内容越是稀缺。

综上所述，报业亟须探索创新商业模式，寻求新产业环境下的发展新路径。

（二）数字报纸年度出版情况

2015年数字报纸处于一个发展的新环境，顶层设计助推报业产业转型升级、新旧媒体融合发展。2015年2月，财政部发布的《关于申报2015年度文化产业发展专项资金的通知》中，将"推动传统媒体和新兴媒体融合发展"纳入重点支持内容之一，支持传统媒体运用已有技术成果，开展全媒体、大数据应用、视听新媒体、音视频集成播控等平台建设项目；支持传统媒体与新兴媒体在内容、渠道、平台、经营、管理等方面的深度融合，拓展传播渠道与影响力。2015年11月宣传部、财政厅发布的《关于申报2016年度文化产业发展专项资金项目的通知》中提出重点支持新闻出版企业采购或升级用于传统出版业务流程数字化改造的软件系统、内容资源关联与复合应用软件系统、版权资产管理工具与系统等，开展环保印刷设备更新和流程改造。

从2015年整体情况分析，全国上千种报纸都已基本完成开展数字报纸及新媒体业务。截至2015年年底，全国核心党报及40多家报业集团所属的报刊几乎全部完成了数字报刊出版，越来越多的党报开始实施传统报业与微博、微信、移动客户端的深度融合，报业数字出版发展趋势从单一出版形式到复合出版形式，从核心党报报业集团到独立报社、行业报，大中型城市带动二三线城市，东部地区带动西部欠发达地区逐步转变。

二、数字报纸出版产业的规模与发展状况

（一）数字报纸出版的规模与现状

数字报纸在我国发展了二十多年，它形成与发展的历程，可以说就是传统报纸的数字化历程。从起初的离线型数字报纸，到与国际互联网的联通，产生简单的Web新闻网站、多媒体数字报推出报纸的PDF版，直至与互联网、手机等新媒体深度融合，形成以新闻网站、多媒体数字报、手机报、APP版数字报纸等多元发展的格局。

在纸质版报纸整体衰退态势的同时，报纸数字化转型市场成效仍较微弱。大多数数字报纸仍延续纸质报纸运作思维，将数字报纸当作"次级产品"，内容、版式直接复制，至今很多报纸仍在报纸网站上以PDF、HTML等格式还原传统报纸形态。这种通过专业技术系统对照排文件反解操作，实现传统报纸"原汁原味"的数字化呈现的形式一度被誉为报纸数字化的成功典范。然而，如今这种"怀旧式"产品已经不足以吸引青中年为主体的广大网民，其结果是阅读率低、影响性小，几乎沦为"鸡肋"。

2015 年，以 APP 数字报纸、云报纸、"二维码新闻"为代表的数字报纸出版汹涌澎湃，深刻地影响了传统报纸出版业、数字报纸出版产业的所有环节。以 APP 报纸为例，APP 是移动互联网时代媒介传播、营销和品牌维护的重要阵地，在这一平台上新老媒体几乎同时起步，纷纷为 APP 注入大量的预算。可以说，以 APP 为代表的"内容、技术、平台"三位一体、合作共赢的数字化项目建设已远远超出了传统数字报纸的概念范畴，它既保持、发展传统内容生产优势，又积极适应媒介形态、新闻呈现方式的演化与变革，这也正是数字报纸脱胎重生、再获关注的重要契机。

（二）数字报纸用户的规模与现状

数字报纸的发展早已超越了"上网"阶段，逐步向手机、阅读器、平板电脑甚至户外公共终端铺展开来，衍生出多种多样的数字报纸版本，相应地也就产生了多种数字报纸用户类型。阅读终端是数字信息的载体和阅读设备，如电脑、手机、电子阅读器、平板电脑等等，数字信息的出版单位会针对不同的阅读终端推出数字出版物，以数字报纸所覆盖的阅读终端分类，数字报纸的用户可分为以下几类。

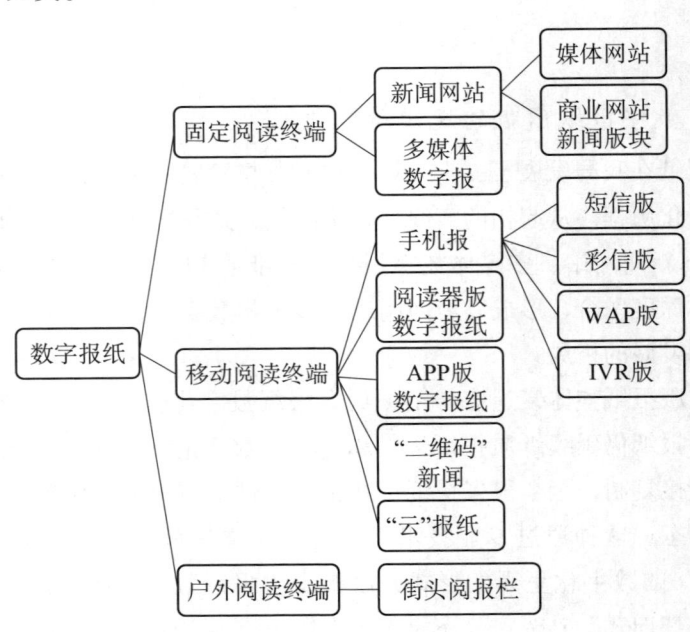

图 1　数字报纸的版本与类型

1. 数字报纸固定阅读终端类用户

固定阅读终端的用户主要指使用台式计算机和笔记本计算机的用户，固定阅读终端类数字报纸包括新闻网站（Website）和多媒体数字报。新闻网站可细分为：媒体网站，指报纸、通讯社、电视台、电台等传统媒体独立或联合开办的综合性网站；商业网站新闻版块，指商业网站进行新闻信息登载或服务的网站或版块，也包括和传统新闻媒体联合创办的网页和版块，如腾讯·大楚网、新浪新闻中心等。多媒体数字报，是由传统报纸媒体作为内容提供商，架设在网站上（通常是报业旗下的网站），兼具纸质报纸版面和多媒体、互动功能的，并且能提供在线、下载等多种阅读方式的数字报纸，如《人民日报》数字报。

2. 数字报纸移动阅读终端类用户

移动阅读终端类用户指使用手机、Pad、阅读器、平板电脑等主要通过无线方式连接移动通信网、互联网的便携式个人终端设备阅读的用户。移动阅读终端类数字报纸有：手机报，包括短信（SMS）版手机报、彩信（MMS）版手机报、WAP 版手机报、IVR 版手机报；APP 版数字报纸；阅读器版数字报纸；"二维码"新闻；云报纸。

iPad 和 App Store 培育了强大的市场，传统报纸的数字化转型也开始向移动客户端应用程序开发转变，《纽约时报》《华盛顿邮报》《华尔街日报》《泰晤士报》等国外报纸都在 iPad 发布，不久之后又开发了相应客户端应用程序。

3. 数字报纸户外公共阅读终端类用户

户外公共阅读终端用户指通过设立在户外公共场所的大型多媒体显示屏幕阅读的用户。目前对于户外公共阅读终端的新闻信息服务还处在非常初级的阶段，推出了这项业务的有《人民日报》街头阅报栏、河南日报报业集团大河多媒体信息港等数家。

根据 CNNIC 发布的第 37 次中国互联网络发展状况统计报告，截至 2015 年 12 月，我国网民规模达 6.88 亿，较 2014 年底增加 6 303 万人，手机网民规模达 6.20 亿，互联网普及率为 50.3%，网民中使用手机上网人群占比由 2014 年的 85.8% 提升至 90.1%，新增网民最主要的上网设备是手机，使用率为 71.5%，手机是带动网民规模增长的主要设备。

从表 2 可以看出，在手机应用中手机网络新闻使用量与 2014 年相比有所增加，以 77.7% 排在网民使用率的第二位。数据表明，在移动领域，手机新闻阅读仍然是应用热点，受到网民的欢迎。

表2 2015年中国网民各类手机互联网应用的程序

应用	2015年 用户规模（万）	网民使用率	2014年 用户规模（万）	网民使用率	全年增长率
手机即时通信	55 719	89.9%	50 762	91.2%	9.8%
手机网络新闻	48 165	77.7%	41 539	74.6%	16.0%
手机搜索	47 784	77.1%	42 914	77.1%	11.3%
手机网络音乐	41 640	67.2%	36 642	65.8%	13.6%
手机网络视频	40 508	65.4%	31 280	56.2%	29.5%
手机网上支付	35 771	57.7%	21 739	39.0%	64.5%
手机网络购物	33 967	54.8%	23 609	42.4%	43.9%
手机网络游戏	27 928	45.1%	24 823	44.6%	12.5%
手机网上银行	27 675	44.6%	19 813	35.6%	39.7%
手机网络文学	25 908	41.8%	22 626	40.6%	14.5%
手机旅行预订	20 990	33.9%	13 422	24.1%	56.4%
手机邮件	16 671	26.9%	14 040	25.2%	18.7%
手机团购	15 802	25.5%	11 872	21.3%	33.1%
手机论坛/bbs	8 604	13.9%	7 571	13.6%	13.7%
手机网上炒股或炒基金	4 293	6.9%	1 947	3.5%	120.5%
手机在线教育课程	5 303	8.6%	—	—	—

（三）数字报纸技术提供商的发展现状与规模

1. 北京方正阿帕比技术有限公司

北京方正阿帕比技术有限公司（以下简称"方正阿帕比公司"www.apabi.com）是方正信息产业集团旗下专业的数字出版技术及服务提供商。1997年方正推出我国第一个用于报纸信息发布的电子报系统，十多年来，报刊数字化技术不断发展、创新。网页、版面图、PDF与CEB版式文件等数字报刊技术不断完善。中国90%的报业集团、800多种报刊正在采用方正数字报刊系统同步出版数字报纸。方正先后推出的CEBX/A（面向归档存储领域）和CEBX/M（面向移动阅读领域）都得到了广泛的应用。

2. 北京联讯时代国际信息技术有限公司

联讯时代国际信息技术有限公司是集传媒、通讯技术软件开发于一体的高新技术企业。在原联讯"报讯通"无线数字平台1.0版的基础上，联讯公司研发出能够在手机上实现对报刊的"看、读、听、评、搜、存"等数字化功能的阅读新技术——"联讯毕读"。"联讯毕读"无线数字技术基于手机阅读有诸多创新之处，首先是对报纸的原版呈现，版面与纸质图文相同，完全逼真，受众可以享受与原版报刊相同的阅读体验；其次，方便携带和阅读，打开手机就可以看报纸，可以利用一切时间，随时随地阅读；同时，容量大，经济实惠。

三、数字报纸出版的赢利模式及状况

（一）总体状况

2015年，数字报纸收入规模为9.6亿元（不含手机报）。与数字出版行业发展态势相比，报纸数字化转型发展速度远低于行业的整体增速，并呈逐年减少态势。

（二）赢利模式

1. 内容增值模式

就目前来说，国内许多数字报纸还是作为传统纸质出版的附加增值服务而出现的。在当前的互联网环境下，保留纸质报纸的完整形态并没有错，但必须要建造一种符合网络运营规律的架构，从内容到形式都要契合网络的本质特征和网络语言的表达方式。随着门户网站、微博、手机APP等信息传播载体的发展，受众阅读报纸的习惯已不如以前，加之数字报纸的内容又不具有唯一性、不可替代性。近年还有一个有趣的现象，传统媒体开始大量从网上挖掘新闻，有些稿件则是直接选用门户网站的原稿，这在一定程度上说明纸质报纸的内容资源也出现了短板。因此，数字报纸要想发展，就必须把握内容这一核心要素。

以内容为增值模式的数字报纸，信息内容及时更新，这样才能迅速、快捷地反映信息发展动态，彰显新闻的时效性。目前绝大部分数字报都是其纸质报纸的数字化形式存在，并不具备多媒体的性质，因而在与其他网络媒体竞争中并没什么优势可言。但在互联网这样的平台上生存，时效性正好可以弥补传统媒体的不足，因此数字报纸抓住这个机遇，利用网络多媒体的特点把原有的内容做精做细，更有趣味。同时，数字报纸的运行商利用版权创造经济价值。在传统出版转型数字出版的过程中，数字版权保护正日益受到重视，而且对于内容产业来说，版权是核心的资源。所谓利用版权其实可以复制门户网站开辟专栏的做法。利用传统报纸发展到现今的备受欢迎的记者、评论员、作家等，树立版权意识，是以内容为增值模式的数字报纸把握的重点。

2. 广告支撑模式

在数字报业，广告营销是最常见的一种营销模式。报纸的品牌效应和广告销售队伍的经验，在一定程度上吸引着广告主，所以网络广告是实施现代营销媒体战略的重要部分。对于大多数网站来说，网络广告是最成熟的商业模式。

曾有专家预测过，"现在大家苦于的是找不到在新媒体领域上的赢利方式。实际上中国最有可能实现的，可能不是通过向用户收费的方式来赢利，而是通过广告"。在数字报纸的平台上投放广告是最基本的赢利方式，而这种广告投放可以因数字报纸的个性化服务而达到"精准投放"。例如将时尚娱乐新闻编辑到"我的报纸"中的用户群体就是化妆品、服饰等广告商需要的潜在消费群体，而青睐各类财经新闻的用户则有可能是汽车、房地产等广告商的广告投放对象。大量用户根据自身的需求建立的"我的报纸"其实就是数字报纸的数据库，这是广告商最看重的市场需求信息。数字报纸可以将"我的报纸"所涵盖的信息整合成自己的特色数据库以吸引广告商。通过这一方式，数字报纸将受众的"二次注意力"更加精准地售卖给广告商从而达到赢利的目的。

然而，"免费使用+网络广告"的赢利模式，对于数字报业网站来说，带来的利润还不足以让他们满足，多数数字报业媒体都在探索更多有效的营销方式。这一点，从默多克宣布终结"免费午餐"的供应模式，对旗下的报纸网站进行收费可以看出，这表明了传统出版不能再一味地依靠广告投资数字出版。

3. 付费墙模式

在我国，绝大部分数字报纸是可以免费查阅的，但收费是大势所趋。所谓付费墙（Pay Walls），即对在线的内容进行收费阅读的模式。以美国为例，2009 年仅有《华尔街日报》以及 40 家规模较小的报纸实行全部收费；而到 2012 年，有数据显示，已有 300 家报纸建立了付费墙，对在线内容进行收费。更为可喜的是，2012 年 12 月 23 日彭博社发布分析称，美国《纽约时报》的订阅收入首次超过广告收入，成为该报的主要收入来源。

我国数字报纸也在付费墙模式上进行尝试与探索，全国第一份付费阅读的数字报纸是由温州日报报业集团创办的。2006 年温报集团与北大方正共同开发了专门的数字报纸收费系统，《人民日报》数字版也于 2010 年 1 月 1 日起尝试实行收费阅读。2015 年，数字报纸业的付费模式更注重为受众提供多渠道的个性化服务。随着传播手段的多样化和传播内容的多元化，受众的需求日益分众化和个性化。因此，数字报纸通过网络以及智能手机移动终端的"微支付"手段为订阅用户提供更为细致周到的个性化服务，力求满足所有订阅用户的个性化需要。

（三）存在问题

目前，数字报纸的赢利主要还是依靠广告。广告的意图是为潜在消费者提供购买信息，促使其产生购买行为，然而在广告投放媒体的受众看来，广告是一种"诱惑"和强制推销手段。特别是在数字时代，没有价值的广告、虚假广告大量涌入，占据版面的显眼位置，甚至利用弹窗的形式像病毒一样蔓延开来，迫使网民使用浏览器的"广告屏蔽"功能来对付。可见，过度的广告投放数量只会让受众对数字报纸产生抵触心理，而失去受众也就意味着失去了广告投放的价值。

另一方面，数字报纸的内容收费模式尚在探索阶段。新闻网站长期以来以免费的内容吸引受众，多媒体数字报、APP 版数字报纸中绝大多数也没有实行收费，手机报虽然有一定赢利，但是其发行需要借助通信网络运营商，阅读器版数字报纸由于设备成本高昂，也难以实现规模化发展。从 2007 年起，我国已有 20 多份多媒体数字报尝试收费发行，但是网络用户增长并不理想。以《人民日报》为例，2010 年 1 月《人民日报》多媒体数字报开始实行订阅收费政策：24 元/月，128 元/半年，198 元/年。可是《人民日报·海外版》数字版和人民网的内容仍然大开免费之门。此番尝试激起热议，最终《人民日报》发布通告："从 2010 年 3 月 5 日起，《人民日报》数字版前 4 版内容长期免费，5 版及 5 版以后版面内容，当天免费。"内容是报纸的核心价值，对内容收费是实现核心价值的途径，这本无可厚非。然而数字时代，雷同的新闻内容随处可见，新闻的质量也令人堪忧。特别是在我国，商业网站刊载的内容都来自于传统媒体。如此缺乏独创性、缺乏价值的内容，让读者为其付费，似乎也不大合理。

四、年度影响数字报业出版产业发展的重要事件

（一）"互联网＋"概念写进《政府工作报告》

3 月 5 日，李克强总理在全国人大会议上做《政府工作报告》时，将"互联网＋"的概念首次引入报告中。李克强总理在上半年的六次考察中就有四次提到"互联网＋"的概念，与此相关的"网速"从总理口里说出之后也成为大家热议的话题。7 月 21 至 23 日在北京举行的第十四届中国互联网大会也把大会定调"互联网＋"，以"产业融合互联共享"为主题。工信部积极落实"互联网＋"行动计划，推动互联网＋协同制造、互联网＋创业创新的发展。从一系列的举措来看，许多传统产业已与互联网、云计算、大数据、物联网等相结合，网络新技术助推传统产业转型上升为国家发展战略。从中央到各级主管部门都对互联网之于传统媒体与新兴媒体融合发展给予了如此高规格的重视，对数字报纸产业而言，这也为融合发展提供了政策保障，加快了产业升级的步伐。

（二）新型新闻客户端试水，避免同质主打细分市场

10 月 28 日，四川日报报业集团华西都市报社与阿里巴巴集团组建封面传媒，以新闻客户端为主打，以 The cover.cn 网站为基础，涵盖微博、微信、视频、数据、论坛和智库等，逐步推出包含多个垂直细分范畴的产品矩阵。10 月 23 日，南方报业传媒集团举全集团之力打造的拳头产品南方＋客户端上线。此前的 4 月 15 日，南方报业下属的南方都市报推出了并读新闻客户端。6 月 6 日，"新华社发布"被整合升级后的新华社同名新闻客户端上线。9 月 16 日，

由财经杂志母公司财讯集团，联手新疆维吾尔自治区和阿里巴巴打造的无界新闻客户端正式上线。

具体来看，新华社客户端连接覆盖全国31个省、市、区县，构筑1 200多家地方党政企客户端网络，其独家优势是其他媒体难以复制的。封面传媒强调"个性化定制"。南方+客户端试图打造融"新闻、服务、社交"于一体的平台型移动互联网产品。南方并读其独特之处在于读者参与广告分成，打造全球首家"读者获利"新闻平台。无界新闻客户端则进行政、企、媒三强混搭打造新媒体的尝试。早期的新闻客户端普遍存在同质化问题，新一轮新闻客户端的一个显著特点就是试图走一条与别人不同的成功之道。

（三）第二届"百强报刊"评选推荐

继2013年首次推荐"百强报刊"后，2015年9月18日国家新闻出版广电总局开展了第二届"百强报刊"评选推荐。这是对报刊创新发展成果的又一次检阅，共有《人民日报》《读者》《细胞研究（英文）》等299种报刊入选。

梳理此次入选的百强报刊，有的以内容质量站在影响力的高峰上；有的在媒体融合上始终坚持以内容建设为根本，以先进技术为支撑，转变发展方式，实现弯道超车；有的实现了社会效益和经济效益相统一，让同行刮目相看；有的在学术影响和学术规范上与国际学术大刊齐头并进。以《人民日报》为例，经过几年的转型发展，其在传统媒体方面的影响力向新兴媒体领域拓展，不断做大做强主流舆论。目前《人民日报》已经从一张报纸，发展成为拥有报纸、网站、电子屏、手机报、微博、微信、客户端等多个类别、数百个终端载体的新型主流媒体集团。

在当前传统报刊发展遭遇困境的情况下，总局推出百强报纸、百强社科期刊和百强科技期刊，为业界明确了方向，树立了标杆，使报刊界学有目标，赶有榜样。

（四）推进媒体融合，鼓励创业

浙报集团通过"传媒梦工场"平台，组织"新媒体创业大赛"、实施新媒体领袖计划、建立"中国新媒体第一创业孵化基地"，以期发现有增值潜力的新项目进行投资和孵化。广州日报报业集团拿出300万元新媒体基金，鼓励员工尝试新媒体项目。华西都市报实施创客行动，报社既做好资金支持，又提供制度保障：拿出 50 万元用于征集创业金点子活动，拿出 100 万元和 1 000 万元分别作为创业培训和创业投资的专项资金。报社还规定，员工不用辞职就可创业，报社提供全程创业辅导，管理团队可给予期权、股权激励。报业在坚持纸媒品质的同时，与时俱进鼓励发展新媒体，提升用户对自身内容和产品的注意力和关注度，如何留住用户，仍然是报人在新媒体环境下面临的严峻挑战。

五、总　结

（一）总体态势

2015 年报业仍然有两个最大的特点：付费墙的推行和印刷率的下降。以计量支付和数字订阅为主要形式的付费墙计划，也就是数字内容付费计划，成为纸媒转型过程中新的收入流。到现在美国有超过 400 家报纸都采用了付费墙。这种趋势也在英国、澳大利亚和世界其他国家蔓延开来。《纽约时报》等有影响力的大报的数字发行量不断上升，改善了过去对广告收入过度依赖的收入比例失衡问题。新一轮报业收购大潮正在逼近，通过抛售不良资产或是并购新媒体，促使纸媒向互联网生产方式走得更近。报业实体规模在不断缩小，转向更有价值的、小范围的核心内容生产。尽管报纸大力拓展受众的移动终端阅读，但是移动终端的数字内容尚未形成稳定的收入流。报业从业人员持续减少，而数字媒体的从业人员有小额增长。数字报纸的赢利模式也尚未清晰。总体来说，虽然 2015 年的报纸行业呈现出一些正面的发展迹象，但是仍需要克服严峻的经济现实带来的影响。

（二）主要问题

1. 新闻内容同质化

互联网自身的特性决定了它是一种资源共享的媒体，人们在这里浏览来自世界各地的信息，并转载到别处，于是各种信息在互联网上交汇、爆炸。数字传播时代不仅是一个信息时代，更是一个信息爆炸的时代。"疯狂增长"的有用或无用的信息让人们应接不暇，身心疲劳，特别是当所见之处重复出现相同内容之时。

同质化是指不同品牌的同类商品所表现出来的在外观、性能、产品定位、营销手段等方面产生的趋同现象。作为一种商品，数字报纸新闻内容的同质化愈演愈烈。由于数字技术的便捷性，新闻信息通过成百上千次的复制、转载迅速涌入网站、社交网站、微博、手机报等渠道，占领人们的视线。为了尽快发布信息，一些数字新闻媒体在转载时并未对内容加以修改而是照搬原文，加剧了同质化。另一方面，我国非新闻机构设立的互联网新闻信息服务单位在新闻采编权上受到限制，只能转载、刊登中央、省、区、市新闻媒体的新闻，虽然与一些有新闻采编权的媒体建立了合作关系，但是众多商业网站的新闻信息来源仍然过于单一，导致读者在各个网站看到的新闻都千篇一律。

数字技术带给人们时时刻刻接收信息的便利，然而新闻信息的海量和同质化相互作用，频繁处理信息也给人们的大脑带来负担，久而久之就会心生厌倦，想要逃离数字信息的包围。

2. 传统赢利模式失灵

传统报纸的赢利主要通过广告赢利和发行赢利两种方式，在数字化变革中，传统的模式并不能带来理想的赢利。

2015年1—5月传统媒体广告刊登额降幅维持在5.8%，除户外广告略有增长外，其他媒体都在下降。其中，电视广告下降3.4%，资源量下降10.3%；广播广告下降3.9%，资源量下降14.3%；平面媒体则持续下降，其中杂志广告下降15.6%，资源量下降24.4%；唯一增长的户外广告，也仅增长了0.8%，资源量下降了3.3%，状况最为严峻的报纸，广告降幅从一季度的29.5%扩大到32.0%。一方面，基于新闻纸的经营阵地很难守住，报纸必须通过转型、融合找到新的生存方式。方向和重点是移动互联网和手机，但仅仅依靠内容还不够，必须是"内容+服务"。另一方面，我国数字报纸的内容收费模式尚在探索阶段，可以肯定的是这条道路并不是一片坦途。

（三）建　议

1. 探索数字报纸付费模式

比较研究国外数字报纸的赢利模式，我国数字报纸可以采取以下三种付费赢利模式。

一是完全收费模式。就是完全借鉴《华尔街日报》和《纽约时报》的模式，以月或年为单位计费，对所有报纸内容全部收费。当然，这种收费模式比较适用于少数掌握了许多稀缺新闻资源，以刊载高质量原创内容为主，在新闻产品的内容资源上拥有核心竞争力的报刊。例如一些大型综合类的、善做深度报道的报纸和在某一领域具有权威性的报纸。

二是Freemium即VIP用户收费模式。这一模式其实并不陌生，在互联网上提供绝大多数免费资源的同时，仍有些内容和服务是需要付费使用的。数字报纸完全可以借鉴这一收费模式，即从满足受众不同需求层次的角度出发，对于受众泛泛浏览的"快餐式"阅读和行业中的"同质性资源"提供免费服务，而如果受众想要进行深度或者大量阅读时，就要进行付费。

三是提供有特色的功能性服务收费。数字报纸可以建立一个便捷的支付体系，为受众提供周到的有偿服务，既可以将报纸内容化整为零为受众提供单个新闻付费下载阅读以满足其个性化需求，也可以提供"旧闻"信息查询以及问卷调查、问题讨论等有特色的服务。

如今，报业数字化转型已进入以用户为中心的"付费墙2.0"时代，互联网逻辑已延伸到脚下，"关联与开放"虽然是一种理想的思维与逻辑，但如果没有这种逻辑，原先的基础架构、价值链和经营模式在重构中就失去了判别的依据。对于转型中的纸媒而言，重在建立连接，以用户为中心，培养用户忠诚度，重构两者之间的关系；在此基础上突破原先的资源和市场边界，构建新版图，在不同地区和不同领域进行跨界整合；最重要的是，开放自身资源，实现协同合作、众筹众包，形成新的价值链和经营模式。最终在未来的知识生产、信息生产当中充分利用互联互通所创造的对接价值，是传统媒介进入到互联网新的操作系统、新平台的必由之路。通过互联网思维的指导，传统媒介将实现从服务内容到经营模式的创新，从二次售卖模式，走向能够为用户提供全套解决方案的应用服务商的模式，进而成为嵌套在互联网逻辑之内的新标准和新规则的制定者与执行者。

2. 全媒体促进新闻聚合生产

尽管我国报业在网站建设、微博、微信、移动客户端等新媒体的使用上已经达到了较高的比例，但真正能够将各种媒体整合在一起，实现全媒体24小时不间断新闻报道的还为数不多。随着报业数字化的不断深入，不同媒体需要多元化新闻内容的支撑,也需要不同的内容生产流程与模式。以《纽约时报》为例,2015年《纽约时报》发布最新版移动应用NYT Now 2.0,取消付费墙,变身"新闻聚合器",新版NYT Now 上将不仅仅显示《纽约时报》自家内容,该应用还会推送其他家媒体的内容。只要内容够新、够好看都有可能在NYT Now 上呈现。

附 录

国外数字报纸发展的现状与启示

(一)美 国

1. 美国数字报纸发行情况

根据数据Com Score分析公司提供的数据,除个别情况外,数字空间中的数字业务流量是很大的。在《2015年美国新闻媒体状况》中报道了Com Score Metrix 统计的2015年1月份前25位数字报纸的读者数量。这里摘录前5位报纸的读者数量,见表3所示:

表3 2015年1月排行前5的报纸读者数量情况

报纸名称	读者数量(千人)	通过台式机(千人)	通过移动设备(千人)
《今日美国》	54 548	25 198	34 621
《纽约时报》	53 966	28 974	31 481
《每日邮报》	51 108	21 095	33 817
《华盛顿邮报》	47 815	21 328	30 393
《监护人报》	28 152	13 120	16 483

对于这些流量最大的报纸其数字读者远远超过其印刷版报纸的发行量。例如,2015年9月《纽约时报》平均周日印刷版发行量不足65万份,而2015年10月阅读该报的读者达到5 400万,其中付费读者达到140万。

目前虽然阅读数字报纸的读者在不断增加,但有更多的美国读者更喜欢阅读印刷版报纸,这主要是花费的时间问题。例如2015年1月平均访问纽约时报网站和相关的应用程序需持续46分钟,因此大多数读者只是飞速"浏览"而不是真正"看报纸"。

（二）英　国

1.《金融时报》

早在10年前，《金融时报》就意识到网络是媒体的未来，大力发展网站不会降低报纸的销售，网站新闻更新更为迅速。为节约开支，该报将所有编采人员重新整合，要求编辑记者既为报纸也为网站写稿编稿。报网人员一视同仁，享受同等薪酬待遇。这使得采编工作方式更加灵活，新闻资源得到充分利用，释放出最大新闻生产力。

金融时报在报网互动上还采用"网络＋报纸"的捆绑销售模式，在亚洲市场，60%的客户选择这种方式。目前，金融时报正与欧洲一家大型移动通信运营商建立合作机制，大力发展手机新闻业务。金融时报重视网站与报纸读者的互动，通过网站了解读者的阅读爱好，将信息反馈给报纸，改变报纸单向传播的不足，使报纸做到有的放矢。另外，该报网站是收费的，注册用户每月可免费阅读30篇文章，超过此数就要交一定费用。收费标准分两档，一年交75英镑可以查看该报5年前的资料，交195英镑可以进入该报网站查看全世界1.8万家上市公司的信息库和500多家报纸的旧闻。网站现已成为报社比较重要且稳定的收入来源，对促进主报发行很有帮助。

2.《每日电讯报》

《每日电讯报》发行量91万份，在英国大报中排名第一，近年来强力推进数字化转型，力图在报纸数字化时代争取到更多、更年轻的读者。《英国新闻评论》曾报道了该报迁到维多利亚中心后报网互动互融的办公情景：他们把网站的编辑全部调过来，与报纸的编辑们在一起工作，"在那里，每日电讯报的布局是中心式的，中间一张圆形的桌子坐着总编辑和11个部门的主编，每一个部门都围着那个中心，他们在这样一个平台上不仅制作报纸，也做网站、无线下载、视频和其他交互式内容"。目的是推行"一个内容三个介质"（报纸、网站、短信）的联合工作模式。

《每日电讯报》实现了全天候的运转节奏。每天早晨，印刷版投递到用户手中；下午是电子报，主要针对青少年，用户可以打印，也可以在线阅读。网站也全天更新。早晨版是以时政为主的印刷版内容,中午版是以体育和文化为主的轻松内容,晚上则强化娱乐新闻。读者也愿意寻找自己喜欢的不同形式的媒介来接收不同形式的内容。新媒体和老媒体的界限消失了。这一切几乎是无缝的连接。这是网络媒体与传统媒体在新闻信息整合与形态转换方面的有益实践。

(三) 日 本

1.《朝日新闻》

随着出版业数字化发展的日益深入,日本越来越多的报纸意识到报业的数字化发展势不可挡,因而采取积极应对的举措,从多方面入手开发多种类型的数字化产品。日本传统大报《朝日新闻》便是很好的例子,该报在把握报纸媒介特征的基础上,开展类型化的数字服务。

早在1995年,《朝日新闻》便开通了免费在线新闻网站"asahi.com"。2011年5月,该报全方位加大开发数字产品的力度,将原有的免费新闻在线网站升级为收费数字报纸《朝日新闻数字版》,以24小时实时提供全世界最新新闻的《24时刊》和将纸质报纸直接数字化的《朝刊》两种形式发送新闻信息。同样,《朝日新闻数字版》实行会员制度,分为与纸质报纸捆绑的套餐和单独数字报纸订阅两种付费类型,前者在每月报纸订购费的基础上加1 000日元,后者每月月额为3 800日元;而针对免费注册会员,则提供每天阅读3篇新闻的试用服务。《朝日新闻数字版》的会员可以在电脑、智能手机以及平板电脑等任何终端进行阅读。《朝日新闻数字版》大量使用照片、视频等多媒体形式展开报道,体现数字出版多媒体平台的魅力。此外,还可以提供1年内新闻检索、保存浏览过的新闻等特色服务。

除了数字报纸外,《朝日新闻数字版》还整合了一系列不同类型的专业性网站:刊载世界范围内热门话题的"朝日新闻 GLOBE",专业性健康、医疗知识和服务网站"apital",关注中东地区动态的"中东杂志",对新闻进行深度解读的"WEBRONZA +",介绍法律制度及热门经济事件背景与裁决结果的"法与经济杂志",专访宝塚剧团前辈、舞蹈、歌舞伎等领域明星的"STAR-FILE"以及转载该报传统评论专栏《天声人语》及社论等评论性文章的"朝日新闻 天声人语·社论"。《朝日新闻数字版》的会员可以免费阅读上述所有的网站内容。截至2013年3月5日,《朝日新闻数字版》的收费会员数量已经突破10万人，而免费试用会员则超过99万人。

2.《日本经济新闻》

《日本经济新闻》是日本报业乃至出版业中最早开始数字化进程的媒体。早在20世纪60年代末，该报社便开始研究数字制作报纸的技术，成为日本出版界的技术先锋。2010年，日本经济新闻在报纸数字化方面迈开了新的一步，在原先免费网站的基础上创刊数字报纸《日本经济新闻·数字版》，保留部分报道完全公开、免费阅读的同时，将一些报道设为只面对会员开放。会员制分为免费会员和付费会员两种方式，免费会员可以每月免费阅读会员限定报道10条，付费会员则可以享受数字报纸的所有服务。收费标准根据不同套餐有所区别，单一的数字版套餐为月额4 000日元，纸质订阅和数字版捆绑套餐费用为纸质订阅费用加1 000日元。

日本经济新闻数字报除了提供数字版内容以外，还提供一系列特色服务：多领域的在线检索功能，主要包括免费新闻检索、付费新闻检索、股价搜索和人事搜索。

（四）国外数字报纸发展给我国的启示

1. 推进新闻产业链建设

数字化作为报业发展的新方向，产业链的培育是整个行业可持续发展的基础。这种产业链包括生产管理、发行管理、广告管理、访问控制、电子交易等多个环节。要实现报社、读者、广告商之间的良性互动和沟通，需要一条健康的产业链支持。在发展网络版的同时，将采编完全打通，把新媒体建设成一个完全独立的媒体，通过实时的新闻报道，将报纸品牌进行拓展和延伸，实现传统报业在网络化时代的跨越式发展。除纸质版和网络外，媒介内容的呈现形态还包括多媒体、手机报、手持阅读器等多种形式。内容生产方式更需根据这种产业链建设而进行科学整合，并从生产、订阅、发行、广告、运营以及与读者互动等全部环节进行统筹安排。

2. 同品牌不同呈现方式

从国外各大报纸的经验中可以看出，根据媒体形态的不同，同一报业品牌的内容在不同媒介中所呈现的具体内容也不尽相同。印刷版与网络版、手机版以及用户定制版本都各有差异，在个性化与整体一致性之间寻求合理的平衡点。不过虽然表面上有所不同，但在选择新闻的标准、看待事物的角度以及问题解读的逻辑思路与风格方面却应该一致，在明确定位的基础上构建以受众需求为中心的服务形式。

3. 全面联动趋势

对报纸而言，加快启动数字化转型战略，无疑是赢得媒体竞争主动权的一个有效途径。综观国外各大知名报纸的报网融合情况，可以发现，在核心品牌竞争力的基础上，报纸与网络、手机等新媒体已形成全面联动趋势。报纸由于版面空间有限，其呈现方式相对受限，但网络技术的多样性使得新闻的表述具有多种手段，其超链接技术使信息呈现网状结构，为受众提供除传统媒体以外的更多选择渠道，还能通过内容设置影响受众的接受与认知。同时，网络可以成为报纸新的发展支点和赢利点。在"内容为王"的前提下，可以更多更方便地根据信息内容传播的需要来选择和决定使用什么样的媒介。读者喜欢什么形式，就尽力以那种形式呈现和传播，从而使新闻信息资源配置达到最优化。寻求报纸网站核心表述力，就要让报纸与其网站相互紧密嵌入，让报纸与网络实现从形式到内容的融合：报纸尽量刊发深度报道，报纸稿件末尾都有指向网络版的链接路径；编辑把记者发回的文字稿件、图像，甚至音频、视频等内容第一时间"链接"到网络上；每个记者还可在网上开设新闻博客，写下在采访中遇到的故事，实时发布事件进展情况，真正做到报网互相补充和联动。

4. 重视独家内容

在诸多媒体内容趋向同质化的今天，独家内容已成为各种媒体在竞争中取得优势的关键。如华尔街日报就主打财经内容，以独家深度财经分析特立于各大媒体之中。在发展新媒体时，华尔街日报依然延续并拓展这一优势。在网络方面，除需付费的新闻分析和数据外，网站还推出一系列由华尔街日报记者或专栏作家写的博客，内容涉及法律、政治、股票以及个人理财、职业和家庭等的独家内容，还有一些商业领袖的访谈、评论员的解说等各类视频内容，以及一些互动稿件，邀请读者参与写作、发表看法、提出问题、参加问题调查等。正是这样的独家并有针对性的细化内容，才能满足用户多样需求，从而赢得市场占有率的最大化。在国内媒体内容同质化愈来愈严重的趋势下，这方面经验值得我们借鉴。

5. 拓展多媒体化发展

当今时代，除文字、图片外，音频、视频、动画等多媒体内容也成为读者的需求。可以看到，国外报纸在这方面已经取得了很大发展，报纸已不仅仅以图片和文字内容吸引读者，各种多媒体形态已逐渐被引入报纸的内容生产链条中，并逐渐发展壮大。基于新媒体终端的多媒体内容目前也已成为国内受众的强烈需求。国内无论是报纸还是报纸网站，由于缺乏相关资源和多媒体自主生产能力，在多媒体化发展方面还很不充分。而国外报业集团除了非常重视多媒体内容外，一些报业集团还开始涉足跨媒体行业。他们的经验可以为我们的发展提供很多启示和借鉴。

参考文献

[1] 迟强. 我国数字报纸商业模式的构建于探索 [J]. 编辑之友, 2015 (12): 46—49.

[2] 李南. 我国数字报纸收费模式探寻 [J]. 报业观察, 2013: 36—37.

[3] 沈文倩. "复制与创新"——数字报纸赢利模式分析 [J]. 新闻传播, 2014 (4): 71—72.

[4] 郁聪. 我国数字报纸发展历程与现状研究 [D]. 湖北, 武汉理工大学, 2012.

[5] 张桂兰. 美国报纸发展近况 [J]. 今日印刷, 2015 (7): 56—57.

[6] 薛宝琴、高昊. 日本报纸数字化发展战略及启示 [J]. 新闻界, 2015 (5): 68—72.

[7] 记者网: 2015年报业关键词和大事记 http://www.jzwcom.com/jzw/84/12595.html.

（刘永坚、周剑恒单位：武汉理工数字传播工程中心；万智单位：长江出版传媒股份有限公司；白立华单位：武汉理工数字传播工程有限公司）

2015—2016 中国互联网期刊出版产业年度报告

李广宇　戴铁成　高默冉

一、互联网期刊出版产业概述

（一）传统期刊互联网出版商的总体情况

互联网期刊出版是相对传统纸质期刊出版提出来的，它主要包含两个方面的内容：传统纸质期刊的数字化，并在互联网上出版；以期刊为主要内容的包含文献和学术论文等在内的系列知识库在互联网上的出版。

2015年互联网期刊出版行业总体发展快速，单一出版商收入已经达到十亿元数量级。互联网期刊出版市场的主要份额仍然由四家享有，它们分别是：同方知网（北京）技术有限公司（以下简称"同方知网"）、万方数据科技有限公司（以下简称"万方数据"）、重庆维普资讯有限公司（以下简称"维普资讯"）、龙源数字传媒集团（以下简称"龙源传媒"）。

在经历了期刊数字化并互联网出版这一触网过程之后，传统期刊互联网出版商早已将业务重心放在了通过对文献、信息等资源进行分析、加工和整合，形成有大量信息的、知识关联的数据库，并为知识管理打下了基础。

（二）传统期刊互联网出版生产规模年度变化情况

随着数字出版技术的飞速发展，当前传统期刊互联网出版商通过技术升级各设备更新，已经拥有了较强的专业数据加工生产线和较大规模的生产能力，确保及时实现传统期刊的数字化加工效率和互联网出版物可靠性、及时性。

2015年，中国期刊数据库各主要企业期刊资源年度加工情况见表1。

表1　中国期刊数据库各主要企业期刊资源2015年加工情况

出版能力＼出版单位	同方知网	万方数据	维普资讯	龙源期刊
出版文献篇数	500万	—	>600万	>500万

同时，各传统期刊互联网出版商为了保证企业的可持续发展，满足产业未来发展的海量内容加工和供给需求，拓展市场领域，挖掘市场潜力，采用先进的数字内容加工技术，不断建设数字生产加工基地和分公司，努力形成各自的独有优势。具体情况如表2。

表2　中国期刊数据库各主要企业加工基地、分公司和资源建设情况

企业名称＼具体分项	加工基地和分公司建设情况	资源建设情况
同方知网	截至2015年年底，已经累计生产加工期刊论文5 400多万篇，学位论文近270万篇，会议论文超过260万篇。其中2015年新增期刊论文约400万篇，学位论文和会议论文近60万篇。	承担建设的《中国学术期刊网络出版总库》收录1915年至今的我国学术期刊6 930种，《中国知识资源总库》已经囊括我国90%的信息资源，包括7 000多万篇期刊、学位论文、会议论文、报纸、年鉴、统计年鉴、工具书、专利、标准、国学古籍、图书、国外数据库等产品，涵盖了学术、文艺、文化、科普、高等教育、基础教育、医药卫生、农业工业等出版内容。此外同方知网还收录有高等教育、党建、政报公报、经济信息、精品文艺、精品文化、大众科普、基础教育等类型的期刊，实现了我国绝大多数期刊资源的互联网出版。
万方数据	公司具有国内最现代化数据加工基地，全套规范化加工生产线，采用了高清晰扫描、OCR识别、人工智能标引、PDF制作技术等先进制作工艺，以及严格的质量管控体系，从而保证了公司产品的高质量。	资源包括中国期刊、学位论文、会议论文、图书、新方志、标准、专利、专业数据等诸多文献类型海量文献，并与万方数据的外文文献、医药文献、基础教育文献、特种文献及视频库等共同构成了覆盖所有学科、专业范围的巨型信息内容数据库平台，通过万方数据知识服务平台和各种行业产品与服务，为国内外广大客户提供优质、高效的信息服务。

续表

具体分项 企业名称	加工基地和分公司建设情况	资源建设情况
维普资讯	具备自主生产的能力，建有全套数字化加工生产线，拥有自己的数字化加工中心，主要从事文档资料数字化加工、图像压缩及处理、信息检索等服务，日加工能力期刊600本左右，文章3万篇左右。	《中文科技期刊数据库》收录了中国境内历年出版的中文期刊12 000余种，近4 000万篇文章，引文9 000余万条，分三个版本（全文版、文摘版、引文版）和8个专辑（社会科学、自然科学、工程技术、农业科学、医药卫生、经济管理、教育科学、图书情报）定期出版发行。
龙源传媒	集团在天津数字出版基地与台湾联合线上成立了合资公司，开展数字技术产品的研发；在上海张江数字出版基地和浙江省宁波建立全资子公司、在广州、南京、兰州建立了办事处，同时扩大了海外市场的营销力度，除多伦多外，又在香港新增海外总办；在兰州建设有数据加工基地、新成立了龙辉天耀、数字悦动合资公司。	截至2015年年底，龙源传媒总资源数量达4 200多种，类别涉及时事、财经、党政、文学、医药保健、运动体育、综合文化、教育、军事、家庭、情感等诸多方面。国家期刊方针双效双百期刊和省级优秀期刊占70%以上。与40家图书出版社建立有战略合作关系，年度购买电子书10万本，科普、文化、娱乐、保健、军事等正版音视频资源3 000小时。2015新签100家自媒体资源。

（三）传统期刊互联网出版市场占有率年度变化情况

近几年我国数字出版产业营销收入增长十分迅猛。2013年数字出版产业营销收入为2 540.35亿，2014年为3 387.7亿，2015年达到4 403.85亿元，年均增幅约32%，近1/3的增幅，十分强劲。而传统期刊互联网出版市场规模则从2012年的10.88亿元，2013年的12.2亿元，2014年的14.3亿元，增长到了2015年的15.85亿元，年均增幅超过13%。整个行业增长平稳，但是规模明显偏小，增速远远低于整个数字出版行业，全行业产值约占整个数字出版行业的0.37%（见表3）。从近三年的出版规模来看，互联网期刊的出版市场规模虽然在不断增长，但是从整个数字出版行业来看，其增速较慢，市场规模占比下滑明显。如何做大传统期刊互联网出版的市场规模，是近年来全行业共同面临的严肃课题。

表3　近3年传统互联网期刊占整个数字出版行业规模比例

年度	2013	2014	2015
数字出版行业规模	2 540.35	3 387.7	4 403.85
传统互联网期刊市场规模	12.15	14.3	15.85
互联网期刊数字出版行业比	0.48%	0.42%	0.36%

二、互联网期刊出版推广销售策略及赢利情况分析

（一）赢利模式及总收入状况概述

传统期刊互联网出版商的经营模式主要包括网上包库、镜像网站、流量计费等方式。网上包库即用户按一定期限购买数据库使用权限，通过远程登录服务器获取服务，这种方式不需要用户维护服务器等硬件设备，也不需要负责数据更新等烦琐工作，主要用户群包括网络条件较好、使用频率较高的中小机构用户，如中小科研机构、企业、中小学等；镜像网站即机构用户购买数据库，并在本地服务器安装，在自身局域网范围内使用，这种方式适合于硬件条件较好、有内部局域网的机构用户，如高等院校、科研机构、公共图书馆、党政机关、企业、中小学等；按流量计费，读者购买专用账号下载，通过购买专用卡、银行卡、电信卡等付费。同方知网、万方数据和维普资讯在经营模式方面基本相同，主要依赖于网上包库和镜像网站方式，流量计费占比较小。而龙源数字传媒是国内最早实行网上包库服务方式的内容服务商，带动了行业向网络包库服务方向的转变和发展。销售更加侧重于网上包库和流量计费，镜像站点方式只占其全部收入的3%左右，基本可以忽略不计。

从收入方面来看，同方知网2015年期刊数据库的销售收入已超过10亿元数量级，令人振奋。万方数据2015年的营业额达到3.8亿元，龙源数字传媒集团公司2015年营业收入为0.7亿元。这几家出版商中，中国学术期刊（光盘版）电子杂志社和同方知网（北京）技术有限公司市场规模最大，销售规模保持稳定增长。

（二）传统期刊互联网出版不同销售模式收入情况

1. 同方知网

同方知网的机构用户总数逾 10 000 家，在各个行业的市场使用率分别为：本科院校 100%；高职高专 80%；省级、副省级以上图书馆 95%；地级市以上图书馆 30%；科研机构近 300 家；政府机关近千家；军队用户近百家；医院上千家，其中三级医院市场占有率为 80%；企业约 3 000 家；中小学 800 余家。此外，海外机构用户遍布美国、德国、澳大利亚、日本和港澳台等 30 多个国家和地区，用户有近 1 000 家。

同方知网 2015 年营业收入约为 10.4 亿元，比 2014 年增长 19.5%，主要包括包库、镜像站点和流量计费三种形式。其中包库收入为 7.1 亿元，镜像站版收入为 2.67 亿元，流量计费收入约为 0.67 亿元。各项分类收入所占比例见图 1。

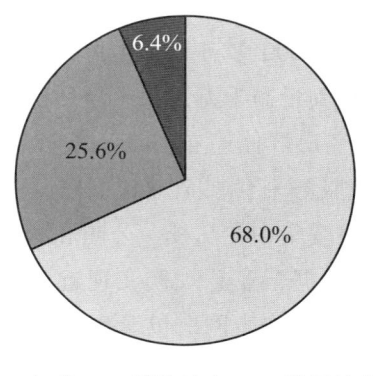

图 1　同方知网 2015 年各种销售模式收入占比

从图 1 可以看到，同方知网 2015 年营业收入中网上包库超过了总营业收入的 2/3，占比达到了 68%。同 2014 相比，包库占比提高了一个百分点；镜像站点收入占总收入比为 25.6%，占整个收入的 1/4，2015 年镜像站点收入较 2014 年有所提高，但是占比较 2014 年稍有下降。流量计费收入 2015 年占总收入的 6.4%，与 2014 年的占比约为 6.7% 相比较，占比有所下降。见图 2。

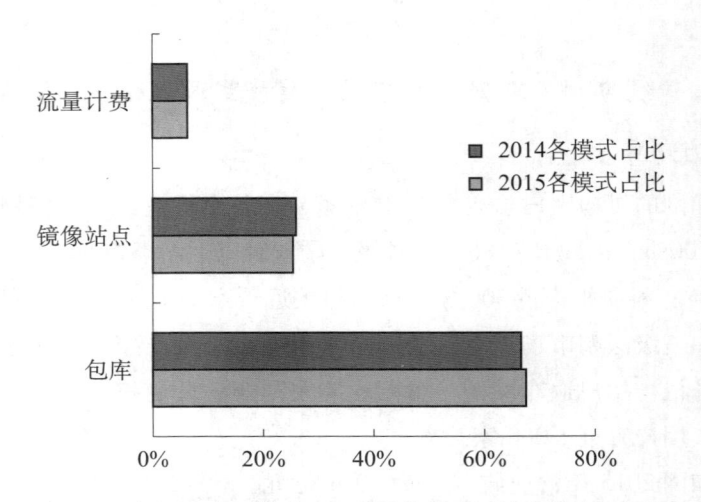

图 2　同方知网 2014—2015 年各销售模式下的收入比例变化

2. 万方数据

万方数据在全国设有 30 多个办事处，拥有万方数据（香港）有限公司、海外市场销售中心及万方软件有限公司。另设有五个产品及项目事业部。

已有 5 000 多家机构和 2 000 多万个人用户，业务规模覆盖全国 31 个省、直辖市、自治区。网站日访问量逾千万，每年新增的注册用户达 100 多万。同时，海外市场迅速发展，客户群体遍布美洲、欧洲、亚洲等十几个国家。据 Alexa 统计，万方数据知识服务平台在全球从事信息服务的专业网站中名列前茅。目前，万方数据机构主要集中在高校、公图和科情科研等领域，市场占有率超过 80%。2015 年万方数据营业总规模实现近 3.8 亿元，比去年增长超过 8.5%。2015 年销售收入主要来自于网上包库和镜像站点。

3. 维普资讯

维普资讯市场主要是面向国内外教育机构、科研机构、企业用户、个人用户提供全面的中文期刊数据库服务。其战略目标是做中国最具影响力的数据库供应商，业务模式以直销为主，网络销售、电话营销为辅；售后服务以上门服务为主，网络更新为辅。2015 年维普资讯拥有单位用户数量 7 000 余家，机构用户的主要服务方式为镜像站点，或者包库方式。个人用户数量近千万，个人用户的主要服务方式为流量计费。

4. 龙源数字传媒

2015 年龙源数字传媒总收入 0.7 亿元。主要营收模式为机构和个人提供阅读服务收费,占全部营收的98%,增值业务占2%。从面向个人用户的服务模式来看,付费阅读收入正在逐步增长,增长率达15%。面向机构用户的产品较往年更为丰富,除了以往的数字期刊阅览室,新增微信期刊阅览室、云借阅二维码数字书刊借阅机等多终端收入构成。

从图中可以看出龙源数字传媒的主要收入98%都来自于机构和个人的付费阅读服务,可见付费阅读服务收入对公司至关重要。(图3)。

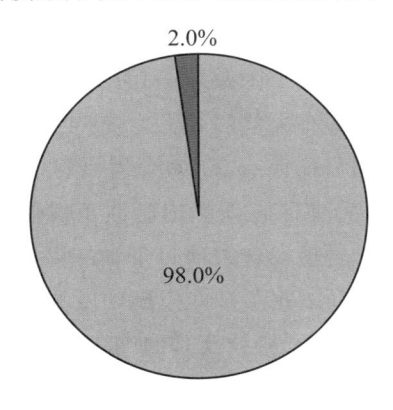

图3 2014年龙源数字传媒各种销售模式收入分类

三、主要技术提供商平台发展状况

(一)同方知网

同方知网是清华大学建设国家知识基础设施(CNKI),以知识文化服务回报社会的重要窗口,自主开发了一大批国际先进的数字出版、知识管理、知识服务技术,与全国知识界、出版界等合作,建设的《中国知识资源总库》已经囊括我国90%的信息资源,包括7 000多万篇期刊、学位论文、会议论文、报纸、年鉴、统计年鉴、工具书、专利、标准、国学古籍、图书、国外数据库等产品,涵盖了学术、文艺、文化、科普、高等教育、基础教育、医药卫生、农业工业等出版内容。同方知网还率先启动了学术期刊优先数字出版,确定了"单篇定稿出版"和"整期定稿出版"两种优先数字出版方式,以及与各期刊的优先数字出版合作模式，并成功签约400多家期刊杂志社，帮助期刊出版单位实现了从传统出版向数字出版转型。

2012年，公司《中英文科技文献创新点数据库》《中国经济社会发展统计分析数据库》《民国档案与报刊数据库》《英汉双解世界名俗文化比较辞典》《中国学术文献创新点数据库》《"新三农"数字出版与服务平台》共6个项目入选"十二五"国家重点电子出版规划项目——国家新闻出版改革发展项目库，另有10个新增补项目申报。新闻出版改革发展项目库于2009年启动建设，是国家宣传文化部门设立的第一个国家级项目库，得到了中宣部、国家发展改革委员会、财政部、商务部等有关部门的大力支持，已列入国家文化产业发展专项资金的支持重点。全国目前已有20多个省（区、市）设立了文化发展专项资金（引导资金），大部分地区将新闻出版改革发展项目库入库项目列入支持重点。作为原新闻出版总署落实重大项目带动战略的重要举措，新闻出版改革发展项目库在推动和引导新闻出版产业发展中发挥了重要作用。

公司目前承担着"2013国家科技支撑计划"课题——"学习需求驱动下的数字出版资源定制投送系统级应用示范"。本项目建设总目标为"知识聚合，数字学习；激发需求，按需出版；机构建馆，商业投送"。该项目分为4个课题，在2015年年底已经完成，2016年完成国家验收。截至目前该项目已经完成了8项国家发明专利的申请，软件著作权申请10余项。该项目主要包括：

知识聚合，数字学习。将出版社资源进行知识聚合，形成知识网络型资源库，以服务于建设学习社区、满足于读者数字化学习需求为目标，形成各类知识型出版物产品，培育新型社区学习模式，实现工作、生活、学习一体化，促进学习型社会的形成和发展。

激发需求，按需出版。通过建设学习社区，提供更有效的数字化学习平台和更好的学习资源，从而激发读者的学习需求，特别是从个体主动学习提升到机构组织学习，扩大学习范围，提升学习需求强度。通过捕获读者的学习需求，反馈给出版社，帮助出版社实现按需出版。

机构建馆，商业投送。机构内读者的学习需求通过建设个性化的机构数字图书馆来表达，满足这些学习需求的资源将通过个性化定制和精准投送的方式实时投送到数字图书馆中，满足读者实时、有效的学习。投送过程中，通过电子商务平台实现了资源购买和支持，为出版社提供了精准的数字出版商业模式。

本项目为各专业出版机构精确、及时、全面、系统地响应各专业群体和机构建设数字化学习社区的个性化知识资源需求，开发准确、高效的按需数字出版与资源投送平台,从而促进出版产业的数字化、集约化转型升级。项目以项目主承担单位数字化学习、云出版、出版超市、机构/个人云数字图书馆等为基础,进一步开发 XML 结构化数据自动化加工与知识网络建构技术,基于内容发现、用户行为分析技术,构建书、刊、音像、数据库产品的需求分析模式与选题策划决策系统,支持重组、修订、再版、新创和数据库开发,并创建第三方监督下的 B-B(C)、B-B-B(C)自动推送、超市交易产品投送平台。

1. 资源建设

同方知网以提供知识服务为目标,不断完善产品种类,提高服务质量。除了以收录学术期刊为主的《中国学术期刊网络出版总库》外,还分别建设了《中国高等教育期刊文献总库》《中国精品科普期刊文献库》《中国精品文化期刊文献库》《中国精品文艺作品期刊文献库》《中国党建期刊文献总库》《中国经济信息期刊文献总库》《中国政报公报期刊文献总库》《中国基础教育期刊文献总库》等八大非学术期刊库,期刊种类已涵盖理、工、农、医、政治、军事、法律、教育等学术领域,同时涉及文艺、文化、科普、党建等休闲娱乐和信息领域。

2014 年,自然科学类期刊收录接近 5 900 种;社会科学类期刊收录 6 300 种。期刊总收录超过 12 000 种。

2015 年,自然科学类期刊收录约 6 000 种,社会科学类期刊收录 6 400 多种,总计超过 12 000 种。

表3 同方知网 2014 年和 2015 年期刊收录情况

2014 年			2015 年		
学术类		总计	学术类		总计
自然科学	社会科学		自然科学	社会科学	
5 900	6 300	12 000	6 000	6 400	>12 000

2. 加工规模

同方知网目前正在筹建新的数字生产加工基地,建成后将新增生产规模为期刊 15 万本/年;博硕论文 40 万本/年;会议论文 50 万篇/年;报纸 160 万篇/年;工具书 500 万条/年;年鉴、统计年鉴 2 000 本/年;各专业知识 300—350 万篇/年;优先数字出版 3 000 种/年;国内外文献整合:200—500 种数据库;

各类外部合作加工业务：100万本的能力。

2015年加工期刊约400万篇，比2014年增长3%；加工学位论文30万篇，比2014年增长近10%；加工会议论文30万篇，比2014年增长了20%。

3. 营收情况

同方知网2015年营业收入为10.4亿元，其中包库收入为7.1亿元，镜像站版收入为2.67亿元，流量计费收入约为0.67亿元。营业收入较2014年增长19.5%。

4. 营销策略及年度革新

在传统出版向数字出版转型过程中，公司对数字出版和增值服务业务积极实施业务转型，推出了基于数字版权的文献版权共有合作出版业务、基于内容资源的信息服务系统软件技术业务和知识数据库出版与知识服务、互联网广告等新兴业务，继续保持了市场领先的地位。公司的个人馆和机构馆项目分别获得了个人用户和机构用户的认可和好评。

在数字出版领域，与国内外出版业"共享内容资源、共享技术资源、共享平台资源、共享市场资源"，为各出版社打造自主运营的云采编、云加工、云出版、云发行、云服务平台，构建资源共享机制下的赢利模式。公司新推出的优先出版项目得到了各个期刊出版社的好评，并且被大多数期刊出版社采用。同时在知识管理方面以产业化模式推动知识在各行业的传播、扩散与深度利用，是知识文化产业发展之本意，更是打造支撑我国经济深化改革、打造"中国智造"国家形象、实现中华民族伟大复兴的源泉与动力。在全面调研、深入认识各行业战略管理特征与知识管理需求的基础上，同方知网近年来从知识文化传播顶层设计与未来发展的角度，开始了打造知识服务产业新模式的"二次创业"。

在增值服务领域，公司在加快软件产品化、服务化的同时，面向客户需求不断实施创新，推出了互联网信息监管系统、学术不端文献监测平台、科研管理系统、科研人才管理系统等产品，并与学术期刊优先出版业务结合，加快文献发表的速度，优先获取优质内容资源，加强文献评价。

目前，同方知网已面向30多个行业，初步发布了60个知识服务平台。下一步还将借助互联网、移动互联网、全媒体与社交化网络等技术，支持各企业自主建立机构知识管理与服务平台（OKMS），通过接入战略新闻网、战略决策知识库、战略执行知识库与机构自建库，形成服务企业内部各关键岗位知识分享、沟通、评价与创新的OKMS中心，以便企业更好地利用知识管理支撑战略管理。同方知网从知识数量规模化、知识颗粒精细化、知识内容关联化等方面入手，确立了围绕战略管理与创新提供知识服务的新目标：一是借助主题标引技术，基本实现面向研究问题及对象的查全查准；二是借助知识挖掘技术，实现面向知识的直接检索；三是面向战略管理需求打造大数据知识服务支撑平台。

（二）万方数据

万方数据股份有限公司是国内第一家以信息服务为核心的股份制高新技术企业，是在互联网领域，集信息资源产品、信息增值服务和信息处理方案为一体的综合信息服务商。目前拥有在职员工近千人，其中硕士以上学历约占25%，专业技术人员占70%。十年来，公司保持稳定的快速发展，已经发展成为一家以提供信息资源产品为基础，同时集信息内容管理解决方案与知识服务为一体的综合信息内容服务提供商，形成了以"资源+软件+硬件+服务"为核心的业务模式。

万方数据是国内最早引入ISO9001:2000质量管理体系认证的数字出版单位。在扫描、识别、文摘、标引每道工序上均有严格的加工流程及作业文件把关，对于信息资源产品的质量目标是交付合格率为100%。公司的质量方针"数据 信息 知识 不断满足用户需求"阐述了公司的产品线，层层递进；"价值 增值 超值 持续提升服务品质"反映了公司追求持续改进，不断超越自我的意识。在资源加工方面，公司具有国内最现代化数据加工基地，全套规范化加工生产线，采用了高清晰扫描、OCR识别、人工智能标引、PDF制作技术等先进制作工艺，以及严格的质量管控体系，从而保证了公司产品的高质量。在资源加工方面，2012年11月由北京万方数据股份有限公司投资建设的石家庄智库科技有限公司文献数字化处理生产线顺利投产。

2012年12月中国科技出版传媒股份有限公司联合中国文化产业投资基金管理有限公司收购万方数据33.5%的股权，万方数据顺利完成股权变更，从而在资源及资本合作双层面加强了与文化科技出版源头企业的深入合作。有利于双方充分整合产业优势资源，加强企业核心竞争力，对实现知识服务的持续发展、推动文化繁荣与创新具有重要而长远的意义。

作为国内第一批开展互联网服务的企业之一，万方数据坚持以信息资源建设为核心，努力发展成为中国第一的信息服务供应商，开发独具特色的信息处理方案和信息增值产品，为用户提供从数据、信息到知识的全面解决方案，服务于国民经济信息化建设，推动中国全民信息素质的成长。

1. 资源建设

万方数据资源包括中国期刊、学位论文、会议论文、图书、新方志、标准、专利、专业数据等诸多文献类型海量文献，并与万方数据的外文文献、医药文献、基础教育文献、特种文献及视频库等共同构成了覆盖所有学科、专业范围的巨型信息内容数据库平台。其资源收集渠道主要有三种途径：编辑部直接合作，权威行业协议集体合作，通过邮局及自行订阅方式获取。

目前收录的资源主要有：

学位论文：收录自1977年以来国内高校的硕士、博士论文，覆盖97%以上211院校，论文总量200余万篇。

期刊：收录自1998年以来国内外出版的各类期刊7 300余种，其中核心期刊2 700余种，论文总数量2 000万篇。

会议论文：收录了1985年至今世界主要学会和协会主办的会议论文，包含中文和西文两部分，以一级以上学会和协会主办的会议为主，每年涉及近3 000个重要的学术会议，总量200多万篇。

其他还收录了中外标准数据库、中外专利数据库、中国科技成果数据库、中国特种图书数据库、中国法律法规数据库、中国机构数据库、中外文检索服务等资源产品和服务。

2. 生产规模

公司建设的智库泉数据处理有限责任公司、石家庄智库科技有限公司等生产基地投入生产，全部实现数字化自行加工。公司为了不断超越自我，在生产加工方面严格把关，率先采用了ISO9001:2000版质量管理体系认证，在加工工艺方面，对每道工序——扫描、图像识别、文摘、标引等均制定了严格的加工流程，并制定了相应的作业文件来严格把关，从工艺上保证了信息资源产品的质量合格率为100%。

3. 营收情况

万方数据的数据库产品形式主要为：网上包库、镜像站点和流量计费三种形，2015年公司营业总规模实现3.8亿元，比2014年增长8.5%。

4. 营销策略及年度革新

万方数据顺利完成股权变更，从而在资源及资本合作双层面加强了与文化科技出版源头企业的深入合作。这种合作有利于双方充分整合产业优势资源，加强企业核心竞争力，对实现知识服务的持续发展、推动文化繁荣与创新具有重要而长远的意义。

（三） 维普资讯

重庆维普资讯有限公司的前身为中国科技情报研究所重庆分所数据库研究中心，是中国第一家进行中文期刊数据库研究的机构。公司的主要产品《中文科技期刊数据库》收录了中国境内历年出版的中文期刊12 000余种，近4 000万篇文章，引文9 000余万条，分三个版本（全文版、文摘版、引文版）和8个专辑（社会科学、自然科学、工程技术、农业科学、医药卫生、经济管理、教育科学、图书情报）定期出版发行。目前拥有高等院校、中等学校、职业学校、公共图书馆、科研机构、政府部门、信息机构、医疗机构、企业等各类用户6 000多家，覆盖海内外数千万用户。《中文科技期刊数据库》已经成为文献保障系统的重要组成部分，是科技工作者进行科技查新和科技查证的必备数据库。

为了适应互联网的发展，使更多的科技工作者能够用上《中文科技期刊数据库》，重庆维普资讯有限公司于2000年建立了维普资讯网（www.cqvip.com），将《中文科技期刊数据库》搬到了互联网上，以服务更大的人群。经过10多年的商业运营，维普资讯网已经成为全球著名的中文专业信息服务网站，同时也是中国主要的中文科技期刊论文搜索平台。2005年，维普资讯网和全球最大的搜索引擎提供商谷歌（Google）进行战略合作，成为谷歌学术搜索频道（scholar.google.com）在中国的重要合作伙伴，并且成为谷歌学术搜索频道最大的中文内容提供商。目前维普资讯网的注册用户数超过1 000万，累计为读者提供了超过15亿篇次的文章阅读服务。维普资讯网经过数年发展，遥遥领先数字出版行业发展水平，数次名列中国出版业网站百强，网站已经进入中国网站前200强，并在中国图书馆业网站排名中名列第一。

经过多年的运营，维普资讯有限公司已经从信息内容服务提供商，发展成为以提供信息资源产品为主，同时以提供信息内容管理及服务一体解决方案的综合信息服务提供商。在"博衍天下智慧 助推中国创新"的理念指导下不断进取，为中国先进科技文化知识的传播和科技创新作出贡献。

1. 资源建设

公司拥有自主开发的中文搜索引擎技术，强大的文献数字化加工能力，以及遍布全国的营销服务网络。公司通过邮局、书商以及自行订阅等方式采购和获取近9 000种期刊资源，其中近80%左右通过与期刊社、出版社签授权协议获得全文版权授权。收录核心期刊1 980余种（以北京大学图书馆《中国核心期刊要目总览》为准），覆盖各个学科类别。

2. 生产规模

公司具备自主生产的能力，建有全套数字化加工生产线。日加工能力期刊600本，文章3万篇。2015年加工文献近600万篇。

3. 营收情况

2015年维普资讯拥有单位用户数量7 000余家，机构用户的主要服务方式为镜像站点，或者包库方式。个人用户数量近千万，个人用户的主要服务方式为流量计费。维普资讯2015营业主要包括网上包库、镜像站点、流量计费和广告收入四种形式。

4. 营销策略及年度革新

维普咨询公司的营销策略包括：行业细分市场产品的定制开发、数据库营销向内容营销（主题、专栏）转型。

维普资讯采用的产品策略：原文原貌，简单易用，检索快速，在线阅读、阅读效果好，专业品质，实用性强。

竞争策略：产品维持较高的性价比，依靠优秀的服务与良好的沟通取得竞争优势；运用灵活的营销策略以获得市场的认可。

公司业务模式以直销为主，网络销售、电话营销为辅；售后服务以上门服务为主，网络更新为辅。

技术革新措施：用户行为分析系统——解决了用户个性化推送和信息展示的问题，有效过滤的信息干扰。在线数字出版平台——打通了采、编、排、数据库出版整个学术出版流程，使得上游的出版社、中游的提供商、下游的用户通过同一个平台进行服务交易和提供。

（四）龙源数字传媒

在国家文化产业发展的环境以及在移动互联网飞速发展的环境下，龙源数字传媒坚持商务模式和技术创新，在机构用户中构建个性化知识服务，推出移动阅读的系列产品。龙源数字传媒"全民阅读数字平台"充分考虑了市场及读者等多个层面的需求，打造出"党政阅览室""职工书屋""社区书屋""农家书屋""连队书屋""校园书屋""家庭书屋"，几乎覆盖了全社会阅读需求。此系列平台最大的特色是将内容与技术完美地融入广泛的应用层面上，体现了数字出版服务社会的显著效用。此平台由"三终端四平台"组成，三个终端是PC电脑终端、手机终端、二维码屏终端。四个平台是个性化分众内容平台、多层级的综合管理平台、多维度的数据统计平台和智能化的活动互动平台，构成了支撑全民阅读数字平台的系统工程，能为所有的人在任何时候、任何地点提供方便的阅读服务。个性化分众内容平台囊括"党政机关""职工之家""社区书屋""农家书屋""书香军营""家庭阅读""学校阅读"七大阅览室，龙源在资源的选取及配置上均制定了严格的标准。多层级的综合管理平台解决了在公共文化服务的推进过程中的多层级管理问题；多维度的数据统计平台是龙源的创新服务，这个平台可以通过大数据分析的模式，及时提供全社会不同受众阅读的大数据监测，随时得出统计结果，以方便公共文化实施单位掌握情况，总结经验，促进阅读深入。

1. 资源建设

截至 2015 年年底，龙源数字传媒总资源数量达 4200 多种，类别涉及时事、财经、党政、文学、医药保健、运动体育、综合文化、教育、军事、家庭、情感等诸多方面。代表性的独家签约刊物有读者、女友、故事会、知音、三联生活周刊、看天下、第一财经、财经、人民教育等。国家期刊方针双效双百期刊和省级优秀期刊占 70% 以上。与 40 家图书出版社建立有战略合作关系，年度购买电子书 10 万本，科普、文化、娱乐、保健、军事等正版音视频资源 3 000

小时。2015年新签100家自媒体资源，原创作者9万多人。

2. 生产规模

龙源数字传媒集团由股份公司、子公司、分公司和合资公司、事业部、办事处、数据加工基地、运营商运营基地等组成。核心子公司龙源创新数字传媒（北京）股份有限公司于2016年5月23日实现新三板挂牌上市，成为新三板数字出版、数字教育第一股。龙源是中国北京出版创意产业园区单位；集团在天津数字出版基地与台湾联合线上成立了合资公司，开展数字技术产品的研发；在上海张江数字出版基地和浙江省宁波建立有全资子公司，在广州、南京、兰州建立了办事处，同时扩大了海外市场的营销力度，在多伦多建海外总办。在兰州建设有数据加工基地，新成立了龙辉天耀、数字悦动合资公司，集团公司已粗具规模。

龙源始终坚持为内容做文本性加工处理，通过数据深加工，方便了碎片化出版，有利于打造知识服务产品，这是龙源数据加工的优势和基础。通过数据库的标签化和数据分析平台的技术提升，使得期刊从按本为单位的"单元产品"向以篇为单位的"流产品"，从而根据数字化和移动互联网的特点，在积累用户阅读行为和分析的基础上，实现内容服务的个性化服务飞跃。

2015年加工电子书10万本，科普、文化、娱乐、保健、军事等正版音视频资源3 000小时。

3. 营收情况

公司营收构成从产品形式上主要是网上包库形式。公司2015年总收入0.7亿元，其中机构个人付费阅读占98%，增值服务占2%。

4. 营销策略及年度革新

在数字出版浪潮的推动下，以工匠精神促进数字出版阅读服务，2015年至2016年，龙源从以下三个方面进行革新：第一是三终端四平台的建设；第二是智能终端产品的创新；第三是面向个人用户的产品创新。

三终端四平台，不仅是龙源始终聚力打造的市场模式，也是龙源重要的战略模式。龙源通过三终端的打造，使优质阅读内容全载体覆盖到全社会人群，覆盖人群全方位的阅读方式和阅读载体。而四平台围绕分众内容服务、分层级管理服务、用户阅读数据监测、分析服务以及互动交流服务，构建了以优质阅读服务为目标的清晰、高效的支撑平台。龙源通过这种"硬件+软件"结合的模式在全国范围内普遍推广与落实，初步实现了两大目标：第一是真正将传统出版业的优质内容通过三终端传播得更远更广，第二是通过四平台的服务将全民阅读的国策和倡导进一步落到实处。

在智能终端产品的创新方面，龙源在 2015 年推出了云借阅二维码数字书刊借阅机。用户只需使用手机扫描触摸屏上的二维码，便可免费下载数字书刊，实现随时随地阅读。"云借阅"使用于学校、企事业单位、银行、营业厅等公共场所或可作为图书馆的自助数字借阅机，实现馆内和馆外阅读的无缝对接，丰富用户的阅读形式，为用户提供便捷的阅读方式，促进全民阅读氛围的形成。

四、年度影响互联网期刊出版产业发展的重要事件

（一）第九届中国期刊创新年会在京召开

2015 年 1 月 15 日，由中国期刊协会、中国新闻文化促进会和中国新闻出版研究院联合主办，出版发行研究杂志社承办的"第九届中国期刊创新年会"在京隆重召开。国家新闻出版广电总局副局长吴尚之，全国政协委员、中国新闻文化促进会会长李东东，中国期刊协会会长石峰，中宣部出版局副局长刘建生，国家新闻出版广电总局新闻报刊司司长李军出席会议并讲话。中国新闻出版研究院院长魏玉山，中国新闻出版研究院党委书记、副院长黄晓新，中国新闻出版研究院副院长范军分别主持会议。

会上，与会专家围绕媒体融合背景下期刊数字化转型面临的机遇与挑战、如何加大媒体融合力度、如何推进期刊数字化转型、如何创新期刊出版和经营模式等问题进行了深入探讨。大家一致认为，媒体融合发展是国家战略和产业发展的双重要求，期刊也必须及时转变观念，坚定信心，抓住契机，迎难而上。

（二）全民阅读活动形式多样，高潮迭起

2015年3月5日，在全国两会上，"倡导全民阅读"再次写入政府工作报告；国家新闻出版广电总局下发《关于开展2015年全民阅读工作的通知》，并专门召开全国全民阅读工作会议；由国家新闻出版广电总局指导、中国新闻出版传媒集团主办的2015"书香中国万里行"活动先后走进苏州、山西、深圳、河北等地，开展大型采访活动；以"书香中国"为统领，北京、江苏、湖北、上海等全国一大批省市开展了多种多样的全民阅读活动。全民阅读活动高潮迭起，全民阅读的良好氛围正在形成。

（三）"十三五"规划推动新闻出版八项工作、"一大三小"工程

2015年3月17日，《中华人民共和国国民经济和社会发展第十三个五年规划纲要》全文公布，犹如一股春风吹进了新闻出版界。与"十二五"规划纲要相比，"十三五"规划纲要中涉及新闻出版的内容明显增加并有较充分体现，对新闻出版行业提出了"增加公共服务供给""深化群众性精神文明创建活动""构建现代公共文化服务体系""加快发展现代文化产业"等八项工作；"数字出版"被列为新兴产业要求加快发展；"全民阅读"作为大工程，和"国家重大出版工程""少数民族新闻出版东风工程""国家重点古籍整理出版项目"，这"一大三小"工程都属于国家级文化重大工程。这些令人振奋的规划内容，无疑对未来5年新闻出版业的改革发展具有深远意义和推动作用。

（四）"学者在线"国家学术数字出版平台上线

2015年7月3日上午，中国人民大学书报资料中心学术顾问委员会成立大会、"学者在线"国家学术数字出版平台上线仪式暨互联网环境下哲学社会科学学术创新与发展论坛在中国人民大学举行。

"学者在线"是由人大数媒科技（北京）有限公司研发的、教育部唯一指定的国家级学术数字出版平台。"学者在线"致力于打造中国人文社科领域知识引擎及国内最权威的人文社科学术成果发布和按需出版平台，以网站为核心，提供"学者、资讯、资源、会议、项目、评价"一站式"学术资源＋学

术工具 + 学术服务"，以满足人文社科领域的专家学者及在校硕博的多样化需求。

（五）中国科技类学术期刊发展战略研究项目"两刊"编委座谈会日前在京举行

2015 年 9 月，中国科学院学部"中国科技类学术期刊发展战略研究"项目"两刊"编委座谈会日前在京举行。会议邀请《中国科学》和《科学通报》各专辑主编及编委、国际知名出版机构代表以及国内科技期刊专家 70 余人围绕科技类学术期刊发展进行研讨。

该项目负责人朱作言说，国际期刊的质量精品化、运行集群化、出版细分化和竞争全球化使其加速发展。与此同时，如何办出有国际影响力的中国科技期刊仍有待破解。中科院学部设立此项目，是希望借助学部平台，提升中国科技期刊国际影响力，打造科技期刊品牌。

与会者认为，目前的评价体系对投稿形成了制约，建议国内科技期刊多考虑制定新的评价体系，呼吁院士带头向国内期刊投稿。同时，科技期刊发展需要一批专业出版人进行运作，还要考虑从资本运作的角度推动中国科技期刊融入国际出版竞争。

（六）社会科学文献出版社期刊集中运营平台暨社科期刊网采编系统发布会

2015 年 9 月 18 日，社会科学文献出版社学术期刊运营平台暨社科期刊网采编系统发布会在武汉国际会展中心举行。在报刊网融合发展的时代背景下，学术期刊运营平台将展现社会科学最前沿的学术成果，为社会科学集团化、集约化的运营开创新的道路。

中国社会科学院期刊采编平台项目于 2014 年获得立项。这是集编辑办公自动化管理、作者在线投稿管理、专家在线审稿管理、防学术不端检测及统计分析等功能于一体的综合性信息化管理平台。目前已经有 49 家期刊编辑部完成系统测试工作，部分已经正式上线运行。统一采编系统的建立，对哲学社会科学学术期刊的发展具有重要意义。社会科学文献出版社于 2014 年成立了期刊运营中心，本着整合资源的原则，对期刊实行整体规模化运作，目前已承担中国社会科学院 70 余种学术期刊的统一印制、统一发行工作。

(七)"互联网+党刊"高峰论坛在京举行

2015 年 9 月 24 日,来自全国 44 家省、市、自治区党委主管主办的省级党刊和党建类杂志社的社长、总编及采编骨干百余人相聚北京,围绕"互联网+党刊"的会议主题,进行分组讨论,深入探讨党刊在当前媒体多元化竞争日趋激烈的形势下,如何有效运用"互联网+"的手段,加快传统媒体和新媒体的融合发展。

中共北京市委常委、宣传部部长李伟在"互联网+党刊"高峰论坛上表示,传统媒体的主流队伍向网上进军,内容优势在网上发挥,是"互联网+"形势下转型发展的迫切任务。李伟在讲话中表示,党刊跟党报、都市报一样,面临与新兴媒体相互竞争、融合发展的挑战。如何把党刊办出特色、办出水平、办出影响力,办成党和人民满意的精品刊物;如何推动传统纸质党刊和新兴媒体融合发展,让党刊的主流队伍向网上进军、内容优势在网上发挥,推动党的指导思想、核心价值观占领网上意识形态阵地,是"互联网+"形势下,党刊转型发展的迫切任务。

国家新闻出版广电总局新闻报刊司司长李军也表示,今后传统媒体要与互联网优势互补,一体发展,以先进技术为支撑,内容建设为根本,推动内容、渠道、平台、经营、管理五个方面全面发展,着力打造形态多样、手段先进且具有竞争力的新型主流媒体,建成几家具有强大实力、传播力、公信力、影响力的现代传媒集团。

(八)"数字时代的期刊国际化"专题研讨会召开

2015 年 11 月 19 日,以"数字时代的期刊国际化"为主题的专题研讨会在香山饭店召开。本次会议由《中国学术期刊(光盘版)》电子杂志社有限公司主办,来自国内不同学科领域的优秀学术期刊代表齐聚香山饭店,围绕新形势下学术期刊国际化的现状、发展定位和国际化措施,分别对中文期刊国际化和中国英文版期刊国际化问题展开探讨。

众所周知,文化"走出去"战略是近几年来我国关于文化发展最突出的主题之一。文化自强、知识先进是民族复兴、国家强盛之本,而学术探索、科学创新是文化发展、知识进步之源，且学术研究离不开广泛、深入的国内外交流与合作。学术期刊选择报道学术成果、传播知识文化，同时对学术发展与知识文化创新具有重要的引领和导向作用。因此，办好一批由我国自主出版的国际化学术期刊，不仅是我国知识文化"走出去"的基础，更重要的是有利于引导、组织国内外学界通过学术创新，共同促进我国知识文化的创新发展，其战略意义十分重大。

虽然我国中外文学术期刊近年来借助数字化传播在国际学界、政界等各界产生了相当的影响，但尚未在国际上体现出学术引领和导向作用，大大削弱了中国优秀学术成果在国际上的显示度和影响力。2015年国家新闻出版广电总局第一批认定的学术期刊共5 756种，根据2015年汤森路透（Thomson Reuters）发布的JCR（《期刊引证报告》，全称Journal Citation Reports），我国有150种左右的学术期刊被SCI和SSCI收录，仅占我国学术期刊总量的2.6%。

（九）中国学术期刊未来论坛在北京举行

2015年12月18—19日，由中国期刊协会、中国科学技术期刊编辑学会、中国高校科技期刊研究会、全国高等学校文科学报研究会、《中国学术期刊（光盘版）》电子杂志社有限公司等单位主办的"中国学术期刊未来论坛"在北京举行。论坛以数字化、国际化、知识服务化为主题，深入探讨了当下学术期刊面临的挑战与机遇，以及期刊未来发展创新模式与如何数字化转型升级与国际化。中国出版协会常务副理事长邬书林、中国期刊协会会长石峰出席论坛并发言。

论坛上还发布了《2015年中国学术期刊国际、国内影响力研究报告》，公布了"中国最具国际影响力学术期刊"和"中国国际影响力优秀学术期刊"名单。

（十）2015全民数字阅读TOP100城市和TOP100数字阅读影响力期刊排行榜发布

2015年12月18—19日，2015TOP100全民数字阅读城市排行/TOP100数字阅读影响力期刊排行发布盛典暨"文化中国·书香宁波"系列文化讲座活动在浙江宁波举行。本次盛会以"让文化惠及百姓，让阅读点亮生活"为主题，由中国新闻出版研究院国民阅读研究与促进中心、宁波市文明办、宁波市文化广电新闻出版局、宁波市海曙区政府和龙源数字传媒集团联合主办。TOP100全民数字阅读城市前10名为北京、上海、杭州、深圳、宁波、南京、苏州、武汉、重庆、福州等，这些城市的代表接受颁牌。

从2005到2015年，龙源持续发布TOP100数字阅读影响力期刊，2014年龙源与中国新闻出版研究院联手启动全民数字阅读城市TOP100排行。以此作为优质内容推荐，今年第一次与全民阅读活动密切协同起来，以期刊排行带动优质阅读，以城市阅读排行促进书香城市建设。

（十一）新订阅模式探索

爱思唯尔的学术期刊《语言》的编辑和编委会成员宣布集体辞职，该刊编辑、编委会成员与爱思唯尔管理层就期刊订阅费的定价政策发生分歧，以及爱思唯尔管理层拒绝了将该刊转为开放获取期刊，在网上免费订阅的决定后，发生了本次集体辞职事件，以抗议爱思唯尔的昂贵期刊订阅费和在开放获取方面的不作为。该事件引起了业内轩然大波，学术界借此也纷纷指责爱思唯尔在学术内容订阅收费上的暴利行为。开放获取经过十几年的学术界的大力倡导和发展，虽然存在论文质量、同行评议等方面的问题，但是业已成为大势所趋。作为学术期刊出版的另一巨头施普林格则创新电子期刊订阅模式，采取新的开放获取政策，与学术机构进行积极合作，通过免期刊订阅费用来换取学界对其开放获取期刊的支持，从而借开放获取垄断新论文发表资源，进而实现学术内容出版商与科研机构的双赢。

自然出版集团2015年则对传统期刊收费订阅模式进行了新的探索和尝试，开展的"12个月科技论文分享试验"，允许付费订阅用户可以将其期刊论文的全文合法地、方便地以共享链接的方式分享给自己的非订阅用户的同事。同时，该试验允许媒体向他们的读者提供免费的、只读的原始科技论文的全文链接。既维护了传统期刊订阅收费模式，也满足了学术内容免费传播的需求。

五、总结与展望

（一）总体态势

2015年是全面完成"十二五"规划的收官之年。经过多年的不懈努力，面对互联网和移动互联网的迅猛发展、数字化转型升级、经营体制变革等多重压力，业界逐步统一思想，顶层设计呼之欲出。

1. 顶层设计统一思想

为了进一步推进数字出版发展，打造产业发展优质环境，政府主管及相关部门相继出台了一系列政策，对数字出版进行引导与扶持。中共中央办公厅、国务院办公厅印发了《关于推动国有文化企业把社会效益放在首位、实现社会效益和经济效益相统一的指导意见》，要求正确处理社会效益和经济效益、社会价值和市场价值的关系，当两个效益、两种价值发生矛盾时，经济效益服从社会效益、市场价值服从社会价值，越是深化改革、创新发展，越要把社会效益放在首位。国家新闻出版广电总局与财政部联合印发了《关于推动传统出版和新兴出版融合发展的指导意见》，指出必须始终坚持党管出版，把坚持正确政治方向和出版导向贯穿到出版融合发展的各环节、全过程，自觉体现社会主义核心价值观，始终坚持把社会效益放在首位，努力实现社会效益和经济效益有机统一；坚持强化互联网思维，积极推进理念观念、管理体制、经营机制、生产方式创新；坚持一体化发展，推动传统出版和新兴出版实现出版资源、生产要素的有效整合；坚持重点突破和整体推进相结合、因地制宜、积极探索、差异化发展等内容。国家版权局下发《关于规范网络转载版权秩序的通知》，"鼓励报刊单位和互联网媒体合法、诚信经营，推动建立健全版权合作机制，规范网络转载版权秩序。报刊单位与互联网媒体、互联网媒体之间相互转载已经发表的作品应当经过著作权人许可并支付报酬"。《通知》从法规层面保护了作者的合法权益，期刊发表的原创作品被网络大量侵权的问题将有望得到解决。中国科学技术协会、教育部、国家新闻出版广电总局、中国科学院、中国工程院联合印发《关于准确把握科技期刊在学术评价中作用的若干意见》，指出充分认识科技期刊及其在学术评价中的独特作用,准确把握科技期刊在学术评价中的功能定位。

在这些纲领性文件的指导下,2015—2016年,我国数字出版产业发展势头十分强劲,产业规模迅速增长。

2. 新兴数字传播平台的出现倒逼学术期刊数字化转型

我国学术期刊的数字出版情况,可以概括为以中国知网等期刊数据库为代表的第三方平台、学术期刊门户网站平台、以中国科技论文在线和开放阅读期刊联盟等为代表的学术期刊开放存取平台等"三个平台",以及优先出版、延时出版、开放获取、纸质刊网络版和学术论文个性化组合版"五种模式"。学术期刊内生于学术生态系统,随着数字化和网络化的发展,学术期刊传统的学术引领和学术引导的传播功能在全新的环境下得到加强;学术沟通、学术交流的社会功能进一步凸显。期刊数字化转型升级,产业基础不断夯实。目前,全国已有95%的期刊通过各种途径开展了数字网络出版业务,30%的期刊建立了一级独立域名网站,一批传统期刊的数字化项目在内容建设、技术应用、商业模式等方面取得有效突破。以大众生活类期刊的网络阅读、手机杂志、APP应用和学术期刊的全文数据库、开放获取(OA)、优先出版为代表的全媒体生产传播形态逐渐形成,数字转型已经成为全行业发展战略。

3. 媒体融合是期刊数字出版的方向

期刊现有办刊模式不适应媒体融合发展的需要,期刊现有加工和传播方式不适应媒体融合发展的需要,期刊的数字出版情况远远落后于媒体融合发展的需要。学术期刊应善于利用各种新媒体手段加强与读者互动,提升期刊内容质量;借力出版公司,实现期刊内容生产和传播的数字化;依靠专业数字出版平台实现优先出版及数字化传播;利用数据库实现期刊的数字化改造;利用期刊网站与读者和作者进行信息沟通;利用社交媒体与作者互动。

4. 可持续商业模式仍在探索

期刊出版企业要充分学习和运用互联网思维,探索创新发展模式,同时实现新型媒体格局下的角色重塑。首先,要找准在新业态中的自我定位,认清自身优势和不足,以互联网和移动互联网的发展趋势为立足点,以传统媒体与新兴媒介融合发展为着眼点,做好企业数字化转型的顶层设计;其次,要树立用户观念，确立以用户需求为核心主导的经营理念，以最大限度满足目标用户需求作为业务开展的出发点，不断完善产品设计，把用户体验做到"极致"，同时，充分借助微博、微信等新兴渠道，进行内容和服务的精准推送，加强用户黏性，形成口碑效应；随着互联网技术的发展，挖掘信息社会的大数据，利用大数据精准分析行业现状、服务行业发展，这已成为各行各业的普遍共识。大数据时代，以往的出版经验往往站不住脚，需要事实和数据来佐证，同时，通过全方位收集出版过程中的大数据，可以科学合理地改善读者服务方法和读者服务模式。通过对读者数据进行全面的收集，基于大数据技术对数据进行分析，从而制定更好的定价策略，并发现了通过在线社区和社交媒体宣传和销售以吸引读者的好模式，并可获知读者亟须内容的类型。分析销售渠道产生数据并试图发现它们的意义，如可以分析得出为什么人们喜欢某个作者或如何定价更好。对读者在在线书店的阅读书单进行分析，从而基于他们阅读兴趣推荐图书，不断增长的元数据和对目前畅销书的分析，制定针对性的营销方案，将类似的书目提供给读者。第三，协同发展不仅是提升期刊出版企业自身实力的客观需要，也是实现产业融合的必然手段。传统期刊出版单位推进转型升级、融合发展步伐，不仅需要依靠自身的探索努力，也需要借助技术、渠道等各方面力量；需要加强产业链各环节之间，以及各个环节中每个组成部分之间的交流和合作，实现资源共享、优势互补，充分借助其他产业的资源、渠道、市场，积极开展跨地域合作、跨行业合作，共同探索、构建新型产业发展模式，共同推进数字期刊出版产业持续壮大发展。第四，开发式阅读尝试，自然出版集团2015年则对传统期刊收费订阅模式进行了新的探索和尝试，开展的"12个月科技论文分享试验"，允许付费订阅用户可以将其期刊论文的全文合法地、方便地以共享链接的方式分享给自己的非订阅用户的同事。开放获取经过十几年学术界的大力倡导和发展，虽然存在论文质量、同行评议等方面的问题，但是业已成为大势所趋。作为学术期刊出版的另一巨头施普林格则创新电子期刊订阅模式，采取新的开放获取政策，与学术机构积极合作，通过免期刊订阅费用来换取学界对其开放获取期刊的支持，从而借开放获取垄断新论文发表资源，进而实现学术内容出版商与科研机构的双赢。究竟哪种方式更优，有待时间验证。

5. **数字期刊出版标准仍待统一**

目前，我国的数字出版标准多数是大企业按照自己的标准制定的，未能充分考虑各个利益相关方的利益，具有一定的局限性。缺乏统一的行业标准，特别是数字期刊出版产业的整体标准体系尚未建立，已经成为制约我国互联网期刊出版领域发展的一个重要问题。虽然目前已经完成了新闻出版、信息化、出版物发行等标准体系的制定工作，但距离建设层次清晰、分类科学、完整适用的标准体系还有一定的差距，每个企业的格式不统一，难以进行协调。数字期刊出版标准所存在的一系列问题直接影响了互联网期刊出版行业的顺利发展。

（二）未来走向预测

1. 产业融合将带来新的增长点与新机遇

在当代互联网技术的大环境下，产业融合正快速地浸染各行各业，许多行业早已改头换面，而期刊出版业也绝不会例外。基于期刊行业自身的实际情况全面整合产业链，其整合策略可从多个角度入手，充分发挥传统行业优势，积极大胆接受新技术、新事物的渗透，推动期刊出版行业的结构优化和产业升级。一段时间以来，现有期刊出版行业的新动向都聚焦在了传统与新兴两类媒体的融合上；在出版行业的数字化转型过程中，这种新技术与老传统的融合为行业带来了新的增长点和新的机遇。期刊出版行业的边界逐渐模糊，与其他相关产业的距离逐步拉近，不同产业间的相互渗透、融合、重组正在加速进行中。

产业融合提高了市场集中度，这意味着整个产业链条上的企业都会为了强化自身增值而进行联合、合并。各商家基于自身企业属性、现有布局等要素进行多元整合，必将能在诸多方向产生突破，例如产业链服务、市场定位、规模经济、范围经济、营销模式等。大范围的、大量的、多种形式的创新突破也必将会影响国家的行业政策，引发产业变革。

2. 媒介融合将催生超媒体

基于成熟、迅速的互联网传播技术，基于数字出版企业的集群化，期刊出版业内容的生成主体正逐渐由传统的书报刊社作者、记者编辑转向为网络社交媒体、娱乐APP和在线学习平台用户。基于云计算技术的大数据分析模型，多元化的内容生成主体业已形成。

同时，内容生成模式也随着主体的多元化而多元化。其一，传统模式，即由传统的出版社或新媒体来组织、策划和生产自己的出版物;其二,新兴模式,即由媒体的用户们在互联网上通过"知识劳动"来生产内容,例如 Facebook、YouTube、Twitter、知乎、百度等;其三,"传统 + 新型"模式,即前两种模式融合互补的做法,使两种模式产生的内容形成互补,再进行整理、编纂;其四,大数据模式,即通过计算机算法对所有的媒介数据开展采集、挖掘、收集、筛选、存储等工作,并最终形成出版物推送给用户。

从内容传播的途径或媒介来看,期刊出版行业由之前屈从于纸媒传播的状态,开始向多种媒介传播转型,例如基于网络的 PC、基于移动互联网的智能手机和平板电脑等各种终端。当然,所呈现的内容也走向多样化,文字、图片、音频、视频、相关链接等等。读者用户也能够通过网络更加方便、快速地与期刊内容产生互动。以上客观现状又进一步促使期刊出版业由单媒体走向跨媒体,从单一媒介走向多种媒介协同出版。

《关于推动传统媒体和新兴媒体融合发展的指导意见》发布以来,报业和图书行业的编辑出版流程的再造步伐进一步加快。广州日报报业集团创建了"中央编辑"流程,从一份平面报纸发展为推出"1 + N"("1"即纸质报纸,"N"即数字报纸、大洋网新闻、手机报、官方微博、微信、移动客户端、户外 LED 等)的全媒体矩阵,实现 24 小时实时、滚动的新闻播报和互动。商务印书馆搭建"四库三化二网一平台",与亚马逊等渠道商达成合作,实施 EP(纸电)同步出版战略。

相较于传统出版模式,未来出版模式的内容编辑流程会首先将内容数字化,然后进行元数据加工,再针对不同的传播媒介进行柔性组装,实现内容上的一次创建、多次使用。

3. 基于大数据技术的科研信息集成服务平台将逐步普及

在大数据时代,科研领域的数据量呈爆炸性增长态势。预计到 2020 年,全球以数字形态存在的数据总量将达到 35 泽字节(Zettabyte),是 2009 年时的 44 倍。借助大数据处理技术,对海量数据进行计算和挖掘已成为可能。对科研成果的历史数据进行大数据解析,或者将科研成果中过程性复杂的数据进行标记、挖掘,全面展现科研过程,都将更好地实现对科研成果的再利用。对数据进行统一管理的集成信息平台发展越来越快,如 LabManager 系统就为科研工作提供了整合的工具。

4. 网络学术资源共享将更受青睐

科技知识日新月异，科研人员只有不断学习，广泛涉猎，才能跟上时代的要求。资源共享可以满足科研人员信息需求的迫切性和时效性，广泛地获取世界各地同行的研究成果及科研动态。"互联网＋"时代，已有多种资源共享途径如开放存取期刊、开放存取仓储等，越来越呈现出"云资源"状态。其他一些信息发布和利用的渠道，如网络学术论坛、个人网站、博客、新媒体平台等，虽然缺少学术权威性，却因内容更新及时、更易从网上免费获得而受欢迎。我们相信，未来随着用户需求的进一步扩大、网络学术资源建设进一步丰富，资源共享将会得到进一步的发展。

［李广宇单位：中国新闻出版研究院；戴铁成、高默冉单位：同方知网（北京）技术有限公司］

2015—2016 中国网络游戏出版产业年度报告

中国音数协游戏工委　国际数据公司

一、中国网络游戏出版产业规模变化情况

（一）2015 年中国网络游戏市场实际销售收入

2015 年，中国网络游戏市场（包括客户端网络游戏市场、网页游戏市场、休闲游戏市场等）实际销售收入达到 888.8 亿元人民币，比 2014 年增长了 2.2%。

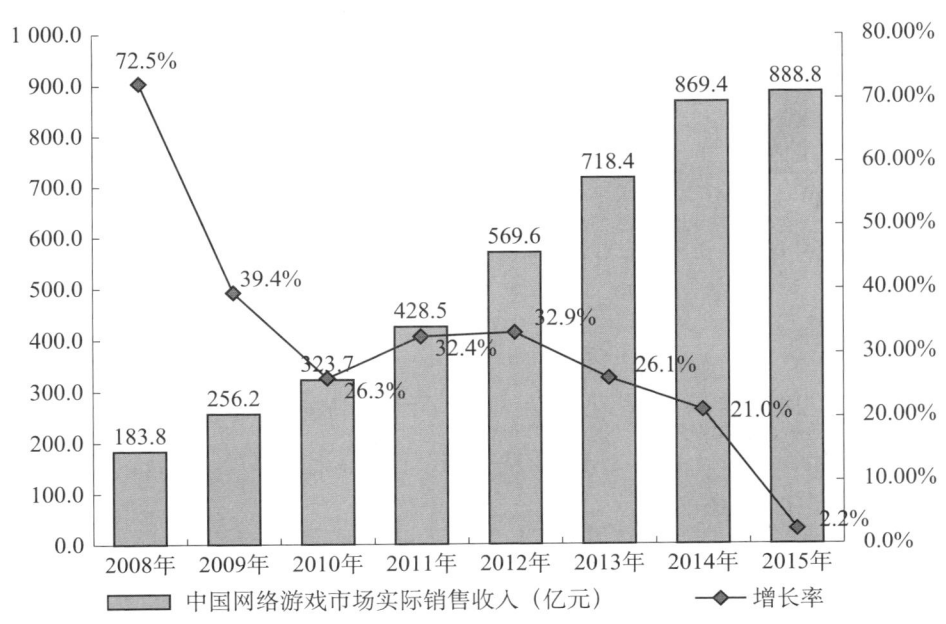

图 1　中国网络游戏市场实际销售收入

数据来源：GPC IDC and CNG

（二）2015 年中国网络游戏细分市场实际销售收入

2015 年，中国游戏市场实际销售收入构成如下：客户端网络游戏市场实际销售收入 611.6 亿元，网页游戏市场实际销售收入 219.6 亿元，社交游戏市场实际销售收入 57.6 亿元。

（三）2015 年中国网络游戏细分市场份额

2015 年，在中国网络游戏市场实际销售收入中，客户端网络游戏市场占有率达到 69%，网页游戏市场占有率达到 25%，社交游戏市场为 6%。

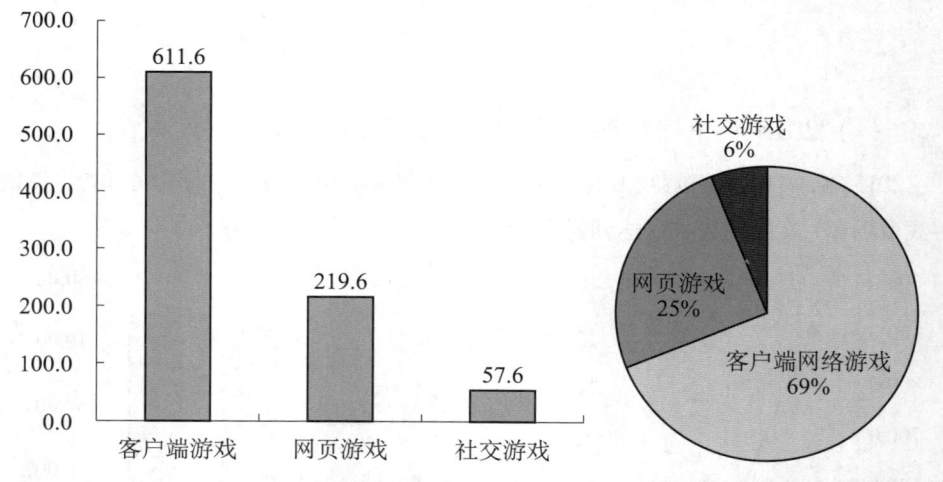

图 2 中国网络游戏细分市场实际销售收入
数据来源：GPC IDC and CNG

图 3 中国网络游戏细分市场份额
数据来源：GPC IDC and CNG

（四）2015 年中国自主研发网络游戏市场实际销售收入

2015 年，中国自主研发网络游戏市场销售收入达到 472.1 亿元人民币，比 2014 年增长了 4.5%。

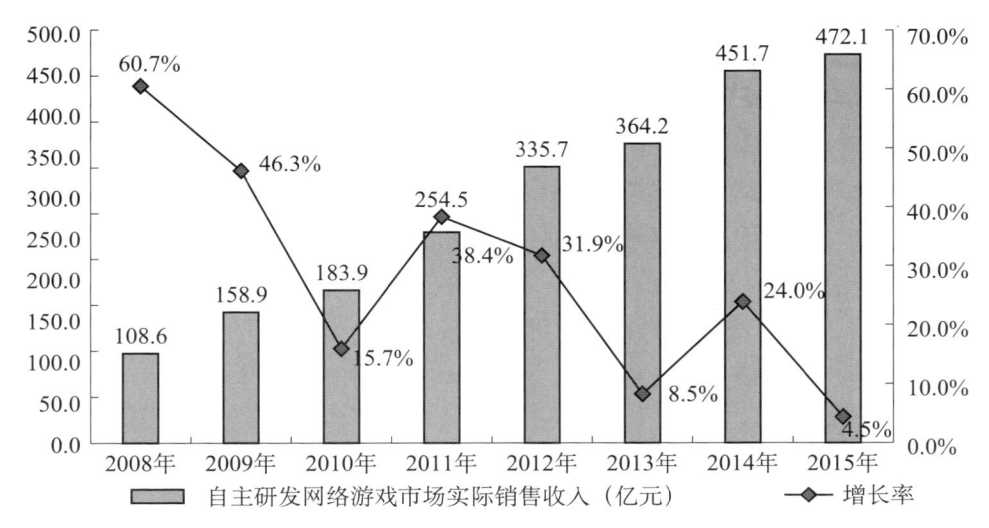

图4 自主研发网络游戏市场实际销售收入

数据来源：GPC IDC and CNG

（五）2015年中国客户端网络游戏市场实际销售收入

2015年，中国客户端网络游戏市场实际销售收入611.6亿元人民币，比2014年增长了0.4%。

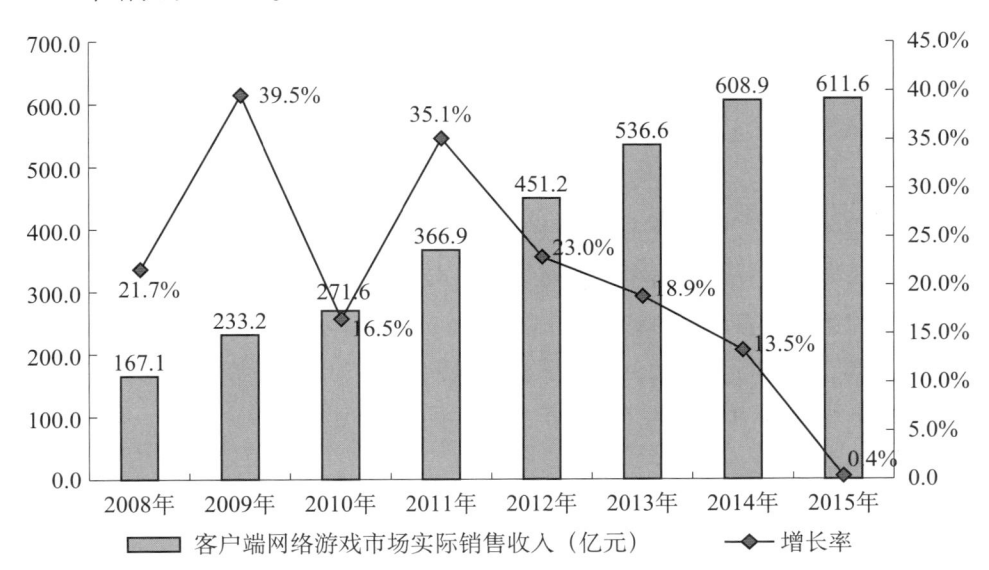

图5 客户端网络游戏市场实际销售收入

数据来源：GPC IDC and CNG

（六）2015年中国客户端网络游戏市场占有率

2015年，中国客户端网络游戏市场占有率达到43.5%，比2014年降了9.7个百分点。

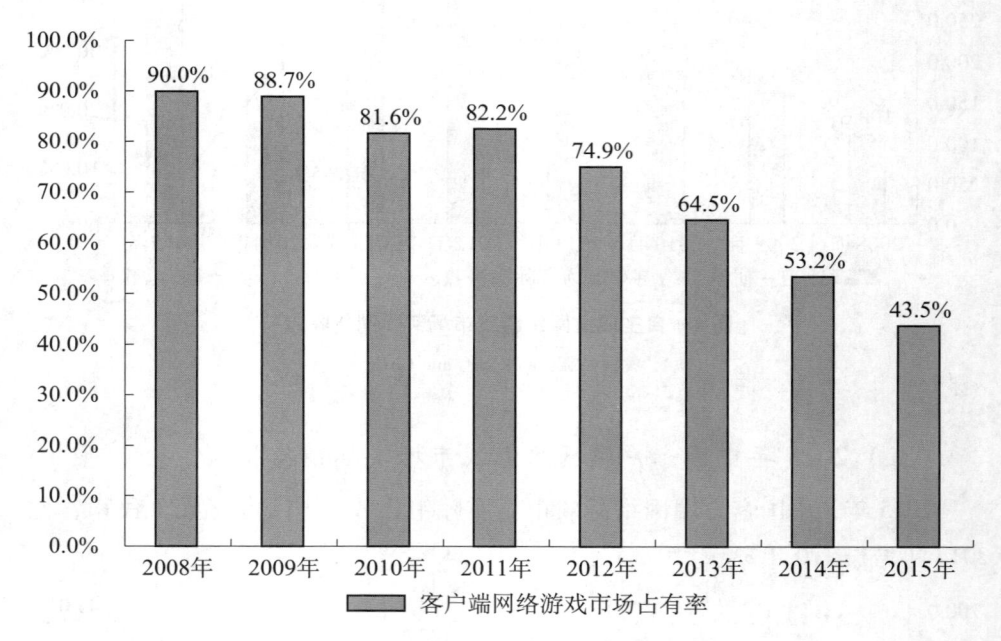

图6　客户端网络游戏市场占有率

数据来源：GPC IDC and CNG

（七）2015年中国客户端网络游戏类型

按游戏类型划分，中国客户端网络游戏市场由角色扮演类客户端网络游戏市场和休闲竞技类客户端网络游戏市场构成。

2015年，按实际销售收入计算，角色扮演类客户端网络游戏市场占客户端网络游戏市场的61.1%，休闲竞技类客户端网络游戏占38.9%。

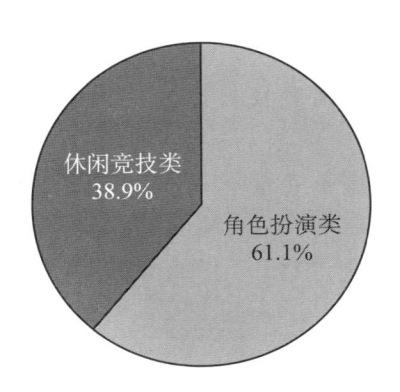

图 7 客户端网络游戏市场构成比例

数据来源：GPC IDC and CNG

（八）2015年中国角色扮演类客户端网络游戏市场实际销售收入

2015年，角色扮演类客户端网络游戏市场实际销售收入373.9亿元人民币，比2014年下降了3.9%。

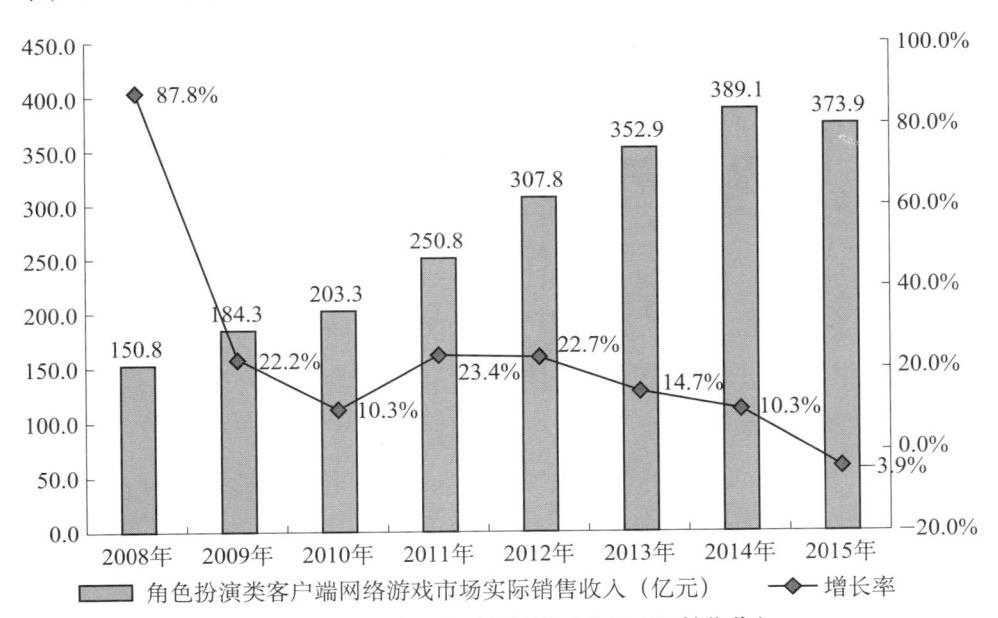

图 8 角色扮演类客户端网络游戏市场实际销售收入

数据来源：GPC IDC and CNG

（九）2015 年中国休闲竞技类客户端网络游戏市场实际销售收入

2015 年，休闲竞技类客户端网络游戏市场实际销售收入 237.6 亿元人民币，比 2014 年增长了 8.1%。

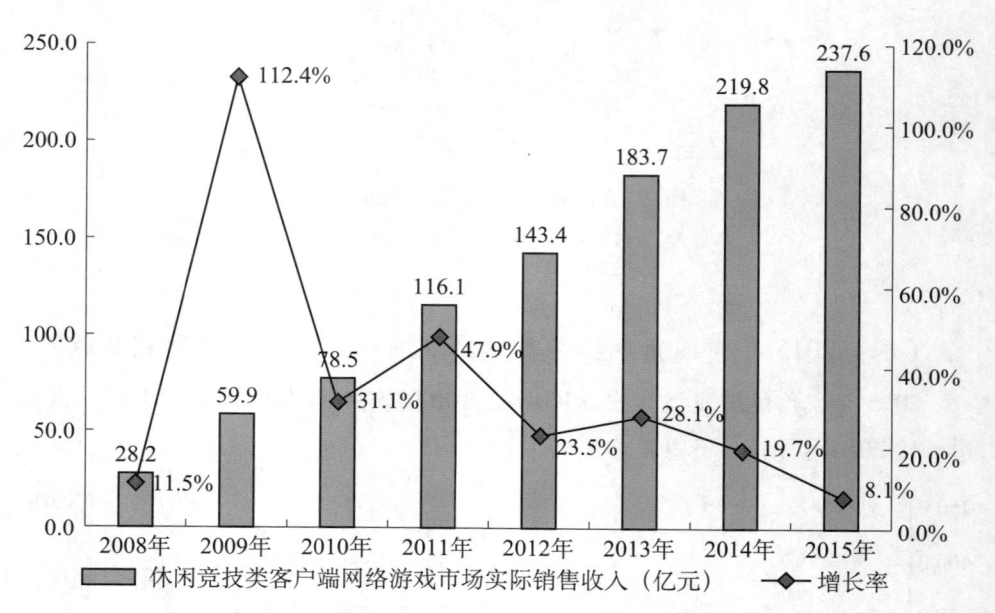

图9 休闲竞技类客户端网络游戏市场实际销售收入

数据来源：GPC IDC and CNG

（十）2015 年中国网页游戏市场实际销售收入

2015 年，中国网页游戏市场实际销售收入 219.6 亿元人民币，比 2014 年增长了 8.3%。

（十一）2015 年中国网页游戏市场占有率

2015 年，中国网页游戏市场占有率达到 15.6%，比 2014 年下降了 2.1 个百分点。

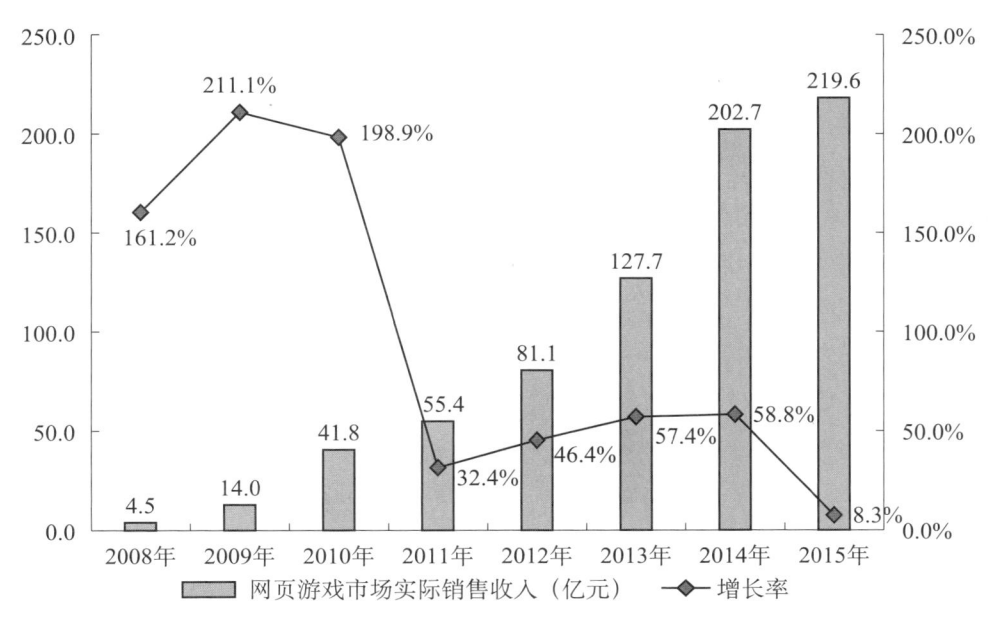

图 10 网页游戏市场实际销售收入

数据来源：GPC IDC and CNG

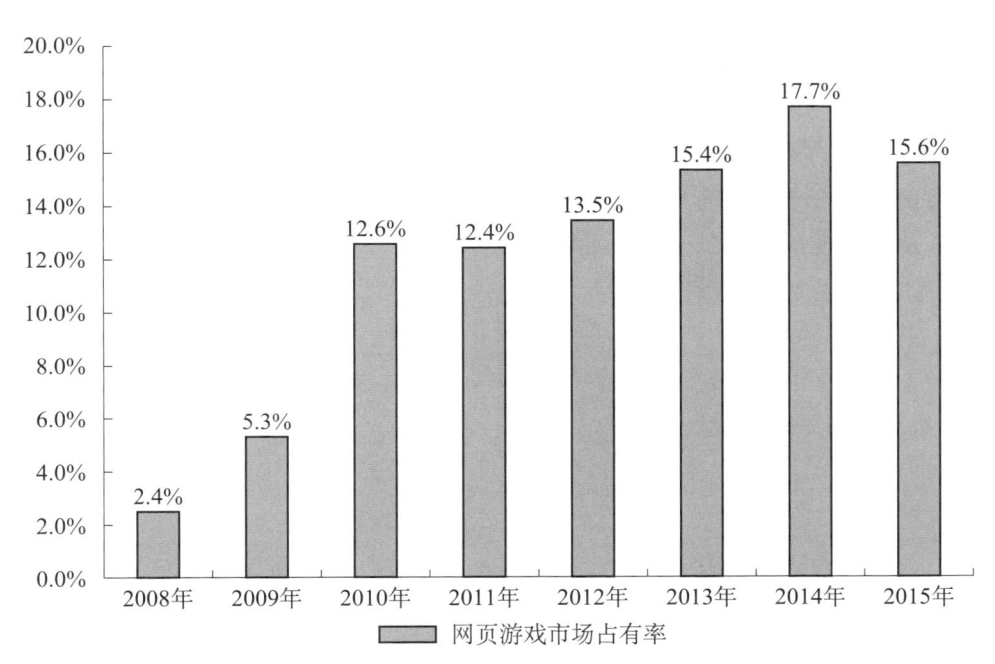

图 11 网页游戏市场占有率

数据来源：GPC IDC and CNG

（十二）2015年中国网络游戏出版类型分布

2015年，国家新闻出版广电总局批准出版游戏约750款，客户端游戏占11.2%，网页游戏占32.8%，移动游戏占49.7%，电视游戏占6.3%。

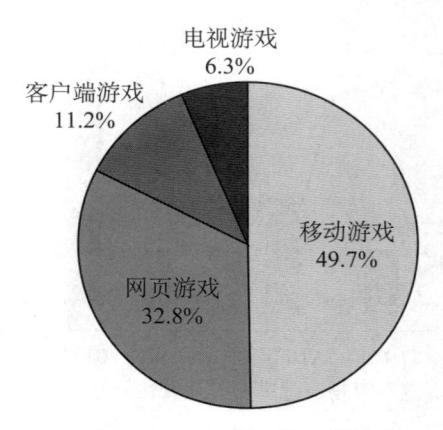

图12 网络游戏出版类型分布

数据来源：GPC IDC and CNG

（十三）2015年中国网络游戏出版地区分布

2015年，国家新闻出版广电总局批准出版的约750款游戏中，北京出版游戏数量占16.2%，上海出版游戏数量占51.2%，广东出版游戏数量占9.0%，其他地区游戏企业占23.6%。

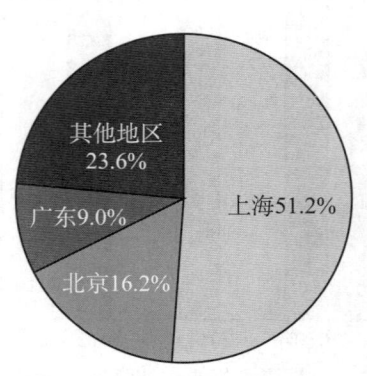

图13 网络游戏出版地区分布

数据来源：GPC IDC and CNG

二、中国网络游戏用户状况

（一）2015年中国客户端网络游戏用户数量

2015年，中国客户端网络游戏用户数量约达到1.54亿人，比2014年下降了2.8%。

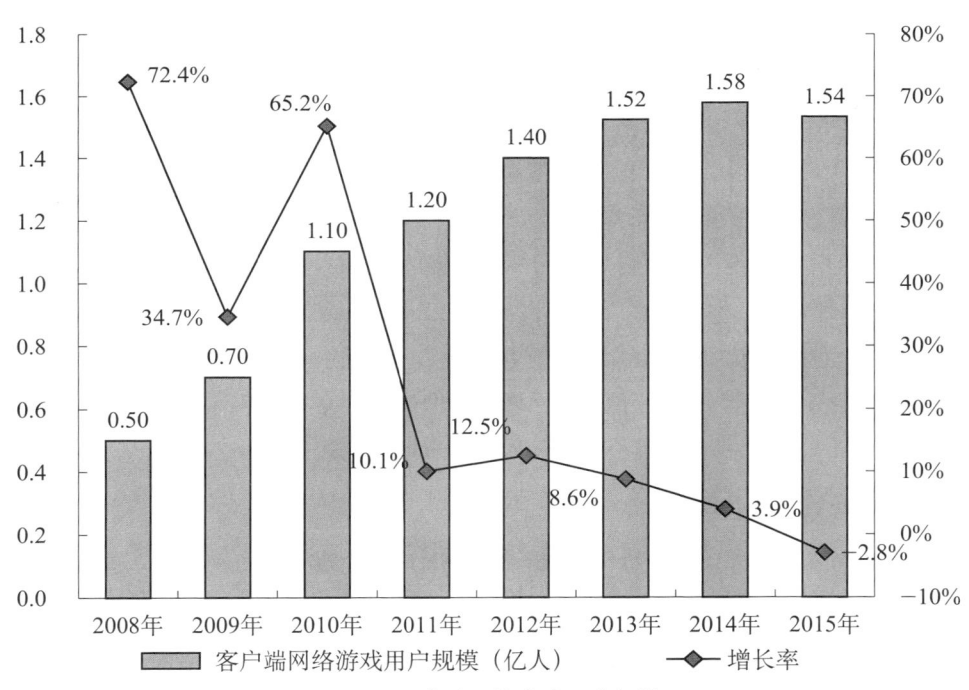

图14 客户端网络游戏用户规模

数据来源：GPC IDC and CNG

（二）2015年中国网页游戏用户数量

2015年，中国网页游戏用户数量约达到2.97亿人，比2014年下降了3.3%。

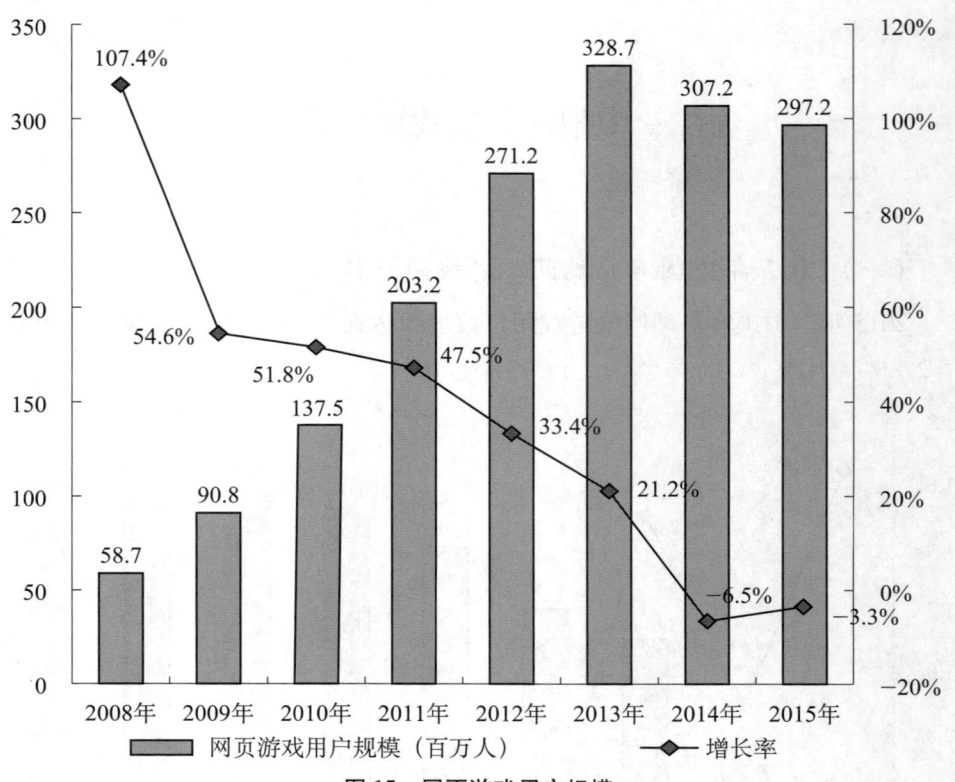

图 15　网页游戏用户规模

数据来源：GPC IDC and CNG

三、中国网络游戏产业分析

中国网络游戏产业增速虽然放缓，但依然保持高速发展，未来这种发展速度将持续。现在的中国网络游戏产业面临着增速放缓、成本提升、大厂控场小厂承压、刷榜现象依然存在等问题，不过同时游戏技术的革新、海外市场高速增长以及小众类型的出色表现也为市场带来一些正能量。

（一）2015年中国网络游戏主要细分市场分析

1. 客户端游戏市场发展进入"固守"阶段

2015年，客户端网络游戏市场保持平稳状态，用户群体固定。由于竞争者减少以及市场的成熟，企业在这一市场也选择了更为稳健的策略，新游戏推出节奏平稳，老游戏则通过"降价"方式提升用户留存。在新游戏发布上，受研发成本提升影响，产品数量降低，质量提高，每一个周期只有一两款产品发布；而针对一些老产品，不少企业选择了"降价"措施来保持用户留存，减少游戏中的付费项目，提升用户体验。此外，客户端游戏改编的同名移动游戏在市场上取得成功，使得客户端游戏市场的参与者将目光放得更长远，降低对短期赢利的追逐，转而以获取核心用户、树立品牌为目标。

2. "高投入高收入"模式冲击网页游戏生态

2015年，网页游戏呈现出"高投入高产出"的状态，这一趋势冲击了网页游戏原有生态。用户流量导入依然是网页游戏获取用户的重要手段，不过方式方法变得更加多样化。弹窗广告、贴片广告依然是主要导量形式，但明星代言、IP改编的用户导入也越来越多地被采用。在影视、小说与游戏联动加速的情况下，网页游戏已经成为重要选择。借助导量完成变现形成收入，如《花千骨》《琅琊榜》等网页游戏均在影视剧热播的时候上线，将该IP的效果达到最大化。不过，过度依靠流量的发展模式也给网页游戏带来了隐忧，市场呈现"高投入高收入"的特征，如三七游戏仅半年的流量购买费用就接近7亿元。高成本的运营方式提高了行业的进入门槛，也增加了风险，众多中小网页游戏企业转型移动游戏，整个网页游戏市场格局出现固化。

（二）2015年中国网络游戏上市企业分析

1. 海内外资本市场对游戏企业上市吸引力逆转

受国内资本市场改革、市盈率高等因素影响，海内外资本市场对游戏企业上市吸引力逆转，游戏企业由原来的热衷于赴海外上市，变成趋向于在国内上市。第一，新上市企业集中在国内资本市场上市，今年多家上市或拟上市借壳或借壳上市的游戏企业均选择A股市场；第二，在美上市的游戏企业以回归国内资本市场为目标，私有化数目增多、速度加快。目前，在美上市的游戏企业仅畅游未启动私有化，美国资本市场对游戏企业的吸引能力颓势尽显。游戏企业登录A股市场，一方面能够让中国资本市场得利于发展迅速的游戏产业；另一方面，游戏企业可以走出低估值困境，避免被恶意做空。

2. 资本市场助力上市游戏企业发展

虽然 2015 年赴美上市的游戏企业纷纷私有化，但中国上市游戏企业的规模依然达到历史最高点，以游戏收入为主的上市企业总市值接近 2 万亿。游戏企业上市对于游戏产业来说，能够更好地借助资本市场的力量获得发展。相比于其他行业，游戏产业前期投入大、风险高，需要从业企业拥有充沛的现金流，上市后融资能够满足这一需求。此外，上市的游戏企业还能够借助资本市场的力量进行资源整合，通过收购等手段扩张，进入发展壮大快车道。

（三）2015 年中国网络游戏产业从业者分析

1. 性别与年龄分布带来游戏产业发展局限性

2015 年，中国游戏产业从业者性别上"男多女少"、年龄上"低龄化"，这种结构对于游戏产业研发会产生一定的局限性。作为文化创意产业的一个分支，游戏的创作或多或少受创作者的生活经历、知识面影响，而从业者性别严重不均衡将导致创意出现死角，并受群体局限。例如，从性别角度来看，游戏产业的男性从业者占 90%，将直接导致行业的运营研发环节更难挖掘女性用户的需求，从而使获取女性用户难度提升，甚至有游戏企业选择直接放弃女性用户；从年龄角度来看，超过半数的从业者社会经验不足 5 年，一些有经验的从业者则走上了管理岗位甚至转行投资，一线研发人员生活经历与知识面、工作经验积累不足，最终造成游戏作品过于强调玩法、系统的精致，而忽视与社会生活的联系，难以成为精品。反观海外，一些有丰富阅历的从业者主导研发游戏，构成打造精品游戏的有利支撑。

2. 企业面临人才流动过于频繁产生多重风险

受竞争压力、行业挖角、人才培养难度高等因素影响，中国游戏产业人才尤其研发人才流动依然非常频繁，虽然这能够在一定程度上促进跨企业的研发技术交流，但同样为企业带来多重风险。首先，推高游戏的人力成本。人才流动的基本动因是从业者获得更高收入，过于频繁的人才流动将大幅提升游戏研发成本，人力成本是游戏企业的主要成本，这让游戏企业控制成本越来越难。其次，人才流动过于频繁将拖长游戏研发周期，同时带来错失市场机会的风险，尤其是在当下"影游联动"的大环境下，影视 IP 效果往往能够让游戏作品上线时爆发，如因人为因素令产品无法在最佳时间上线，IP 效果将大打折扣。再次，这还会为产品带来侵权风险。伴随人才流动不时有游戏的源代码流失、游戏玩法被仿制等问题发生。

（四）2015 年中国网络游戏产业用户分析

1. 用户结构进一步合理化

移动游戏的快速发展推动了游戏的普及，不同年龄、不同职业、不同性别的群体均有覆盖，用户结构更加均衡。用户结构的优化，在提升社会认可度，使行业获得可持续发展等方面有着非常积极的作用。在维系消费者上，游戏企业有更多选择，可以根据自身特点找准定位，深耕某一固定用户群体，从而降低推广成本、提升经营收益，有效避免撞车——出现同题材产品同时上市。

2. 特定用户群体激活特定类型游戏市场

在深度挖掘用户价值的背景下，二次元等用户群体正逐渐引发整个行业的关注。这些用户群体忠诚度高、个性强、认同感高，在转化为游戏用户后，具有极大的挖掘价值。特定群体用户有利于一些游戏企业以及产品获得市场，降低风险。以二次元群体为例，动漫改编作品《不良人》在未经过大范围市场投放的情况下，依然取得了不错的市场业绩。

四、年度影响网络游戏出版产业发展的重要事件

（一）国务院办公厅发出《关于转发知识产权局等单位深入实施国家知识产权战略行动计划（2014—2020 年）的通知》

2015 年 1 月 4 日，国务院办公厅发出《关于转发知识产权局等单位深入实施国家知识产权战略行动计划（2014—2020 年）的通知》。要求规范网络作品使用，严厉打击网络侵权盗版，优化网络监管技术手段。明确了下一阶段国家知识产权战略实施的指导思想、主要目标和行动措施，提出到 2020 年，知识产权创造水平显著提高，运用效果显著增强。保护状况显著改善，管理能力显

著增强，基础能力全面提升。

（二）游戏传统的商业引擎也开始免费

2015年3月4日，传统的商业引擎也开始免费。在GDC前后，各大游戏引擎技术提供商纷纷宣布自家旗下最新的游戏引擎推出免费使用的方案，包括Epic Games 的 Unreal Engine 4（虚幻4）、Unity 5 和 Valve 的 Source 2。

（三）新修订的《广告法》通过

2015年4月24日，第十二届全国人大常委会表决通过了新修订的《广告法》，从9月1日起施行。在网游广告前增加了范围限定，不再全面禁止网游广告："在针对未成年人的大众传播媒介上不得发布药品、保健食品、医疗器械、化妆品、酒类、医疗、美容广告，以及不利于未成年人身心健康的网络游戏的广告。"

（四）国家体育总局电子竞技管理部门明确我国电竞产业处于萌芽期

2015年5月13日，国家体育总局电子竞技管理部门阐示产业预期和规划。明确我国电竞产业处于萌芽期，其发展空间和前景十分广阔。鼓励通过举办丰富多样的赛事、博览会、嘉年华等活动来进行电竞相关产业、产品展示。

（五）第二届中国国际IP大会在北京国际会议中心召开

2015年6月29日，第二届中国国际IP大会在北京国际会议中心召开。由中国音像与数字出版协会指导，中国音数协游戏工委、浙报传媒、阅文集团、中国移动咪咕互娱、博瑞传播、海南生态软件园、灵动瑞翔、立马昆仑、中国游戏产业网联合举办的第二届中国国际IP大会在北京国际会议中心隆重举行。本届大会以"一起让IP飞"为主题，研讨IP应用规则，公布了200余个交易标的IP，并重点推介了极品飞车、植物大战僵尸2等10余个优秀IP。

（六）中国音数协游戏工委成立大会在北京国际会议中心召开

2015年6月30日，中国音数协游戏工委成立大会在北京国际会议中心召开。根据国家新闻出版广电总局批复，中国音像与数字出版协会组织召开中国音数协游戏工委（全称中国音像与数字出版协会游戏出版工作委员会）成立大会，审议通过《中国音像与数字出版协会游戏出版工作委员会规章》，选举产生 14 家副理事长会员、19 家常务理事会员；并选举产生了中国音数协首届领导班子，国家新闻出版广电总局数字出版司张毅君司长兼任理事长（主任），国家新闻出版广电总局数字出版司刘杰华调研员兼任常务副理事长（常务副主任）及秘书长，黄玉萌女士任副秘书长。

（七）第十三届中国国际数码互动娱乐展览会（ChinaJoy）在上海开幕

2015 年 7 月 30 日，第十三届中国国际数码互动娱乐展览会（ChinaJoy）在上海开幕。本届展会以"让快乐更简单"为主题，来自全球 30 多个国家和地区的 700 余家企业参展。内容回归游戏本质，主要关注游戏硬件和游戏市场发展。截至闭幕时，参观总人次为 27 万。在同期举办的中国国际数码互动娱乐产业高峰论坛上，国家新闻出版广电总局副局长、中国音像与数字出版协会理事长孙寿山做题为《在创新创业中推动中国游戏出版产业新发展》的主旨讲话。

（八）"中国游戏数码港"项目将在海南生态软件园建成

2015 年 8 月 10 日，中国音像与数字出版协会、海南省人民政府签署合作建设"中国游戏数码港"项目框架协议，规划在海南生态软件园建设本项目。中国音像与数字出版协会王炬常务理事长、海南省李国梁副省长签约；国家新闻出版广电总局副局长、中国音像与数字出版协会理事长孙寿山，海南省刘赐贵省长，以及出席活动的其他领导和嘉宾，共同见证签约。

（九）深圳证券交易发布游戏企业披露内容详尽规定

2015 年 9 月 18 日，深圳证券交易发布游戏企业披露内容详尽规定，游戏业务占年度营业收入或净利润达到 30% 以上，或主要游戏月流水下降幅度超过 50% 的公司，均需履行披露义务。超过 30 家游戏企业将直接受影响，间接波及整个行业。

（十）SteamSteam 平台正式启动人民币支付结算服务

2015 年 11 月 4 日，SteamSteam 平台正式启动人民币支付结算服务。目前，SteamSteam 支持 VISA、万事达和运通这三种信用卡支付，此外还有支付宝和银联转账，许多 3A 级作品在中国区售价会比其他区域便宜。

（十一）中概企业回归国内资本市场

2015 年 11 月 5 日，巨人网络借壳世纪游轮再度打开了中概股回归 A 股的想象空间。目前来看，中概企业选择拆除 VIE 架构回归国内资本市场的路径大致有三条：借壳登陆 A 股、IPO 排队、登陆新三板。

（十二）2015 年度中国游戏产业年会于海南博鳌开幕

2015 年 12 月 25 日，2015 年度中国游戏产业年会于海南博鳌开幕。本届年会由国家新闻出版广电总局主管，中国音像与数字出版协会主办，中国音数协游戏工委、海南生态软件园承办。活动内容包括 2015 年度中国游戏产业年会大会、发布本年度中国游戏产业数据、本年度中国"游戏十强"颁奖盛典、第三届中国游戏产品经理大会、第三届中国国际游戏交易会等。

五、总结与展望

（一）2015 年中国游戏产业总体态势

1.《广告法》规范游戏推广界限

随着游戏产业的快速发展，宣传推广成为市场成功必不可少的一环。2015 年 4 月颁布的新《广告法》对游戏推广做出了明确规定，"在针对未成年人的大众传播媒介上不得发布药品、保健食品、医疗器械、化妆品、酒类、医疗美容广告，以及不利于未成年人身心健康的网络游戏广告"。在广告的用词用语上，该法也进行了相应规范，包括利用互联网发布、发送广告，不得影响用户正常使用网络；在互联网页面以弹出等形式发布的广告，应当显著标明关闭标志，确保一键关闭等要求。新《广告法》明确了游戏广告、宣传推广的边界，对游戏产业健康发展有重要的推动作用。

2. 简政放权促进游戏出版业发展

2015年，"简政放权"促发展成为游戏出版行政监管的核心。国家新闻出版广电总局进一步强化属地管理，大幅度压缩游戏出版审批时限，实现客户端游戏、网页游戏出版审批平均一个月办结，移动游戏等出版审批平均时限则更短。上海成为提升游戏出版效率的一个典范。本年度，国家新闻出版广电总局鼓励游戏自主研发，通过"中国民族网络游戏出版工程"、原动力中国原创动漫出版扶持计划，扶持了一批游戏项目，引导企业树立"产品为王"理念，带动产业提升自主研发能力，增强核心竞争力。同时，还进一步优化游戏出版产业环境，维护游戏企业合法权益，打击侵权、盗版活动；实施网络游戏防沉迷系统，保护未成年游戏消费者身心健康。

3. 资本市场新规助推游戏资本市场繁荣

2015年，资本市场的新规拓宽了游戏行业的资本运作通道，提升了游戏资本市场效率。这首先表现在围绕上市公司进行的并购与借壳，《上市公司重大资产重组资产管理办法》和《关于修改〈上市公司收购管理办法〉的决定》将相关审批权限下放，并为游戏企业的资本运作降低了门槛以及审核要求，直接促使今年围绕游戏企业的收并购加速。其次，相关规定也对游戏企业信息披露予以规范。深交所发布的"第5号创业板行业信息披露指引"，对游戏企业披露信息做了专门的规定，涉及企业近20家，影响整个行业。游戏企业信息更加透明既有利于行业融资环境的健康发展，也能够为行业参与者尤其是创业者做出示范。

4. 游戏产业契合"互联网+""大众创业、万众创新"等国家战略

在产业结构调整的背景下，国家推出的"互联网+""大众创业、万众创新"等战略为游戏产业提供了良好的宏观发展环境。国务院总理李克强在《政府工作报告》中提到，"制定'互联网+'行动计划，推动移动互联网、云计算、大数据、物联网等与现代制造业结合"。在该战略引导下，移动互联网、

云计算、大数据、物联网等与现代制造业结合则推动了可穿戴智能设备、VR设备、智能家居的发展。据统计，国内可穿戴智能设备种类已经达到数百种，这些设备将为新兴游戏类型发展提供硬件基础。游戏产业是践行"大众创业、万众创新"最积极主动的领导，伴随着国家、各地相关优惠政策落地，游戏产业的生力军将更加充实。借助于"大众创业、万众创新"的战略背景，地方政府、投资企业通过孵化器等模式为创业企业的发展提供帮助。一些精品游戏诞生于这类企业，并催生了一批优质的研发型企业。

5. 资本市场"先热后冷"影响中国游戏产业运行状况

受产品研发成本高、回报快等因素影响，游戏产业一直是资本市场重点关注的领域。相应的，资本市场的变化也对游戏产业的发展产生直接影响，这一特点在移动游戏时代更为明显。2015年，中国资本市场呈现出"先热后冷"的特征。上半年，国内资本市场火热，包括游戏产业在内的大量互联网公司获得了融资，一些大型游戏企业则借助资本市场的力量，进行收并购，实现资源的整合。据统计，2015年移动游戏领域拟并购或完成并购的案例超过20起。此外，国内资本市场的火热也成为赴美上市游戏公司私有化的动因，但随着资本市场在下半年趋冷，一些中小企业开始面临融资不到位、再融资门槛高等问题，以致现金流紧张，不得不通过裁员等措施缓解压力，甚至出现倒闭的现象；大企业则暂缓实施扩张战略，下半年以游戏公司为主体的收并购案例大幅减少。

6. 游戏行业快速发展促使游戏产业社会认可度提升

随着游戏产业的快速发展，社会对游戏产业的认可度正在提升。这主要表现在，首先，游戏快速普及呈"全民化"。移动游戏在发展过程中吸引了不同年龄段的用户，在消费中，不同群体降低了对游戏的偏见，提升了游戏认知。其次，游戏及时满足了社会的文化需求。中共中央办公厅、国务院办公厅在年初印发的《关于加快构建现代公共文化服务体系的意见》，提出增强公共文化服务发展动力，鼓励和引导社会力量参与，加强文化创意产品研发，创新文化产品和服务内容。游戏作品为文化创意产品中的主要构成，在满足社会文化需求上，发挥了特有的作用，得到了社会的认可。此外，游戏产业也为年轻人提供了多种多样的就业机会，还积极参与社会的公益事业，得到社会公众积极评价。

7. "一带一路"国际文化交融推动游戏"走出去"

习近平总书记在2015年2月提到,积极推进"一带一路"建设,与沿线各国共同打造政治互信、经济融合、文化包容的利益共同体、责任共同体和命运共同体,造福沿线国家人民,促进人类文明进步事业。这一战略的实施将有利于不同文化的交融,给游戏海外出口带来新的机遇。一方面,一些拥有中国文化内涵的精品游戏逐渐得到不同市场的认可,如《少年三国志》;另一方面,游戏企业在研发过程中有意识地将一些跨国家、跨地域的文化元素纳入游戏中,进而帮助产品开拓海外市场,如《太极熊猫》《COK列王的纷争》。

8. 宽带提速、4G网络利好游戏产业

网络基础建设是网络游戏发展的前提,网络基础建设优劣影响整个游戏产业的发展。2015年,国务院办公厅先后下发《关于加快高速宽带网络建设推进网络提速降费的指导意见》《三网融合推广方案》等文件,提出建设高速畅通、覆盖城乡、质优价廉、服务便捷的宽带网络基础设施和服务体系,推动信息网络基础设施互联互通和资源共享,从而促进信息消费快速增长。这些政策措施为游戏产业发展提供了良好的网络支持,受益面集中于游戏用户覆盖、新兴游戏市场、游戏体验、电子竞技等。

9. 智能硬件性能提升壮大游戏产业发展空间

智能硬件快速发展为游戏产业创新提供了基础条件。国务院发布的《中国制造2025》提到,新一代信息技术与制造业深度融合,可穿戴智能产品、智能家电、智能汽车等智能终端产品不断拓展制造业新领域,而这对游戏未来的发展将产生直接影响。从移动游戏领域看,智能手机、平板电脑的普及以及迭代,与移动游戏规模持续、快速增长相辅相成;智能电视、智能盒子的快速普及,为电视游戏带来新的契机。此外,可穿戴智能设备、VR、现实加强设备等相关硬件的发展,为下一阶段游戏产业发展提供了新的方向。

10. 文创不同领域互动加速新媒体融合

2015年,文化创意产业蓬勃发展,影视剧、小说、动漫表现出色,并涌现了一批"既叫好又叫座"的作品,如电影《西游记之大圣归来》、电视剧《琅琊榜》等。而在版权保护越来越被重视的背景下,这些作品成功转化为IP,为游戏产业提供了血液。游戏产业与其他文创领域互动增多,跨媒体整合加速,并通过联动的方式,探索出一条全新的、围绕娱乐产业进行的产业链。在这条产业链之上,任何一种类型的作品都能转化为其他类型的作品,从而发挥最大价值,如网络小说《花千骨》在包括游戏公司、视频网站在内的几家企业共同运作下,被改编为同名电视剧、同名的不同类型游戏,均成功赢得了市场。

11. 网络直播赛事打造游戏电竞生态圈

2015年被称作游戏视频直播元年,一系列游戏直播平台涌现。作为游戏产业的一个衍生行业,游戏直播正与专业赛事、游戏俱乐部一起,以赛事为核心,以游戏为基础,游戏直播衔接用户、赛事、产品,构建游戏电子竞技生态圈。电子竞技有助于深度挖掘游戏用户的价值,促进游戏的运营。本年度,不仅传统的客户端游戏电子竞技更上一层楼,新兴的移动游戏也呈现明显的竞技化趋势,出现一批以竞技为主打、以赛事为支撑的游戏,如《全民超神》《乱斗西游》等,基于移动游戏的相关赛事已经超过10种。

(二)2015年中国游戏产业主要问题

1. 基数增大、缺乏新的增长点令增速放缓

2015年,中国游戏产业规模增速放缓,这主要受两个因素影响。首先,游戏产业多年的高速发展,规模基数增大,保持高速增长难度越来越大。其次,从业务角度来看,缺乏新的增长引擎也是产业收入增速放缓的重要原因。一方面,客户端游戏增长乏力,在缺乏表现出色新作的同时,经典老游戏收入大部分下降,这直接促使传统的大型MMORPG游戏出现负增长,休闲竞技类游戏则是小幅增长;另一方面,经过数年的快速增长,移动游戏增长趋缓,而电视游戏、H5游戏、移动竞技游戏目前还都处于开拓阶段,市场规模整体偏小,为整个产业增长做贡献能力十分有限。

2. 游戏产业成本普遍攀升

2015年,中国游戏企业不论是研发成本还是运营成本都呈现整体攀升的特点。由于几个主要细分市场都已经完成了早期粗放发展过程,市场留给新产品的市场空间有限,对产品品质和推广的要求都较以前大幅提高,这推升了游戏经营成本。从研发来看:第一,人力成本提升。随着对产品质量要求更高,团队搭建也需要更加完善。尤其在移动游戏领域,像市场发展早期一样3—5人

便组建一个工作室已不适应当今市场,目前游戏开发团队普遍达到数十人,重点产品的团队甚至过百人。第二,产品研发周期延长。单款产品投入提高都加大了投入风险,往往需要经过多轮"测试—修改"来为赢得市场提供保障,这造成了研发周期的延长。第三,游戏运营成本继续提升,用户流量价格进一步高涨,但转化率出现降低,游戏企业不得不通过多种方式推广来获得用户,如购买IP、大量投放广告等,带来游戏推广成本日渐增高。成本上升直接影响到了游戏企业的经营策略,市场让一大批企业坚信保证产品质量比以量取胜更为奏效。

3. 市场中大企业逐渐控场、中小企业承压

2015年,游戏产品总量出现下降,中国游戏市场竞争激烈程度有所降低。第一,市场竞争格局趋于稳定,大型企业对市场的把控能力增强,客户端游戏市场趋于稳定,网页游戏则由掌控流量的少数几家发行商把控,腾讯、网易等企业带动移动游戏品质普遍提高,市场门槛明显抬升,中小企业或者依附大企业生存或者被迫转型。第二,产业集中度高,游戏市场、用户流量被少数大企业享有,过半的网页游戏市场收入集中在数家企业手上,排名前十的移动游戏收入占移动游戏市场总收入40%以上。

4. 侵权、刷榜等恶性竞争现象依然存在

游戏产业的恶性竞争现象依然存在。首先,侵权、抄袭、窃取源代码、盗用IP等行为仍有发生,引发了一系列侵权诉讼官司。此外,以学习借鉴为名,打版权擦边球,对热门游戏进行仿制,甚至抄袭,严重到"正版产品还未正式上线,仿品就已经就位"。其次,移动游戏领域存在自充值等刷榜行为,游戏企业自充值一方面提高了本企业游戏在榜单中的位置,获得更多的流量;另一方面,间接提高自身的收入流水数据,以获取更多资源。自充值可以带来短时间的市场效果,但这种欺骗行为无法代替好产品具有的吸引力,同时破坏了游戏产业的生态环境,扰乱了游戏市场秩序,追求良性发展的游戏企业当引以为戒。

(三)2015年中国游戏产业未来走向预测

1. 游戏产业保持多元化高速增长

由于不同细分市场处于不同发展进程,中国游戏产业在未来将呈现多元发

展状态，市场规模总体有望保持高速增长。客户端游戏、网页游戏、单机游戏等发展较为成熟的细分市场，已经处于成熟期，市场规模增幅有限且变动不大。移动游戏依旧处于成长期，市场规模有望保持高增长。电视游戏、H5游戏等新兴游戏市场处于探索阶段，未来将有机会获得快速发展，或可成为未来的发展引擎。此外，海外市场依然处于成长期，存在极大的机会。

2. 游戏市场竞争格局变化不大

中国游戏市场中大企业控场、中小企业承压的竞争格局将延续。一方面，基于马太效应，大企业得以累积越来越多的优势。这些优势成为了大企业应对竞争的"护城河"，并能够保证大企业一旦调整发展方向，便能快速掌控新兴的游戏市场。另一方面，基于游戏作为一个创意驱动的行业，对小企业有着一种天然的优势，由于组织架构更加扁平，小企业在挖掘创意方面更具优势，快速切入一些新兴的细分领域，成为第一个食蟹者占据领先优势，这种机会将不断吸引小企业进入游戏产业。近年来，中小企业与大企业合作成为产品推入市场常规模式，小企业在巨头林立的行业中生存，从而维系着一种"共生"关系。

3. 新兴游戏市场成为产业增长点

随着基础技术与硬件的快速发展，一些新兴的细分游戏市场将迎来机会，获得较快的发展，为整个游戏产业的增长做出贡献，如移动电竞、H5游戏、电视游戏。第一，在移动电子竞技市场中，由于移动游戏所具备的全民参与、碎片化等特点，对于强调粉丝经济的电子竞技市场来说拥有极大的优势。目前，英雄互娱、巨人网络、战旗TV等相关企业纷纷进入这一市场，产业链粗具雏形，发展潜力不可小觑。第二，H5游戏发展的基础已经构筑完毕，2015年，白鹭、触控、layabox等发布了多个针对H5游戏研发的引擎，并吸引了相当数量的开发者，出现了一些拥有稳定收入的产品。游戏发行领域，腾讯等企业也开放了H5游戏的接口，这为H5游戏的发展提供了平台化条件。第三，智能电视、电视盒子的加速普及，为电视游戏的发展铺开道路。与此同时，避开游戏市场激烈竞争领域寻找蓝海领域，推动产业资源加速向上述新兴市场转移，成为市场壮大的又一驱动力。

4. 游戏用户价值沿深广两个维度增值

用户价值上，游戏企业将从深度与广度两个维度挖掘，实现增值。在未来游戏市场中，游戏企业将更注重深入挖掘现有用户的价值，通过提升游戏品质、细分游戏题材、丰富玩法类型等方式提升用户忠诚度；而新兴的游戏市场与海外市场，游戏企业将保持较为激进的扩张策略，迅速获取用户，在快速提升收入的同时，为后续发展奠定基础，如游族网络通过早期《女神联盟》完成早期海外市场发行体系构建，其后发布的《少年三国志》也受益于此，在海外表现出色。

（本文由郑南提供）

2015—2016 中国网络（数字）动漫出版产业年度报告

占世伟　曾龙文

动漫产业是指以创意为核心，以动画、漫画为表现形式，包含动漫图书、电影、电视、音像制品、舞台剧和基于现代信息传播技术手段的动漫新品种等动漫直接产品的开发、生产、出版、播出、演出和销售，以及与动漫形象有关的服饰、玩具、电子游戏等衍生产品生产和经营的产业。

目前全球动漫产业的产值约为 2 500 亿美元，加上动漫周边产品产值已达约 5 000 亿美元。动漫产业已逐渐成为一些国家国民经济的支柱和新的经济增长点。根据国家动漫产业网数据显示，美国动漫业已成为全美第六大支柱产业；日本动漫业已超过汽车、钢铁工业，成为日本第三大产业；韩国承接了全球近 1/3 的动漫制作业务。与动漫发达国家相比，我国动漫产业总体发展水平较低，在创新能力上有较大差距。

2015 年，随着 IP、"互联网＋"、科技的全面渗透，泛娱乐一体化消费时代正式来临。包括动漫、文学、游戏、影视、媒体、衍生消费品在内的泛娱乐核心产业均处于长线上升通道，跨界融合加速，中国泛娱乐产业总产值由 2011 年的 1 888 亿元，增加至 2015 年 4 229 亿元，复合增长率达 22.34%。[①]

在细分领域中，动漫及衍生品保持并行增长轨迹，2015 年共实现产值 1 132 亿元[②]。动漫产业成为市场热点之一，既有实体经济中资本公司对相关初创企业的关注，亦有资本市场里普通投资者对相关概念股的追逐。

[①] 数据来源：《2015—2016 中国泛娱乐产业发展白皮书》。
[②] 同上。

不过，根据国家动漫产业网数据显示，在青少年最喜爱的动漫作品中，中国原创动漫只占据11%的份额，而日本和韩国的动漫作品占据了60%的份额，欧美动漫作品占据29%的份额。这个数字，对于国产动漫，既是挑战也是机遇。

一、网络（数字）动漫生产商情况

（一）网络动漫部分

随着数字动漫制作技术和互联网应用水平的持续提高，民众阅读习惯和观看环境的逐步变化，我国数字动漫产业开始进入高速发展阶段。新浪、腾讯、网易等大型互联网企业大举进军在线漫画阅读业务；同时，动画也已经成为国内各大视频网站继电视剧、电影和综艺节目之后的第四大内容板块，爱奇艺、土豆、优酷、迅雷看看、PPTV等主流网络视频网站纷纷开设动漫频道，同时诞生了AcFun、Bilibili、酷米网、淘米视频等一批垂直动画视频网站。

2015至2016年，网络动漫平台出现三大趋势。

一是大公司大平台割据之后呈现横向纵向延展的局面。

网络动画领域，各大视频网站在动画版权内容的争夺，开始从争夺日本每季新番动画播放权到深度介入动画制作链条。

以优酷土豆为代表的阿里系（2016年4月阿里巴巴已正式全资收购优酷土豆集团），以爱奇艺为代表的百度系，腾讯旗下的腾讯动漫和自有视频网站腾讯视频，获得腾讯投资的Bilibili都有与日本动画公司或电视台合作制作。腾讯还投资了原力动画等中国动画制作公司，Bilibili投资绘梦动画，等等，从网络渠道介入内容生产端。

在国内创业板做到千亿人民币市值的乐视网通过争取部分国产动画独播权和联合制作推广，比如与郑渊洁旗下IP合作，在这场竞赛中仍占据一席之地。获得优酷土豆与奥飞投资的AcFun，拥有诸多日本动画播放版权的PPTV等，仍然有着强劲竞争力。

其他网站，比如曾经重金引进《航海王》（《海贼王》）、《全职猎人》《妖精的尾巴》等在内的数百部热门日本动漫的搜狐视频，渐渐退出了对动画版权的争夺。

网络漫画领域，在腾讯动漫和有妖气两个原创网站之外，同时出现了多家竞争对手，如微漫画、网易漫画、动漫之家等新晋平台，随着 IP 热度上扬，有百家争鸣之势。

二是更多的资金流向动漫内容。

据动漫产业研究机构三文娱统计，这一年有玄机科技、十月文化、蒲蒲兰动画、大千阳光、鲜漫等近百起投资事件。另据三文娱统计，2015 年有华强文化、童石网络、中南卡通等约 20 家以动漫为主营业务的公司，在新三板挂牌，其中华强文化 2015 年扣除非经常性损益后的净利润，超过 4 亿元人民币。

三是国产漫画动画内容的兴起。

腾讯动漫平台出现过多部点击量过十亿的漫画作品，腾讯在动漫产业的布局也越来越完善。虽然腾讯重金购得了日本集英社等出版社的许多知名作品，但在腾讯动漫平台，人气总榜前二十中仅《火影忍者》《海贼王》《死神》三部作品是日漫，而《妖怪名单》《王牌御史》《狐妖小红娘》《通职者》《从前有座灵剑山》等国产漫画，单平台阅读量都超过十亿。

有妖气在《十万个冷笑话》成功的基础之上，2015—2016 年将《端脑》《神明之胄》《雏蜂》《馒头日记》《死灵编码》《熊猫手札》《镇魂街》等更多的漫画作品改编成了动画。

爱奇艺、乐视等平台也在推动原创国产动画，部分二维三维制作公司也开始推出叫好叫座的原创 IP，如若森数字的《画江湖之不良人》，播放量数亿，由掌趣科技改编的手游版也曾经长期位于苹果 AppStore 中国区畅销榜前二十，体现了强劲的吸金能力。老牌三维动画公司玄机科技，旗下《秦时明月》分别有触控和畅游运营的两个版本的手游，在 2015 年 4 月的总流水就达到人民币 5 亿元，不过这些收入绝大部分归属于游戏公司和分发渠道。

（二）手机动漫部分

手机动漫，是基于电信运营商网络与手机、移动电脑等移动互联网终端，以彩信、WAP、客户端等方式，为客户提供动漫内容浏览、动漫杂志以及动漫主题等衍生品的数据增值业务。

运营商的手机动漫业务，以中国移动的咪咕动漫为代表，它有包月和点播两种信息费方式。包月是用户按月支付信息费，分为3元/月和5元/月两种。点播有按每集动画、每个动画电影、每本漫画、每部单行本来点播的方式，也有加油包、月刊包等多种多样的服务。

同时，在互联网企业方面，大量互联网公司也介入到手机动漫行业中，抢夺这块新生的"市场蛋糕"，例如，炫动传播、奥飞动漫、华闻传媒、万家文化等多家公司开始频频跨界经营，通过整合动漫内容、渠道，以及传统行业资源，加速企业发展。布卡、漫漫、大角虫、快看漫画、漫画岛等创业平台也开始崭露头角。

二、网络（数字）动漫出版产业的生产规模与市场规模状况

（一）中国数字动漫产业链分布格局

根据中新网数据显示，2015年，中国动漫用户突破2.19亿，动漫产业值破千亿。日前公布的《动漫蓝皮书：中国动漫产业发展报告2015》预测，到2020年，中国动漫产业产值规模将突破2 000亿元。过去的一年国产动漫取得了极大发展突破，2016年，在政策和市场双重利好刺激之下，第一季度，已有超过1.3亿网民访问动漫网站，平均每天有400万网民关注动漫及相关衍生品。

据中国青年报的一项问卷调查显示，86.7%的受访者认为中国需要优秀的本土动漫人物，67.6%的受访者希望本土动漫形象符合国人的价值观念，52.5%的受访者认为要有传统文化痕迹。

这种需求在推动着中国动漫特别是数字动漫产业的发展。

本报告依然从三个部分解读中国数字动漫产业的构成，即内容、运营以及平台。

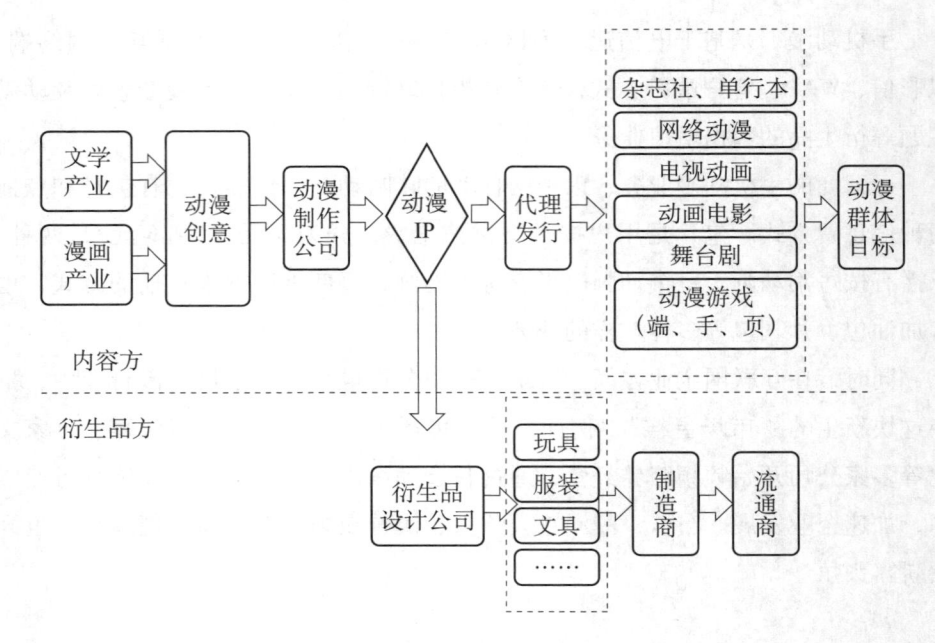

图 1　动漫产业链示意图

1. 内容部分

动漫 IP 是动漫产业链的核心，整个动漫产业链都围绕动漫 IP 展开，其主要环节包括漫画制作、动画制作、动漫电影、动漫游戏、衍生品等。数字动漫产业的上游为动漫制作公司、动漫设计行业；下游为网络媒体、手机等新媒体，服装厂和玩具厂等衍生品生产企业，以及出版社、文化公司、传播公司等传媒企业。原创动漫画内容，是数字动漫产业链的上游和源头，内容的质量直接影响终端用户的购买力。2015 年，数字动漫产业链中的内容生产商进一步趋于公司化、专业化和规模化。

2015 年的一个趋势是，如今的动画 TOP10，不论是出品、发行方，还是制作方，那些拥有竞争优势的动画制作团队，大多都已经被资本盯上。网络漫画 TOP10 也出现一种迹象：三四年前开始连载、现在依然高人气的大作，往往由个人创作；这两年的新上榜者，更多是团队作战——有的是在纸媒上成名已久的老牌工作室；有的是动画或影视公司看到漫画造 IP 的潜力，新开辟漫画组；还有的是当年的个人作者，如今有了版权收益和资本助力后扩大规模。

在 2015 年数字漫画出版行业大发展的前提下，逐渐形成更多粗具规模的漫画工作室，如鲜漫、动漫堂、漫铠动漫。此类公司定位在内容生产，在 2015 年也开始介入版权运营，在数字动漫领域的业务从 2014 年的以授权给第三方合作为主，转变为自主运营部分 IP，从而呈现出更强的竞争力和更高的市场价值。

动画漫画的内容生产或运营公司，越来越多地进入到资本市场的视野。据动漫产业研究机构三文娱统计，这一年有近百起投资事件，获得投资的企业为糖人动漫、舞之动画、艾尔平方、易动文化、星龙动漫、玄机科技、酷米网络、翼下之风、全擎娱乐、杭州蒸汽工场、攀塔文化、无码影像、啊哈娱乐、左艺动漫、微漫网络等。

2. 运营部分

运营型公司在目前中国数字动漫产业中，有两种代表：第一类公司为版权代理公司，属于传统的版权贸易公司，通过资金采购动漫作品数字领域的使用权，然后通过版权分销的模式，进行数字渠道的版权销售工作。

2015 年，在电信运营商动漫基地的 CP 版权代理业务非常活跃。目前电信运营商的动漫基地已经可以保证正常的业务结算，与电信运营商动漫基地合作的 CP 需要持续更新大量动漫内容。

如翔通动漫，2015 年被万家文化收购之后五个月的净利润将近 9 000 万，作为手握内容的动漫企业，翔通动漫无疑是其中最赚钱的公司之一。翔通动漫主要从事移动互联网动漫的创意、策划、制作、发行，动漫相关版权授权以及动漫相关的互联网和移动网络游戏的研发、运营服务。通过和运营商原创版权合作，取得运营商的认证和许可，通过翔通动漫旗下的全网资质的内容服务提供商，为中国移动动漫基地、中国移动游戏基地、中国移动互联网基地、中国移动音乐基地、中国移动阅读基地等提供动漫原创版权并发行，拥有包括三大电信运营商在内的强大运营体系让翔通在渠道发行领域顺风顺水。

根据翔通动漫披露的数字，其积累了以绿豆蛙、酷巴熊、功夫包子、闪客为代表的逾 700 个动漫版权形象，制作了 10 余万屏原创漫画及逾 400 部手机动漫短片。2015 年翔通动漫被万家文化收购后，5 个月的时间仅动漫及其衍生业务的营业收入就约 2.55 亿元，营业成本不到 1.5 亿元。

另两家代表是新三板挂牌公司万象娱通和杰外动漫。万象娱通的主营业务为动漫版权管理、动漫播控运营、玩具电商及动漫 IP 整合营销，主打低年龄层市场。它有自有儿童 APP 产品"爱看儿童乐园"，也与 OTT 平台（iCNTV、华数传媒、芒果 TV、百视通）、IPTV（国内 20 几个省市）、PC 端（爱奇艺、乐视、迅雷、搜狐、PPTV 等视频网站）进行合作，玩具销售和动漫边看边购业务让万象娱通在过去一年的营业收入上升了 239.15%。杰外动漫一方面通过自有渠道获得国内外动漫企业的授权（包括动画片授权、动画电影授权等），然后组织策划、营销推广，将版权授予不同渠道的客户。比如它获得了双叶社《蜡笔小新消消乐》手机游戏的开发权，然后授权给北京精麦通无线信息服务有限公司开发和运营这款游戏，游戏上线后杰外动漫获得相应比例佣金。又如杰外将《蜡笔小新》电子漫画授权给炫果壳（北京）信息技术有限公司，在中国移动阅读基地上线；授权给花火（厦门）文化传播有限公司将此漫画书，在中国移动动漫基地上线。

第二类运营公司，也被称为经纪或发行公司，不仅仅是版权代理分销。据动漫产业研究机构三文娱归纳，目前已经衍生出多种运作方式。

相对传统的一种就是经纪公司签作者，作者以员工的身份加盟公司，收入主要是拿公司开的工资，作者创作的作品著作权归属公司。

第二种模式则是以公司的编辑团队为核心，公司对 IP 从初期创作到后期开发，都进行了较为充分的立项（如故事大纲和世界观设定等）之后，与"外包"的作者只是就某一部或几部作品与公司签约，作品的著作权归属公司，或者共享。

第三种模式则是作者凭借自身作品"战略加盟"公司，对作品的后续开发及具体分成有发言权，作品的著作权归公司和作者共有——作者既是创作者，也是公司的经营者。

那么作者如果打出了品牌，想单飞怎么办？针对这种情况，国内一部分经纪公司还有第四种模式，即对要独自开公司的作者进行投资，即换了一种合作方式——借鉴了影视行业的金融玩法。

在这四种之外，还有一种处在 CP 和平台之间的公司，其角色类似于纯粹的电影宣发公司，即其本身并不持有 IP，但利用产业信息的不对称，专门从事漫画、动漫作品的发布对接、宣传营销业务。一些具有眼光和运营能力的经纪公司，会在一个 IP 的产品立项阶段，就从初期的作品人设、故事大纲，到后期的动画化、游戏设计甚至衍生品开发，都加以明确，这样一来，整个 IP 的开发从原作的创作开始就非常有指导性。这种对 IP 的深度开发源于各种资源的良好对接，很多经纪公司会把作者和产业链各环节的资源聚合起来，获取某种"加成"效果。

3. 平台部分

2015 年的数字动漫平台商，根据平台不同，分别呈现出迥异的特点。互联网动漫平台，已经逐渐从群雄逐鹿的局面，演化成寡头出现的格局，腾讯、阿里巴巴、百度系视频公司均已参战，哔哩哔哩和 AcFun 等在 2015 年与 BAT 系视频公司展开激烈的动画版权争夺战与微妙的合作。腾讯在 2015 年宣布斥资数千万引入日本漫画版权，网易漫画和布卡漫画也重金抢购日本漫画版权，各家平台在 2016 年势必会掀起一波对原创国产漫画版权和人才与用户的抢夺战。

（1）互联网动漫平台

目前中国的动漫类网站共分为三种类型，分别为资讯类动漫网站、内容型动漫网站、"资讯+内容"型动漫网站。在 2015 年的互联网动漫平台中，内容型动漫网站表现最为抢眼。

第一类：资讯类动漫网站。

资讯类动漫网站以展示动漫行业的资讯信息和分析研究为主，主要代表网站有三文娱、漫域网、中漫网、国家动漫产业网等。资讯类动漫网站的表现形式为动漫类门户网站，包含了门户网站的所有属性，包括新闻咨询、产业服务、作品推荐、周边开发等内容。资讯类动漫网站的主要作用，在于为动漫爱好者、动漫行业从业者提供一个信息共享的资讯平台，其宗旨是为中国动漫传导先进的文化理念和产业意识，搭建跨媒体一体化的产业运营平台。比如三文娱，关注新文化新娱乐新内容产业，做有趣味有营养有梦想的报道，为动漫与文化娱乐创意人提供了大量的深度研究文章，持续分享新闻报道、案例分析与行业报告，也有专业人士在线上线下的探讨。它希望用媒体来嫁接有关部门、企业、专业院校（教学基地）、动漫人才、跨行业公司等多方面资源，以此为中国动漫的进一步发展贡献力量。

第二类：内容型动漫网站。

内容型动漫网站（包含移动端手机动漫），主要是展现动漫内容为主的网站，分为两类，分别为漫画类网站和动画类网站。2015 年的漫画网站，以腾讯原创动漫平台和有妖气原创漫画工厂最为活跃。

截至 2015 年 6 月，腾讯动漫平台上已有超过 2 万部作品，签约作品数超过 6 000 部，累计作者总数超过 5 万人，认证作者超过 9 000 人。此外，腾讯动漫还从日本、韩国、美国、香港等地区引进 1 000 多部正版漫画、轻小说作品。虽然腾讯重金购得了日本集英社等出版社的许多知名作品，但在腾讯动漫平台，人气总榜前二十中仅《火影忍者》《海贼王》《死神》三部作品是日漫，而《妖怪名单》《王牌御史》《狐妖小红娘》《通职者》《从前有座灵剑山》等国产漫画，单平台阅读量都超过十亿。

有妖气原创漫画平台，也在 2015 年迎来一次飞跃，在漫画改编动画、游戏等方面均有突破，并被动漫行业上市公司奥飞娱乐以 9.04 亿元、通过现金＋股票的交易方式全资收购。有妖气在《十万个冷笑话》成功的基础之上，2015—2016 年将《端脑》《神明之胄》《雏蜂》《馒头日记》《死灵编码》《熊猫手札》《镇魂街》等更多的漫画作品改编成了动画。有妖气还在探索多种方式，计划中的电影就有《端脑 1&2》《镇魂街 1&2》《雏蜂》，电视剧《虎 X 鹤》《妖闻录》《以彼之名》，网络剧《开封奇谈》《幻想女仆》《记忆分裂》《以彼之名》《超能领域》《暴走武林学园》《无视者》《雏蜂》《桃花缘》《球娘》，等等。《十万个冷笑话》《雏蜂》《拜见女王陛下》《虎 X 鹤》《镇魂街》等 IP 被授出了部分游戏改编权。

2015 年的动画网站，整个年度的争夺，都围绕"版权"与"人才"两个词，详见本报告第一部分。

2015 年的漫画动画平台之争，已经从版权采购进入到对原创力量的抢夺。腾讯投资了原力动画，哔哩哔哩投资了绘梦动画……动漫之家阵营的杨圣辉也在 2016 年正式投资了娃娃鱼动画。

除了资本合作，各大平台也重金扶持第三方提供原创内容。在 2015 年 11 月 19 日的腾讯动漫行业合作大会上，腾讯副总裁、腾讯影业 CEO 程武表示，二次元已成为风口。腾讯还宣布将投入 3 亿元建立聚星基金，扶持动漫创作者和工作室，鼓励创造更多的原创国产动漫作品。优酷土豆则发布过"创计划"，要围绕"创作、创收、创导"这三个关键词，在未来三到五年内，形成动漫产业的新玩法。他们以《侍灵演武》为例，宣称耗资数千万，请了《火影忍者》的制作公司 Pierrot 担纲动画制作。

第三类："内容＋资讯"型动漫网站。

"内容＋资讯"型的动漫网站，其典型代表为腾讯动漫频道，腾讯动漫频道在发布动漫产业资讯的基础之上，汇聚了大量国内外动画和漫画内容，通过腾讯 QQ 客户端的用户资源，传递动漫资讯以及动漫内容。

（2）手机动漫平台

手机动漫平台，在 2015 年也发生了比较大的格局变化。除了与动漫网站相似的三类，还有电信运营商体制改革后剥离成立的独立公司，如中国移动手机动漫基地从中国移动集团独立成立咪咕动漫，中国电信手机动漫运营中心从中国电信集团独立成立天翼爱动漫。

2015 年的手机动漫市场，可以说是一个资本驱动型市场，数十家动漫平台拿到了风险投资。在资本跑马圈地的过程中，以漫画内容为主的手机平台竞争尤为激烈，比如 2015 年 11 月 9 日，投中资本宣布布卡漫画完成 B 轮融资，总金额 1 亿人民币。这一轮由景林投资领投，宋城演艺旗下基金及联想控股旗下君联资本文化体育产业基金跟投，投中资本任财务顾问。根据投中资本公布的信息，布卡漫画目前累计用户 5 000 万，DAU（日活跃用户）200 万。布卡漫画已与内地、港台等地区，和日本、韩国等国家上百家漫画公司建立合作，获得 2 000 多部优秀漫画作品授权，部分作品已开始改编为影视、动画和游戏。布卡漫画将重点开展原创漫画业务，联合国内知名动画公司、影视公司、游戏公司一起成立"原创漫画基金"，专门投资优秀的原创漫画工作室，并辅助工作室打造超级 IP，该基金规模为 1—2 亿人民币。根据创业邦 2016 年 4 月 8 日的消息，快看漫画宣布于 2015 年底完成 1 亿人民币 B 轮融资，投资方未透露。快看漫画是由微博大 V 陈安妮打造的一款移动端漫画 APP，向用户提供高清全彩原创漫画。2014 年底完成 300 万美金 A 轮融资，据快看漫画透露，用户数超过 3 000 万，1 100 万 MAU，350 万 DAU。此轮融资将用于加大原创自制 IP 和国外优质 IP 投入、作者与幕后团队激励体系的建设、商业模式试水以及包括漫画、影视、游戏在内的泛娱乐布局。

（二）网络（数字）动漫产业生产规模及竞争格局

2015 年，在产业格局方面，数字动漫迎来新的发展机遇和挑战。

1. 以网络传播为主的市场规模及分布结构

2016 年 1 月，中国互联网络信息中心（CNNIC）在京发布《第 37 次中国互联网络发展状况统计报告》显示，截至 2015 年 12 月，中国网民规模达到 6.88 亿，互联网普及率达到 50.3%，中国居民上网人数已过半。其中，2015 年新增网民 3 951 万人，增长率为 6.1%，较 2014 年提升 1.1 个百分点，网民规模增速有所提升。

现在随着版权正版化越来越获得重视，很多大型出版、文化、传媒集团也逐步开始动漫网站正版化运营之路，但由于网络用户付费习惯并未养成，广告收入又难以支撑网站运营，导致版权方的收益问题仍存在诸多困扰，特别是个人作者难以获得收益保障。

2015 年，以网络传播为主的产业规模，主要体现在两个方面。

一方面是动漫类网站对于动漫版权的采购方面，采购主要集中在以爱奇艺、优酷土豆为代表的网络动漫播出平台。2015 年的版权采购，依然集中在大宗优质版权采购上，重点是日本动画的采购。

2015 年的几大视频网站对于动漫内容的采购金额超过 5.5 亿元人民币。

各大视频网站在 2015 年对于动漫类内容的主要诉求是为网站主站提供流量，并没有在动漫内容本身产生过多收益，除了少量的精品动画内容可以吸引广告主之外，大部分动漫内容无法直接从网络本身获得收入，有土豆网的土豆橙品等少量对网络动漫＋电子商务的跨界合作尝试。

另一方面，是基于优质动漫作品改编的游戏产品，通过互联网动漫平台联合运营的方式，所产生的收入规模。这部分产业规模，主要集中在腾讯动漫和有妖气两个大平台上。动漫作品到游戏产品的转化，在未来的动漫类网站会成为流量变现的主要方式。哔哩哔哩副总裁陈汉泽 2015 年 11 月表示，中国目前有 2.6 亿的二次元用户，97.3% 左右是从 90 后和 00 后，其中有 57.6% 的人是在 1995 年左右。B 站目前 5 000 万用户中的 75% 都在 24 岁以下。现在中国 ACG 规模是千亿人民币，五年以后这个市场会变成 1 000 亿美金。

2. 以手机传播为主的市场规模及分布结构

据《第 37 次中国互联网络发展状况统计报告》显示，网民的上网设备正在向手机端集中，手机成为拉动网民规模增长的主要因素。截至 2015 年 12 月，我国手机网民规模达 6.20 亿，有 90.1% 的网民通过手机上网。只使用手机上网的网民达到 1.27 亿人，占整体网民规模的 18.5%。截至 2015 年 12 月，我国手机网民中通过 3G/4G 上网的比例为 88.8%，较 2015 年 6 月增长了 3.1 个百分点。

2015 年 5 月，国务院办公厅印发了《关于加快高速宽带网络建设推进网络提速降费的指导意见》，明确指出要加快基础设施建设，大幅提高网络速率。《意见》出台后，三大运营商相继行动，降低网络流量费用，实施"流量当月不清零"等措施。这对于改善网民网络接入环境，提升 3G/4G 网络使用率有良好的促进作用。

用户上网设备向手机端转移、使用基础环境的改善和上网成本的下降三方面是手机端高流量使用率激增的主要原因。手机的便携性、精准性、及时性和互动性，有助于手机动漫的精准投放和有效传播。当前，我国手机动漫产业主要在内容提供方、运营商以及用户之间形成了一个完整的产业链条，同时发展出了一种全新的营销模式，即拥有动漫内容或形象版权的企业或者个人，将作品和动漫形象通过合作的方式授权给主要电信运营商，而运营商将动漫内容进一步加工和整合，同时通过以自身网络渠道优势建立起来的动漫平台将动漫内容和产品推送给用户，并实现计费。在计费环节结束后，运营商最后再与动漫企业和个人进行收入分成。

（1）咪咕动漫（中国移动手机动漫基地）

2015 年 1 月，整合中国移动五大内容型基地的咪咕文化科技有限公司成立，咪咕文化科技旗下子公司咪咕动漫也于 2014 年 12 月在厦门集美完成注册，咪咕动漫前身为中国移动手机动漫基地，2010 年 4 月 26 日正式落户厦门；2011 年全国 6 省试商用创造 5000 万元；2012 年成就品牌开门红 3 亿元收入；2013 年全国累计收入突破 10 亿元，累计注册用户破亿；2014 年平台实现 27.75 亿收入，付费用户数达 1.25 亿。2015 年咪咕动漫营收 36.7 亿。

（2）天翼爱动漫（中国电信动漫运营中心）

2014 年 5 月 13 日，天翼爱动漫文化传媒有限公司在中国电信合作开放大会上正式挂牌运营。数据显示，2015 年爱动漫收入规模达到 2 亿元。

（三）网络（数字）动漫产业的营销模式及赢利状况

目前中国数字动漫产业链当中的三种类型公司，均有各自不同的赢利模式。其中运营型公司和平台型公司为主要赢利公司。

1. 内容型公司（IP生产方）

2014年开始，越来越多的国漫IP，通过游戏、影视、衍生品的授权获得收入。比如上市公司凯撒股份2016年3月22日公告宣布，以总额1亿元授权金，获得腾讯动漫《从前有座灵剑山》《银之守墓人》《我的双修道侣》等若干个IP的改编授权。这次授权，包括这几个IP在中国大陆地区（不含港澳台）的移动游戏、网页游戏、电视剧（含网络剧）的改编开发、发行和运营权，有效期2年。凯撒股份将先行支付20%预付款，剩余80%的款项将在协议有效期内按照单个合作IP对腾讯动漫平台上线进度所涉及的授权金进行支付。

2. 运营型公司

运营型公司，是数字动漫产业当中赢利空间较大的公司，同时也是最关键的环节，在数字领域的赢利模式有两个方面，版权分销和版权运营。版权分销环节，需要先对版权内容进行采购，然后对所采购的内容，针对不同的渠道，进行版权销售，从而获得权益。通常运营型公司在版权分销方面的收益毛利率在20%—30%，有渠道优势强、议价能力强的分销公司毛利率能达到40%。版权运营环节是整个数字动漫产业链中最重要的环节。通过对采购的版权进行分拆化处理，对数字渠道中的用户做针对性的用户需求分析，策划出每一个数字渠道适用的产品形态，进行版权内容的再创作、再生产，继而到数字渠道的终端进行销售，实现用户的付费转换。优秀的版权运营公司，可以在数字渠道中，将动漫内容打造为动漫品牌，继而延伸到下线实体衍生品，形成动漫产业的品牌。

3. 平台型公司

2015年，平台型公司发展出了多元化的赢利模式。平台业务包含网站广告收入、阅读充值收入、无线业务收入（APP端广告业务）、游戏联运收入。还有版权（IP）运营收入，主要包括动画片广告收入、视频播放授权收入、游戏授权收入、影视授权收入、消费品授权及品牌合作收入等等。这里以有妖气为例，资料来自奥飞娱乐收购有妖气的公告文件。

（1）付费阅读收入

付费阅读收入包括VIP付费服务和作品付费订阅。有妖气依据市场点击阅览次数、收藏数、作者更新情况评定原创动漫作品等级，部分精品原创动漫开启 VIP 付费服务，平台用户充值成为 VIP 后，可提前一周在动漫作品正式推出之前阅读。为激励原创作者创作动力，加强原创作者与平台黏性，有妖气与精品动漫作品作者沟通后，精品动漫作品推出付费阅读章节，用户付费后可继续阅读，有妖气与原创作者进行分成。

（2）广告活动收入

广告活动收入基于有妖气平台的海量用户基础开展，鉴于平台用户多为动漫爱好者，其关注重点为平台动漫作品，平台如将客户广告挂至页面宣传，广告效果或将不如预期所设，且影响页面美观，因此，有妖气采用专题活动形式将客户广告植入活动中，如举办插画征集、声优大赛、填词活动等，由用户自发参与活动。

有妖气依据合同约定的平台版面位置、活动时间、参与人数等要求完成专题活动后，广告客户向有妖气支付广告费用，构成公司赢利来源之一。平台专题活动既提高了用户与平台的互动程度，又为广告客户提供了良好的广告宣传渠道。

（3）游戏联运收入

鉴于平台的用户基础，游戏联运业务在有妖气平台设置游戏接入端口为游戏导入流量，进行游戏推广，根据游戏玩家的实际充值情况与游戏运营商按照合同约定的方式进行分成，形成有妖气的游戏联运收入。

（4）动画片授权收入

为促进平台原创精品动漫的多元化传播及多样化变现，有妖气成立品牌战略部，由旗下的美术部、制作部、运营部、周边部合作将原创精品动漫制作成为动画片并授权至知名互联网视频网站，公司获得动画片版权授权收入，并扩大作品影响力。此外，公司在制作动画片过程中可为客户在片头片尾处加贴片广告以及在动画片中植入广告，进一步增加相应的营业收入。

（5）影视授权收入

基于动漫与影视具备天然互通性，公司凭借庞大的原创作品资源库涉入影视领域，将具有影响力和粉丝基础的精品动漫作品授权至影视开发商，获取授权使用金和后续电影票房分成，形成公司的影视授权收入。

(6) 游戏授权收入

游戏开发通常需要人物形象、游戏情景、世界观等元素，动漫作品完全符合游戏开发的需求条件，且精品动漫的粉丝基础可进一步为游戏引入流量，对此，有妖气积极开展游戏授权业务，将具有影响力和粉丝基础的精品动漫作品授权至游戏开发商，获取授权使用金和后续游戏流水分成，形成公司的游戏授权收入。

(7) 衍生品授权收入

由于动漫作品具有多元化变现方式，公司运营动漫版权除授权电影、游戏之外，还拥有图书出版、手办产品等周边衍生品的对外授权开发权利，实现动漫价值多元化变现。因衍生品类型多样，合作方式灵活，故需依据实际需要约定授权收益。

如有妖气建立了一套IP运营管理体系，包含IP培育体系、IP开发体系及IP授权体系，并为企业构筑了IP资源库和IP授权库。IP培育体系主要是培养原创漫画作者和读者用户、获得IP知识产权，并推广"有妖气"原创漫画平台，构建和发展IP资源库。作者将作品上传至"有妖气"原创漫画平台，经网站平台编辑人员的合规性审核之后在平台发布；平台利用大数据分析对作品的读者阅读行为数据进行收集和分析，从而实现对IP作品的分级管理，将作品分为S级、A级和普通级。在作品分级的基础上，通过平台积累的数据分析出有潜力的作品之后，有妖气通过三种方式取得作品的知识产权：①通过签署授权协议获得相应的授权（"协议取得"）；②少量著作权为通过协议受让取得（"受让取得"）；③通过用户上传作品进行一般性发布取得（"上传取得"）。

（四）网络（数字）动漫发展地域特色与数字化制作平台建设状况

基于互联网传播的动漫平台的地域分布，网络动漫平台主要集中在北京、上海、深圳、杭州等大城市。北京、深圳有着丰富的互联网人才储备，而上海是金融之都，且有着发达的二次元娱乐氛围，杭州则在各区政府助推之下文创企业纷纷兴起。

手机动漫平台，除了北上深杭的移动端APP公司，其他主要集中在三大运营商。其中，中国移动、中国电信两大运营商的动漫基地已落户厦门。以中国移动为例，目前已经推出了自己的手机漫画制作工具，并且在厦门本地搭建了几十人的手机漫画制作团队，为 500 多家移动动漫基地的 CP 提供手机漫画切图服务。

三、年度影响网络（数字）动漫出版产业发展的重要事件

（一）奥飞 9 亿元全资收购"有妖气"

2015 年 8 月 11 日晚间，奥飞动漫发布公告称，已与北京四月星空网络技术有限公司（有妖气）各大股东签订收购框架协议。奥飞动漫拟以 9.04 亿元人民币的交易作价，通过"现金+股票"的交易方式，购买北京四月星空公司 100% 股权。其中股份支付 3.28 亿元，现金支付 5.76 亿元。

（二）腾讯投资 B 站，阿里系投资 A 站

2015 年 8 月，上市公司掌趣科技在公告中披露了一项数字，上半年对 Bilibili Inc 进行了投资，出资 1 222.72 万元占股 0.71%。这意味着 B 站（哔哩哔哩）公开的估值已经超过了 17 亿元人民币。不过根据三文娱了解，掌趣参与的是 B 站 2015 年年初的一轮融资，后者最近一轮是 10 亿美金估值，股东包括腾讯。而另一家弹幕视频网站 AcFun，它的 5 000 万美元 A 轮融资领投方是优酷土豆集团。

（三）光线传媒投资 13 家动漫公司

2015 年 10 月 25 日，光线传媒旗下彩条屋影业总经理易巧公布了光线投资的 13 家国内动画公司详细名单，分别是蓝弧、易动、全擎、玄机、彼岸天、光印影业、十月文化、魔法动画、颜开文化、青空绘彩、中传合道、通耀以及可可豆动画。

（四）布卡完成 1 亿元融资

2015 年 11 月 9 日，投中资本宣布，布卡漫画近日完成 B 轮融资，总金额

1亿人民币。这一轮由景林投资领投，宋城演艺旗下基金及联想控股旗下君联资本文化体育产业基金跟投，投中资本任财务顾问。根据投中资本公布的信息，布卡漫画累计用户5 000万，DAU（日活跃用户）200万。布卡漫画已与内地和港台，以及日本、韩国等国家的上百家漫画公司建立合作，获得2 000多部优秀漫画作品授权，部分作品已开始改编为影视、动画和游戏。未来，布卡漫画将重点开展原创漫画业务，也正在与联合国内知名动画公司、影视公司、游戏公司一起成立"原创漫画基金"，专门投资优秀的原创漫画工作室，并辅助工作室打造超级IP，该基金规模为1—2亿人民币。

（五）童石网络挂牌新三板并定增融资2.55亿元

2015年，主营动漫类图书出版发行、游戏开发及运营和动漫内容平台大角虫漫画APP的童石网络，挂牌新三板。2015年到2016年4月童石网络完成了三轮定增，累计融资2.55亿元。

四、总结与展望

这几年来，国漫崛起，手机动漫进入高速发展期。这是因为中国数字动漫有着国家政策支持、人口红利等优势。动漫消费群体将持续扩大。

（一）政策支持

我国政府在鼓励动漫内容原创方面作出了自己的努力，如近几年，新闻出版广电总局、文化部等每年都通过专项资金来扶持动漫作品和作者。2016年5月，新闻出版广电总局宣布，为深入贯彻落实《中共中央、国务院关于进一步加强和改进未成年人思想道德建设的若干意见》（中发〔2004〕8号）、《国务院办公厅转发财政部等部门关于推动我国动漫产业发展若干意见的通知》（国办发〔2006〕32号），鼓励和扶持少儿广播电视节目和国产动画原创作品的创作、生产和播映，在国家财政部的大力支持下，国家新闻出版广电总局设立少儿节目精品及国产动画发展专项资金项目。经各省级广播影视行政管理部门、中央人民广播电台、中央电视台推荐，总局专项资金评审委员会初审、终审并公示，最终确定2015年度七大类奖励项目获奖数额共185个，奖励资金共计2 067万元。

另一方面，政策在知识产权保护方面也有大的动作，国家正在致力于建立有效的知识产权保护体系。发展数字动漫的核心政策问题是对动漫内容的版权保护问题，动漫产品的核心是动漫原创创意的知识产权。同时也加大了对盗版侵权的打击力度。

2015年12月23日，根据《华西都市报》向成都双流警方了解，"轻之国度"和"轻之文库"网站的运营者林某等4人，因涉嫌侵犯著作权已被逮捕。"轻之国度""轻之文库"为国内的轻小说论坛，主要为日版轻小说翻译、中文轻小说录入等。此前网上大部分轻小说资源皆来源于此地。这已不是国内第一次打击动漫盗版，2015年5月28日，成都警方就曾调查深圳漫游文化公司运营管理的爱漫画网站，抓捕犯罪嫌疑人3名，涉案金额180余万元，此事曾引起社会热议动漫盗版问题。

（二）人口红利

从消费者年龄结构来看，我国动漫产品的消费群体主要以儿童和青少年为主。目前我国14岁以下的核心动漫消费人口为2.23亿人，分别是美国的3.6倍和日本的13.5倍。同时，随着前一轮生育高峰出生人群即20个世纪80年代生人逐渐进入生育期，我国也面临新一轮生育高峰，从时间上来推算，这一过程将持续到2025年前后，这一过程保证了我国动漫产品消费群体的持续增长特性。

从海外历史经验看，动漫产业从幼稚走向成熟的过程，是从儿童拓展到成人，从国内走向海外的过程。随着童年时期就开始接触动漫的80后、90后的成长，我国动漫的成人市场也具备实际需求。因此，成人市场未来也将成为我国动漫市场重要的组成部分。综合来看，未来相当长时间内，我国动漫消费群体将持续扩大，直接消费者将超过5亿人，成为全球最大的动漫消费市场。

（三）技术发展

数字播映渠道也在不断扩展，对动漫内容的需求量快速增加。播映是形成产业价值链的关键环节，高品质动画片的持续播映使动漫形象深入人心，为后续的衍生产业链运营奠定了受众基础。随着技术的发展，动漫内容到达单个用户的成本不断降低，同时到达用户的渠道愈加多元化，层出不穷的新技术与新平台在有效拉动对内容的需求的同时，也为这些内容提供了更加丰富的收入模式和更加广阔的利润空间。

我国目前正处在媒体革新的时代，数字电视、网络、智能手机等新媒体层出不穷，不仅为动漫产业发展带来了新的增长点，也为动漫产业拓展了全新的播映渠道。新媒体用户的年龄结构与影视动画的目标受众较为吻合，对影视动画的需求较为强烈，且个性化特征明显。因此，新媒体必须尽可能多地增加原创性内容。

另一方面，我们也要注意到，中国数字动漫也存在着不利因素，最为突出的是原创与营销人才的缺失。

一方面是动漫原创能力不足阻碍产业链发展。

作为文化创意产业的一种，动漫产业的灵魂在于创意。目前，国内缺乏高质量的动漫原创产品，能制作出深入人心的动漫形象的企业目前不多，根据国家动漫产业网的相关数据显示，在青少年最喜爱的动漫作品中，中国原创动漫只占据11%的份额，而日本和韩国的动漫作品占据了60%的份额，欧美动漫作品占据29%的份额，差距明显。我国动漫原创能力的不足阻碍了动漫形象商业化链条的延伸，整个产业的附加值较低。这个数字，对于国产动漫，既是挑战也是机遇。

另一方面，我国不仅缺乏专业的动漫制作人才、优秀的动漫原创人才和优秀的儿童文学作家，还缺乏熟悉动漫产业运作的策划人和营销团队，以及动漫创作者生存的体制和社会环境。很多优秀的动漫产品因为营销措施不得力，资金回转困难而最终难产。

这都需要更加重视手机动漫从业人员的培养。目前应该通过改革动漫学历教育，改变传统的模式化教育弊端，在有条件的院校开设手机动漫专业课程，国家应对这种新的教育教学模式在政策上进行大力扶持。同时，鼓励院校成立手机动漫工作室，并辅以多种扶持政策。另一方面，从人才储备上，要从小培养孩子的创造力，青少年观看动漫作品，潜移默化地吸收动漫的语言和素材形态，从而形成一定的动画鉴赏力，这能为以后的动漫人才培养发展做好充分的战略储备。此外，除既懂技术又懂艺术的设计人才外，还要培养制作的管理人才及后期的营销人才。

（占世伟单位：北京创艺天地科技有限公司；曾龙文单位：北京快乐工场网络科技有限公司）

2015—2016 中国网络社交媒体出版产业年度报告

张孝荣

一、中国网络社交媒体出版产业发展概况

网络社交媒体是网民彼此之间用来分享信息的工具和平台，也简称社交媒体，随着微博与微信的发展，目前已经成为互联网的主流应用。按照中国互联网络信息中心（CNNIC）发布的《中国互联网络发展状况统计报告》中所披露的数据，社交媒体大致包括即时通信、视频音乐、博客、微博、社交网络、论坛、移动社交这几类平台。本报告主要关注博客、微博、自媒体、播客、视频分享类网站的发展情况，在下文中，前三者统称博客类应用，后二者统称网络视频。另外，以电台为主的音频类社交媒体也发展迅速，本文也会对此简单介绍。

2015 年的中国网络社交媒体继续保持稳定发展的趋势。博客类应用进入成熟发展阶段，博客用户规模增长乏力，微博用户持续下降但新浪微博用户保持稳定，自媒体迅猛发展。网络视频步入平稳发展期，用户规模稳中有升，移动端使用行为更加突出，主要网站发展稳定，自制节目和视频自媒体数量增加。

（一）博客类应用发展概况

1. 博客用户规模增长乏力

与 2014 年相比，2015 年个人空间/博客的总用户数量稍有提升，达到 47 457 万人，但是网民使用率有所回落，下降到 71.1%。由此看出，虽然大多数网民依旧依赖博客和个人空间来进行网络互动，但是总体用户规模较为稳定，上升空间较小，在使用率方面更是难以提高。

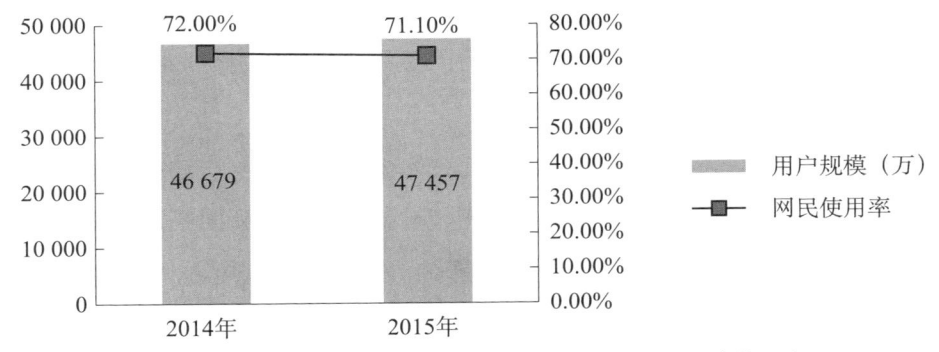

图 1　2014—2015 年博客/空间用户规模（万人）及用户使用率

数据来源：CNNIC 中国互联网络发展状况统计调查

2. 微博用户持续下降

根据中国互联网信息中心发布的第 36 次中国互联网发展统计报告显示，截至 2015 年 6 月，我国微博用户规模为 2.04 亿，而 2014 年微博用户量为 2.49 亿，2013 年为 2.81 亿。回顾 2013 年以来微博用户量的变化，我国微博用户规模在持续下降，2014 年较 2013 年下降近 11.4%，2013 年较 2012 年下降近 9.0%，2015 年上半年更是下降了 17.9%。2014 年微博网民使用率与 2013 年的 45.5% 相比下降到 38.4%，下降了 7.1%，2015 年该数字继续下降至 31%。其他各类互联网应用如即时通信、网络视频、博客等的用户规模都呈现出正增长，说明微博在各类社交应用中的竞争力和吸引力正在不断下降。

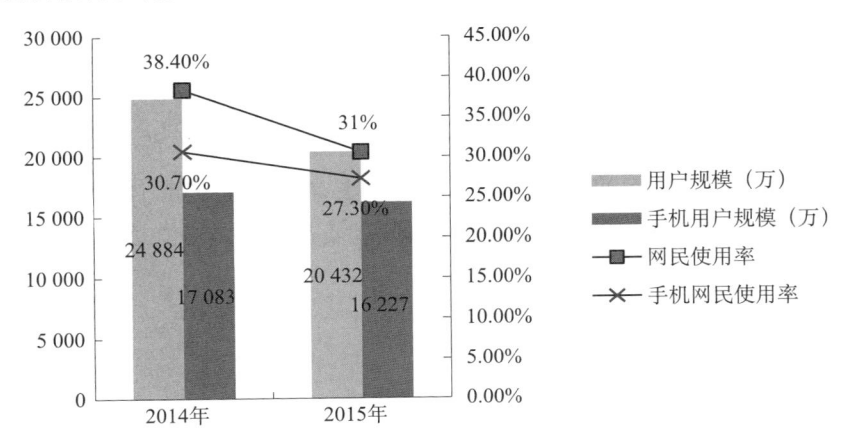

图 2　2014—2015 年微博用户规模（万人）及用户使用率

数据来源：CNNIC 中国互联网络发展状况统计调查

从手机微博用户来看也有相同的趋势，手机微博用户规模从 2014 年 1.71 亿下降至 2015 年 1.62 亿，全年下降 5%，网民使用率也下降 3.4%。

3. 自媒体井喷

自 2013 年微信开放公共账号后，自媒体借助于微信平台群体性崛起。经过 2014 年形成的两大自媒体阵营，WeMedia 联盟、搜狐新闻客户端自媒体联盟以后，2015 年自媒体平台呈井喷式的爆发，而一大批有思想、有内容的"干货"作家也逐一出现，整体呈现百家争鸣的状态。

自媒体的爆发式发展具体有以下三个表现：第一是微信公共号订阅总量激增。据腾讯数据显示，微信公众号的数量已经突破 1 000 万，并以每天 1.5 万个的速度增加，八成微信用户表示会关注公共号，而在 2015 年年底，微信用户量已达到 6.97 亿。第二是其中以科技类和思想类为主的自媒体平台：如百度百家、今日头条、虎嗅网、36 氪、钛媒体等，当阅读量积累到一定程度后开始渐渐脱离微信和微博等传统平台，独立门户，凭借其含金量高的文章比例大、更新频率快、紧随时代潮流的特点吸引了越来越多青年人的视线。第三是微信公共号平台注册量激增，导致行业竞争激烈，鱼龙混杂；其淘汰速度也超出人们的想象，据不完全统计，年死亡率达 200 万至 300 万。一个自媒体若想能够在竞争中取得优势，月净增阅读量要超过百万次。一旦粉丝数和阅读量达到一定量级，维系公众号会难上加难，人才、融资、经营都跟不上自媒体的发展。

自媒体发展如此迅猛，使得各家对于自媒体现阶段发展状况持不同的态度，基本来说，均认为 2015—2016 年是自媒体从量变到质变的过程。激烈的竞争将会对自媒体和自媒体平台的运营和管理带来巨大的挑战，但是在大浪淘沙后，将会有一批优质的自媒体脱颖而出，相关的社会监管体制也会迅速完善，并且给媒体行业的运行模式和管理理念带来彻底的革新。

（二）中国网络视频产业发展概况

1. 用户规模稳中有升，行业步入平稳发展期

自 2008 年以来，网络视频行业的用户规模一直呈增长趋势，截至 2015 年 6 月，网络视频用户规模达 4.61 亿，用户使用率为 69.1%，比 2014 年底上升

了 2.4 个百分点，是仅次于网络音乐的第二大休闲娱乐类应用。从用户规模的增长率来看，2009—2013 年，网络视频用户规模都以 15%—20% 的速度在稳步增长，达到一定程度后，近两年的增长速度有所放缓，但仍然是稳中有升。

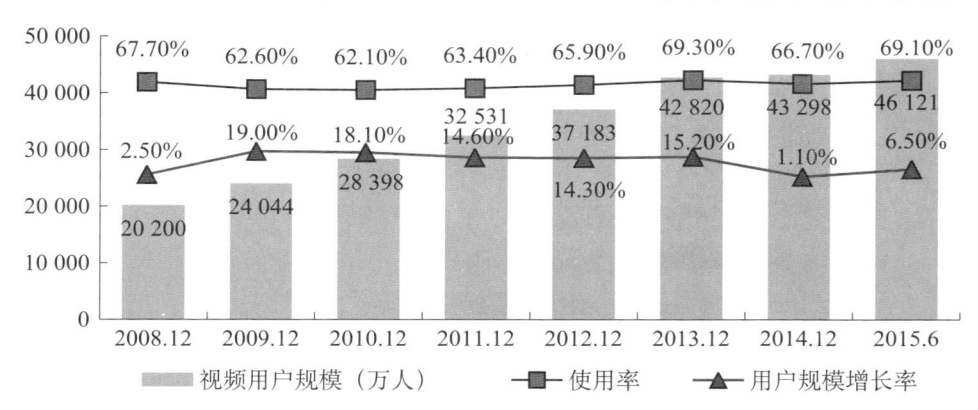

图 3　2008—2015 年中国网络视频用户规模及使用率

数据来源：第 35 次 CNNIC 中国网络视听发展研究报告，2015.06

截至 2015 年 6 月，手机网络视频用户规模为 3.54 亿，使用率为 59.7%，比 2014 年年底增长了 3.5 个百分点，手机视频用户的增长依然是网络视频行业用户规模增长的主要推动力量。从用户规模的增长率来看，手机网络视频用户在 2012 年、2013 年得到迅猛增长，2014 年用户达到一定规模后，增速放缓，但增长率仍保持在 10% 以上。

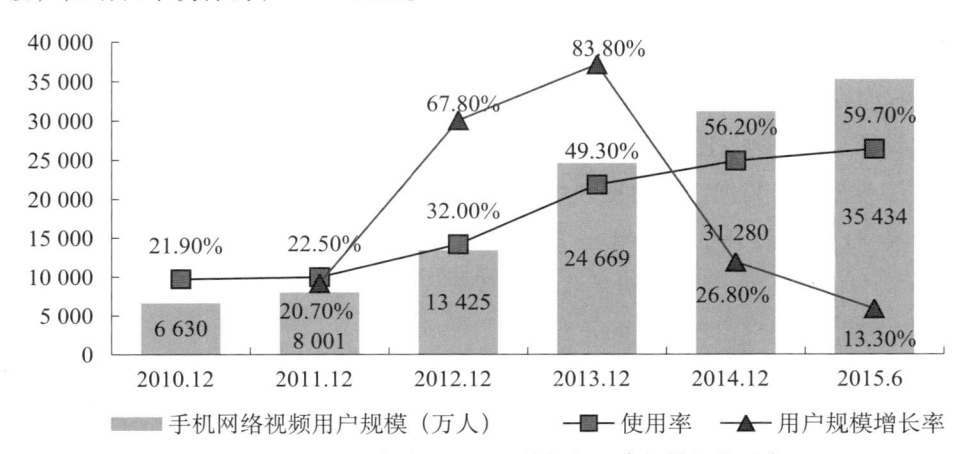

图 4　2008—2015 年中国手机网络视频用户规模及使用率

数据来源：第 35 次 CNNIC 中国网络视听发展研究报告，2015.06

2. 手机领跑，再次成为收看网络视频第一终端

截至 2015 年 6 月，手机已经超越 PC 成为用户观看网络视频节目的第一终端。76.7% 的网络视频用户选择用手机收看网络视频，使用率比去年增加了 4.8%，成为网络视频的第一终端。其次是台式电脑/笔记本电脑，视频用户的使用率为 54.2%，相比去年锐减了 17.0%，平板电脑、电视的使用率与 2014 年相近，都稳定在 23% 左右，是移动端、PC 端这两类主要收看设备的补充。

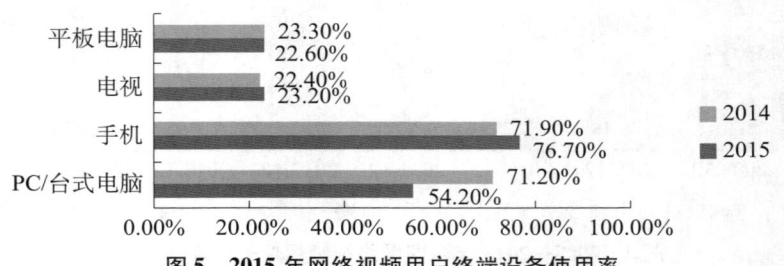

终端	2014	2015
平板电脑	23.30%	22.60%
电视	22.40%	23.20%
手机	71.90%	76.70%
PC/台式电脑	71.20%	54.20%

图 5　2015 年网络视频用户终端设备使用率

数据来源：第 35 次 CNNIC 中国网络视听发展研究报告，2015.06

智能手机，家庭 Wi-Fi 和第四代移动通信技术（4G）投入使用带来网络环境的不断升级，加之在移动端能填补用户碎片时间，随时随地获取信息的优势，推动了移动视频用户的快速增长。2014 年，我国智能手机出货量达到 3.89 亿部，平板电脑出货量超过 2 700 万台，智能手机用户规模达 6.32 亿。4G 网络提高了手机网速和稳定性；大屏手机和高清显示技术也有助于高质量影音图像的呈现。此外，目前支撑移动视频的主要内容（电视台的综艺节目、国产电影、海外引进的版权内容以及自制内容等）均具有较好的质量。随着广电总局对海外剧引入政策的收紧，自制剧或自制综艺节目内容比重将有所提升。

综合近三年数据，移动视频用户迅速增长。用户在 PC 端看视频的比例从 2012 年的 96% 逐渐下降，截至 2015 年 10 月，这一比例已经下降至 54.2%，下降了 41.8 个百分点；手机端收看视频节目的比例则从 2012 年的 49.4% 上升至 76.7%，上升了 27.3 个百分点。

3. 网站自制节目和视频自媒体遍地开花

2004 年 11 月，我国第一家专业视频网站（乐视网）成立，到如今经历了 10 余年的发展。10 年来，视频网站经历了从爆炸式发展到行业市场份额不断集中，从盗版到不断规范，从 PC 端向移动端过渡以及并购和上市潮等多轮洗

牌，各大视频网站都基本找到了自己的定位，行业转入理性发展期。在跨入2015年，优酷土豆，爱奇艺，腾讯，乐视，新浪几大视频客户端各自在自己的领域稳步发展，通过对综艺和电视剧独家播出的方式保证客户量，形成理性竞争格局。另外，芒果TV强势进军视频客户端，随着其对《我是歌手》《快乐大本营》等几大王牌综艺节目的独播，视频行业面临更大竞争。

另一方面，据江苏电视台统计，2015年，六家视频网站自制节目达到了116档86 095分钟，相当于平均每天生产236分钟的内容。具体到每家网站，优酷土豆自制节目24档26 677分钟，爱奇艺也达到了36档23 912分钟，腾讯视频24档19 121分钟，这三家是目前视频网站的第一梯队，在自制节目上也是体量领先。此外乐视网2015年也有16档5 907分钟，芒果TV10档8 080分钟，搜狐视频自制节目不多，6档2 398分钟。以《晓松奇谈》和《罗辑思维》为主要代表的视频自媒体以其特有的个人魅力得到广泛关注，为相应的视频平台带来不小客户量，以《奇葩说》《大鹏嘚吧嘚》为主的自制综艺也得到了很大的点击量。

另外，文字类和视频类的自媒体火热发展后，音频类自媒体由于其方便收听，利用率高等特点也渐渐兴起，借助各大FM电台，如蜻蜓FM、凤凰FM、荔枝FM、喜马拉雅FM等得到了较为快速的发展，收听电台成为了很多人日常生活工作的习惯，涌现了大量优秀主播和优秀节目。

4. 网络自制剧渐成规模，自制综艺节目数量激增

资本驱动以及"一剧两星"市场环境变化下，互联网自制剧迎来一轮创作浪潮。根据各大视频网站公布的自制剧名单，2015年投资在2 000万元以上的网络剧接近20部，其中不乏投资5 000万至1亿元的作品。投资加码、专业制作力量涌入，"网络出品"正经历从量变到质变的过程。网络剧从各大视频网站上播出，逐渐收获越来越高的点击率。

表1 2015年重点网络自制剧

网络剧	视频网站	类型	投资规模	原创/改编
《天才》	优酷土豆	科幻/偶像	—	原创
《仙剑客栈》	优酷土豆	游戏改编/古装	2 000万+	游戏改编
《孤独的美食家·中国版》	优酷土豆	漫画改编/美食	千万级	漫画改编

续表

网络剧	视频网站	类型	投资规模	原创/改编
《左半边翅膀》	优酷土豆	青春/校园	2 000 万+	小说改编
《小时代2》	优酷土豆	言情/都市	单集百万	小说改编
《鬼吹灯》	爱奇艺	奇幻/灵异/悬疑	2亿	网络小说改编
《盗墓笔记》	爱奇艺	奇幻/悬疑	8 000 万+	网络小说改编
《心理罪》	爱奇艺	犯罪/悬疑/刑侦	8 000 万+	网络小说改编
《灵魂摆渡2》	爱奇艺	灵异/悬疑	2 000 万+	原创
《花千骨·番外篇》	爱奇艺	古装/玄幻/穿越	2 000 万+	—
《暗黑者》	腾讯视频	犯罪/悬疑/刑侦	2 000 万+	小说改编
《雾区》	腾讯视频	科幻/灾难	2 000 万+	原创
《超级大英雄》	腾讯视频	穿越	2 000 万+	原创
《他来了请闭眼》	搜狐视频	悬疑/刑侦/言情	3 000 万	网络小说改编
《怨气撞铃》	搜狐视频	悬疑/言情	单集百万	网络小说改编
《无心法师》	搜狐视频	玄幻	2 000 万+	网络小说改编
《匆匆那年2》	搜狐视频	青春校园	单集百万	网络小说改编
《执念师》	搜狐视频、PPTV	科幻	2 000 万+	—
《锦衣夜行》	乐视	穿越	近亿元	网络小说改编
《太子妃升职记》	乐视	穿越	2 000 万	网络小说改编

第一，从投资方来看，大部分视频网站均在2015年投资网络自制剧，网络自制剧渐渐成为体现其竞争力的重要方面；从拍摄题材来看，2015年网络自制剧题材大部分为奇幻、玄幻、悬疑、灵异等，由于较好的视觉效果和较为紧凑的情节，这些题材能够更适合刚起步的行业形势；从剧本来源看，大部分影视剧来源于出版小说，或网络小说改编。随着这些网剧的火热播出，相应的网络小说也会重新获得公众的注意。这种网络自制剧的发展也许能够预示今后几年网络小说能够更加大行其道。

第二，网络剧的一大特点就是以用户为中心，网络自制剧的观众大多为80后和90后的年轻人，所以，网络自制剧的剧本在编写的过程中要特别关注他们的喜好、关注点和流行语。

第三，由于缺乏监管和硬性规定，很多网络自制剧所包含的内容和文化价值取向比传统电视剧更加广泛和大胆，个别网络自制剧，如《盗墓笔记》《太子妃升职记》等，由于其内容与主流文化价值观的要求和范式有出入，引发了全社会的热议，成为现象级网络剧。一方面，伴随着网络剧日渐风靡，与此相对应的监管也需要快速跟进；另一方面，网络剧也成为了部分非主流价值观进入市场的切入点，使得社会文化发展更加多元化。

2015年，网络自制综艺节目迎来了井喷式发展。据《2015年腾讯娱乐白皮书》数据显示，相较于2014年，2015年网络自制综艺节目数量高达96部，在数量上实现了104%的增长，而且节目类型涵盖语言、音乐、户外、生活实验、亲子等多方面，呈现出更加多元化的趋势。

表2　2015年网络综艺节目播放量TOP15

节目	播出平台	播放量（亿）
《我们15个》	腾讯	12.5
《歌手是谁》	优酷	9.3
《完美假期》	芒果	6.9
《奇葩说2》	爱奇艺	6.4
《偶滴歌神啊1》	爱奇艺	5.3
《你正常吗2》	腾讯	5
《大牌驾到》	腾讯	4.2
《笑霸来了》	爱奇艺	3.2
《爱上超模1》	爱奇艺	3.2
《晓松奇谈》	爱奇艺	3.1

数据来源：《腾讯娱乐白皮书》

由上表可见，自制综艺节目中，腾讯视频和爱奇艺在数量上呈现出两强领跑的状态，爱奇艺以5档节目领先，腾讯视频以3档的数量紧随其后，优酷和芒果分别占据一档。

从节目内容和题材来看，综艺节目则呈现出多元化、差异化的趋势。近年来，观众对自制节目内容的要求越来越高，早期的娱乐播报、搞笑综艺、资讯盘点等节目类型早已不能满足他们的要求，多元化、差异化的内容才能吸引他们的注意。为此，在2015年，各视频网站都积极丰富了自制节目类型，开始覆盖访谈类、互动类、脱口秀、真人秀等多种类型，呈现多元化和差异化发展：明星真人秀仍占较大比重，占比达30%；与此同时，素人真人秀作为一匹黑马突出重围，占比高达39%；此外，访谈、音乐、脱口秀等其他综艺节目类型占比 31%，这说明自制综艺节目市场呈现出全面开花、素真霸屏的局面。

另外值得注意的是，网络自制综艺节目日渐发展，不乏一些优秀的自制节目成功向电视台输出的案例。在 TOP10 的自制节目中，有 4 档节目实现了反输出，腾讯视频以《我们 15 个》和《大牌驾到》两档节目领先，爱奇艺和优酷也各有一档。

表 3　向卫视反输出的网络综艺

节目名称	网络公司	卫视名称
《我们 15 个》	腾讯	东方卫视
《大牌驾到》	腾讯	星空卫视
《歌手是谁》	优酷土豆	北京卫视
《爱上超模》	爱奇艺	湖北卫视
《十周嫁出去》	乐视	安徽卫视

数据来源：《腾讯娱乐白皮书》

由于 2015 年网络自制综艺节目成绩斐然，各大视频网络公司也将计划 2016 年重点开拓网络综艺市场，下表为腾讯、乐视、爱奇艺、搜狐和优酷土豆 5 大视频网络公司的 2016 年主要自制综艺节目计划。

表 4　2016 年主要视频网络公司自制综艺节目计划

腾讯	乐视	爱奇艺	搜狐	优酷土豆
《娜蓝装》	《你看起来很好吃》	《一触即发》	《大鹏嘚吧嘚》	《火星情报局》
《约吧大明星》	《十周嫁出去 2》	《爱的表白》	《大咖秀》	《国民美少女》
《RUN！快跑！》		《非你莫属》	《如果没有》	《鹿晗么么哒》
《七天之后》		《亲爱的我愿意》	《周六夜现场》	《优叨个秀》
《玩到底》		《奇葩秀》	《极品女士》	《室友一起宅》
《超模之王》				《美女与极客》
《明星战衣》				《暴走法条君》
《show me the money》			《喜剧者联盟》	
《我的老师是明星》				
《放开我，北鼻》				
《你正常吗 3》				
腾讯	乐视	爱奇艺	搜狐	优酷土豆
《大牌驾到》				
《HI 歌 2》				
《带你去见 TA》				

从 5 大公司的计划表来看，2016 年腾讯和优酷土豆对自制综艺的投资较大，分别有 14 和 8 个自制综艺节目即将上线。从节目类型看，自制综艺已逐渐走上明星化、大制作、靠拢高品质的路线。

越来越多的业内人士指出，网络综艺已经走出监管边缘化的模糊期，进入到了高投入、精品化的阶段。在高产的基础上，自制综艺呈现出靠拢高品质路线的整体倾向。无论资金投入还是制作班底、主持与嘉宾阵容方面，相较于电视综艺栏目并无出入。各大视频网站纷纷引入传统行业的人才，打造专业的制作团队。同时，积极与专业的制作公司合作，在自制模式上突破了传统的限制，将自制内容的渠道变得多元化。

主持与嘉宾阵容方面，以腾讯视频为例：《娜蓝装》由谢娜、王祖蓝主持，《约吧大明星》由邓超、范冰冰等一线明星主持，《你正常吗》由何炅主持。此外，乐视、爱奇艺、优酷土豆、搜狐分别启用汪涵、蔡康永、大鹏等受年轻观众喜欢的知名主持人；综艺内容方面，相对于 2015 年以《奇葩秀》《大咖秀》为代表的典型综艺节目，2016 年自制综艺涉及题材更加广泛，情境更加多元。从生活到职场，从地球的"冰箱"到火星"情报局"，从脱口秀到真人秀、访谈、播报，2016 年自制综艺形态多样。

网络自制涉足综艺市场以来，播放成绩惊人，制作日趋精良。随着视频网站自制布局的逐渐完善，自制剧、自制综艺"大投入，精制作"趋势无可避免。区别于电视综艺，网络综艺更加贴合以 90 后为代表的年轻人群，节目类型题材方面也将朝向多元化发展。

（三）收入规模

1. 博客与微博收入规模

博客和微博行业的收入依然来自于网络广告收入。博客方面，收入主要集中在新浪，腾讯和网易三家，其中新浪优势较为明显。2015 年博客行业总收入约为 11.8 亿元，较 2014 年有较大幅度的下降。其中新浪博客收入约为 8.50 亿元，腾讯博客收入约为 2.88 亿元，网易博客广告收入约为 0.29 亿元。微博方面收入主要集中在新浪，总收入约为 2.73 亿美元，折合人民币 16.93 亿元，与去年相比有所增加。

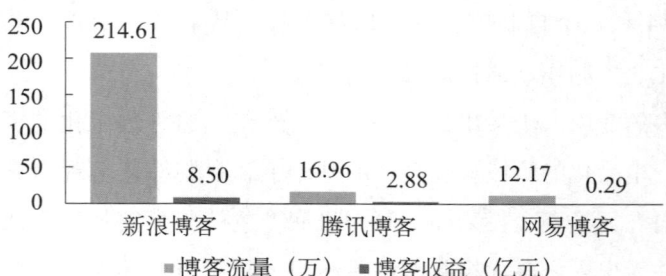

图6　2015年主要博客公司营收状况

数据来源：chinaz.com 流量数据与各公司财报估算得出

公司	博客流量（万）	博客收益（亿元）
新浪博客	214.61	8.50
腾讯博客	16.96	2.88
网易博客	12.17	0.29

在 2015 年前三季度，新浪微博广告营收约为 2.73 亿美元，上市以来新浪微博广告营收不断上升，2014 年微博的收入增长迅速，全年净营收达到 3.34 亿美元，同比增长 77%，其中广告和营销收入 2.648 亿美元（折合 16 亿元人民币），较上年度增长 78%。不过，因前三个季度净利润均为负，2014 全年净利润为负，亏损达到了 6 342 万美元。进入 2015 年，第一季度由于广告营销收入降低，全季度营收额下降，但是第二季度有所回升，并在第三季度创造了新高，达到 124.7 百万美元。在 2015 年，新浪微博在第一季度亏损 290 万美元，但在第二、第三季度的净利润分别为 420 万和 1 450 万美元，实现了赢利。

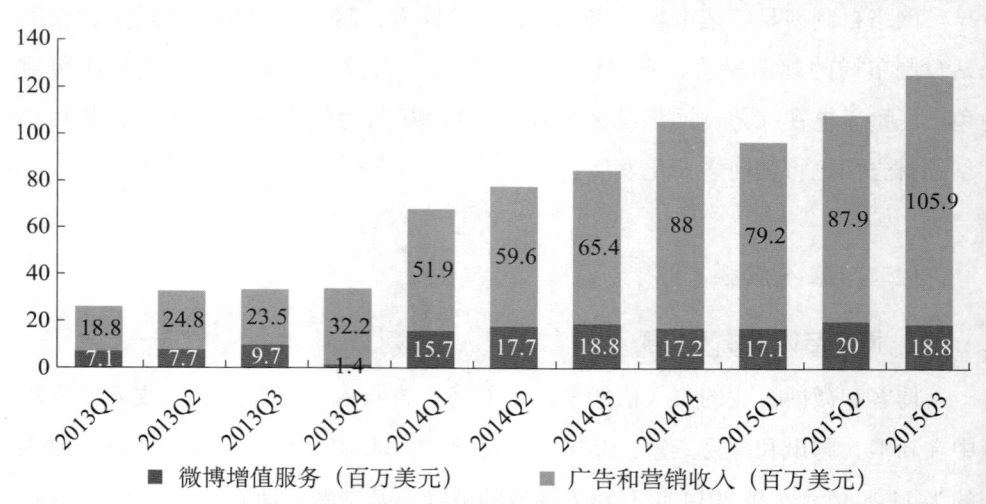

图7　新浪微博营收状况

季度	微博增值服务（百万美元）	广告和营销收入（百万美元）
2013Q1	7.1	18.8
2013Q2	7.7	24.8
2013Q3	9.7	23.5
2013Q4	1.4	32.2
2014Q1	15.7	51.9
2014Q2	17.7	59.6
2014Q3	18.8	65.4
2014Q4	17.2	88
2015Q1	17.1	79.2
2015Q2	20	87.9
2015Q3	18.8	105.9

数据来源：新浪微博财报

2. 网络视频产业收入规模

（1）市场规模高速增长，产业链逐渐形成

市场规模方面，中国网络视听节目服务协会日前发布《2015年中国网络视听发展研究报告》，2015年中国网络视频市场继续保持高速增长态势，市场规模同比增长50%，首次超过350亿元大关。

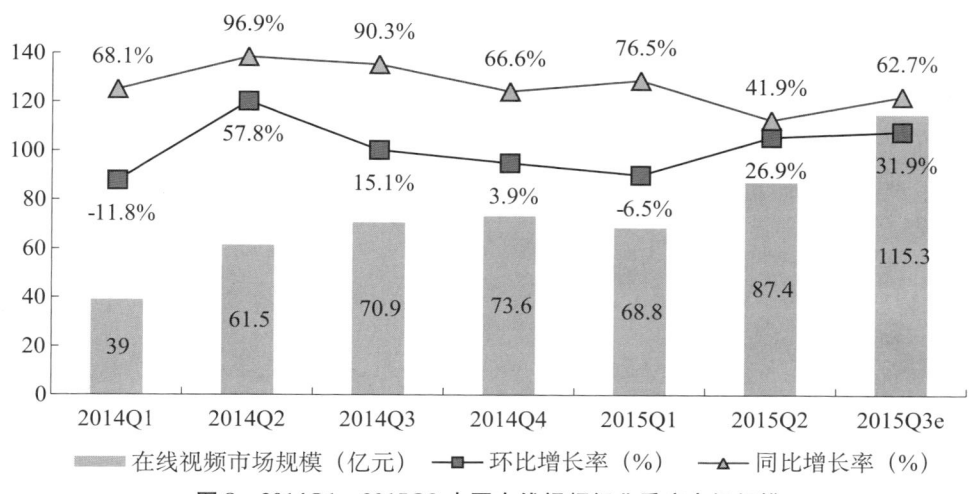

季度	在线视频市场规模（亿元）	环比增长率（%）	同比增长率（%）
2014Q1	39	-11.8	68.1
2014Q2	61.5	57.8	96.9
2014Q3	70.9	15.1	90.3
2014Q4	73.6	3.9	66.6
2015Q1	68.8	-6.5	76.5
2015Q2	87.4	26.9	41.9
2015Q3e	115.3	31.9	62.7

图8　2014Q1—2015Q3 中国在线视频行业季度市场规模

数据来源：艾瑞咨询、企业财报及专家访谈

随着网络视频行业的发展与成熟，网络视频与其他产业之间的联系也越来越紧密，视频产业的生态圈正在逐渐形成，产业链边界模糊，观看视频越来越成为一种综合性的行为。在网络视频产业链中，内容提供商、视频运营商、广告商、终端用户等位于产业链的核心地位。

内容是视频网站的核心竞争力，内容成本在视频网站成本中的占比都在40%以上，且优质版权价格连连攀升。2014年以来，强势电视台开始发力自身的新媒体品牌建设，收紧对视频网站的版权提供。在各种条件的刺激下，各大视频网站的自制能力正在稳步提升，自制节目水准提高，甚至能够反哺电视台。视频网站的自制节目除了能降低版权购买成本外，也利于前期广告植入，进行内容营销，在不影响用户体验的情况下给视频网站开源。

（2）收入主要来自广告　用户付费市场收益增加

根据国家统计局最新数据，2015第三季度中国在线视频季度市场规模为

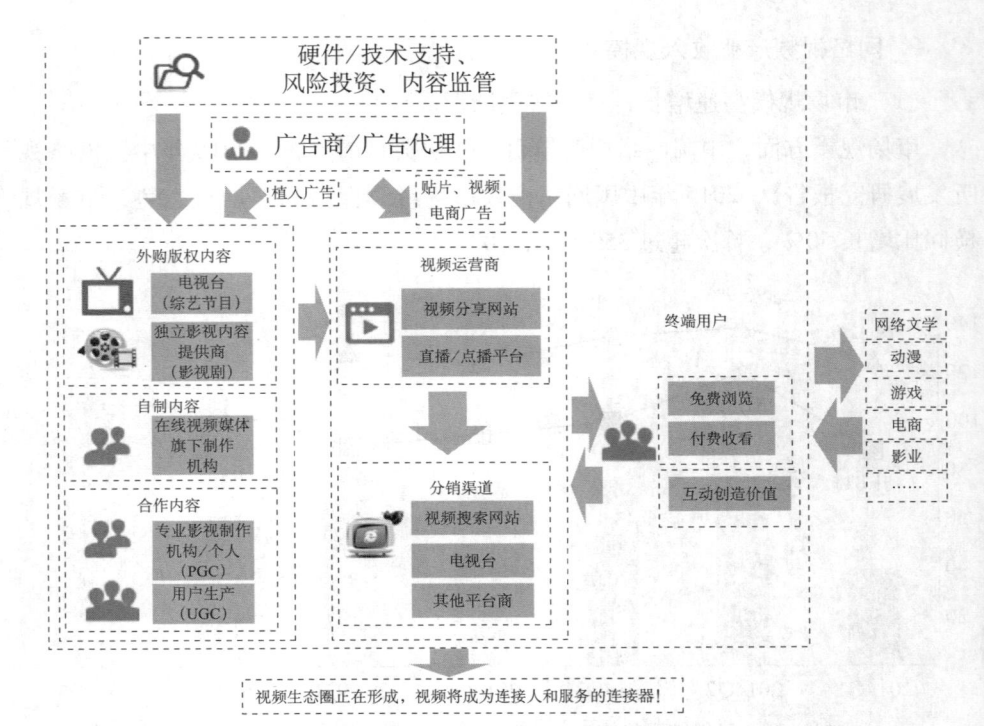

图 9　中国网络视频行业产业链

数据来源：中国网络视听发展研究报告，2015.12

115.3 亿元，环比增长 31.9%，同比增速为 62.7%。其中广告市场规模占整体市场规模的比例为 56.3%。

目前视频网站的收入来源主要是广告、版权分销、视频增值服务和其他收入（包括终端销售收入、游戏联运等），其中广告收入是视频网站收入的主要来源，但随着商业模式的多样化，广告收入份额呈下降趋势。版权分销、视频增值服务（包括用户付费）、其他收入的占比在 30% 左右，其中视频增值服务的发展前景较好，预计在近几年内能占到视频广告市场 15% 左右的市场份额。

近年来，更多的新的广告模式不断被开发，如精准广告的投放可以判断用户喜好，视频电商广告可以将视频与电商相结合提升购买转化率等。另外，DSP（需求方平台）和 Ad Exchange（广告交易平台）的出现使得广告的程序化购买逐渐成为主流。依赖于通过 RTB（实时竞价）模式，数字平台能代表广告主自动地执行广告媒体购买流程，优质视频广告资源的价值将进一步提升。

2015年，网络视频用户付费市场（包含在视频增值服务中）从以前的量变积累转化到质变阶段。网络视频用户基数稳步增长，国家相关管理部门对盗版盗链打击力度加大，在线支付尤其是移动支付普及，再加上中国影视市场的繁荣、超级IP大剧的市场热度增加，据《2015年中国网络视听发展研究报告》显示，17%的用户有过付费看视频的经历，比去年增长了5.3个百分点，增长率为45.3%。付费用户中，包月模式的使用率为47.6%，超过单次点播模式，成为最常用的付费模式，这也从另一方面表明用户的付费习惯正逐渐成熟。在未来，包含用户付费的视频增值服务预计会成为视频网站的重要收入来源。

其他收入的快速增长主要源于终端销售收入、游戏联运（包括移动游戏联运）收入增长迅速，尤其是终端（互联网电视一体机与互联网盒子）销售收入的快速增长，对于部分进军硬件产品的视频网站来说，这部分收入占比较大。近两年来，国家对互联网电视领域的监管不断强化，该领域的竞争秩序和发展环境将不断改善，未来该领域的发展整体仍将保持较高增速。

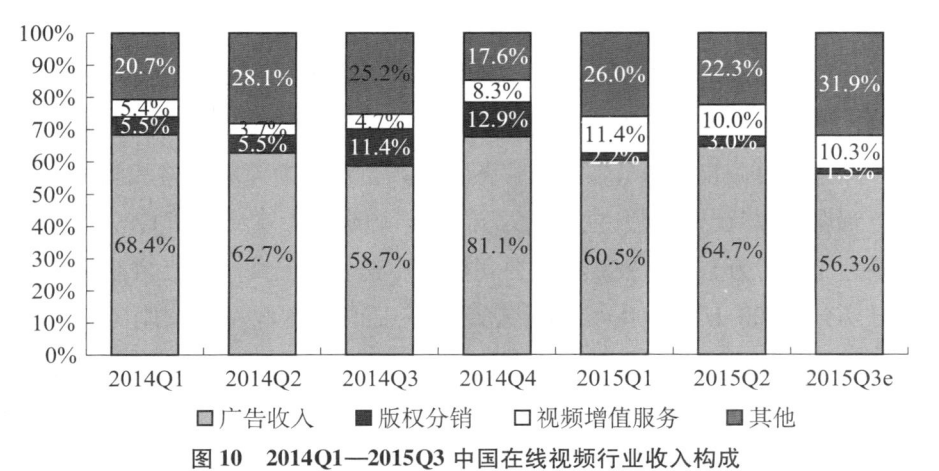

图10　2014Q1—2015Q3中国在线视频行业收入构成

数据来源：艾瑞咨询综合企业财报及专家访谈核算得出

（3）移动端商业化带动移动端广告市场规模大幅上升

统计局最新数据显示，2015年第三季度中国在线视频移动端广告市场规模为25.9亿元，占视频整体广告市场规模的比例为39.9%。

近两年网络视频广告有向移动端转移的趋势。截至2015年，各大视频网站基本上完成了从PC端向移动端的布局，用户在移动端的视频使用率已经超过PC端，适合移动端的广告传播方式和效果评估模型也都准备就绪，故在2015年，视频客户端的广告市场规模发展速度较快。目前移动端广告收入在各大视频网站收入中的占比在30%左右，最近一两年内，这一数字预计会增长到50%。

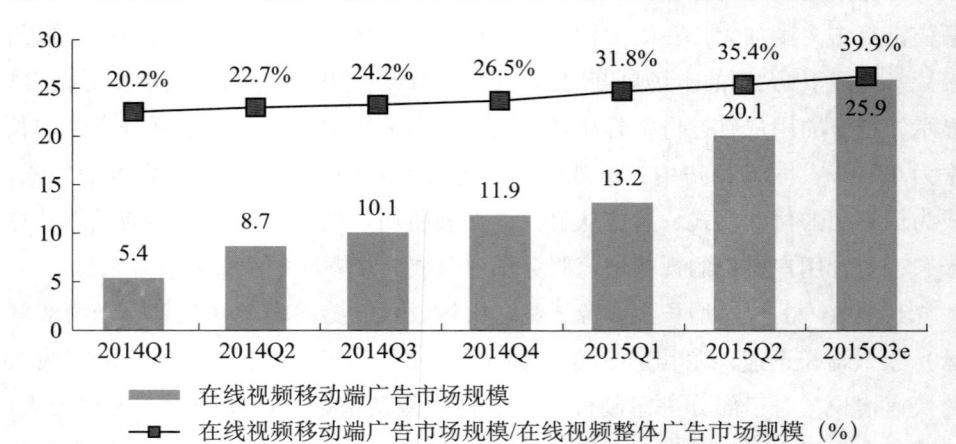

图11 2014Q1—2015Q3 中国在线视频移动端广告市场规模

数据来源：艾瑞咨询综合企业财报及专家访谈核算得出

（4）网络自制电视剧深入投资，收益情况仍需观察

网络剧的兴起其实是视频网站公司为了持续经营的必然结果。由于目前电视剧和综艺节目版权价格节节攀升，各大视频公司渐渐深陷价格战陷阱。2009年时电视剧每集就已经飙升至十几万元，而2016年大戏《芈月传》的版权费更是高达单集千万，这让视频网站公司叫苦不迭。如上文所列，自制网络剧成本虽已达到2 000万、8 000万或上亿元，但是与大型电视连续剧的版权费比较，这笔投资也并不显得过于庞大。

从收益来看，当网络剧渐渐形成规模效益后，部分网络剧点击量十分可观，在优酷上映的《万万没想到（第二季）》仅一天时间点击量就达到了2 800万，而《废柴兄弟》上线五天播放量就将近8 000万，在2014年开播的《匆匆那年》更是创造了剧终时总点击量超6亿的奇迹。网络剧由于其自身专业要求较低，内容较为灵活，成本则相对会比较低廉，观众对插入的广告也会更为容忍，故网络剧不仅仅能够吸引用户量，也能够给视频公司带来一定的广告收入。值得注意的是，个别现象级网络剧有足够大的潜力进军影视行业，如由优酷土豆、万合天宜出品的《万万没想到》大电影，由搜狐视频出品的《屌丝男士》相关电影《煎饼侠》分别获得了3.22亿和11.60亿的票房，从而为网络公司带来巨大利润。

但是，投资网络剧依然存在着"投资规模大，回报周期长"的风险。经过近两年的迅猛发展，网络剧早已不是一个低门槛的行业。较之传统电视剧，网络剧情节更为紧凑，尤其是前三分钟和前三集，需要迅速抓住观众，而后续内容也应足够精彩，吸引用户一直追下去。因此，网络剧在制作层面上对编剧和导演的要求更高。"赔本赚吆喝"是业内人士如此形容网络剧第一季的营收情况。虽然投入越来越大，但网络剧市场仍处于摸索状态，目前没有一个良性循环的商业模式会让产业自负盈亏。业内人士认为，IP化开发是未来网络剧营收的最大期待：网络剧营收是一个长期规划，第一季最重要的是树立内容品牌，如果能够如《万万没想到》《屌丝男士》等前两年现象级网络剧一样，把IP孵化出来，除广告植入和贴片外，游戏、图书、衍生品、话剧、电影等都能带来可观的经济效益。

此外，网络自制剧由于越来越受重视，可以渐渐成为培养明星的摇篮，因此视频公司可以培养大量青年导演和青年演员，或者经营相应周边产品获得长期利润。

（5）网络自制综艺投资额迅猛增加

2015年《奇葩说》等自制综艺不仅获得了受众的广泛关注，也成就了伊利、美特斯邦威、东风标致等一批勇于为互联网原创内容买单的广告主。在此基础上，2016年的自制综艺资金投入再度升级。优酷土豆集团2015年在自制内容上的投入达6亿元，较2014年翻了一番，搜狐视频也曾公开表示2015年自制投入会是2014年的两倍。而《2015年腾讯娱乐白皮书》指出2015年王牌自制综艺节目的制作成本都已达千万级以上，其中腾讯自制的《我们15个》的投入竟高达亿元级。

与投资规模相匹配的是，2015年自制综艺在综艺领域的成绩已是成绩斐然，不仅在产量及类型上全面爆发，播放成绩也十分令人惊艳，亮点不断。以《奇葩说》与《你正常吗》为例，2015年第二季播放成绩较第一季播放成绩有明显提高。据统计，《奇葩说》2014年以2.6亿播放成绩收官，《奇葩说2》2015年收官成绩达6.2亿，增幅达238%，成为一档现象级纯网综艺节目；《你正常吗》2014年以3亿播放量收官，2015年收官成绩达4亿，增幅133%。《奇葩说3》节目已积累新浪微博粉丝83万，新浪微博话题阅读量20.8亿，百度搜索话题数 261 万条，百度搜索视频数 0.7 万，网络视频播放总量累计达到 11 亿，足以比肩传统综艺的网络播放成绩。相比较动辄千万的综艺版权费，自制综艺节目依旧存在较高的利润空间。

二、主要服务商发展情况

（一）博客类应用服务商发展概况

1. 博客网站格局稳定，腾讯博客上升

根据 chinaz.com 网站的统计，综合 Alexa 排名、百度权重、谷歌网页级别（PR 值）等因素，2016 年博客网站的竞争格局主要呈现出两方面的特点。从下表可以看出，一方面大型网站的博客频道仍然占据主导，如新浪博客、网易博客、搜狐博客等仍占据主导优势，其中专业性较强的博客频道也进入前十名，如凤凰博报、博客园、CSDN 等。另一方面专业型的博客网站，特别是财经新闻和财经评论相关的专业博客网站排名上升，如东方财富、中金博客等。

表 14 2016 国内主要博客服务商 TOP15

	2015 综合	2014 综合	ALEXA 周排名	百度	PR	反链数	得分
新浪博客	1	1	13	9	7	50 529	4 209
网易博客	2	2	115	7	7	6 675	3 474
凤凰博报	3	4	233	6	7	1 570	3 264
博客园	4	3	747	7	6	1 832	3 255
腾讯博客	5	-	8	6	7	1 776	3 244
LOFTER	6	5	2 989	7	6	13 374	3 221
搜狐博客	7	9	39	5	7	4 432	3 204
人人小站	8	-	1 452	7	7	1 296	3 180
天涯博客	9	-	64	6	6	4 962	3 123
CSDN 博客	10	8	446	7	5	1 123	3 117
什么值得买	11	6	971	7	5	1 944	3 075
和讯博客	12	-	1467	4	7	738	3 001
中金博客	13	-	14 732	6	6	1 738	2 998

续表

	2015 综合	2014 综合	ALEXA 周排名	百度	PR	反链数	得分
东方财富博客	14	—	732	6	5	252	2 910
CNTV 博客	15	—	121	5	6	251	2 892

数据来源：chinaz.com 网站排行榜 2016.03.06

注释：百度权重是指针对网站关键词划分 0—10 等级的第三方网站欢迎度评估数据。PR 值是指表现网页等级 0—10 的一个级别。反链数是指从别的网站导入到某网站的链接数量。

与 2015 年五月相比，2016 年 3 月，TOP5 博客网站排名变化较小，博客行业依旧主要集中在新浪、网易、博客园，凤凰博客等主要供应商，值得注意的是，腾讯博客在近一年中表现良好，空降榜单 TOP5。一年来博客行业的主要变化在于博客关注行业的变化，2016 年财经方面专业博客兴起，如中金、东方财富等博客排名上升，而雷锋网及 36 氪等 2015 年上榜的自媒体网站却在此次排名中位置下降，位列 15 名之外。这从一个侧面反映出了近一年国内财经形式的迅猛变化，以及自媒体越来越大的竞争压力。

从博客所关注的行业角度上来看，2015—2016 年博客网站的发展中，关注行业呈现较为多样性和分散性并存的特点，其中 IT 及创业相关，科学相关及财经相关为主要发展方向。在统计 Chinaz.com 博客网站排行榜前 30 名中，我们看到关注财经信息的共有 4 家，互联网创业及 IT 行业的共有 6 家，占比分别达到 13.3% 和 20%，另外专注分享科学相关新闻的博客数量也有所提升。博客园和 CSDN 网站仍然保持了 10 强地位，博客园更是进入 TOP5，说明互联网 IT 行业在博客网站关注度持续提升。

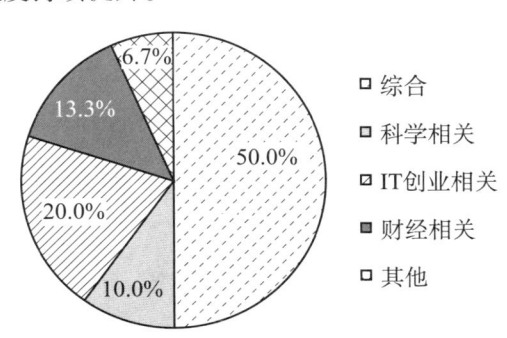

图 12　2016 年国内主要博客服务商行业分布

数据来源：chinaz.com 网站排行榜 2016.03.06

2. 轻博客出现萎缩

从 2011 年发展至今，轻博客的发展速度缓慢，甚至在 2015 年出现了萎缩，新浪轻博客、点点网、人人小站、凤凰快博、盛大推他等轻博客平台，都面临不同程度的发展问题，陆续关停或处于发展迟滞的状态。

但进入 2016 年后，轻博客陆续开发移动端业务，使得其行业发展又有了回暖的迹象。从 2016 年 3 月 17 日站长之家（chinaz.com）博客网站排名来看，LOFTER 和人人小站再次进入前十名，百度空间重启并进入前 30 名，这说明随着移动端业务的开展，轻博客有可能会迎来新一轮的发展。

在所有轻博客中，网易 LOFTER 持续两年表现稳定。网易 LOFTER 将其定位为"国内最优质的图片社交软件"，以图片分享社区为切入点，成为用户分享摄影作品、交流摄影经验的平台，并着重提升视觉效果，满足了年轻用户对于时尚艺术品味的追求，除了摄影爱好者，还吸引了许多二次元用户。但是建立 4 年多以来，LOFTER 尚未明确地引入赢利模式，因此未来更长时间的发展趋势仍需要进一步观察。

3. 新浪微博貌似稳定

根据新浪微博发布的 2015 年全年财报显示，2015 年四个季度，新浪微博月活跃用户分别为 1.98、2.12、2.22、2.36 亿人，环比增长率分别为 12.8%、7.1%、4.7%、6.3%，日活跃用户分别达到 0.89、0.93、1.00、1.06 亿，环比增长率分别为 10.4%、4.5%、7.5%、6.0%。

与 2014 年相比，2015 年微博月活跃用户量同比增长 34%，日活跃用户量同比增长 32%。由此可见，2015 年新浪微博用户量并未疲软，依旧保持着稳定的增长态势。需要注意的是，此处数据来源于新浪微博，与第三方 CNNIC 报告中的数据略有冲突。

（1）微博用户互动的多元化趋势进一步加强

根据新浪微博数据中心发布的《2015 年度微博用户发展报告》，截至四季度末，微博月活跃用户达 2.36 亿，同比增长 34%，日活跃用户达到 1.06 亿，同比增长 32%。当季微博营收 1.49 亿美元，同比增长 42%，赢利 3 290 万美元，同比大涨 258%。2015 年微博总营收 4.779 亿美元，同比增长 43%，总利润也达到6 880万美元。除评论、转发、点赞等基础功能外，微博的打赏功能和付费阅读等增加了用户间的互动方式。目前微博自媒体作者数量超过900万，每月活跃的自媒体作者数量超过200万。2015年前三季度，微博中间交易额有所增长，包括购物、充值、粉丝头条、打赏、付费阅读、微博会员以及送花等方式的交易额均有增长。2015年前11个月，长微博打赏总计4 454.1万，参与打赏的用户超过50万，被打赏用户达到20万，微博付费阅读成交金额为2 930.7万，每位作者平均收益约为13万。

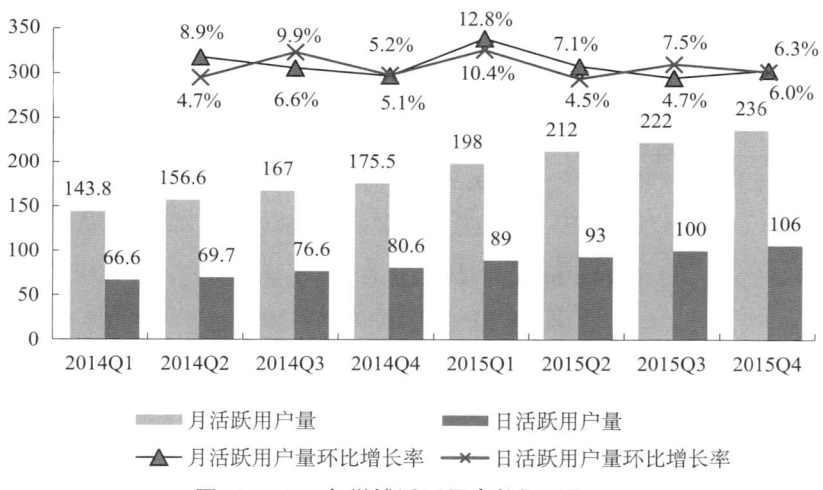

图13　2015年微博活跃用户数据（百万）

数据来源：新浪微博数据中心

（2）商业化步伐更加稳健，广告收入大幅增长

2015年微博的收入取得了大幅度增长，全年广告收入为4.024亿美元，同比增长了52%，广告主数量达到66.4万个。微博增值服务营收为7 550万美元，同比增长了9%。广告收入的增长成为微博赢利的主要推动力。

从收益看，进入2015年以来，门户广告营收，微博广告营收，门户其他应收，微博增值服务营收所占新浪总体营收规模的比例几乎保持不变，但从绝对值来看，门户及微博的广告收入均稳定提升，但上升速度不高，说明新浪需要寻找新的利润增长点来提升其营收能力。

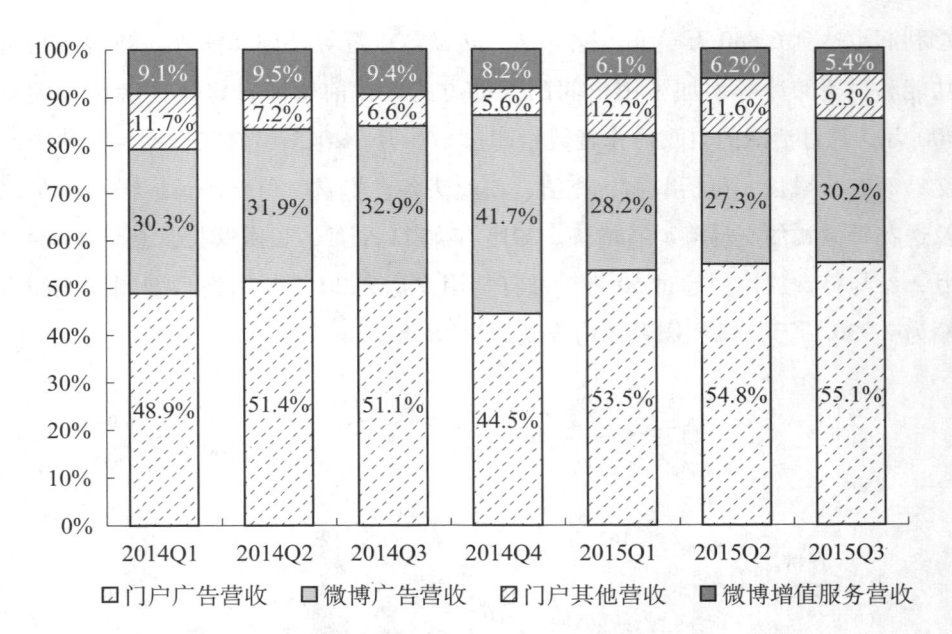

图 14　2014Q1—2015Q3 新浪各类营收占比

数据来源：新浪及新浪微博财报

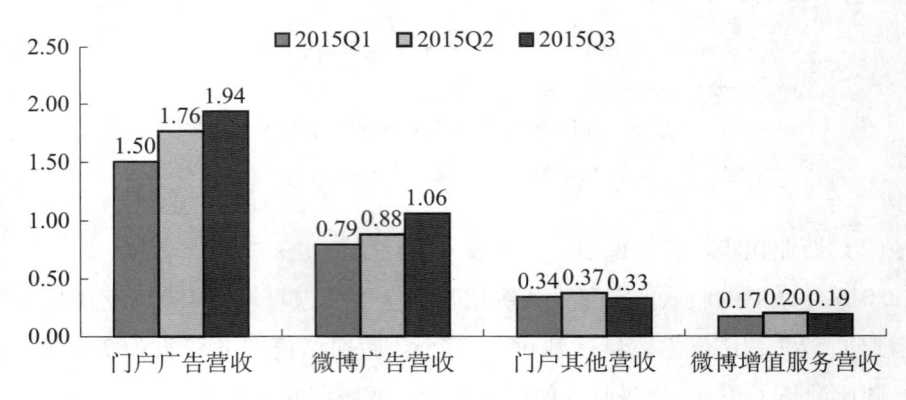

图 15　2015 年新浪各类营收绝对值（亿美元）

数据来源：新浪及新浪微博财报

（3）活跃用户数量稳定上升，吸引新客户需要更多创新

微博活跃用户规模保持了良好的增长势头，2015 年第四季度达到 2.36 亿，同比增长 34.3%。但与第三季度相比，环比增长 6.3%，从环比增长率来看，自从 2014 年开始环比增长率下滑后，只有 2015 年第一季度环比增长率达到 10% 以

上，其他季度增长率稳定在5%左右，与2014年之前状况相比发展较慢。

2016年1月7日，"新浪微博之夜"在北京召开，并邀请众多企业家和娱乐明星参加，希望通过在线下举办更多的活动来增加活跃度，也希望通过明星互动效应吸引用户。新浪微博已经成为国内微博客行业的垄断者，用户的规模已经趋于成熟。对于未来的微博而言，进一步发展的机遇很多，广告、游戏、搜索、无线增值、电子商务及内容收费都可能成为其积累用户和增加赢利的增长点。吸引新用户和保持用户的活跃度仍然是微博面临的挑战，而面对诸多的发展选择，微博更需要培育自己的核心竞争点，明确战略方向，提升运营能力。

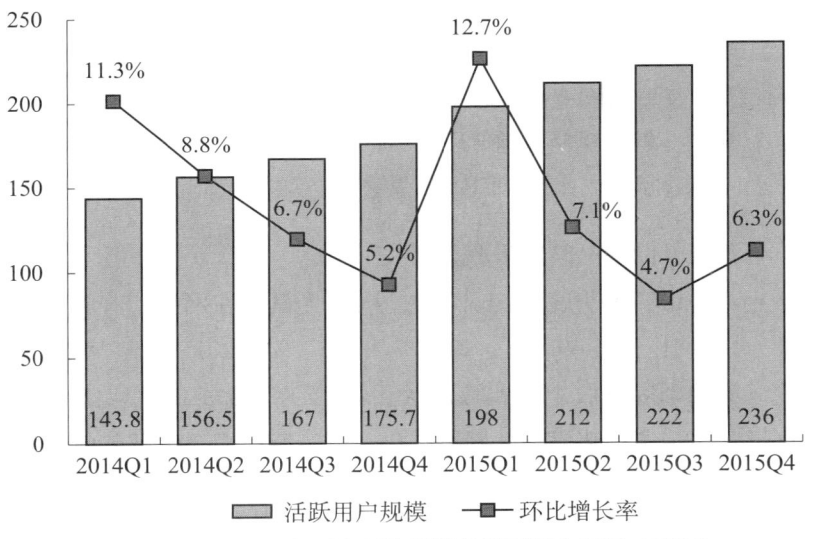

图16 2014Q1—2015Q3 新浪微博月活跃用户规模（百万）

数据来源：易观智库

4. 微信平台持续增长

（1）微信用户规模持续增长

2015年微信的用户数量仍在持续增长，并且保持着较高的增长率，第四季度的用户规模已达到6.97亿。QQ空间的用户增长速度不及微信，一定程度上因为QQ空间原本积累起的用户规模大于微信，且近年来趋于稳定，而微信仍然处在积累用户的阶段，但已在移动社交领域占据了主导地位。2015年推出的微信朋友圈广告、公众平台赞赏功能，微信读书，付费阅读内测等举措进一步拓展了微信的社交媒体功能。

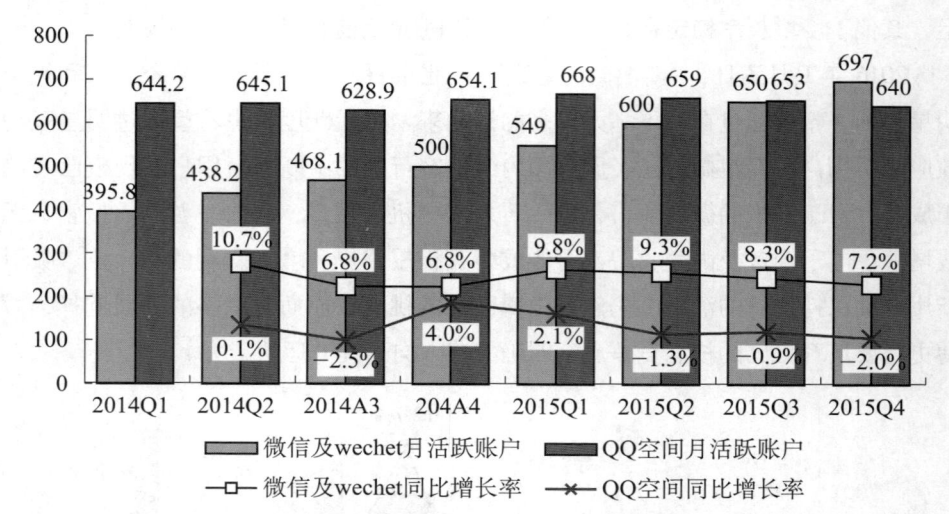

图 17 2014—2015 年微信及 WeChat 月活跃账户规模（百万人）

数据来源：腾讯年报

（2）公共账号助推网络广告收入增长

2015 年，腾讯四个季度均实现营收上升，尤其是在网络广告方面，第二至第四季度分别环比上涨 49.5%，21.2% 和 16.1%，2015 年年底已经达到近 57.3 亿元。第四季度营收上涨幅度较大，与第三季度相比，环比上升 13.5% 和 14.5%，且实现了增值服务、网络广告、电子商务交易三种营收模式的共同上涨。三种营收模式中，广告收益增长率最大，视频广告及移动社交网络效果广告在其中仍扮演重要角色。除了 QQ 空间手机版、微信公众号外，2015 年微信推出的朋友圈广告也为微信的移动社交网络效果广告带来了巨大的促进作用。

（3）微信全面铺开商业化布局

微信的商业化布局全面展开，增值服务、游戏、营销、电商等各领域均取得了明显进展。腾讯游戏在 2015 年取得了不俗的表现，根据 Newzoo 发布的全球游戏公司 25 强排行，2015 年上半年腾讯游戏实现了超过 42 亿美元的收入，同比增长了 23%，名列首位，其中移动端贡献突出。2015 年年底微信运营公众号已超过 1 000 万个，微信平台推广功能优势显现。微信微店的用户数量持续增长，根据微店发布的 2015 年第一季度数据，微店新增用户超过 900 万，累计用户达到 2 926 万，遍布全球 197 个国家。

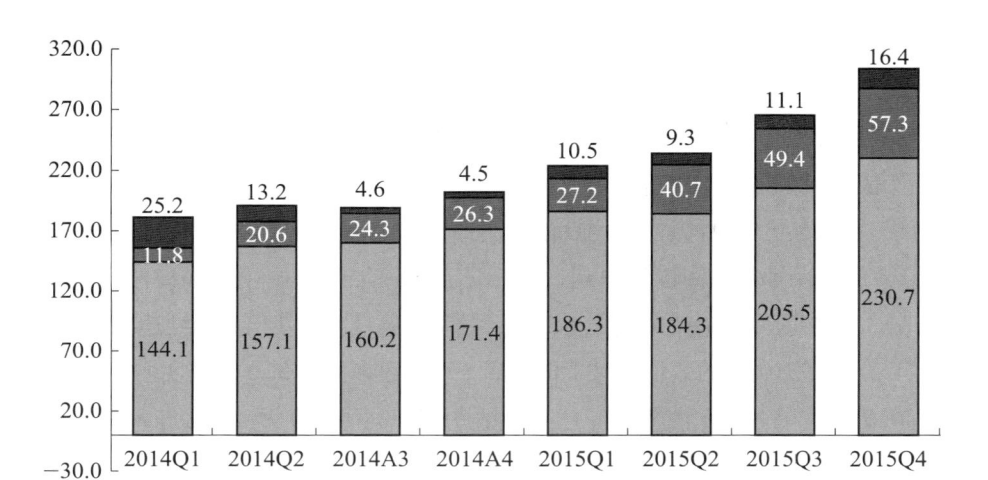

图 18　2014—2015 年腾讯各类营收规模

数据来源：腾讯年报

与此同时，微信还不断地将人们线上与线下的生活相连接，使得互联网与传统产业相结合，渗透到生活的各个方面。2015 年 7 月，微信"生活缴费"正式上线，可以通过微信缴纳水、电、煤、宽带和固话费用，覆盖了全国 27 个省的 183 座城市。

目前微信的用户使用率已经基本达到高峰，未来用户规模拓展的空间不大，其发展方向也将由满足用户的基础社交需求，转向对更多新业务的探索。微信的多功能趋势将更加明显，从单一服务向平台化模式发展，成为连接起娱乐、购物、缴费、金融等多领域服务的综合性平台。

（二）移动端自媒体平台崛起

自媒体平台在 2015 年继续得到发展，用户数量和阅读量普遍增加。移动端的自媒体平台继续发展，PC 端的平台也继续布局移动端发展。

今日头条创建于 2012 年 3 月。截至 2015 年 12 月，累计激活用户 3.5 亿，日活跃度超过 3 500 万。其中，"头条号"平台的账号数量已超过 4.1 万个，各类媒体、政府、机构总计超过 11 000 家，其中签约合作的传统媒体过千家，"头条号"自媒体账号总数超过 3 万个，成为仅次于腾讯新闻的第二大资讯客户端。历史累计阅读量达到 1 亿次的媒体已经有 74 家，超过 5 亿的有 10 家，其中 1 家超过 30 亿次。2014 年 6 月，今日头条获得一亿美元融资，并实现高达五亿美元估值。

微信公众平台于 2012 年 8 月 23 日上线，根据达观数据《2015 年微信公众号排行榜》，2015 年 12 月微信平均日活跃用户 5.9 亿，累计关注微信公众号用户过 4 亿，微信公众号平均阅读用户超过 1.6 亿。近一半的中国用户在使用微信，其中 1/3 的用户每天在阅读微信公众号。微信公众号在 2014 年已经达到 500 万，2015 年，微信公众号的数量突破 1 000 万，每天还在以 1.5 万的速度增加。

2015 年 9 月，"一点资讯"宣布日活跃用户达 1 100 万，"已进入新闻资讯应用第一阵营"。一点资讯还陆续与小米视频、小米文学等服务打通。2015 年 2 月，小米及凤凰新媒体成为一点资讯的首轮投资方，其中凤凰对其投资总额达 3.6 亿元。在凤凰网以 5 760 万美元再次增持一点资讯股份、占股 46.9%之后，一点资讯的估值已接近 2 亿美元。

PC 端则主要是各大门户网站开设的自媒体平台，包括百度百家、腾讯大家、搜狐自媒体、网易自媒体、360 自媒体等。各大自媒体平台陆续对外开放注册，百度百家、网易自媒体、腾讯自媒体、凤凰自媒体、一点资讯、新浪自媒体等自媒体平台相继开放申请。1 月凤凰新闻自媒体平台上线，各大自媒体平台继续纷纷布局移动端业务。

虎嗅网、36 氪、钛媒体等科技类媒体发展势头良好。2015 年 10 月，蚂蚁金服宣布投资 36 氪，10 月钛媒体以"私募众筹"方式获得 5 050 万融资，总体估约 5.05 亿人民币，虎嗅网也于 12 月在新三板挂牌上市。

（三）网络视频竞争格局稳定

截至 2015 年 10 月 20 日前的 6 个月时间内，中国商业网络视频行业市场中，爱奇艺在整体市场份额、移动端市场份额和付费用户比例上全面超越合一集团，打破了合一集团近十年来在中国商业网络视频行业的霸主地位。爱奇艺自 2010 年上线以来，一直坚持"悦享品质"的理念，为用户提供高清、独家的优质资源。2015 年，凭借《盗墓笔记》《心理罪》《蜀山战纪》以及一系列的大电影，爱奇艺付费用户数得到迅猛增长，整体市场份额也大幅增长，最终实现了对合一集团的超越。

中国商业网络视频市场中，爱奇艺、合一集团、腾讯视频三强领跑的局面已经确立，在发展策略上三大网站各有侧重；搜狐视频在收购56网后，暂时没有新动作，市场份额排在第四位，比较稳定；百度视频凭借百度强大的导流和品牌影响力，市场份额排在第五。2015年11月，阿里巴巴和合一集团签署合并协议，将以全现金交易方式收购合一集团。网络视频行业也变成了BAT的战场，未来商业网络视频市场格局将会相对稳定。

表20　主要视频网站市场份额和用户付费情况

	整体市场份额	移动端市场份额	付费用户比例
爱奇艺	56.40%	51.10%	9.50%
合一集团（优酷土豆）	47.00%	45.20%	4.40%
腾讯视频	38.90%	38.60%	4.40%
搜狐视频	24.60%	22.90%	1.20%
百度视频	21.00%	18.80%	0.60%
乐视网	20.00%	17.40%	0.90%
聚力传媒	15.10%	12.50%	1.20%
响巢看看（原迅雷看看）	12.00%	9.30%	0.50%
360影视	11.80%	8.70%	0.30%

数据来源：CNNIC中国网络视听发展研究报告，2015.10

从视频网站的内容来看，除了UGC内容、自制的PGC内容和独播内容外，同步跟播的电视剧、综艺节目差异不大，再加之转换收看平台的成本低，因此各视频网站之间用户重合度高，独有用户少。

调查数据显示，爱奇艺市场份额最大，主要视频网站的用户60%以上同时也是爱奇艺的用户，尤其是响巢看看、乐视网、聚力传媒、搜狐视频和360影视，与爱奇艺之间的用户重合度在70%以上；合一集团占据了近50%的市场份额，其他视频网站与合一集团的重合用户也都在50%以上。视频网站的市场占有率越高，与其他网站的重合用户就越少，独占用户越多，广告价值也就越大。

表21　主要视频网站用户重合度

	市场份额	爱奇艺	合一集团	腾讯视频	搜狐视频	百度视频	乐视网	聚力传媒	响巢看看	360影视
爱奇艺	56.4%	100%	52.4%	42.8%	31.1%	23.4%	26.3%	19.7%	16.7%	14.9%
合一集团	47.0%	62.8%	100%	46.7%	35.7%	25.6%	31.3%	22.1%	19.3%	16.8%
腾讯视频	38.9%	62.2%	56.5%	100%	34.1%	28.9%	30.4%	23.2%	19.5%	19.1%

续表

市场份额	爱奇艺	合一集团	腾讯视频	搜狐视频	百度视频	乐视网	聚力传媒	响巢看看	360影视
搜狐视频	24.6%	71.2%	68.3%	53.8%	100%	35.9%	41.7%	29.9%	28.8%	27.3%
百度视频	21.0%	62.6%	57.1%	53.4%	42.0%	100%	39.0%	33.8%	32.2%	30.6%
乐视网	20.0%	74.2%	73.5%	59.0%	51.2%	41.0%	100%	38.8%	34.7%	30.0%
聚力传媒	15.1%	73.9%	68.8%	59.8%	48.9%	47.2%	51.5%	100%	39.0%	33.1%
响巢看看	12.0%	78.8%	75.7%	63.3%	59.1%	56.6%	58.0%	49.1%	100%	42.4%
360影视	11.8%	71.0%	66.9%	62.8%	56.8%	54.4%	50.8%	42.2%	43.0%	100%

数据来源：CNNIC 中国网络视听发展研究报告，2015.10

（四）主要网络视频提供商

1. 网络主播类

随着移动互联网使用率的提升，除了 PC 端为平台的 YY 语音、六间房、9158、酷狗等秀场，依靠移动端平台的网络主播类软件的影响力在不断拓展。

映客是 2015 年 5 月上线的实时的视频直播互动 APP，基于移动端设备，实现实时视频直播，具有录制视频上传、弹幕互动和动态点赞等功能。还可适配移动手表，不通过手机也可观看直播。花椒是 2015 年 6 月新上线的一款手机直播 APP，同样基于实时直播特点，使用户可以在不同空间内实时互动。用户可以自己发布直播，拍摄短视频，分享图片。具备节省流量、云存储直播，以及直播视频回放等功能，吸引了大量用户。

随着网络游戏市场的扩张，网站游戏视频直播应用也随之扩张，投资者纷纷看好游戏直播平台，2015 年有多个直播平台宣布获得千万级别的融资。目前游戏直播行业的主要直播平台有虎牙直播、战旗、龙珠 TV、斗鱼 TV 等。2015 年 9 月，直播熊猫 TV 正式上线，王思聪任 CEO，主要定位电子游戏竞技平台的直播。

2015 年年底，新浪与秒拍联合推出"秒拍直播"。2016 年 1 月，短视频社区 APP 美拍推出直播功能，使网络直播类应用与社交结合更紧密。

表 22　国内主要直播平台下载总量

	腾讯应用宝	360 应用
YY 语音	7 749 万	9 640 万
六间房	85 万	112 万
繁星直播	316 万	169 万
9158	—	302 万
斗鱼 TV	1 480 万	815 万
虎牙直播	3 285 万	1 219 万
龙珠直播	356 万	—
战旗 TV	260 万	173 万
花椒直播	148 万	945 万
熊猫 TV	307 万	170 万
映客直播	402 万	—

数据来源：腾讯应用宝和 360 应用，2016.03

2. 爱奇艺 PPS

2015 年 2 月 11 日，爱奇艺宣布与中央电视台签下 2015 年春晚的独家网络直播与点播权。2015 年 10 月，胜利游戏与爱奇艺在北京圣露国际酒庄举办签约发布会。会上，中手游 CEO 肖健、爱奇艺 &PPS 联席总裁徐伟峰等出席现场，双方就"轩辕剑""少林"等 IP 达成影游联动上的合作，并为此举行相应签约仪式。

视频网站的自制网络剧和海外引进剧，凭借着优质的内容资源吸引用户付费购买会员观看，爱奇艺的视频付费计划在 2015 年取得了成功。2015 年 7 月，自制网剧《盗墓笔记》上线 22 小时就带来过亿流量，也大幅度拉动了付费会员增长，截至 2015 年 12 月底，爱奇艺付费会员超 1 000 万，占行业用户规模的近 50%。2016 年年初，爱奇艺引进韩剧《太阳的后裔》，同样采取会员抢先看模式，使得爱奇艺移动端的"应用内付费"收入进一步增长，成为中国地区收入最高的食品类 APP，位居 App Store 畅销榜第六名，而其他视频应用的收入普遍在 50—60 名之间。

2016 年 1 月，爱奇艺宣布旗下生活家工作室已投资 15 个轻奢类影像项目。除了轻奢主题，爱奇艺还在乐活、行者、匠人、极客、奇葩、敢爱等六个方面征集相关作品。2016 年 2 月 12 日，百度宣布，公司董事会接到公司董事长兼 CEO 李彦宏和爱奇艺 CEO 龚宇的初步非约束性收购提议，计划收购爱奇艺 100% 的股份。2016 年 2 月，爱奇艺宣布获得《跑男 4》网络播放权。

3. 优酷土豆

2015年8月，优酷土豆入股移动游戏媒体。2015年8月优酷土豆集团正式更名为合一集团。10月27日，合一集团发布了2016年的战略布局，宣布将围绕"超级IP"打造"超级版权大剧 + 超级自制网剧"的精品内容生态布局，优酷土豆将与阿里影业达成战略合作，联合发起"8090喜剧工场"项目，长线推出以年轻受众为定位的喜剧作品。

2015年11月6日，阿里巴巴和合一集团（优酷土豆）宣布，双方已达成最终的收购协议。根据该协议，阿里巴巴一子公司将以现金形式收购合一集团（优酷土豆）。优酷土豆第三季度净营收为人民币18.5亿元（约合2.918亿美元），较上年同期增长62%。2016年1月，合一集团与阿里百川联合发布"合一百川创业加速计划"；1月21日，华为、优酷土豆共同推出"4K联合实验室"。

2015三个季度的财报显示，优酷土豆在三个季度分别实现11.4、16.1、18.5亿元人民币的营收，与去年相比分别上涨了47%、57%和62%，但是由于公司投资的增加，三个季度均未完成赢利，分别亏损5.174、3.42、4.4亿元人民币的亏损，这与2014年对应季度相比，亏损额增加的比例较大。

4. 腾讯视频

2014年腾讯视频表现优异，2015年依旧保持稳定。2014年腾讯视频累计上线10部自制剧，总播放量超10亿，其中《暗黑者》《探灵档案》等剧被业内称为中国网络自制剧新标杆。2014年11月，宣布与HBO开展战略合作，独家引进HBO美国和HBO亚洲年度最新自制剧，同时还将覆盖HBO优质的原创电影内容，成为HBO在中国大陆互联网视频上独家官方授权播放平台。2015年2月12日，央视春晚落户腾讯视频（精选），腾讯视频一举承包了湖南卫视、东方卫视、江苏卫视、安徽卫视、北京卫视、北京卫视环球春晚、山东卫视、辽宁卫视、湖北卫视、广东卫视、中国城市春晚等最受关注的春节晚会，已经完成12台春晚的集结计划，成为全网最强最全春晚播出平台。

腾讯公司副总裁孙忠怀在致辞中表示，2016年腾讯视频的三大核心战略依然会是"自制""版权"和"用户体验"，同时基于此为合作伙伴提供更广阔的营销空间。

电视剧方面，包括《诛仙》《一路繁花相送》《幻城》《锦绣未央》《麻雀》《小别离》《寂寞空庭春欲晚》和《劣质好先生》等几十部年度大剧都被腾讯视频收入囊中。其中由畅销网络小说改编而来的《幻城》《诛仙》被人们视作时下的顶级IP。并且，腾讯视频将与TVB合作，为港剧迷们提供包含600集当年新剧在内的共2 500集剧集。同时，腾讯视频旗下的企鹅影业宣布将携手TVB，共同打造顶级网剧《使徒行者2》；电影方面，腾讯视频宣布与派拉蒙达成合作，从2016年4月起，派拉蒙最新电影将在腾讯视频好莱坞影院独家播放，这包括《星际迷航：超越》《忍者神龟：脱影而出》《侠探杰克2：永不归》《碟中谍5：神秘国度》及《终结者：创世纪》等；自制剧方面，企鹅影业曾经宣布了8部顶级品质网络剧的计划，比如联手导演李少红、编剧严歌苓的《妈阁是座城》，联手金牌制片人侯鸿亮联手的《如果蜗牛有爱情》，联手《花千骨》制片人唐丽君的《重生之名流巨星》，以及顶级IP《鬼吹灯》等。而在自制综艺节目方面，腾讯视频自制综艺的类型更加丰富，六大类节目组成的大阵营，基本覆盖了包括真人秀、美食类、时尚类、语言类、音乐类、亲子类在内的所有综艺类型。

三、网络社交媒体出版产业年度发展特点

（一）博客发展特点

1. 博客与个人空间

根据CNNIC的报告，2015年上半年，博客和个人空间的用户规模为47 457万，网民使用率为71.1%，与2014年相比，用户规模增长了1.7%。博客已经进入了成熟的发展阶段，用户规模上升空间不足。与此同时，在微信和微博客等其他社交媒体方式的冲击下，博客和个人空间的使用率难以提升。

以QQ空间为代表的个人空间呈现出"分众化"趋势，据QQ空间发布的数据，2015年9月，QQ空间活跃用户中，51%为90后用户，32%为95后用户。核心用户定位向年轻人方向转变，与之相适应，个人空间的产品功能设置也需要随之发生变化。QQ空间目前的营利主要有会员收入、游戏和广告三方面的收入来源，也积累了数量大且稳定的用户群体，但是由于核心用户为未成年人和大学生群体，尤其是未成年人的消费能力不足，因此其商业化的道路仍

需进一步探索。

2. 微博客市场转型已收官，媒体化初现

微博行业经过2014年的整合，2015年新浪微博以6 000万的月活跃用户年增长，进一步稳固了最大媒体平台地位。微博移动端日活跃用户占比达到89%。这意味着，微博的移动化转型已平稳收官。

新浪微博表示要在2015年对信息流算法进行优化，通过对用户浏览习惯的分析，在信息流中推荐其可能感兴趣的内容。这意味着引入"用户行为分析+智能推荐"这个体系后，微博的信息传播形态将发生变化，社交属性将进一步淡化，媒体化的发展方向初现端倪。与此对应的数据是，在2015年，微博广告收入增长高达52%，达4 024亿美元。

另一方面，微博的这种走向媒体化的选择也将加大它与微信等社交平台之间的差异，这两家社交媒体平台今后合作的可能会大过直接竞争。

3. 微信公众号发展火热

微信公众号是开发者或商家在微信公众平台上申请的应用账号，该账号与QQ账号互通，通过公众号，商家可在微信平台上实现和特定群体的文字、图片、语音、视频的全方位沟通、互动。进而形成了一种主流的线上线下微信互动营销方式。2016年1月18日，腾讯在北京发布消息称，中国政务微信公号已逾10万。

2015年微信公众号发展速度迅猛，一季度末达到8 000万个，2015年年中腾讯发布微信数据平台研究报告表明，近80%用户关注微信公众号。企业和媒体的公众账号是用户主要关注的对象，比例高达73.4%。29.1%的用户关注了自媒体、25.4%的用户关注了认证媒体、20.7%的用户没有关注任何公众号、18.9%的用户关注了企业商家，而5.9%的用户则关注了营销推广类账号。

微信公众号用途方面，用户关注公众号主要目的是获取资讯的41.1%，其次是方便生活的36.9%和学习知识的13.7%；微信公众号的消费比例方面，公众平台账号服务收费偏向于低单价模式，42.1%的用户每月消费低于10元，这种消费以及巨大的用户量使得微信公众号成为各大社团、企业，甚至党政机关日常活动的最主要宣传途径，一些自媒体借助微信公众号的平台进行创新，效果显著。可以说，公众号已然成为微信的主要服务之一。

（二）网络视频行业发展特点

1. 资本要素推动行业发展

2015 年网络视频行业领域的投资、融资和并购活动频繁，增强了行业的集中程度，资本要素进一步影响网络视频行业的布局。2015 年 8 月，弹幕视频网站 AcFun（A 站）完成 A 轮融资，融资规模为 5 000 万美金，融资由合一集团领投，资金将用于版权内容的采购和合作，投资和自制内容等方向。2015 年 9 月，众包视频网站 ViKi 获得 2 000 万美元的融资。2015 年 11 月，阿里巴巴以约 47.6 亿美元的价格收购合一集团，合并后的双方将围绕"超级 IP"打造"精品内容生态布局"，发展版权剧和自制剧。

2. 自制内容与 PGC 持续发力

随着近年来版权竞争的升温，网络视频行业纷纷加大自制内容和专业生产内容的投入，2015 年各大视频网站在自制内容和 PGC 领域持续发力，继续加大了推动力度。

自制内容有利于吸引用户，增强用户黏性，也可为视频行业带来广告收入，优质自制内容可以实现面向国内其他播放平台和国外电视台的分销，实现反向输出。爱奇艺的综艺节目《爱上超模》在湖北卫视播出，自制内容《晓松奇谈》《时尚江湖》《吴晓波频道》在加拿大国家电视台播放，优酷土豆的综艺节目《谁是歌手》也登陆北京卫视。2015 年 4 月，爱奇艺宣布投资 30 亿元支持原创节目的制作，力图吸引更多愿为优质原创内容付费的用户。合一集团与阿里巴巴合作后，也着力发展"超级自制剧"和"超级版权剧"。

根据艺恩咨询发布的《2015 年 PGC 产业生态研究报告》，2015 年的 PGC 节目产量约为 1.5 万集，供应商整体市场规模估值为 25 亿。各视频网站继续加大 PGC 支持力度。2015 年 3 月，腾讯视频启动"惊蛰计划"，联合万合天宜、暴走漫画、胥渡吧等百家内容提供商，计划签约并重点支持 100 个优质 PGC 项目，意图构建全网最大的原创视频平台，从而打通 PGC 行业的上下游产业链。

在网络自制内容和 PGC 蓬勃发展的趋势下，如何更深入细致地了解用户需求，提升自制内容和 PGC 的数量和质量，不断增强竞争力，将是未来网络视频行业需要关注的方向。

3. 移动端完全超过 PC 端成为首选

自 2012 以来,网络视频用户使用移动端设备比例持续走高,相对应的是 PC 端比例持续下降,这个趋势也持续到 2015 年。2014 年,移动端的使用率已经超越 PC 端,成为网络视频用户在观看网络视频时的首选,而截至 2015 年 10 月份,用户用手机观看网络视频的比例已经达到 76.7%,使用 PC 端的比例下降到 54.2%,移动端已经完全超过 PC 端,成为最主要的观看网络视频的途径,并且这个增长的趋势依旧有可能持续到 2016 年。

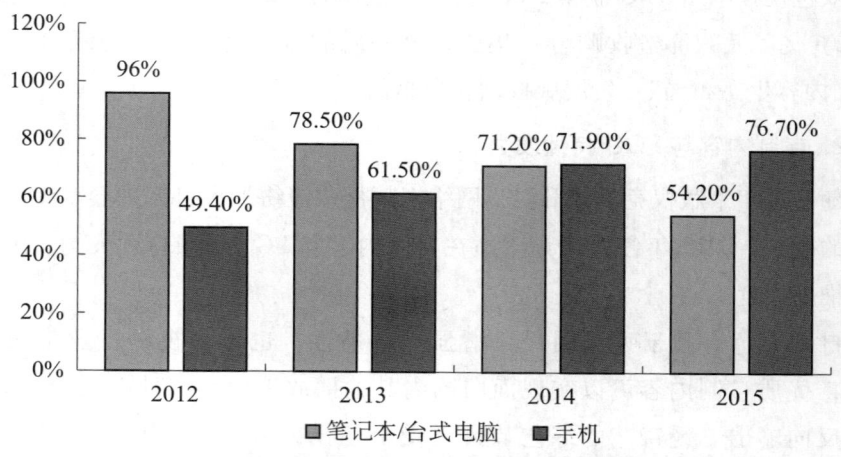

图 19　2015 年网络视频用户终端设备使用率

数据来源:第 37 次 CNNIC 中国互联网络发展状况统计调查,2015.10

4. 付费观看现象增加,包月方式为主

网络视频行业自进入中国以来,一直受赢利模式困扰,单纯的广告收入难以支撑视频网站在版权、带宽等方面的巨额投入,行业整体陷入亏损境地。2015 年,随着网络视频用户基数的稳步增长,国家相关管理部门对盗版盗链打击力度的加大,在线支付尤其是移动支付的普及,再加上中国影视市场的繁荣、超级 IP 大剧的市场热度、视频网站的积极采买布局,在众多因素的共同发酵下,网络视频用户付费市场从以前的量变积累转化到质变阶段,各大视频网站 VIP 用户数都有了质的飞跃,用户付费收入占比扩大。未来,用户付费模式会成为视频网站的重要收入来源。

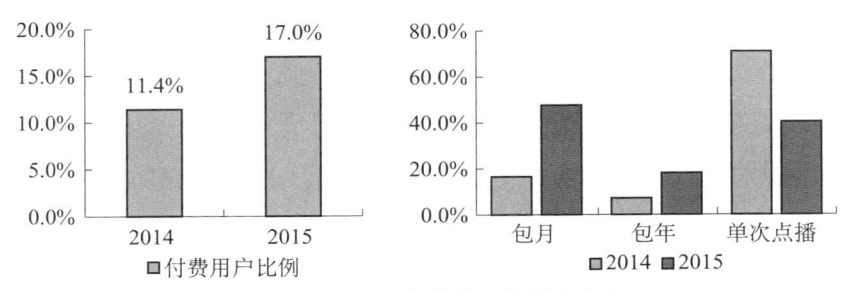

图 20　视频网民付费情况及付费方式

数据来源：第 35 次 CNNIC 中国网络视听发展研究报告，2015.10

四、年度影响网络社交媒体出版产业发展的重要文件

（一）博客类应用年度大事

1. 微信公众平台加强对原创内容的保护力度

2015 年 1 月 16 日，微信开启公众号原创声明功能内测。一周后，公众平台发布正式声明确认，将"维护作者权益，鼓励优质内容"。微信对原创的保护再次引领风潮，此后各大平台陆续出台类似政策。

2015 年 2 月 1 日，新华社连发三文关注微信公众号抄袭乱象。

2015 年 2 月 3 日，微信公众平台发布关于抄袭行为处罚规则的公示，加大对抄袭的打击力度，公布梯级处罚政策，构成扶持原创的另一路径。2015 年 3 月 18 日，微信安全中心公布一份包含 93 个售假账号的封号名单，力推品牌维权。2015 年 11 月 18 日，微信公众平台加强对原创内容的保护力度，支持运营者对自己的原创图片素材进行原创声明并提供保护。目前邀请部分原创账号内测。2015 年 12 月 30 日，微信公众平台发布关于整顿侵犯影视作品知识产权行为的公告。

2. QQ 公众号开启内测

2015 年 9 月 16 日，QQ 公众号开启内测，其巨大想象空间引发关注，1 000 个内测名额 50 余秒就被抢完。QQ 公众号分为订阅号和服务号两种类型，前者倾向于信息推送，后者侧重于服务。在发送信息数量上，订阅号每天只能发送一条信息，服务号则是根据配额发信息。另外，订阅号的主体则分为媒体、企业、个人三种形式，迄今仍未公测。

3. 微博关注垂直大V发展状况

2015年12月9日，微博V影响力峰会召开。微博作为最大的社交媒体平台之一，产生了众多的微博大V。微博副总裁曹增辉发表了主题演讲：垂直大V发展状况。数据显示，2015年前11个月，内容作者在微博上累计获得收入超2亿元。曹增辉称2016年微博将为内容作者带来超过4亿元的收入。

4. 整治网络环境加强审查工作

2015年4月1日，文化部整治网络动漫产品，关停十家涉暴恐动漫网站。

2015年7月15日，"试衣间不雅视频"事件爆发，国家互联网信息办公室约谈新浪、腾讯负责人，责令其切实履行好企业主体责任，积极配合有关部门开展调查。

2015年8月14日，天津港"8·12"特别重大火灾爆炸事故发生后，国家互联网信息办公室查处了360多个传播涉谣言信息的微博微信账号。

2015年8月31日，公安部打击整治网络谣言，关停网络账号165个，依法查处编造传播谣言的违法犯罪人员197人。

2015年11月12日，2015年全国工商系统网络传销监测查处工作座谈会上，认定WV梦幻之旅、云在指尖、商务商会、中绿资本运作等为网络传销案件。

2015年12月28日，全国"扫黄打非"办公室通报"扫黄打非·净网2015"专项行动第三批案件查处情况，公布的24起案件均为利用微拍、微信、QQ群组等传播淫秽色情信息案件。

5. 国家版权局加强对网络转载版权保护

2015年4月22日，国家版权局下发《关于规范网络转载版权秩序的通知》（以下简称《通知》），明确规定互联网媒体转载他人作品，必须先经过著作权人许可，并支付相应报酬。

《通知》全文共9条，主要包括4方面内容：一是明确了著作权法律法规中涉及网络版权转载的几个重要问题，包括界定时事新闻、厘清法定许可不适用于涉及互联网媒体的转载以及不得歪曲篡改标题和作品原意等问题；二是引导报刊单位和传统媒体进一步改进内部版权管理工作,特别是针对报刊单位明确有关作品权属提出了指导意见;三是鼓励报刊单位和互联网媒体积极开展版权合作,营造健康有序的网络转载环境;四是要求各级版权行政管理部门加大版权监管力度。

《通知》指出,互联网媒体转载他人作品,必须经过著作权人许可并支付报酬,并指明作者姓名、作品名称及作品来源,转载他人作品时,不得对作品内容进行实质性修改;对标题和内容做文字性修改和删节的,不得歪曲篡改标题和作品的原意,但时事新闻不受著作权法保护。凡转载包含著作权人独创性劳动的消息、通讯、特写、报道等作品时,必须经过著作权人许可并支付报酬。法律、法规另有规定的除外。

(二) 网络视频类应用年度大事

1. 微博视频引发热议

2016年2月3日,新浪微博发布《2015年度微博视频白皮书》,微博因天然的平台属性,助推网络自制节目发酵传播,打造双网联动的新模式,引爆微博热议形成现象级栏目。2015年全国网络视频用户升至4.61亿,微博台网视频消费月活跃人群达到8 300万。微博利用社交资源有效地保证了话题的传播,同时通过粉丝的激励,相关视频作品的提及也突破了五亿,活跃度较高时效性较强。热议话题近千个,带来了4 800万的讨论量,阅读次数超300亿。

2. 优酷土豆集团更名合一集团

2015年8月6日,优酷土豆集团董事长兼CEO古永锵在首届开放生态大会上宣布,优酷土豆集团正式更名为合一集团。古永锵称,视频纯媒体时代终结,文化娱乐产业进入以自频道为中心的合乐时代。未来三年,优酷土豆将投入百亿元现金和资源支持网生内容。他认为,在合乐时代用户忠诚度、访问时长、ARPU(每用户平均收入)相对UV和VV更为重要。

此外,优酷土豆在现场发布了自频道战略。针对自频道推出三大计划:新人计划,产生10万个拥有千人粉丝团的自频道;万万计划,产生1万个月收入过万的自频道;巅峰计划,产生100个估值过亿的自频道。

3. 阿里巴巴向优酷土豆发出要约

2015年10月16日,阿里巴巴集团宣布向优酷土豆公司董事会发出非约束性要约，拟以每 ADS（美国存托凭证）26.60 美元的价格，现金收购除阿里巴巴集团已持有优酷土豆股份外，该公司剩余的全部流通股。优酷土豆的部分股东，包括该公司创始人、董事长兼首席执行官古永锵，成为基金以及其关联实体，已经与阿里巴巴达成了支持协议，在此协议下，他们以股东的身份和所持投票权投票支持在该协议条件下的交易。据此提议，阿里巴巴集团计划使用现有现金来支付交易款项。这成为 2015 年媒体领域最大的一笔收购。

4. 搜狐视频推出了自媒体频道

2015 年 10 月 20 日，搜狐视频推出了自媒体频道，上传视频作品的制作公司和个人被搜狐视频统称为"出品人"。2015 年 10 月 21 日，搜狐视频出品人大会在北京举行。针对视频自媒体时代的来临，搜狐提出打造知识化视频等新的平台战略。在出品人论坛上，搜狐高层、自媒体出品人等针对搜狐 56 自媒体战略现状和互联网影视 IP 孵化新玩法、如何打造独具气质的爆款内容、垂直领域网生内容商业化新方向、出品人联盟的建立和服务等从专业角度探讨网生内容发展趋势。

搜狐视频作为行业第一个战略性推动自媒体内容发展的网络视频平台，与 56 网双平台联动，目前搜狐 56 已经入驻的自媒体出品人 1 800 名，打造了近万个栏目，视频达到 35 万条。

5. 微信公众平台支持接收微信小视频

2015 年 2 月 5 日，微信公众平台支持接收微信小视频，以增强公众账号与粉丝的即时互动性。微信公众号可接收用户发来的小视频，并自动保存到公众号后台的素材库里；公众号将小视频插入图文消息中，并下发给微信用户。下发渠道包括群发消息、自定义回复、自动回复等。短视频成为 2015 年新媒体一股迅速壮大的潮流。

6. 百度视频推出的 VR（虚拟现实）频道

2015 年 12 月 4 日，百度视频进军虚拟现实内容，VR 频道上线。成为国内 VR 内容聚合平台的先驱，也是 BAT 三巨头中首家大力布局虚拟现实。

目前 VR 行业虽处于发展初期，但从行业增速、用户关注、资本热度来看潜能巨大。百度视频推出的 VR 频道聚合了目前市场上最优质的 VR 内容链接，不仅为 VR 发烧友和潜在用户群体提供了丰富的 VR 视频、游戏、资讯等海量内容资源，还将率行业之先举办诸多 VR 线下体验活动。通过线上内容聚合与线下体验活动的结合，为虚拟现实产业从小众发烧到大众娱乐的快速发展提供了强力助攻。

7. 行业新进入者崭露头角——熊猫 TV 加入直播平台之争

2015 年 7 月 23 日，上海熊猫互娱文化有限公司注册成立，王思聪出任 CEO。2015 年 10 月 20 日，熊猫 TV 正式公测。熊猫 TV 是一个主要以游戏直播为核心，并涉及流媒体直播的网络产品。

五、总结与展望

（一）博客类应用发展的总结与展望

回顾过去的一年，博客类应用用户数量、广告收入、自媒体领域均表现良好。

在移动和社交层面领域，用户规模不断扩大，用户数量快速增长，用户活跃度持续提升。其中微博的用户规模、活跃度和收入均实现高速增长。截至 2015 年，微博月活跃用户达到 2.36 亿，同比增长 34%，日活跃用户达到 1.06 亿，同比增长 32%。2015 年微博月活跃用户净增 6 000 万，比 2014 年多增 1 300 万。移动化方面微博也进展显著，截至 2015 年，微博移动端月活跃用户规模接近 2 亿，移动端日活跃用户也达到 9 400 万，同比增长 46%。同时，微博移动端日活跃用户占比达到 89%，接近 Facebook。微信和 WeChat 的合并月活跃账户数达到 6.97 亿，比去年同期增长 39%。QQ 空间月活跃账户数达到 6.4 亿，比去年同期下降 2%。QQ 空间智能终端月活跃账户数达到 5.73 亿，比去年同期增长 6%。

在自媒体领域，去年微博开放运营了 32 个垂直领域，2015 年阅读量比去年增长 84%。这也给垂直领域作者带来了更好的收益。去年自媒体作者在微博获得的分成收入达到 2.5 亿。

在收益上，广告收益依然是博客类应用的主要收益，2015 年微博总营收 4 779 亿美元，同比增长 43%，总利润也达到 6 880 万美元。微博广告和营销营收较上年度增长52%，至4.024亿美元。同时微博的货币化能力展现出强劲的势头。2015年四季度，腾讯网络广告业务收入同比增长118%。至2015年第四季度的人民币57.33亿元。效果广告收入同比增长157%至人民币29.16亿元，主要反映了QQ空间手机版、微信公众账号广告，以及新推出的微信朋友圈广告服务收入的增加。品牌展示广告收入同比增长89%至人民币28.17亿元，主要反映了来自腾讯视频和腾讯新闻等平台移动侧的贡献增加。

同时，用户在微博消费多媒体信息的习惯逐步养成，也对博客类应用内容提出了更高的要求。微信视频的推出，微博头条文章的推出，都进一步优化了博客类应用的内容。

2015年以来微博一直对信息流算法进行优化。除了让用户基于关注关系获取信息外，微博还通过对用户浏览习惯的分析，在信息流中推荐其可能感兴趣的内容，从而提高用户消费信息的效率，2015年用户信息流的互动率提高了24%。同时新浪正在测试的一项新算法，对信息流的人均刷新次数提升达到30%，这将有助于用户在微博上更方便地获取资讯，进而帮助微博扩大用户规模。

未来几年，用户获取资讯的需求快速迭代升级，博客类应用满足了用户在移动端获取资讯和基于信息进行社交的需求。帮助用户更好地发现内容，同时提升内容发布的体验和形式，帮助用户更方便地表达、展示观点和生活，使得博客类应用的用户规模在2016年有望继续保持稳定的增长。推动用户增长，提升用户活跃度，加强移动流量的变现，把握短视频等新领域是博客类应用的未来发展方向。

（二）网络视频行业发展总结与展望

2015年是视频自制行业蓬勃发展的一年，有了4G移动网络和光宽带的带动，加之强大的资本力量与网民的需求，互联网视频行业得以快速发展。电视台和网络联播节目越来越普遍，多档网络自制节目反向输出电视台，传统影视公司纷纷为网络拍摄定制剧，视频自制崛起反哺电视台成为一个大的趋势，更多的观众选择使用视频网站观看电视节目，这将改变中国影视制作行业的格局。

随着阿里巴巴与合一集团签署合并协议，网络视频行业市场集中度进一步提高，BAT旗下的合一集团、爱奇艺、腾讯视频在整体市场份额、移动端市场份额、付费用户比例方面排在行业前三位,搜狐视频、乐视网、百度视频等紧随其后。目前各大视频网站均在电视剧、节目、电影、动漫这四大类专业内容上布局,打造内容产业链,提升用户注意力,优质内容是决定视频行业未来走向的重要一环。

在内容上,网络视频厂商提升了网站自制内容的开发力度和制作水准,并通过大数据技术精准分析用户偏好,制作方式从联合制作到独立自主自作并反向输出到传统媒体,网站自制内容的出品数量、题材广泛度、制作质量都得到显著提升。

2015年,用户向移动端快速迁移使得移动视频用户规模不断扩大,目前主要网络视频厂商移动端流量占比已经超过50%,且用户覆盖率与时长增长趋势明显,广告主对于移动视频广告的接受度逐渐提高,程序化购买也吸引了更多愿意为效果付费的广告主。未来,移动端成为网络视频市场发展的主要驱动力量。

互动性是网络视频媒体与传统电视媒体的主要区别之一,看视频时的互动行为能增加用户黏性,边聊边看催生内容二次发酵传播,为视频网站产生良好口碑,带来的传播作用为视频网站吸引更多的用户播放,帮助视频网站更好地留住用户。

随着网络视频用户基数的稳步增长,17%的用户有过付费看视频的经历,比2014年增长了5.3个百分点,增长率为45.3%。付费用户中,包月模式的使用率为47.6%,超过单次点播模式,成为最常用的付费模式。53.4%的网络视频用户能接受较短时间的广告,广告仍是视频网站主要的收入来源。2015年爱奇艺、腾讯视频、优酷土豆、搜狐视频等主流视频平台相继通过热门剧目开通会员付费观看功能,通过差异化排播方式带来的用户付费观看商业模式开始受到用户认可。在不断以内容增强对用户吸引力的同时,优秀内容货币化能力在用户付费习惯逐渐形成的背景下得到增强。

未来,随着用户付费习惯的固化,网络视频免费时代结束,流量转变为用户。同时视频平台加大在全产业链各环节的探索发展,并向电商、社交等周边产业积极拓展,资源整合能力加强,包括会员付费、视频电商、付费直播等多元化的用户端赢利模式将不断被探索实践,整体网络视频市场赢利趋势逐渐明朗。

(作者单位:互联网实验室)

2015—2016 中国移动出版产业年度报告

闫 鑫

一、移动出版产业发展概述

据全球市场研究机构 Trend Force 最新报告显示，2015 年全球智能手机出货量为 12.93 亿部，年增长 10.3%，其中来自中国地区的手机品牌合计出货量高达 5.39 亿部，占全球比重超过四成，并囊括全球前十大手机品牌中的七个席次。华为更首度超越联想，成为全球第三、中国第一的品牌王者。[1] 另据艾媒咨询数据显示，2015 年中国智能手机用户已达 6.17 亿。[2]

据中国互联网信息中心（CNNIC）发布的《第 37 次中国互联网络发展状况统计报告》显示，2015 年，我国网民规模达 6.88 亿，互联网普及率为 50.3%，较 2014 年提升了 2.4 个百分点。其中，手机网民规模达 6.2 亿，网民中使用手机上网人群的占比由 2014 年的 85.8% 提升至 90.1%。这说明网民个人上网设备进一步向手机端集中，手机依然是拉动网民规模增长的首要设备。值得关注的是，仅通过手机上网的网民就占到了 18.5%，较 2014 年提高了 3.2 个百分点。此外，台式电脑、笔记本电脑、平板电脑上网的比例则呈下降趋势，较上一年下降了 4 个百分点左右。

据 CNNIC 数据显示，2015 年，我国网民中通过 3G/4G 上网的比例为 88.8%，91.8% 的网民最近半年曾通过 Wi-Fi 无线网络接入互联网。运营商对于 3G/4G 的大力投入，Wi-Fi 热点覆盖的不断提升、移动终端的普及以及整个移动互联网生态的不断完善，给中国移动互联网的快速发展创造了前所未

---

[1] 本部分内容及数据参考 http://mt.sohu.com/20160114/n434512146.shtml 搜狐公众平台。
[2] 本部分内容及数据参考 http://www.iimedia.cn/41731.html 艾媒网。

有的条件。从普通的娱乐沟通、信息查询，到商务交易、网络金融，再到教育等公共服务，移动互联网塑造了全新的社会生活形态，潜移默化地改变着移动网民的日常生活。人们已经习惯了通过移动端，特别是手机端进行互联网活动，未来，移动互联网应用将更加贴近生活。

（一）移动出版继续引领数字出版产业发展

移动出版是将内容资源进行数字化加工，以手机、平板电脑、电子书阅读终端等移动设备为媒介，通过移动互联网进行传播的出版行为。2015年两会期间，李克强总理在政府工作报告中提出制定"互联网+"行动计划，对于应用互联网推动数字出版业的发展有着重大的启示。同时，随着移动互联网的快速发展，无线网络及智能手机等的快速普及。2015年，越来越多的出版及相关企业着眼于移动端，争夺竞争激烈的移动市场，可以说，移动出版继续发力，引领数字出版产业的发展。

为适应移动互联网发展热潮，应对其带来的巨大挑战，2015年，传统出版单位纷纷加快在移动端的战略布局，多角度、多方面提高在移动互联网大潮中的实力，最为直接的表现便是努力发展"两微一端"，即微博、微信和客户端，这已成为传统出版单位进行数字化转型的基本标配。通过这些策略进行宣传，塑造企业品牌和形象，努力实现战略转型。2015年10月，四川日报集团与阿里巴巴集团正式宣布成立"封面传媒"，携手打造一个强调"个性化定制"的新型主流媒体。作为一个移动媒体平台，"封面"将以新闻客户端为主打，以The cover.cn网站为基础，涵盖微博、微信、视频、数据、论坛、智库等，逐步推出多个垂直细分领域的产品矩阵。此外，互联网巨头百度、阿里巴巴、腾讯等打破了之前网络文学"三足鼎立"的局面，纷纷加快资本市场的投入，通过布局网络文学，将竞争的触角延伸到了电影、电视剧、游戏等上下游产业领域，在移动端展开了异常激烈的角逐。掌阅、咪咕传媒等内容集成商和运营商，也加大了对移动端应用和市场的开发，准备在移动领域大显身手。

随着阅读场景化、碎片化、个性化、交互性和社会化趋势的加剧，越来越多用户的阅读行为从 PC 端向移动端迁移，据中国新闻出版研究院公布的《第十三次全国国民阅读调查报告》显示，2015年我国成年国民数字化阅读方式的接触率连续七年持续上升，首次超过六成，达到64%。与此同时，成年国民手机阅读接触率也达到了60%，也说明了越来越多的用户习惯通过移动端进行阅读。随着移动支付、移动购物等商务应用的更加普及，加之移动端广告赢利模式的逐渐成熟，同时，用户对于移动出版付费的接受也越来越强，移动阅读的赢利模式也将在不断的探索中逐渐明晰起来。

（二）优质IP成为移动出版发展的核心竞争力

在现代知识产权制度下，以优质内容为基础，进行全版权运作，开发衍生产品，进行品牌运营，是出版单位实现内容价值最大化的主要手段。在移动互联网发展下，优质IP也成为移动出版发展的核心竞争力。

以知识产权为核心的网络娱乐产业链在2015年展现出巨大的商业价值，由热门网络文学作品改编的影视作品屡屡被搬上荧幕并获得成功，优质网络文学IP展现出了巨大的潜在商业价值，这也促使各个大型互联网企业将其视为内容领域的战略重点，推动网络文学资源整合。之前网络文学单纯依靠读者付费的赢利模式将逐渐退出历史舞台，通过培育优质IP，然后出售版权进行电影、电视剧、游戏等一系列的改编，打造新兴产业链，塑造新的商业模式，是当前网络文学发展的主要方向。各大型互联网企业在2015年高度重视网络文学发展，培育优质IP，打造上游生产内容，百度、腾讯、阿里巴巴等均有不小的动作。2015年初，由腾讯文学与盛大文学整合成立的阅文集团，利用其庞大的内容储备、作家作品和多元化的跨终端产品等优势，运用泛娱乐的IP开发战略，与游戏、动漫、影视等行业合作，以文学作品为源头，打造了贯通出版、游戏、影视、周边等新兴产业链。百度文学方面，旗下纵横中文网作品《终极教师》改编拍摄的《终极教师》第一、第二季网剧相继在各大视频网站上线，全网播放总点击量超2亿，饱受网友追捧热议的同时，该剧亦在"2015百度沸点"上获得了"2015年度百度十大热搜电视剧"的出色成绩。[①]

2015年改自热门小说的影视作品《花千骨》《琅琊榜》等，围绕IP打造了一条泛娱乐的产业链，跨界合作不断。与电视剧同名的手游《花千骨》一上线便惊艳了整个市场，"影游联动"席卷了整个游戏行业，带动了文学、影视、动漫等领域的泛娱乐浪潮。

---

① 本部分内容及数据参考http://business.sohu.com/20160129/n436342300.shtml 搜狐财经。

以优质 IP 为核心的版权综合运营，不仅可以实现其价值的多元化、多角度开发，还可以克服运营中因关联度低而存在的各种缺陷。从整体发展来看，随着传统出版单位媒体融合的发展，伴着更加激烈的出版产业竞争，知识产权运营将成为一种主要的发展模式，推动出版产业乃至移动出版产业未来新的发展。

（三）社交媒体与移动出版继续深入融合

社交媒体不受时间和空间的限制，在任何时间、地点，用户都可以经营自己的"媒体"，并且能够得到迅速的传播，大大地增强了时效性，这是传统媒体无法企及的。根据 CNNIC 对当前社交应用市场的分析，再结合实际发展情况，国内的社交应用市场主要分为两大类：一是各类信息汇聚交流的综合社交类应用，如 QQ 空间、微博、微信等；另一类则是相对细分、专业、小众的垂直类社交应用，如图片/视频社交、社区社交、职场社交、婚恋/交友社交等。随着移动互联网的发展，2015 年社交媒体与移动出版的融合也进入新的发展阶段。

从功能上来看，微博和微信均满足了用户对兴趣信息的需求，是用户获取和分享"新闻热点""兴趣内容""舆论导向"的重要平台，成为用户进行移动阅读的重要场所。同时，得益于自身的"自媒体"功能，用户也可以对信息传播的内容进行快速反馈。在移动出版迅速发展的大环境下，传统出版企业也是基本"两微"（微博和微信）同时具备，通过这两个社交媒体的运营，来应对来自移动出版领域的挑战。但是，值得关注的是，社交媒体下的社交阅读运作并没有形成一个完善的、良性的运营体系。就总体状况来说，受众阅读行为分散、内容管理涣散，给社交媒体与移动出版的继续深入融合增加了一定的难度。

（四）有声阅读发力移动出版，增长空间巨大[1]

据易观智库，有声阅读是指依托网页或客户端技术，基于 PC、智能手机、平板电脑、电子阅读器、车载、可穿戴设备等阅读载体，为组织或个人提供有

---

[1] 本部分内容主要参考易观智库《2016 中国有声阅读市场专题研究报告》。

声读物的录制、收听和分享等阅读服务。有声阅读内容涵盖小说、电台广播、相声评书、影视原音、广播剧、百科知识、教育培训、新闻资讯等。近年来，"听书"成为一种新型的阅读方式，尤其是在移动互联网和音频技术高速发展的环境下，通过移动端收听有声阅读的人群越来越广，在移动端获取的收入占比逐年加大。2015年有声阅读发力移动出版市场，迎来了发展的春天，同时，许多新兴公司正如火如荼地开展相关业务。据易观数据统计，2015年有声阅读市场规模达到了16.6亿元，同比增长了29%。

目前，具有听书功能的移动应用多达数百款，市场上常见的有懒人听书、酷我听书、氧气听书、酷听听书、爱听360听书、掌阅听书等多种，有声阅读迎合了人们越来越多碎片化时间、多场景的收听需求，在2015年的移动端用户呈现了快速增长的趋势。据易观智库数据显示，从2015年1月与2016年1月活跃用户同比增长率数据来看，氧气听书和酷听听书的用户增长率达到了110%以上。

有声阅读市场目前处于初级阶段，但有着巨大的发展潜力，增长空间巨大。同时，"互联网+"的大环境将促进有声阅读领域健康稳定发展。未来，有声阅读将继续发力移动出版产业，推动移动出版的繁荣发展。

二、移动出版产业发展现状

2015年，移动互联网继续渗透到人们生活的各种情境。随着移动端的发展，越来越多的人将电脑端的活动转移到移动端，移动互联网的移动端特性进一步体现。2015年中国网民各类手机互联网应用使用情况，根据《第37次中国互联网络发展状况统计报告》显示：在用户规模和网民使用率上，第一，手机即时通信、手机搜索和手机网络新闻继续稳定在前三的位置，手机即时通信继续领跑第一位，网民使用率接近九成，手机网络新闻和手机搜索分居第二、第三位，网民的使用率相当，均接近八成；第二，手机网络音乐、手机网络视频继续保持良好发展势头，位居第四、第五位，与上年水平相当；第三，手机网上支付、手机网络购物、手机网上银行继续"抢镜"，在增长率上处于领跑地位，增长率分别达到了64.5%、43.9%、39.4%，与此同时，手机旅行预订

2015年夺人眼球，全年增长率达到了56.4%；第四，受手机网上支付、网络购物、网上银行等移动商务应用的影响，手机网络游戏、手机网络文学均相应地有所下降，但用户规模和网民使用率依旧保持着良好的发展态势；第五，手机在线教育课程也有发展亮点，2015年用户规模达到5 303万人，网民使用率达到了8.6%。

2015年我国网民各类应用使用率TOP10依次是：手机即时通信、手机网络新闻（上升一位）、手机搜索（下降一位）、手机网络音乐、手机网络视频、手机网上支付（上升两位）、手机网络购物、手机网络游戏（下降两位）、手机网上银行、手机网络文学（下降两位）。

表1　2015年我国网民各类手机应用使用率TOP10

排名	手机应用	2015年网民使用率	全年增长率
1	手机即时通信	89.9%	9.8%
2	手机网络新闻	77.7%	16%
3	手机搜索	77.1%	11.3%
4	手机网络音乐	67.2%	13.6%
5	手机网络视频	65.4%	29.5%
6	手机网上支付	57.7%	64.5%
7	手机网络购物	54.8%	43.9%
8	手机网络游戏	45.1%	12.5%
9	手机网上银行	44.6%	39.7%
10	手机网络文学	41.8%	14.5%

数据来源：中国互联网络信息中心《第37次中国互联网络发展状况统计报告》，2016.01

（一）移动阅读

在2014年的全国两会上，"全民阅读"首次被写入政府工作报告。2016年，这一理念第三次被写进政府工作报告。倡导"全民阅读"三入政府工作报告，《全民阅读促进条例》连续4年列入国务院立法工作计划，反映了国家战略层面对阅读的高度重视。随着移动互联网的发展，越来越多的人习惯了阅读方式的变化。移动阅读作为一种新的阅读阵地，担负着倡导"全民阅读"的历史重任。据易观智库数据显示，2015年中国移动阅读市场规模首超百亿，达到101亿元人民币，同比增长14.3%。

2016年3月，《第13次全国国民阅读调查报告》发布数据显示，越来越多的人们倾向于选择移动终端进行数字阅读。2015年，60%的我国成年国民进行过手机阅读，较2014年的51.8%上升了8.2个百分点；8.8%的成年国民在电子阅读器上阅读，较上年的5.3%上升了3.5个百分点；11.3%的成年国民使用Pad（平板电脑）进行数字化阅读，较2014年的9.9%上升了1.4个百分点。从接触时间上来看，我国成年国民人均每天手机阅读时长为62.21分钟，比2014年的33.82分钟增加了28.39分钟；人均每天微信阅读时长22.63分钟，较上年增加了8.52分钟；人均每天电子阅读器阅读时长6.82分钟，较上年增加了3.03分钟。

另据掌阅发布的《2015年掌阅国人阅读习惯报告》显示，2015年国人手机阅读本数有大幅增长，人均利用手机阅读书本数量从2014年的8本增长到2015年的12本，《孙子兵法》《道德经》等国学类图书成为人们的最爱。从阅读用户来看，2015年，90后和00后成为手机阅读主力，占到了用户总数的63%；从阅读时间来看，人们的阅读时间相对集中，用户大多喜欢在晚上阅读，在20点到24点这一时间段内阅读的用户占总数的32%，1点至5点间也有7%的用户进行阅读。

在移动阅读整体市场中，据易观智库数据发布的《中国移动阅读市场季度监测报告2015年第4季度》显示，2015年第4季度，掌阅iReader以26.5%的市场份额位居行业第一，第二名QQ阅读的市场份额达17.4%，第三名塔读文学的市场份额为10.1%，熊猫看书、咪咕阅读、爱阅读、起点读书、天翼阅读、沃阅读和网易云阅读分列第四到第十位。三大运营商中，中移动的和阅读跌出前十。另据Analysys易观智库统计数据显示，截至2015年第4季度，中国主流移动阅读平台拥有的正版图书作品数量正在逐步增加，起点读书内容规模达160万册，位居行业榜首；QQ阅读继续整合阅文集团的原创小说资源，本季度内容规模为90万册，排名第二；爱阅读、塔读文学以每季度增加几万册作品的速度来丰富平台内容。

网络文学集团化趋势愈加明显，作品影视改编屡获成功。近两年来，资本市场及投资人对移动阅读的认可度越来越高，移动阅读市场成为互联网公司投资的新兴领域，阅文集团、阿里文学、掌阅文学和百度文学都在加快集团化趋势。2015年1月26日，腾讯文学收购盛大文学，成立了全新的阅文集团，拥有中文数字阅读最强大的原创品牌矩阵。2015年阅文通过整合打通内部网络小说资源、推广IP开发标准、推出全面市场营销和运营策略,在高铁、地铁、视频网站都加大投放力度,以及与应用商店、多看阅读的渠道合作,取得了非常大的收获,同时也有助于阅文集团快速站稳移动阅读市场的综合位置。4月23日,阿里巴巴移动事业群推出阿里巴巴文学,阿里文学将与书旗小说、UC书城组成阿里移动事业群移动阅读业务的主要部分。其中,UC浏览器作为移动承载端,其日活跃用户已经突破1亿,书旗小说在移动阅读类APP中也是排名前三的应用。在内容布局上,目前阿里文学已经和天下书盟、微博有书等达成战略合作关系,同时,将在内容合作上采取开放和务实的策略,不强调绝对控制版权,提倡版权共享,不要求掌控IP产业链的所有环节,愿意拿出资源与合作伙伴共享收益。2015年,掌阅文学也取得了惊人的成绩,推出了掌阅电纸书硬件产品,并开始进行游戏、影视方面的合作,提升自身品牌建设。另外,掌阅于2016年年初完成了近1亿美元规模的首轮融资,投资方为国金投资与奥飞动漫,这将有助于掌阅就IP衍生内容进行布局。

2015年国家利好政策出台,为网络文学市场发展指明道路。5月,《嗜血的皇冠》《战长沙》等5部网络文学作品参评矛盾文学奖,成为传统文学奖项对网络文学网站和作者的肯定和鼓励;10月,《中共中央关于繁荣发展社会主义文艺的意见》对外公布,鲜明地提出要大力发展网络文艺;12月,中国作协网络文学委员会在京成立,将大力开展网络文学理论研究和评论工作,不断推出网络文学精品力作。

随着移动阅读的快速发展,社交阅读继续绽放光彩。2015年6月,京东宣布收购社交阅读APP——拇指阅读,借此,京东将通过推出京东阅读社区版APP等动作,打通电子图书全消费链条,为用户提供从选书、买书到评书的闭环服务,电商平台的加入,促进了社交阅读的行业整合;8月,微信团队正式推出"微信读书"APP,成为微信团队推出的第一款基于微信关系链的官方阅读应用,鉴于微信巨大的用户量,其在移动阅读未来的发展也必将大显身手。此外,据《第十三次全国国民阅读调查报告》显示,在手机阅读接触者中,超过八成的人(87.4%)进行过微信阅读。

(二)移动游戏

2015年,我国移动游戏继续发力,市场规模不断扩大,成为行业增长的主要驱动力。据 DataEye 发布的《2015 年中国移动游戏行业年度报告》显示，2015 年中国移动游戏市场规模达到 514.6 亿元，同比增长 87.2%，占我国游戏市场规模的 36.6%。移动游戏用户规模达到 3.96 亿，同比增长 10.9%，同时已超越端游和页游，成为最大的游戏用户群体。

另据《2015 年中国游戏产业报告》，2015 年，国家新闻出版广电总局批准出版游戏约 750 款，移动游戏占到了 49.7%，接近一半，远超网页游戏的 32.8%，客户端游戏的 11.2%，电视游戏的 6.3%。此外，游戏的属地化管理进一步加强，大幅度压缩游戏出版审批时间，实现客户端游戏、网页游戏出版审批平均一个月办结，移动游戏等出版审批平均时限更短。

从《2015 年中国移动游戏行业年度报告》中还可以看出，从使用时间上看，2015 年，中国手游玩家游戏时间碎片化特征有所改善，日均使用时长大于 30 分钟的玩家超过 30%；从使用次数上看，日均游戏次数超过 3 次的玩家接近 40%；在用户活跃度方面，iOS 平台用户整体上略优于 Android 平台用户。

另据 TalkingData 发布的《2015 年移动游戏行业报告》，2015 年新上线的游戏作品中，动漫、魔幻和三国等题材移动游戏受到开发者青睐。移动游戏覆盖 TOP20 中主要以休闲游戏为主。从使用用户来看，移动游戏用户中男女比例基本持平，女性用户群体不容忽视；35 岁及以下年龄段是移动游戏用户主体，合计占比约为 78.3%，大多数 80 后、90 后已成为移动游戏的主力人群，对游戏口碑、群体导向以及游戏研发方向等起到较多影响。此外，Android 平台移动游戏用户所使用的设备 95.7% 为手机，平板接近 4%。

短期看来，游戏行业并未出现可能取代移动游戏的新领域，无论是 H5 游戏还是大热的 VR 游戏都还远没能展现出取代移动游戏的实力，预计接下来移动游戏市场还会持续升温。

（三）移动音乐[①]

2016 年 3 月，艾媒咨询发布的《2015—2016 年中国手机音乐客户端市场研究报告》显示，截至 2015 年年底，中国手机音乐客户端用户规模达 4.4 亿。另外，手机音乐客户端在手机网民中的覆盖率达到 64.8%。另据艾媒咨询统

---

① 本部分内容主要参考艾媒咨询《2015—2016 年中国手机音乐客户端市场研究报告》。

计，移动音乐2015年市场规模440.3亿元。

就下载量来看，手机音乐客户端中，酷狗音乐、QQ音乐、酷我音乐累积下载排名前三，占比分别为27.6%、15.1%和12.2%。排名第四到第七位的分别是：网易云大师、天天动听、多米音乐、百度音乐、虾米音乐、千千静听和豆瓣FM；就满意度来看，酷我音乐、网易云音乐、酷狗音乐用户满意度相对较高，分别得分8.6分、8.5分、8分（满分10分），它们都深受年轻用户的欢迎；就用户认知度来看，酷狗音乐73.2%、QQ音乐63.7%、酷我音乐60.8%，位居前三，远高于其他客户端；就UI界面来看，酷我音乐在2015年UI界面完成全新改版，用户体验度最好；如果从曲库丰富程度看，酷我音乐、酷狗音乐曲库较为丰富，网易云、虾米音乐在此方面较为弱势；而就功能丰富程度而言，虾米音乐功能稍显不足。

2015年7月，国家版权局下发《关于责令网络音乐服务商停止未经授权传播音乐作品的通知》，许多音乐客户端所能提供的曲库由于版权问题大大缩减，曲库的丰富程度成为用户的基本诉求。然而国民对音乐版权付费还未能真正接受，近七成用户单独付费意愿在1元以下，虽然越来越多的用户渐渐树立了版权意识，但过去免费下载收听的行为习惯使得用户接受付费下载需要一定程度的"过渡"。另外，67.2%的受访用户从未进行过付费下载的行为。歌曲的付费问题，将成为未来移动音乐发展所面临的瓶颈和挑战。与此同时，19家网络音乐服务商共同签署了《网络音乐版权保护自律宣言》，这是对加强网络音乐版权保护工作最有力的回应。

随着大批的音乐用户迁移到手机，各大手机APP还将继续攻城略地抢占市场，就目前来看，手机音乐APP要想发展得更好，需要培养用户音乐版权的意识，让他们有付费的习惯，同时还要树立自己的品牌定位，走出与众不同的道路。

（四）移动动漫

移动动漫是在智能手机、平板电脑等移动终端上展现的，以动画和漫画为主要表现形式，通过向用户提供动漫产品及衍生品，将内容生产商、运营商和消费者连为一体。据易观智库千帆监测数据显示，2015年第4季度中国移动动漫市场用户渗透率较第3季度有所上升，最主要的原因在于第4季度移动漫画市场整体活跃人数基数变大，达到了1 952.99万人，较上一季度增长68.46%。从用户渗透情况来看，排在前三位的渗透率均超过了20%。布卡漫画渗透率最高，达到25.03%；看漫画紧随其后，为24.97%；第三位是爱动漫，渗透率为20.46%。排在第四到第十位的分别是：有妖气漫画、腾讯动漫、咪咕动漫、追追漫画、漫画人、暴走漫画和漫画岛，各厂商之间的差距并不是特别明显。

版权一直是困扰各厂商的严峻问题。易观分析认为，移动动漫市场的版权问题仍较为严重，内容来源主要是扫图汉化、平台间互相抓取等，平台原创和作者投稿占据的内容相对较少。随着国家对文化产业版权及内容的监管越抓越严，移动动漫市场也必将面临正版化的要求。布卡漫画2015年的重点是启动正版化策略，最直接的表现便是下架有版权问题的漫画。一方面开展原创漫画业务，积累自身体量；另一方面积极与海外正版版权方合作，如与日本知名出版社双叶社进行全面的版权合作，正式签下《蜡笔小新》等。2015年11月，腾讯宣布将投入3亿元建立聚星基金，扶持动漫创作者和工作室，鼓励创造更多的原创国产动漫作品，可见其针对国产原创内容的扶持力度在加强。此外，2014年更名为咪咕动漫的中国移动手机动漫基地，作为中国移动在动漫领域的唯一运营实体，截至2015年7月，已累计签约合作伙伴1 354家，授权形象超过3 500个。[1] 同时，2015年实现营收36.7亿元。[2]

（五）移动视频[3]

随着移动端的发展，近年来人们观看视频的屏幕已经从电脑转移到手机。2015年，各大视频巨头网站加大对视频内容的投入，并通过各种手段加强对移动端的引流，完善移动端用户体验，使得移动视频用户规模显著增长。据艾媒咨询发布的《2015—2016中国移动视频市场专题研究报告》显示，2015年中国移动视频用户规模达到4.31亿，同比增长26.4%。移动视频应用用户增量主要来自PC端用户的迁移，随着移动视频观看习惯的培养，将进一步推动移动视频应用用户规模的增长。

---

[1] 本部分内容及数据参考 http：//tech.qq.com/a/20150723/027679.htm 腾讯科技。
[2] 本部分内容及数据参考 http：//www.gmw.cn/cg/2016 - 04/09/content_ 19638040.htm 光明动漫。
[3] 本部分内容主要参考速途研究院《2015年上半年移动视频报告》。

据速途研究院发布的《2015年上半年移动视频报告》显示，在用户常用的手机视频APP中，优酷视频位居榜首，排在前三名的还有爱奇艺、腾讯视频。腾讯视频成功的原因离不开腾讯庞大的用户群体，而爱奇艺、优酷等更注重原创的优质内容。2016年2月份，据艾媒北极星2016年2月份统计数据显示，春节期间，移动视频用户规模增长明显，腾讯视频、爱奇艺以及优酷领跑移动视频市场，位列第一梯队，占比分别为28.56%、27.04%、26.79%；搜狐视频、土豆视频位列第二梯队，用户占比分别达到7.79%、5.6%。

移动视频的观众趋于年轻化。据《2015年上半年移动视频报告》显示，20—29岁的移动视频观看人群占比达高达47%，这部分人大部分在上学或上班，喜欢看新节目，喜欢追剧，又有大量的闲散时间，地铁上公交上的时间，成了他们消遣的一部分。30—39岁的人群也占了很大比重，占比约为34%，这部分人年龄相对来说也比较年轻，工作上趋于稳定，空闲时间也比较多，喜欢看一些节目或视频进行放松。

经调查发现，现在有65%的移动视频用户的移动终端设备上安装着多个视频客户端；而只安装一个移动视频客户端的用户占比仅有35%。视频版权之争一直没有停止过，用户在观看视频时通常会面临这样的情况，看不同的电影、电视剧需要切换不同的视频客户端，久而久之，那些视频爱好者的手机或者平板电脑中就会聚集各家的视频应用。

2015年，中国移动视频市场中，广告依然是重要的赢利模式，但盈收结构渐趋多元化，付费用户比例增幅迅速。就爱奇艺来说，2015年12月1日，爱奇艺月付费用户达到1 000万，这1 000万中的第一个500万用了四年的时间来完成，第二个500万则用了五个半月时间完成，这说明市场到了爆发增长期。[①]未来，各家视频巨头将继续延伸下游产业，重点发展移动端，争取实现多屏多终端覆盖，倾力打造全产业链视频生态系统。

（六）移动地图[②]

艾媒咨询《2015年中国手机地图市场研究报告》显示，2015年中国手机

---

① 本部分内容及数据参考 http://money.163.com/16/0116/04/BDE4C5AI00253B0H.html 网易财经。

② 本部分内容主要参考艾媒咨询《2015年中国手机地图市场研究报告》。

地图市场用户规模已突破 6 亿，达 6.05 亿，用户渗透率高达 88.7%。未来，由于人口红利的消失，手机地图用户规模的增长也将放缓，赢利商业模式的探索以及用户体验改良升级将是各手机地图厂商的发展重心。

艾媒报告显示，在市场份额方面，高德地图的市场份额高于百度地图，达到 32.6%。百度地图和腾讯地图位列第二、第三位，占比分别为 29.3%、11.1%。高德地图之所以有较高的份额，首先得益于高德地图的公交、驾车用户持续增长，其二是苹果地图用户的增加（高德地图是苹果地图在中国地区的服务供应商）。

从市场满意度来看，在市场上所有手机地图产品中，高德地图的满意度是最高的，用户满意度为 8.8 分，百度地图 8.4 分、腾讯地图 8.2 分、搜狗地图 7.8 分（满分 10 分）。

在艾媒报告中，手机地图发展体现出以下几个趋势：① 2015 年，中国手机地图用户使用功能仍以导航规划、路线查询为主。而生活属性的功能使用率随着手机地图与生活场景日趋紧密的结合，呈一路上涨趋势。② 用户在手机地图中最为常用的生活信息查找分别是餐饮、银行以及酒店信息。另外，基于移动打车的普及以及与手机地图场景更好的契合，打车这一功能使用率提升明显。③ 在室内导航功能、实时公交查询功能、位置共享功能三大功能的对比当中，实时公交查询最受用户认可，在实用性和体验性上均赢得了用户好评。而室内导航功能目前普及率稍低，虽然响应了不少用户的需求，但体验上有待加强。④ 45.1% 的手机地图用户偏向使用普通版本的国语导航，而明星语音导航以及方言导航的使用占比为 26.1% 和 9%。

（七）移动教育[①]

随着移动互联网的发展，在线教育加速移动化，移动教育进入高速发展阶段。据艾媒咨询发布的《2015—2016 年中国移动教育市场研究报告》显示，2015 年移动教育市场规模达到 14.3 亿元，用户规模达到 2.49 亿人。

艾媒数据显示，移动教育应用中，语言学习类应用款数最多，占比达到 29.1%，其次是 K12，达到 22.3%。另外，学习辅助工具、职业技能培训类应

---

① 本部分内容主要参考艾媒咨询《2015—2016 年中国移动教育市场研究报告》。

用也较多，占比分别为18.2%、16.7%。学前教育、高等教育类应用由于受众年龄的限制，产品数量也相应较少。据调查，2015年最受用户欢迎的移动教育类APP前十位分别是：有道词典、驾考宝典、小猿搜题、百度作业帮、金山词霸、驾校一点通、学霸君、猿题库、超级课程表、百词斩、掌中英语和课程格子。从年龄上来看，移动教育用户以30岁以下为主，占比达77.4%，其中20—30岁占比51%，20岁以下为26.4%。

数据显示，大多数移动教育用户在移动设备上安装了1—2个相关应用。其中，通过应用市场推荐了解移动教育产品的为54.9%，亲朋好友推荐的为45.1%，主动搜索的为42.2%。仅有23.5%和5.9%的移动教育用户通过网络广告和线下广告了解移动教育产品。此外，绝大多数用户使用某个移动教育产品的最长时间在6个月以下，占比66.7%，主要原因有，该产品无法满足自身需求、产品体验不佳、产品占内存/耗流量以及发现更好用的同类产品，分别占到了43.1%、35.3%、34.3%和31.4%。2015年中国移动教育用户对相关产品非常满意的仅为21.8%，绝大多数认为移动教育产品有待提升。移动教育用户极看重产品的口碑，同时，优质的内容质量及用户体验也是移动教育产品的核心竞争力，移动教育的竞争者需以此为出发点，从而吸引用户。

在"互联网＋"政策的驱动下，在线教育市场将持续快速发展，并逐渐继续从网页端向移动端发展。移动教育已经培养了一定的用户基础，但用户习惯仍需深入培养，有待行业巨头们继续发力。

三、年度影响移动出版产业发展的重要事件

（一）中移动咪咕文化科技集团公司正式挂牌成立

2015年1月15日，咪咕文化科技有限公司在北京正式成立，宣告中国移动在数字内容服务领域正式开展公司化运营。咪咕文化科技有限公司是中国移动面向移动互联网领域投入运营的第一个专业子公司，整合了中国移动旗下音乐、视频、阅读、游戏、动漫等业务，旨在打造传统媒体和新兴媒体融合发展的新型平台，为客户提供精彩纷呈的数字内容产品及服务。集团公司注资资金

为 104 亿元，分三年拨付，2015 年注资 71 亿元。

（二）阅文集团正式挂牌成立

2015 年 3 月 16 日，腾讯文学和盛大文学联合成立的新公司"阅文集团"宣布正式挂牌。集团成立后，将对原本属于盛大文学和腾讯文学旗下起点中文网、创世中文网等众多网文品牌进行统一管理和运营。

（三）阿里巴巴成立阿里文学

2015 年 4 月 23 日世界读书日之际，阿里巴巴宣布推出阿里巴巴文学。阿里文学将与书旗小说、UC 书城组成阿里移动事业群移动阅读业务的主要部分。阿里文学主要负责的业务将以内容生产、合作引入以及版权产业链的双向衍生为主，同时，将依托内容生产，从数字内容阅读、传播、版权和粉丝经济等方面入手，进行网络文学产业的生态建设。

（四）掌阅科技成立掌阅文学，正式进入原创文学领域

2015 年 4 月 28 日，国内手机阅读平台掌阅科技宣布，将投入 10 亿元人民币，进军网络原创文学领域，旗下子公司掌阅文化、红薯网、杭州趣阅已全面启动签约优秀原创作品，打造适合无线端的高品质原创内容。此次进军网络原创文学，掌阅不仅着力于原创作品在自有平台的销售，同时也在出版、影视、游戏、动漫、有声等泛娱乐方面有全面的布局，全力打造原创作品的优质 IP。

（五）联网企业联合倡议深化"净网"

2015 年 10 月 30 日，阿里巴巴、百度、陌陌、腾讯、新浪/微博、优酷等 6 家互联网企业共同发出《关于"清朗网络环境，文明网络行为"的联合倡议》，呼吁互联网从业者秉承良知底线，坚持理性自律，践行社会主义核心价值观，自觉抵制网络淫秽色情等有害信息，努力为净化网络环境做出贡献。

四、总结与展望

2015年作为"十二五"规划的收官之年，画下了一个圆满的句号，也为"十三五"的开启奠定了良好的基础。年初李克强总理在两会上提出的"互联网＋"行动计划，驱动着传统行业与互联网的深入融合。支付宝、微信支付等的强势发力，使得移动支付已经渗透到了人们的日常生活中，用户的众多日常行为也早已离不开手机。出版业在践行"互联网＋"的行动上，默默无闻地做着行动派。出版方面的用户不断地从PC端转向移动端，各相关企业竞相争夺移动端市场，并纷纷就此发力，在移动阅读、移动视频、移动动漫等领域都取得了良好的反响。但未来，移动市场将趋于饱和，这是我们不得不面对的问题，而市场竞争的激烈程度也可想而知，需密切关注，移动出版将任重而道远。

（一）主要问题

目前，移动出版在发展过程中遇到的主要瓶颈和亟待解决的问题，包括以下几点。

1. 赢利模式问题有待进一步解决

移动出版依旧处在培育用户和产品的发展阶段，由于市场环境的尚不成熟，不管是付费阅读、广告植入，还是通过提供增值服务来收费都还在探索之中，并没有很清晰的商业赢利模式。对砸钱的互联网企业而言，鉴于其在移动互联网版图的整体布局和规划，凭借着雄厚的实力强势介入移动出版，短期之内并无赢利压力；而对于传统出版企业而言，迫于赢利的压力，贸然涉水可能带来的负面后果将不堪设想。因此，探索成熟的移动出版赢利模式乃当务之急，但不论从哪方面来讲，这都并非易事。

2. 用户规模增长变缓，竞争愈加激烈

一方面，随着用户不断地从PC端转向移动端，移动端市场在经历过用户迅速增加的"狂喜"之后，终将会面临趋于饱和的未来。2015年移动端用户

的增长情况较 2014 年趋缓，便为相关企业敲响了警钟。另一方面，面对饱和的市场情况，移动出版市场企业间的竞争将会更加激烈，整个市场将面临一场新的"厮杀"，通过异常残酷的竞争，许多发展不稳、实力较弱的企业终将被淘汰，市场会出现新的格局。

3. IP 大热有待进一步证实

2015 年是移动出版 IP 大热之年，极大地带动了优质内容的挖掘和运用，显现出知识产权在产业发展中所起到的举足轻重的作用。但是，IP 大热的同时，我们不得不深入思考，IP 大热可能是表面现象，在实际的实践中极易出现"口号喊得响，行动跟不上"的现象，如此一来，许多优质内容并没有得到真正的深入研发。

4. 版权保护及内容审查难度进一步加大

随着内容的不断增加，移动出版所面临的问题也会增多，一是量大，二是分散，三是隐蔽。从版权保护的层面来看，海量盗版行为的出现，可能会使企业无暇顾及，加大维权难度；同时，权责划分不明晰，面临问责主体相互推诿的问题；再者，移动出版传播范围极广，也使得侵权的方式极具隐蔽性，难以进行把控。当然，这三个问题造成的最直接的后果便是，极大地增加了主管部门的审查难度，使得内容审查漏洞极易出现。

5. 技术更新速度与内容的研发程度不匹配

一方面，移动互联网时代，数字产品和信息技术更新的速度惊人，一项新的技术研发成果往往没过多久就会被淘汰。另一方面，许多内容的研发程度不够深入，挖掘程度远跟不上技术更新速度。如此一来，便造成了技术更新速度与内容研发程度的不相匹配，并不能将技术与内容的最佳状态呈现在读者面前，同时也会出现一种较为混乱的状态。以出版类 APP 为例，其更新迭代的频率高，速度快，一年可能需要发布数次乃至数十次，但是，版本更新的同时，却无暇顾及内容的更新，加之后期还需更多资金、人力等的投入，就愈发难以把控。

6. 人才培养与实际需求脱节

人才是移动出版产业化的关键，是决定产品研发、技术提供、渠道开拓的根本性问题。移动出版是一个新兴的开放型产业，有着其自身的特点，需要既懂出版又懂技术的复合型人才，同时还应符合产业发展特点，但是，符合要求的人才是缺乏的，这成为移动出版发展的瓶颈。这就要求移动出版及相关企业能够建立健全待遇保障体系、专业人才培养体系，把握定位，按需培养选拔优秀人才，创造有利于人才发展的优越环境，从而推进企业自身乃至整个行业的发展。

（二）未来展望

移动互联网为参与移动出版的竞争者创造了无限的可能，涌现出的这些企业借助新技术，通过积极主动的革新，努力寻找适合自己的市场定位。在众多因素的驱使之下，将创造移动出版新的未来。

1. 利好政策驱动移动出版发展

"互联网＋"行动计划的实施、"全民阅读"前所未有的受重视，使得移动出版上升到了国家重视的高度。政府出台的一系列利好政策，为移动出版营造了良好的发展空间。2015年4月，国家新闻出版广电总局、财政部联合印发《关于推动传统出版和新兴出版融合发展的指导意见》，《意见》提出要立足传统出版，发挥内容优势，运用先进技术，走向网络空间，切实推动传统出版和新兴出版在内容、渠道、平台、经营、管理等方面深度融合，同时要充分利用新一代网络的技术优势，加快发展移动阅读、在线教育、知识服务等新业态。2015年5月，国务院办公厅印发《关于加快高速宽带网络建设推进网络提速降费的指导意见》，明确指出要加快基础设施建设，大幅提高网络速度。2016年3月，为了规范网络出版服务秩序，促进网络出版服务业健康有序发展，国家新闻出版广电总局、工信部联合印发了《网络出版服务管理规定》。

2. 新技术的出现及应用将为移动出版提供发展思路

几年前陌生的二维码现在已经为人们所熟知，并应用在日常生活的方方面面。就出版而言，通过二维码，传统图书上的内容会以多媒体的形式在移动设备上展示出来，不仅延伸了图书的内容，还使其立体化、动态化地呈现出来。这便是新技术的应用。而近年来出现的 HTML5、NFC、VR、AR、Buy＋等技术应用都将为移动出版的产品形态、发展方向提供新的发展思路。Buy＋是2016年4月阿里巴巴推出的全新购物方式，使用 VR 技术，利用计算机图形系统和辅助传感器，生成可交互的三维购物环境，它将突破时间和空间的限制，真正实现各地商场随便逛、各类商品随便试的愿望。

3. IP 运营继续深耕移动出版

2015 年是 IP 大热之年，众多企业通过培育优质 IP，将触角延伸至电影、电视剧、游戏、动漫、音乐等产业，形成一条完善的产业链，通过跨界合作，实现了 IP 价值的最大化和最优化，这种商业模式得到了行业很大程度的认可，例如阅文集团运用泛娱乐的 IP 开发战略。IP 大热之后便是继续的深耕细作，未来，各方企业要继续以知识产权为核心，借助移动互联网强大的推动力，通过更深层次的挖掘和开发，使得 IP 运营内容继续得以延伸和拓展，从而创造高附加值产品，推动移动出版的繁荣发展。

4. 移动支付助力移动出版发展

2016 年春节，支付宝的集福卡活动、微信支付的抢红包活动等，使得支付宝支付、微信支付越来越为人们所接受，甚至渗透到人们生活的方方面面；而近来，百度钱包客户的增长势头也不错；2016 年 2 月，苹果公司的 Apple Pay 业务在国内上线，是苹果公司在移动支付方面做出的又一举措。移动支付的快速普及及应用，为移动出版的发展奠定了一定的基础和条件。

5. 多屏互动成常态

多屏互动是指基于 DLNA 协议或闪联协议、Miracast 协议等，通过 Wi-Fi 网络连接，在不同多媒体终端上，如智能手机、Pad、TV 等之间，可进行多媒体（音频、视频、图片）内容的传输、解析、展示、控制等一系列操作，可以在不同平台设备上同时共享展示内容，丰富用户的多媒体生活。用户已经进入了跨屏时代并逐渐适应。未来，以手机为核心，PC、平板电脑、电视、智能家居终端、可穿戴设备及其他智能设备之间的互动机制将会更加活跃。随着移动互联网的更加普及，多屏互动、跨屏机制将成为竞争企业的重点发展战略，对产业链的上下游都将会是一个巨大的挑战。

（作者单位：中国新闻出版研究院）

2015—2016 中国数字印刷与按需印刷（出版）产业年度报告

郭春涛　侯金香

近年来，印刷行业发展态势低迷，数字印刷逆势上扬。据美国印刷市场与资讯研究机构 PRIMIR 发布的数据显示，2014 年全球数字印刷业总产值达到 1 986.5 亿美元，占总市场的 27.4%，预计，到 2018 年数字印刷产值将接近胶印的 50%。另据欧洲印刷协会联合会主办的《印刷企业普查研究项目的调查报告》显示，2007 年全球印刷企业平均赢利为 300 万欧元，2015 年则增长至 625 万欧元，业务收益复合年均增长率达到了 9%，这之中不乏数字印刷企业的贡献。从技术层面上看，喷墨作为数字印刷领域中的重要技术，最近几年备受关注。2009 年喷墨印刷的市场总量为 268 亿美元，在 2014—2019 年将保持高速增长，年均增长率约 12.7%，到 2019 年，全球工业喷墨打印市场将超 88 亿美元。

近两年，随着数字印刷技术的进一步发展和理论创新，以及品牌商针对市场不断推出新品倒逼数字印刷技术发展的趋势，使得数字印刷市场规模逐渐扩大。其中除了专营数字印刷的企业外，不少传统印刷企业也表示采用数字印刷技术，能让内部效率提升、成本下降。据 InfoTrends 对印刷行业做的一项调研显示（该调研一改业者以每小时产量为评估计量标准，选用设备使用率与营收绩效交叉比较），以 2014 年为例，营收实现快速增长的印刷企业，平均每天使用彩色单张纸数字印刷设备超过 8 小时，彩色卷筒纸数字印刷设备平均每天超过 7 小时；而营收衰退的印刷企业平均每天使用传统印刷设备将近 9 小时。这一比较无疑透露了诸多信息，既说明了未来趋势，也表明了印刷业界的发展瓶颈。而喷墨印刷技术作为数字印刷领域中非常重要的技术之一，备受关注。一份对国内 200 家印刷企业的问卷调查表明，七成以上的样本企业拥有 1—3 台喷墨打印设备，五成以上的样本企业喷墨设备投入10万—50万元人民币。未来，将有更多印刷企业选择数字印刷技术，以达到优化生产效率和降低成本的目的。

数字印刷技术是当下印刷技术发展的热点。就目前而言，已经在商业印刷、出版印刷、影像印刷、标签印刷、票据及邮政印刷等常规领域广泛应用，更在印刷电子、功能性印刷方面取得重要突破。印刷发达国家的经验表明，未来市场将会对短版和快版活件需求日益增加，而个性化、高附加值的业务也将是发展方向之一。毋庸置疑，随着数字印刷技术的不断完善，以及企业经营模式的逐渐优化，未来几年数字印刷市场仍将在印刷行业持续增长。

与欧美发达国家相比，我国数字印刷技术虽然起步较晚，但增速稳健，尤其在全球经济低迷之时，中国仍是为数不多持续投入数字印刷设备的国家，与此同时，近两年数字印刷技术和市场在国内也得到了长足发展。2015年9月，国家新闻出版广电总局印刷发行司司长王岩镔公布了我国印刷业发展的最新数据。2014年，全国共有印刷企业10.5万家，从业人员339.4万人，实现总产值10 857.5亿元，全行业资产总额11 763.0亿元，利润总额714.2亿元，印刷对外加工贸易额866.2亿元。与上一年相比，我国印刷业总产值增长了5.3%，但增速继续放缓，企业总数和从业人员数量均有所减少。其中，共有数字印刷企业2 622家，同比增长5.4%，总产值实现101.8亿元，数字印刷设备装机量共8 792台（套）。国内数字印刷市场规模与上一年基本持平。

与此同时，国家对数字印刷技术持续关注。2015年是"十二五"收官之年，印刷"十二五"规划确定的主要任务和基本指标基本完成，且产业结构有所优化，印刷对外加工贸易总体发展呈逆势增长态势，传统印刷技术与数字和网络技术的融合、商业模式的创新、产业链向前端设计和后端物流服务延伸，扩充了印刷加工的商业价值。在"十三五"规划中，政府对印刷行业及数字印刷行业制定了新的目标，包括围绕数字化、信息化、网络化、智能化的产业发展趋势，推动印刷业融合先进科学技术，实现向全面数字化转型；完善绿色印刷体系和绿色检测体系建设，推行清洁生产，争取在"十三五"期末，实现出版物印刷、商业印刷、包装装潢印刷等领域绿色印刷全覆盖。

不难发现，虽然相较于印刷发达国家和地区，我国数字印刷还处于起步阶段，但市场的持续活跃以及政府的大力关注和支持，将会给印刷行业乃至数字印刷行业带来一阵春风。同时，我们也深知，同传统印刷行业相比，数字印刷体量偏小，还有很长的一段路要走，需要业界同人共同努力推广和普及这一技术。

一、数字印刷与按需印刷（出版）产业状况

（一）国外市场发展状况

近十年来，短版数字印刷和按需印刷技术取得了长足发展，生产型数字印刷设备供应商们也在印刷质量、幅面、速度和工作流程等方面做出诸多改善。一些原本只能进行单色文字印刷的解决方案现在已经可以进行彩色印刷，并具备了定制化和个性化生产的能力——速度、质量的全面提升，这些技术的进步彻底改变了出版商的图书出版方式。

以欧洲市场为例，数据显示2016年欧洲地区对短版印刷与实时印刷的需求将更为明显，采用数字印刷方式将为企业有效降低生产成本。在欧洲，数字印刷技术已成为高效的代名词。而喷墨作为一项能够明显降低短版和按需印刷活件生产成本的技术，其对整个印刷供应链而言至关重要，尤其是近些年，应用于图书出版领域的高速喷墨轮转印刷设备、单张纸高速喷墨设备以及纳米印刷的技术不断突破，这为印刷企业带来了更多新机遇。

1. 美国市场

美国是最早一批的数字印刷技术实践者，目前已走在国际前列。美国数字印刷涵盖包装、书刊、商业、标签等诸多领域，但当地数字印企主攻3个领域：直邮、相册及贺卡，以及传统印刷与数字印刷配合完成的个性化产品。2014年，美国印刷产值达到1 610亿美元，2015年会达到1 599亿美元，基本保持平稳。另据数据显示，美国数字印刷工业产值自2009年逐步开始上涨，2013年美国的数字印刷零售额约480亿美元。有业内分析人士预测，目前美国个性化印刷市场规模约300亿美元，占整体商业印刷市场约30%。

而Info Trends针对美国按需印刷市场的调查报告表示，以零售价估计，美国按需出版市场值已经由2010年的382亿美元增加到2015年的441亿美元，年均增速为2.7%，其中数字彩色打印年均增速为5.4%，数字黑白打印则年均减少5%；以印刷页数来估计，总市场量由2010年的5 530亿页增加到2015年的5 760亿页，其中数字彩色打印年均增速约15.1%，数字黑白打印年均减少

4.4%。可见,美国按需出版市场已经开始了彩色数字印刷时代。

当然,美国按需出版市场也存在着不少危机。消费者越来越青睐数字媒体,印刷品销量和印刷单价的下降也损害了整个行业的利润。在产能普遍过剩的市场环境下,印刷企业要想获得生存机会就必须对新技术,尤其是对数字印刷技术以及喷墨印刷技术进行合理且完善的投资。

2. 德国市场

德国作为欧洲最大、世界前四位的印刷市场,总产值389亿美元,印刷行业公司9 700多家,员工数15万,平均每家公司16人,平均年营业额390万美元。根据产值,德国印刷业排在前3位的是包装印刷、广告印刷、商业印刷,占整个印刷市场的80%。按印刷工艺分类,胶印占42%、柔印占21%、凹版印刷占13%、数字印刷占12%、其他占12%。在德国,推动印刷业发展的是高度竞争的零售行业和健康有序的图书市场,其企业所处的环境特点是较高的质量和激烈的竞争。在德国,数字印刷被视为"最有前途"的印刷方式。

在图书出版方面,德国出版业的发展在欧洲一直名列前茅。20 世纪90 年代中期开始,德国便开始应用按需印刷业务。德国最大的图书配送公司 Libri 的子公司 Books on Demand GmbH,将传统书业和按需印刷进行了有效结合。贝塔斯曼集团也从2001 年起涉足这一领域,下属的 Bertelsmann Media on Demand 公司专营按需印刷业务,并被视为经典的成功案例。

3. 英国市场

英国是欧洲的第二大印刷市场,是继美国、德国之后开展按需出版的国家。近年来,由于受金融危机影响,英国印刷业有所衰退。2014 年英国印刷企业数量继续缩减至12 885 家,且多数印刷企业的收入呈下降趋势。目前,英国有大量印刷企业采用了数字印刷技术,广开思路,研发了新产品以弥补传统印刷品下降的不足,并促使印刷业向利好方向发展。世界调研机构 IBIS World 于 2015 年2 月发表的《英国印刷市场研究报告》指出,在2010—2015 年,英国印刷业的总收入在以每年3.4%的速度下降。2014 年英国印刷收入为90 亿英镑,员工数量为86 095 人。

2008 年之后,英国市场上的小型企业对印刷品的需求降低,印刷业开始适应数字化。业内人士表示,传统的高产量、低利润的印刷品正在减少,而消费者对高品质、个性化印刷品的需求在不断增长。印企未来的目标市场是短版、高附加值的印刷领域，尤其是对数字印刷技术的使用。

4. 日本市场

据日本矢野经济研究所调查和统计，虽然日本印刷产业规模已经连续多年下滑，但日本数字印刷市场规模却处于不断增长之中，2014年日本数字印刷销售额达2 935亿日元，主要包括账单、直邮及个性化手册。据调查日本的印刷业者拥有数字印刷机、彩色数字印刷设备机占67%，从参与调查的印刷企业中数字印刷机每周的工作天数来看，每周工作5天（即工作日天天运转）的占50%，每周工作3天的占36%，每周工作2天的占14%。可见，数字印刷机的运转率已经达到较高水平。从参与调查的印刷企业应用数字印刷机的经济效果来看，赢利的占42%，亏损的占21%，基本持平的占37%。虽然印刷企业的赢利情况并不完全取决于所用的印刷机是传统印刷机还是数字印刷机，但应用数字印刷机的印刷企业的赢利比例之高，仍然令人出乎意料。

随着数字印刷技术在日本的推广和普及，当地按需出版市场也逐渐成熟，不断有老牌印刷企业、出版机构涉足这一领域。目前，行业融合之势也已经凸显出来。如东京书籍贩卖公司、凸版印刷公司和29家出版社共同出资成立Booking公司开展按需印刷；富士施乐、微软和大型出版社讲谈社、小学馆4家共同出资成立按需出版专业公司。

5. 法国市场

全球十大印刷市场中，法国位居第六，是欧洲第三大印刷市场。法国也是最早一批采用数字印刷技术实施按需出版的国家。早在数字印刷技术刚刚兴起的时候，法国出版巨头阿歇特集团采用了这一技术，并亲眼见证了其从青涩走向成熟的过程。目前，阿歇特图书集团实现了按需印刷、内容组织和订单管理等生产流程的全面自动化，并在自动化的系统里，出版商、零售商和发行商可实现自如地接收和处理订单，再将其发送到印刷系统上。凭借数字印刷技术，阿歇特图书集团将图书的生产周期控制在了1至4天之内。

（二）国内数字印刷市场发展状况

1. 国内数字印刷市场扫描

（1）上海市

2014年上海市印刷企业为4 403家，从业人员16.7万人，工业总产值

829.3 亿元，销售收入 831.9 亿元，数字印刷销售收入 7 亿元。

（2）广东省

2014 年广东省印刷企业实现工业总产值 1 904 亿元，比 2013 年增加 5.43%。截至 2014 年年底，广东共有印刷企业 19 690 家，其中出版物印刷企业 655 家，专营数字印刷企业 54 家，从业人员 78.09 万人。

（3）浙江省

截至 2014 年年底，江苏省工业印刷总产值 1 195.52 亿元，从业人员 42.89 万人，共有各类印刷企业 14 168 家。其中，出版物印刷企业 284 家，出版物专项印刷企业 133 家。专营数字印刷企业 26 家，打字、复印企业 4 235 家，全省数字印刷机械装机 129 台（套），数字印刷部分总产值 2.31 亿元。

（4）福建省

2014 年福建省共有 3 167 家印刷企业（不含打字复印），其中出版物印刷企业 192 家，专营数字印刷企业 17 家，从业人员 13 万多人，印刷工业产值 535 亿元。

（5）四川省

四川省现有印刷企业 3 317 家，全年印刷工业总产值 402.41 亿元。其中，出版物印刷企业 203 家，专营（兼营）数字印刷企业 6 家。从业人员 110 835 人。按经营类别分，出版物印刷企业总产值 23.72 亿元。

（6）安徽省

2014 年全省共有注册印刷企业 3 036 家。其中，出版物印刷企业 245 家，与上年持平，数字印刷企业 12 家，比上年增 7 家。印刷从业人员 86 064 人。印刷工业总产值 337.71 亿元。

2. 国内按需出版市场发展情况

不得不承认，从短版印刷到按需出版是一个逐渐发展的过程。近两年，由于传统印刷企业的涉足，数字印刷市场逐渐呈现出多元式的发展趋势，产品应用也日趋成熟。在按需出版方面，已经有传统印刷企业、数字印刷企业、出版集团正在积极介入，但还处于起步阶段，未形成完善的商业模式，且国外按需出版主要由出版机构、图书经销商推动，其拥有大量的图书内容资源，而国内则以技术供应商为主，中国要想解决这一问题，必须从出版社的经营模式开始转变。

就目前来看，出版社已经明显地感觉到传统出版所带来的压力，起印门槛高、库房租金逐渐上涨、库存堆积严重、回款难、图书同质化严重、资源浪费……凡此种种，已经开始倒逼出版社将目光转向按需出版经营方式。国内一部分出版单位，如知识产权出版社、凤凰传媒出版集团、中国图书进出口（集团）总公司、中国教育图书进出口有限公司涉足之后，据笔者了解，2015年年底，不少出版社已经有了联合开展按需出版的想法。这样一来，不仅能解决资金问题，还能扩大出版内容资源，为后续真正意义上的"按需出版"做伏笔，于出版业而言，这是一次非常有意义的尝试。

　　回顾20年来的国内图书行业，繁荣的背后隐藏着国内图书行业的一些问题，品种、印量逐步增长，但销售数量却远远落后于库存。有数据显示，中国每年出版40多万种图书，是美国的两倍。仅全国新华书店系统、出版社自办发行单位，2012年的全国图书库存总值达884.05亿元，同期销售额是693.59亿元，扣除不占库存的课本200亿元，账面上的存销比接近2∶1。而实际上，很多出版社的存销比甚至超过4∶1。按国际惯例，图书行业较为合理的存销比是1∶1，可见中国出版界的库存比例之大。

　　由此可见，国内数字印刷以及按需印刷（出版）市场需求亟待挖掘。面对这一趋势，国家也出台了一系列政策，从设备进口关税、专项资金支持、印刷示范基地建设、人才培养等方面加大了对数字印刷、按需出版产业的扶持力度。以上海为例，其图书按需印刷生产中心实现规模化，在金山印刷园区建成了规模化生产的按需印刷生产线，构建了图书一本起印，先发行、后印刷的新型商业模式；制定并发布了图书按需印刷推荐标准和相关扶持政策，并在自贸区建立了境外印刷品电子审读和备案、多语种境外出版物关键字电子审读、境外印刷品印刷和境外图书进口统一管理、出版物进出口按需印刷管理等多能效的印刷品对外加工贸易综合服务平台。显然，随着数字印刷技术的不断深入，中国终将从短版印刷走向完善的按需出版模式。

二、数字印刷与按需印刷（出版）市场分析与预测

（一）我国数字印刷市场分析与预测

中国印刷技术协会数字印刷分会与《数字印刷》编辑部联合开展的"数字

印刷"装机量与用户调查迄今为止已经对中国数字印刷市场进行了12次大面积调研,其数据具有很高的准确性和延续性。这里我们选择该权威报告的数据,从设备装机量和用户层面对中国数字印刷市场进行分析和讨论。

1. 数字印刷设备装机量

(1) 单张纸高端彩色数字印刷机

截至2015年7月,单张纸高端彩色数字印刷设备装机总量达到1 632台,在上年度的基础上增加了199台,增长率接近14%,比上年度降低了6个百分点。从近两年的装机量增量增速情况看,本年度增长199台,增速再次下降,下降百分比为-16%,而上一年度为-23%。由此可见,2014—2015年,我国数字印刷设备装机量仍然保持着持续增长的态势,但整体增速放缓。2009—2015年单张纸高端彩色数字印刷机装机量统计详见表1。

表1 2009—2015年单张纸高端彩色数字印刷机装机量统计

装机总量（台）	截至2009年7月	截至2010年7月	截至2011年7月	截至2012年7月	截至2013年7月	截至2014年7月	截至2015年7月
	354	455	644	887	1 195	1 433	1 632
年度增量（台）	2008年8月—2009年7月	2009年8月—2010年7月	2010年8月—2011年7月	2011年8月—2012年7月	2012年8月—2013年7月	2013年8月—2014年7月	2014年8月—2015年7月
	84	101	189	243	308	238	199

需要说明的是,HP Indigo 10000目前在国内已经实现了18台装机,集中应用于商业和影像印刷领域,也有快印店引入HP Indigo 10000用于数字印刷合版,降低成本,开发新赢利模式;富士施乐的高端单张纸数字印刷机新增装机量与去年增长情况相同;柯达Nex Press系列新增装机量相比去年有所降低。

从单张纸高端彩色数字印刷机的应用领域来看,商业快印领域依然占比最大,为70%,较上一年度占比上涨了8个百分点。出版印刷以9%的占比位列第二。受节能减排、无纸化办公的政策影响和政府号召,金融、邮政、电信和机关文印领域有不同程度下降,占比分别为8%和7%,分别较上一年降低了1个百分点和7个百分点。其他应用领域占比分别是:与上年持平的标签包装占比4%,其他领域占比2%,较上年基本持平,如图1所示。

分 报 告

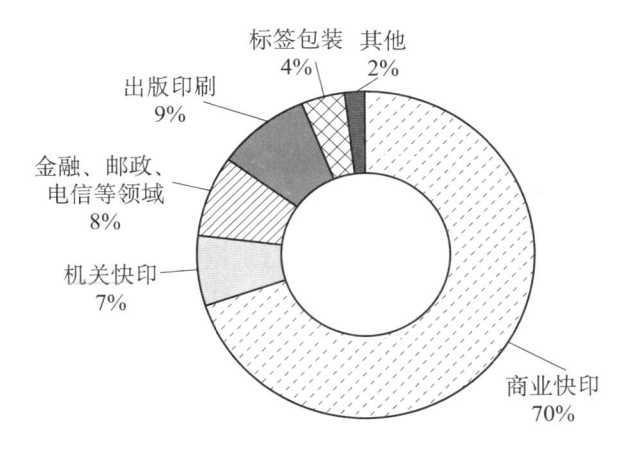

图1 单张纸高端彩色数字印刷机应用领域分布

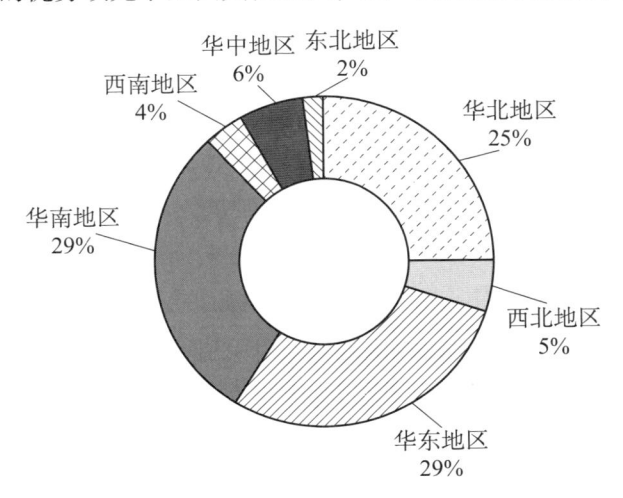

如图2所示，从单张纸高端彩色数字印刷机地域分布来看，华东、华南、华北地区仍是目前采用单张纸高端彩色数字印刷机最多的地区，占比分别达到29%、29%和25%，华东蝉联单张设备最多地区，华南地区呈上涨态势，同比去年上涨了2个百分点。华北地区较去年下降了2个百分点。华中地区较去年增加了两个百分点，占比为6%，上升到第四位。西北地区和西南地区分别占比为5%和4%。从单张纸高端彩色数字印刷机的装机领域来看，华东、华南和华北以绝对的优势领先于全国其他地区，这一局面预计还将持续。

图2 单张纸高端彩色数字印刷机地域分布

(2) 单张纸生产型彩色数字印刷机

本年度单张纸生产型彩色数字印刷机的装机总量为 5 377 台，本年度新增了 1 341 台（含理光往年装机量），增长率约为 33%。对比以往几年的情况，如表 2 所示，不难发现，虽然中国单张纸生产型彩色数字印刷机装机量依然保持较高的增长率，但是增速开始放缓。这主要因为市场上设备保有量的基数逐渐增大，另一方面也是因为产能逐渐开始趋于饱和，同时由于利润率的持续降低，数字印刷企业经营压力逐渐增大，对设备的采购也逐渐趋于理智，更偏向于在经营模式、内部管理等方面下功夫。

表 2　2009—2015 年单张纸生产型彩色数字印刷机装机量统计

装机总量（台）	截至2009年7月	截至2010年7月	截至2011年7月	截至2012年7月	截至2013年7月	截至2014年7月	截至2015年7月
	990	1 305	1 856	2 345	3 214	4 036	5 377
年度增量（台）	2008年8月—2009年7月	2009年8月—2010年7月	2010年8月—2011年7月	2011年8月—2012年7月	2012年8月—2013年7月	2013年8月—2014年7月	2014年8月—2015年7月
	346	315	551	489	869	822	1 341

从单张纸生产型彩色数字印刷机主要应用领域来看，如图 3 所示，仍主要集中在商业快印领域，占比为 66%，比去年上升了 6 个百分点。机关文印排名第二，占比为 11%，下降 1 个百分点。排名第三的是其他，占比为 9%，上升 1 个百分点，可见企业开发的特殊应用增多。并列第四的是按需出版和标签包装，占比均为 5%，分别下降了 3 个百分点和上升了 2 个百分点。影像输出占比较往年有所下降，占比 4%，下降了 5 个百分点。

单张纸生产型彩色数字印刷机的地域分布情况与往年差别不大，由图 4 可以看出，华北、华东、华南依然是当前的三大重点应用区域，占比分别为 26%、26% 以及 19%。西南地区、华中地区依然分别位列第四、第五位，占比分别为 10% 和 9%。西北地区、东北地区的占比均为 5%，在全国各地区中占比仍较低。单张纸生产型彩色数字印刷设备的分布情况近年来格局初定。

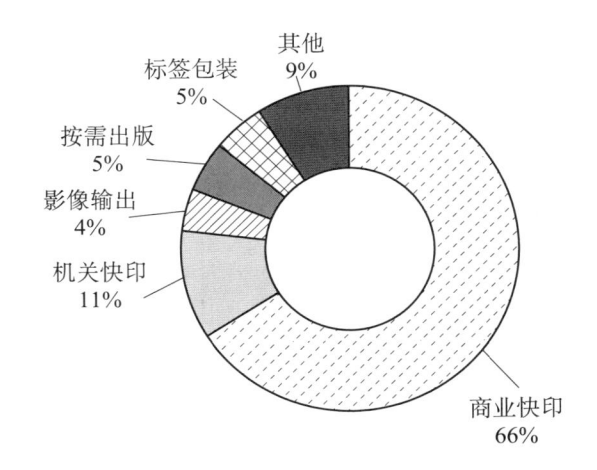

图3 单张纸生产型彩色数字印刷机应用领域分布

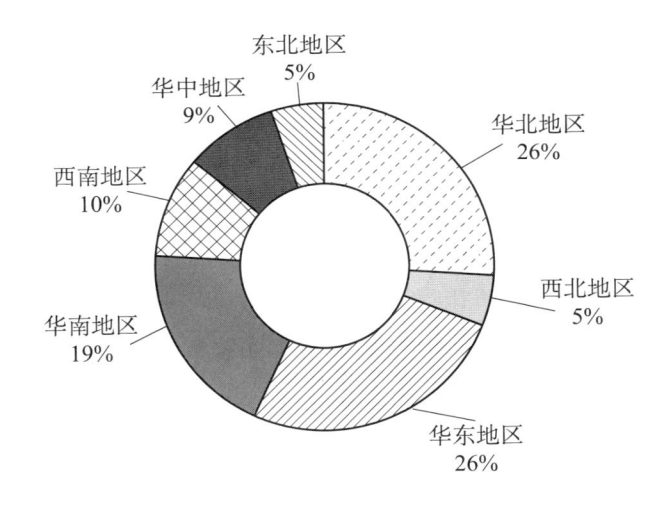

图4 单张纸生产型彩色数字印刷机地域分布

（3）连续纸高端彩色数字印刷机

本年度连续纸高端彩色数字印刷机总装机量达到 128 台，新增装机量 33 台，同比增长了约 35%，增长率与上一年度基本持平。在地区分布上，市场上该类设备依然集中在华南、华东两大区域，其他地区装机量较少。在应用领域，本年度新增 33 台设备主要集中在包装、标签、出版领域。赛康 8000 系列共新增 5 台装机，分别应用于壁纸、标签、热转印和按需印刷。通过近两年的调查，连续纸高端彩色数字印刷机发展较为稳定，与其所应用的领域产品有增值，细分市场更加有序竞争具有一定关系。2009—2015 年连续纸高端彩色数字印刷机装机量统计详见表3。

表3　2009—2015 年连续纸高端彩色数字印刷机装机量统计

装机总量（台）	截至2009年7月	截至2010年7月	截至2011年7月	截至2012年7月	截至2013年7月	截至2014年7月	截至2015年7月
	21	24	37	46	68	95	128
年度增量（台）	2008年8月—2009年7月	2009年8月—2010年7月	2010年8月—2011年7月	2011年8月—2012年7月	2012年8月—2013年7月	2013年8月—2014年7月	2014年8月—2015年7月
	11	3	13	9	22	23	33

（4）高速喷墨数字印刷机

近年来，高速喷墨印刷技术发展迅速，在印刷速度、输出质量、幅面大小、成本控制等方面均向传统印刷水平靠拢，不再仅作为传统印刷的补充，在很多印刷领域已经具备与传统印刷相当的实力，值得一提的是，其在环保、可变数据和按需等方面更强于传统印刷，业内对高速喷墨印刷的认可度不断提升，其在按需出版、标签印刷以及药监码等领域已经初露锋芒。

表4 所示为当前几款主要的高速喷墨数字印刷机的装机情况。截至2015 年12 月底，用于按需出版领域的高速喷墨印刷设备共有 6 台装机，对比上一年，九州迅驰购买了大恒闲置的柯达 Prosper 1000 高速喷墨印刷机（上一年度没有统计，本年度计入），另外 5 台装机都为民族品牌方正贡献。其中有 1 台方正 P 系列被人民日报引入，旨在开展报纸数字印刷业务。从地理分布上看，用于按需出版的高速喷墨印刷设备在国内的分布在华北、华南、华东三大地区。从这组数据可以看出，高速喷墨印刷的地理分布既与按需出版的上游出版社地理分布相关，又与当地的数字印刷市场发展情况存在一定关系。

表4　截至2015年年末，用于出版领域的高速喷墨印刷系统装机量统计

品牌	型号	速度	截至2015年年末装机总量（台）	2015年1月—2015年12月新增装机量
柯达	Prosper 1000	200米/分钟	4	1
	Prosper 6000	300米/分钟	1	0
惠普	T260/T300/T410/T350	122米/分钟	13	0
佳能奥西	ColorStream 3500	127米/分钟	2	0
方正	P系列	150米/分钟	13	5

从2015年的装机量调查报告可以看出，继去年高端彩色数字印刷机装机量出现小幅下降，本年度该类装机量依然走低，而单张纸生产型彩色数字印刷的装机量却有回热上涨态势（增长率高达33%），市场对价格高、生产能力卓越的高端彩色数字印刷机投资趋于谨慎，更易接受售价合理、生产能力可以应付日常业务的设备。这些趋势与市场环境、供应商可提供的服务与技术，以及数字印刷生产经营新模式的转型或有较大关系。与此同时，高速喷墨自问世以来一直备受关注，书刊印刷是中国高速喷墨印刷的主要前景。目前，很多出版社都意识到按需出版是大趋势，但受到资金、版权、设备、人员、技术、成本等因素的制约，大部分出版社实行按需出版的计划还尚在搁置中。改变这个现状需要更加完善的出版生态系统，上游出版商，下游印刷服务提供商以及设备供应商一起来重塑数字化出版产业链，构建按需出版体系，一同摸索赢利的按需出版商业模式。

2. 数字印刷企业现状

（1）企业经营情况

中国印协数字印刷分会联合《数字印刷》杂志在2015年进行了第12次"数字印刷"用户调研。本次调查企业样本数为122家，区域范围涉及全国28个省市、直辖市，且涵盖了大、中、小不同规模的企业。

122家受访企业中，6家企业表示已倒闭或转让，1家出版社下属印企砍掉对外数字印刷业务，调整为只对内服务，5.74%的比例创下了迄今历年关停企业的最高值，这无疑为数字印刷行业敲响了一记警钟。据了解，7家企业关停或关闭数字印刷业务的原因主要为市场环境欠佳，印企业务骤减，加之价格战

愈演愈烈，利润不断下滑，导致企业经营举步维艰。

其余 115 家企业中有 113 家透露了近一年企业的产值、产量方面的变化情况。其中，27.43% 的企业表示产值有所增长，30.97% 的企业表示产值持平，而 41.60% 的企业表示产值出现下降，见图 5。根据数据可看出，近一年数字印刷企业的经营情况较为严峻，多数企业出现了产值下滑的现象，可看出数字印刷市场依旧处于调整期。同时，对比去年调研结果（24.29% 的企业产值增长，30.00% 的企业产值持平，45.71% 的企业产值下降），今年产值增加及持平的企业占比均有所提升，亦从一定程度上说明部分企业经过一年的努力经营状况有所改善。

如图 5 所示，占比最多的为产值持平的企业，且产值增长的企业其增长率多集中在 15.00% 以下，可见数字印刷行业整体产值增长空间处于较低水平，对此，有企业表示："当下经济环境不好，明显感到业务量下滑，经营愈发吃力，企业产值不降低已实属不易。"与此同时，我们也欣喜地看到有 3.68% 的企业实现了 30% 以上的产值增长。

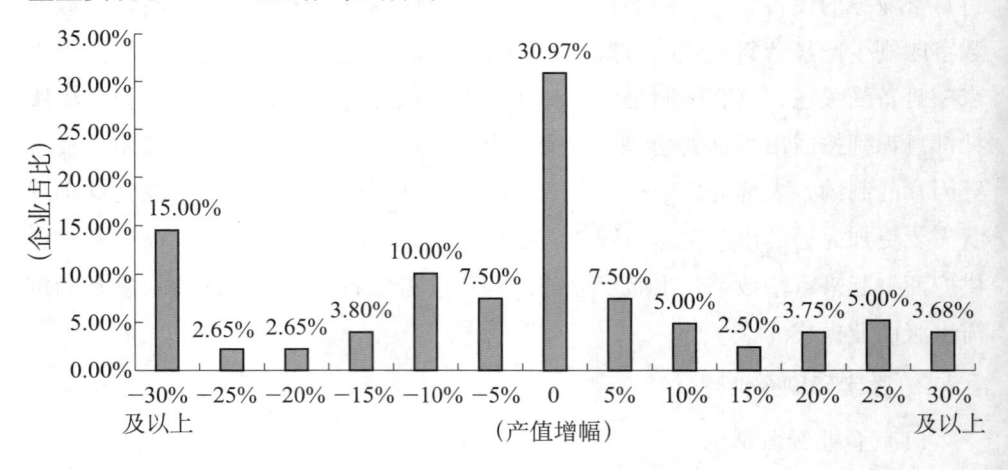

图 5 2015 年样本企业数字印刷产值增长情况

通过对产值增长企业的调查与分析，我们发现，这些企业虽也认为当下是数字印刷市场的"寒冬期"，但其均选择积极应对，通过丰富业务板块、加大营销力度、挖掘客户资源等手段来提升业务量，亦有企业在增加产品和服务的附加值方面持续发力，如一些企业逐渐缩减利润持续走低的商业印刷业务，向艺术品复制、婚庆影像服务、直接对接出版社的高端精装书等利润空间相对较大的领域转型,还有一些企业致力于完善服务产业链条,突破过去只做加工生产的局限,增加设计、策划、营销顾问等服务加强客户黏性,开辟新的利润空间。有企业表示:"我们现在正在从以往的'以生产为中心'向'以客户为中心'转移,从等客上门到上门找客,只有开动脑筋帮助自己的客户赚到了钱,客户才会认定你是他脱离不了的合作伙伴。"

对于产值下降的企业,结合去年的调查数据,可看出企业产值下降态势进一步加剧,尤其是降幅达到30%以上的企业占比达到15%(去年该数据为10%),且在产值下降企业中的占比最大,这一数据无疑再次反映出国内数字印刷行业已经进入了较为严峻的时期。谈及产值下滑的原因,多数企业认为大环境整体低迷是首要因素,尤其对于以建筑图文或以服务政府机关文印为单一业务的企业而言,政府机关、设计院类客户订单量的骤减,以及市场价格的无序竞争对其业务量造成了强烈冲击,调查样本中有2家以建筑图文为主营业务的数字印企甚至出现了产值下降70%的情况。而除外部大环境影响因素外,另有一些企业也开始探究自身的问题,"支柱型业务过于单一,导致企业经营风险偏大,抵抗外部市场环境的能力差""生产自动化水平低,管理过于粗放,伴随人力及房租成本的不断攀升,企业运营难度不断加大""未找到合适的营销方案,销售推广一直做得不好""缺乏创新性,产品附加值低,同质化竞争严重,只能被动加入价格战"等。

(2)数字印刷企业月人均产值情况

数字印刷企业的月人均产值作为衡量企业发展状况的重要指标,可直接反映企业的利润空间,同时也可间接反映企业的精细化管理程度。企业人均月产值水平集中在2万元/月,相较于其他行业,数字印刷行业的赢利水平还处于较低水平,这也从侧面反映出数字印刷企业对人工的依赖程度较高,自动化及数字化水平有待提高。另外,在调研过程中,有多家企业表示为了降低运营成本,在近一年中采取了减员增效的办法,也有企业认为持续减员不可避免地会引起在岗员工的心理波动,相对而言,更倾向于提升企业自动化生产水平,降低员工的劳动强度,提高生产效率,并认为从长远来看,这样的做法可逐渐降低对员工的依赖度,减少变动成本给企业带来的影响,同时还能保障产品质量。值得一提的是,在调研样本企业中,有18.75%的企业其人均月产值达到

3.5万元及以上，其中不乏单店月人均产值超过5万元的企业，可见数字印企在人均创收方面仍大有可为。

（3）数字印刷企业未来投资情况

在过去的一年中，有40.23%的企业新增生产型数字印刷设备，其中不乏惠普Indigo 10000、富士施乐C800数字印刷机等高端机型。据了解，企业购置新设备除满足生产力需求外，进行新产品开发也是其中一项重要因素，比如有企业引入爱普生大幅面喷墨打印机来开拓艺术品复制业务，有企业引入惠普Indigo设备满足高质量个性化印品需求。另外，19.51%的企业表示投资了印后设备，其原因主要集中在提升生产全流程自动化程度，通过印后加工实现产品差异化，增加产品附加值，以此获得利润增长。

目前，数字印刷企业对于管理软件的应用非常普遍，相关的软件维护及升级对于企业而言也已成为常态。在本次调查中，有30.49%的企业针对业务及管理需求再次引入了新的管理软件，或结合企业自身特点进行自主研发。比如有自主研发管理软件的企业将ERP软件延伸至其客户端，实现从下单到生产的一体化流程。

同时，我们也看到，有高达39.02%的企业在过去一年中未进行任何设备投资，其一方面是受大环境低迷的影响，企业选择放缓扩张速度，保守发展；另一方面说明企业对于设备的投资更趋于理性。有企业坦言，"如今已不再是有设备就有活，有活就能赚钱的时代，现在拼的是应用和如何为客户提供更多的增值服务"。

调查结果显示，未来一年具有投资意向的企业占比有所降低，这也进一步说明了企业在印刷微利时代投资更为理性。其中，部分企业预测，轻资产运营模式将是数字印企未来发展的一个重要方向，在设备投资方面，已有企业从过去的购置转变为租赁，从认为"高端数字印刷设备可提升企业竞争力"转为"瞄准轻量级印刷设备"。此外，我们从供应商方面也了解到，如今的设备销售方式正在发生改变，过去只需告知企业经营者设备的优势，而现在需了解每一个企业具体的生产工艺流程，设身处地帮助客户设计赢利模式，为其提供设备及营销的综合解决方案。这一切无不说明伴随数字印刷市场的变化，企业正在将投资重点从设备向服务与营销转移。

数字印刷在国内已有十几年的发展历史。就目前而言，中国数字印刷市场在全球范围内增长迅猛,但仍然面临不少的挑战。首先,高精尖的数字印刷设备制造技术多掌握在国外厂商手中,与此相对应,纸张、油墨等耗材,以及设备的运营、维护主动权也多由这些设备厂商控制。故此,设备成本的居高不下,与印刷行业不断受大环境及市场需求的双重压迫,导致数字印刷市场的赢利空间被挤压。虽然,近两年已有一些中国民族设备制造商正在崛起,但从技术、起步时间,以及总体数量上,与国外数字印刷设备制造商还有一定的差距,未来破解数字印刷运营成本的最根本的解决方法还是要从上游技术入手。

其次,商业模式需不断探索与逐步完善。在中国,数字印刷市场自形成以来,从拼设备到拼连锁,而今又进入到价格厮杀、一窝蜂地奔向电商的怪圈。客观来讲,到目前为止,有做得非常不错的案例企业,但可借鉴、可复制性较低,且对比传统印刷,数字印刷总体产值偏低。个人认为,数字印刷要想与传统印刷相抗衡、跻身主流印刷技术,必须要重整商业模式。重整过程中,可能会出现新一轮的洗牌,这于数字印企而言,是挑战也是机遇,只有行业的整体素质提高了,数字印刷才能朝着更健康、有序的方向发展。

(二)按需出版市场分析

1. 按需出版市场特点

按需出版是一种全新的出版方式,它通过采用先进的数据处理技术、数字印刷和网络系统,将出版信息全部存储在计算机系统中,需要时直接印刷成书,省去制版等中间环节,真正做到一册起印,即需即印。在以往的定义中,我们往往强调其短版印制的优势,而就目前情况来看,我们所期待的按需印刷多指那些既能利用传统印刷技术处理大批量业务,又能利用数字印刷及高速喷墨技术处理可变信息较多的印刷业务,从而真正实现对不同客户的按需印刷。

目前,按需出版已经从技术层级延伸至模式创新的层级。从最初的用来印制小批量、多批次的书刊,到现在已经开始影响按需出版的上游企业。以欧美等先进国家的经验来看,目前按需出版主要分为三种形式:其一,图书经销商融合众多出版机构的资源,搭建数字内容管理中心,再搭建生产网络,进行按需出版业务;其二,印刷企业直接与出版机构展开合作,汇集众多数字内容资源,为读者提供按需出版服务;其三,图书经销商以及印刷企业在出版机构授权的情况下,可申请每本唯一的按需出版书号,同时,某些出版机构也在尝试为读者搭建自出版平台,从而实现"一本起印,本本内容可变"的按需出版产品。

欧美国家是最早尝试按需出版的国家,也是目前按需出版模式最完善、市场最成熟、企业参与最活跃的地区。其背后可能的原因是,欧美等地地广人稀,加之宗教和文化的差异性明显,导致个性化需求递增,同时,对比中国,欧美等地的人口红利不明显,企业更乐于开展按需出版类业务。

2. 典型案例分析

(1) 国外成功案例及其商业模式

Lightning Source 的"The Power of one"服务宗旨

Lightning Source 公司是提供按需出版的先行者。该公司成立于 1997 年,2001 年将业务扩展到英国。2003 年 6 月,该公司的按需印刷书籍达 1 000 万册,成为公司发展史上的里程碑事件。2004 年 6 月,该公司的英国分部也实现了按需印刷 100 万册书籍的目标,接受的订单平均印量只有 2 本,几乎全部使用数字印刷设备生产。为了突显公司的服务特色,公司的服务宗旨为"The Power of one"。

为了解决按需出版数字资源问题,该公司和全球 2 500 家出版社合作建立了庞大的资源库,目前已拥有超过 20 万种可供订货的书籍。在建设资源库的过程中,该公司积累了丰富的电子书资源,具备了信息数字化的服务能力,这些信息数字化服务包括数字内容的管理和存储、数字版权管理及按需出版书籍的发行服务等。

当纳利的 PubSelect 服务

北美最大的教课书印制中心——当纳利公司,推出了一项动态出版服务 PubSelect,具体服务流程如下。

① 出版商提供相关内容。首先,当纳利先建立了一个网站,然后与出版社等内容提供者洽谈,让他们按照网站定义好的学科、类别放入内容,如以前出版的课本和尚未出版的案例分析、实验报告等。

② 老师在线定制教材。学校的老师浏览、查找这些内容,再把来自不同数据源的内容按照任意顺序组织起来。当然他们也能加入自己的材料,形成定制课本的内容。

③ 材料准备并且生成印刷需要的格式。PubSelect 的后台系统会自动把用户自选的内容重新分页、创建新的章节号、生成新的目录和索引,最后生成可

供印刷和校样的 PDF 文件。

④ 订单提交、追踪和按需印刷。在完成内容选择和 PDF 文件校样后，用户提供关于学校、课程名称、上课人数和需要定制课本的时间。在线提交印刷订单以后，出版社会给用户发放一个 ISBN 编号，最后把书送到学校的书店。

在 Pub Select 服务中，当纳利只负责印刷，版权由出版商负责。PubSelect 是顺应个性化印刷品高速增长的发展趋势的典范之一。PubSelect 服务与 Lightning Source 的按需出版服务有这样几个区别。首先，PubSelect 对数字内容的使用更加灵活和充分，这种灵活性对资源库的结构和内容管理水平提出了更高的要求，资源库中存储的必须是高度结构化的数字内容。其次，无论最终输出的产品是否为正式出版物，这项服务的吸引力不会降低。只要解决了版权的问题，整个服务也能成立。因此我们又称这类服务为按需信息服务或者类按需出版服务。

Digitaldrucke Bayerlein 的按需印报服务

Digitaldrucke Bayerlein（以下简称"Bayerlein"）是一家成立于 1999 年位于德国南部的数字印刷服务提供商，从 2004 年 9 月起，Bayerlein 开始提供报纸按需印刷服务，其按需印报整个服务的流程大致如下：

① 报社提供版面的数据；

② 报社根据需要向 Bayerlein 下达印量指标；

③ Bayerlein 把报纸分发给服务供应商，然后由他们把报纸交给报纸零售点。

King Printing 与出版社展开深度合作

美国 King Printing 公司于 1978 年创立，目前已经由一家小印刷作坊发展成为书刊印刷领域知名的印刷商。该公司由于成功地将数字印刷技术应用于短版书刊印刷业务，逐渐探索出了成功的商业模式。King Printing 公司一直在努力与一些重量级的出版商建立合作伙伴关系，向他们提供印数少且交货周转快的书刊印制服务。不仅如此，King Printing 公司还将业务拓展至互联网，创建了 Adibooks.com 网站，将目光瞄向个人出书市场。通过网站，客户可以方便地上传书稿文件，选择合适的开本和纸张，查看和确认书刊样张，确定书刊印数，最终实现印刷。同时，这个网站还可以帮助客户获取 ISBN 号，联系书商，并在如何建立图书销售渠道方面给出具体的建议。

(2) 国内按需印刷（出版）案例分析

江苏凤凰的按需出版新动作

作为国内顶尖的出版集团之一，江苏凤凰出版传媒集团是较早进入按需出版领域的出版企业，并于2012年引进柯达Prosper 1000、2014年引进柯达Prosper 6000高速喷墨印刷机，搭建了印后连线生产线。最近，凤凰集团又有了两项新动作。

其一，建立数字中心和凤凰云计算中心，给予按需出版（POD）不歇的源泉。凤凰"数字资产管理中心"，对传统业态数字化升级，积聚数字资源，建立数字资产管理控制系统，实现全媒体"按需"生产平台。凤凰云计算中心建筑面积2.5万平方米，容纳4 000个机架，具备10万台服务器的托管能力，是华东地区最大的云计算中心。

其二，创建数字生产连线品牌，给予按需出版（POD）强劲推力。在北京、上海、广州、南京等多个城市，以及在英国、智利、加拿大、美国、纳米比亚等多个国家，建立POD旗舰店为骨干的模板直营平台，真正实现PPCC"数据互换共享，异地数字生产"。同时，发展几十家一、二级数字加盟商，编织数字复制连锁网络。规划精确的数字化管理流程，设计完善的电子商务和实体连锁两个平台，践行按需出版，助推凤凰全业态数字化。

京师印务搭建机群式布局

成立于2002年的京师印务，隶属于北京师范大学出版集团控股有限责任公司，以印刷教材、教辅、期刊和广告画册为主，2012年与北京方正电子有限公司共同组建数字印刷示范基地。引进一台方正桀鹰P5000高速喷墨印刷机，完善方正图书数字资源数据库建设，与悟略科技（前身为北京方正电子有限公司ERP事业部）展开深度合作，对原ERP系统进行升级再造，实现数字印刷快速下单、自动计价、电子文件快速查找与绑定等功能。2015年年底，京师印务再次与方正电子合作，签订了一台方正桀鹰双色高速喷墨轮转印刷生产线和一条单色高速喷墨轮转数字印刷生产线，并于2016年4月完成装机。自此，京师印务的高速喷墨印刷生产线从1条增加至3条，形成了机群式布局，大力发展了按需出版业务。

虎彩搭建"搜书院"断版书平台

虎彩是近些年打入按需出版领域的一支强有力的新锐力量。在按需印刷方面，虎彩搭建了北京、东莞、绍兴3个数字印刷基地，高速喷墨轮转印刷设备逾10台，未来还将会在西南、华中、华北地区继续布局。在上游出版社资源方面，已经携手作家出版社、北京出版集团有限责任公司、中国人力资源和社会保障出版集团、法律出版社、北京大学医学出版社、中国质检出版社等几十家出版社展开深度合作，为其提供图书的按需印刷服务。

与此同时，2014年4月，虎彩还打造了"搜书院"断版书销售平台，首批上线万种图书。其经营模式为，虎彩与出版社展开合作，拿到其断版书目录，将书稿内容进行电子化，上传至"搜书院"平台上，待读者下订单、预付款后，就会激活后方数据库与数字印刷中心，进而进行印刷、配送。

学林出版社推海外按需印刷与自助出书平台

学林出版社与中国图书进出口上海公司合作，面向海外中文读者推出以按需印刷为核心、当地网站为平台的快捷购书方式。目前，学林出版社今年新版图书已登陆英国亚马逊网站和知名网络书店Book Depository。澳大利亚和美国的两家售书网站也将陆续上线学林图书。

与此同时，2014年8月学林出版社开通"人文社科学术著作自出版平台"，至2014年年底已将版权期内的600种学林图书放上网。这些图书在学林社基本已无库存，读者可通过原文试读和全文检索，判断是否为自己所要寻找的图书，按需下单印刷。对于以学术书出版为主业的学林出版社来说，"按需印刷"解决了冷僻书、小众书的印量、库存与读者需求之间的矛盾。而在推出海外按需印刷后，国内最新学术成果也将得以无缝对接海外市场。

三、年度影响数字印刷与按需印刷（出版）发展的重要事件

（一）第三届中国（广东）国际印刷技术展（Print China 2015）

2015年4月7—12日，由中国印刷及设备器材工业协会、广东省印刷复制业协会、中国国际展览中心集团公司主办，东莞中印协国际展览有限公司、北京中印协华港国际展览有限公司承办的第三届中国（广东）国际印刷技术展（Print China 2015）在广东东莞圆满闭幕。本届展会以"绿色、高效、数字化、

智能化"为主题，力求从国际视野和战略高度反映最新技术成果和最前沿的发展动向，通过和世界各地印刷及设备器材行业同人的交流和对话，为供需双方和中国印刷业带来新的发展契机。

（二）2015"数字印刷在中国"技术高峰论坛

2015年10月21日，以"借数字动力 赢未来市场"为主题的2015"数字印刷在中国"技术高峰论坛在珠海度假村酒店隆重举行。本届论坛由中国印刷科学技术研究院、中国印刷技术协会数字印刷分会共同主办，科印传媒数字印刷事业部承办。

论坛围绕主题研讨"中国数字印刷业趋势与展望"，供应商代表们立足最新数字印刷技术，剖析商业印刷、按需出版、工程出图、个性化印刷等几大数字印刷应用领域的发展方向；印企代表们现身说法，为与会听众带来了混合印刷、平台合作等新型生产及经营模式。

（三）2016第四届中国印刷电子商务年会

2016年3月18日，以"与变革者同行 共赢互联网"为主题的第四届中国印刷电子商务年会在北京中关村软件园国际会议服务中心盛大举行。本届会议由中国印刷科学技术研究院、北京科印传媒文化股份有限公司主办，科印网、印刷家承办，探讨印刷电商的未来与出口，谋划印刷电子商务的宏大蓝图。会上，发布了2016"中国印刷电子商务网站20强"以及首届中国印刷包装业"互联网创新产品榜"。

（四）2015年印刷包装企业扎堆上市

据不完全统计，新三板中与印刷业有关的企业达16家，产业链由印刷延伸到印机与耗材领域；印刷范围涉及出版、包装与商业印刷，包装印刷居多；企业来自长三角、珠三角、京津冀、东北与西南等广泛区域；企业规模多在亿元左右，但也不乏产值几千万的成长型企业。很多各地知名的实力与特色企业榜上有名，如上海四维传媒、苏州银河激光、福州唐朝股份、辽宁大族冠华、广东金冠科技、今印联、广州有福科技、苏州同里印刷等等。2015年挂牌新三板的包装印刷企业包括：虎彩印艺股份有限公司、奇良海德、江阴联通实业有限公司、汕尾高峰科特纸业股份有限公司、宜昌金海科技股份有限公司、河南彩虹光网络印刷股份有限公司。

四、展望未来

2015年中国印刷业结构调整进入深水区，经济增速放缓等因素使得印刷业的发展道路并不平坦。绿色转型、VOCs征排污费、资本市场、跨界融合、"互联网+""二次创业"，让国内印刷企业迷失了方向，产能过剩、工价走低、房租上涨、利润率下滑，让企业步履维艰。内忧外患，网络化、去纸化，以及多媒体端抢占了一定程度的用户、订单。

对比国外发达地区，虽然美国出版协会的数据显示，2015前5个月的电子书销量下滑10%，但全球数字化仍然是不可逆转的大趋势。中国印刷、出版行业要随时准备与电子书交战。与此同时，就按需出版模式而言，中国对比欧美国家，仍处于初步发展阶段，技术、模式、流程方面都需要不断提高、持续创新。

再回望2015年国内印刷行业的装机情况，传统印刷设备购入乏力，2015年各大展会上，数字印刷馆吸粉无数。与此同时，与往年大力投入硬件设备不同，2015年，参展观众除了了解新技术、新应用外，更希望能在展会上参与论坛讨论，挖掘同行的成功经验，联盟、数字化、转型升级动作频发。显然，这是因为大家遇到了困难，如何应对，本报告认为有以下几个方面。

（一）数字印刷业亟待系统性的产业规划及影响力强的龙头企业出现

虽然近两年国家出台了一系列数字印刷利好政策，相关政府部门也陆续发布"生产型数字印刷机目录""数字印刷经营许可证"等文件提高数字印刷的准入门槛，但从企业应该如何经营的角度，还未颁布系统性的产业规划战略。在此情况下，就需要数字印刷企业发挥自身的主观能动性，在政府政策、行业协会的引导下，积极探索多元化经营路径。

与其他行业相比，数字印刷行业还处于百家争鸣的状态，呈现出企业数量多，但普遍规模不大的现状。当然，有部分数字印企在当地占领了相当一部分市场份额，但鲜有跨区域的龙头企业或具有全国性的品牌出现。未来，我们期待能有数字印企走出自己原有的"地盘"，扩大经营范围，出现具有区域性影响力的龙头企业，为该地区数字印刷企业从经营方式、管理模式等方面做出榜样。

（二）绝大多数数字印企自主研发产品/设备能力需进一步提升

国内数字印刷企业同质化严重已成为不争的事实，其本质原因还在于企业产品的自主研发能力较弱，导致了整个行业仿制风气盛行。未来，数字印刷企业应向南京东南文化交流有限公司、北京良图数码快印等带有持续创新精神的企业学习，研发新产品，利用好场景营销手段，为客户带来惊喜，并在质量工艺上不断钻研。

与此同时，国内数字印刷企业的设备研发能力也需加强。不少同行曾抱怨"现在印前、印刷设备已经高度自动化，而数字印刷设备还处于半手工状态，非常希望此现象能有改观"，但少有数字印刷企业真正塌下心来钻研、研发设备。可喜的是，一些企业做出了积极的探索，据了解，秦皇岛优印堂研发了70余种印后加工工具，其中4项已成功申请专利；此外，杭州新水平图文制作有限公司所打造的浙江工平智能有限公司，自主研发了数字喷墨蓝图机，并在国内市场有着良好的反响。这两家堪称国内数字印刷企业自主研发工具/设备的榜样，期待国内更多从业者能走上研发之路。

"一切能够数字化的都终将数字化，印刷也不例外。"这是一句在印刷行业广为流传的话，道出了印刷的未来是数字化的未来。目前欧美等发达国家的印刷企业正在朝高效、高性能、高自动化的方向发展。从技术角度来看，静电成像数字印刷技术已经相对成熟，占据着主导地位，且静电成像数字印刷机皆出自有规模产能的专业碳粉印刷机厂商，已经形成了很高的行业壁垒和固化的市场格局。而高速喷墨印刷设备市场则不同，在这一市场上的新面孔越来越多，许多高速喷墨印刷机厂商都不约而同地认为：高速喷墨印刷将是未来数字印刷业甚至印刷业的主流发展方向。于是，大大小小的厂商纷纷开始新一轮大规模高速喷墨印刷机的研发投入。与此同时，随着高速喷墨技术的不断发展，其配套的耗材、后道也在逐步完善，据了解，国内已有出版机构找到了价格更低廉的数字印刷专用纸张，为其按需出版业务节省了不少成本。同时，更有多家按需出版企业正在重构其生产流程，以期向国外成功案例看齐。我们有理由相信，数字印刷技术在按需印刷（出版）领域来日可期。

（作者单位：中国印刷科学技术研究院）

相关专题报告

中国数字教育出版产业发展报告

唐世发　庄子匀　杨　晨　刘　焱

随着互联网和信息技术的崛起，传统教育出版发生了巨大变化，人们获取知识的方式、途径等受到了全方位、深层次和颠覆性冲击。2014年传统教育出版与新兴教育出版开始融合，教育出版数字化开始"破冰之旅"，2015年李克强总理提出"互联网+"战略，出版业也进入"互联网+"时代，随即中央和地方出台了一系列扶持政策，数字教育出版迎来了春天，出现了"翻转课堂、微课、MOOC、智慧教育、云课堂、移动学习"等众多在线教育模式，给数字教育出版业发展带来了契机，促进其转型升级。随着移动互联技术的发展，移动端教育产品的不断涌现使得数字教育出版业又迈上了新台阶，朝着网络化、智能化方向发展，加快了市场拓展。尽管数字教育出版态势朝气蓬勃，但也有些因素制约了数字教育出版的可持续发展。本报告将介绍2015年中国数字教育出版发展情况、存在的问题、应对策略并分析其未来几年的发展趋势。

一、中国数字教育出版发展情况

（一）数字教育出版政策发展环境

1. 政策引领

随着互联网、信息技术和新媒体的迅猛发展，人们获取知识的方式和思维习惯发生了急剧的变化，教育出版也进入数字教育出版的加速转型期。2015年中央和地方出台一系列扶持政策，以推进数字教育产业的快速发展。

（1）国务院颁布《关于积极推进"互联网＋"行动的指导意见》

2015年3月，李克强总理首次提出"互联网＋"行动计划；7月，国务院正式颁布《关于积极推进"互联网＋"行动的指导意见》，明确要求"探索新型教育服务供给方式"，它为教育的信息化建设以及"互联网＋教育"的发展指明了方向。如今，"互联网＋"已渗透到课程、教学、学习、教学评价及教育科学研究等方面[①]。另外，英语培训、考研培训、公职培训等也基于"互联网＋教育"思维模式，产生了线上线下相结合的培训新模式。"互联网＋教育"的大趋势必然转变教育教学思维，让传统教育焕发新的青春[②]。

（2）教育部颁发《关于加强高等学校在线开放课程建设应用与管理的意见》

2015年4月，教育部在《关于加强高等学校在线开放课程建设应用与管理的意见》中指出：我国要鼓励建设一批以大规模在线开放课程为代表、课程应用与教学服务相融通的优质在线开放课程。其中特别强调要重点建设在线开放课程公共服务平台，鼓励高校与平台建设方协同建设和运用在线课程大数据，为高校师生和社会学习者提供优质高效的全方位和个性化服务。2017年前认定1 000余门国家精品在线开放课程，到2020年，认定3 000余门国家精品在线开放课程。在一系列政策的引导下，各大教育类出版社纷纷开展数字化转型。

（3）国家新闻出版广电总局、财政部发布《关于推动传统出版和新兴出版融合发展的指导意见》

2015年4月9日，新闻出版广电总局、财政部近日联合印发《关于推动传统出版和新兴出版融合发展的指导意见》，其中明确提出，支持传统出版单位跨地区、跨行业、跨媒体、跨所有制兼并重组，建设若干家具有强大实力和传播力、公信力、影响力的新型出版传媒集团。"互联网＋出版"是重点推进内容。《意见》提出，加快发展移动阅读、在线教育、知识服务、按需印刷、电子商务等新业态。

2. 市场需求

随着经济高速发展、信息技术和互联网应用水平持续提高，人们的阅读习

---

① 徐冉冉．"互联网＋教育"面临的机遇与挑战［J］．中国教育学刊，2016，01．
② 黄立冬．中国K12在线教育的发展机遇与对策［J］．中国信息技术教育，2015，19．

惯和阅读环境也在不断变化。世界范围内进入数字时代，大众的阅读方式已经从传统纸介质开始向新兴媒体转移，电子书、在线阅读、手机书等数字出版的全新载体正悄然兴起，且发展日新月异。

3. 技术支持

数字技术的发展对数字教育发展起着有力的支撑作用。一些先进的技术已经在数字教育出版领域得到了充分的应用，并彰显了其独特的魅力，数字教育出版领域中主要技术有以下这些。

（1）Dream Book 技术

该技术是一种融合移动交互、仿真场景排版的超媒体技术，支持三维渲染、3D 动画等复杂场景创建，通过视、听、触觉全面结合，展现沉浸式触屏阅读体验，并针对不同的用户提供个性化、定制化服务，使读者获得更好的体验。该技术已为高等教育出版社等出版企业、大学提供服务。

（2）MPR 技术

MPR（多媒体印刷读物）技术作为衔接纸媒与音频的桥梁，已正式成为一项国家标准并得到推广，该技术目前在多个出版集团进行试点，如南方出版传媒集团正在开发的粤版 MPR 小学英语教科书，包括学生基本版、学生增强版和教师版。在陕西出版传媒集团，MPR 将具有鲜明地域、民族特色的图书以声像的形式生动地展现出来，有利于优秀文化的传承。

（3）大数据技术

大数据技术可对海量用户属性及行为数据进行模式挖掘，评估用户的习惯偏好，从而将内容智能地推送给用户。这样不仅出版社可轻松掌握受众信息，用户也更高效地获得了最需要的内容。

（4）HTML5 技术

该技术能提升网页流畅性，在进行数字阅读时页面启动时间短，提升了联网速度，增强文字、图片、动画、视频、音频交互体验效果，让出版形式更丰富。

（5）云计算技术

数字出版的技术架构毫无疑问是建立在云平台上的，未来从数据存储、获取、应用解决、远程控制到移动应用、互动分享、数据分析和计算等也都将建立在云端。因此云技术给数字出版开辟了巨大的市场空间。出版单位可利用云计算、智能标签对读者行为进行分析，实现内容点对点精准投放。

（二）中国数字教育出版市场发展概况

1. 数字教育出版市场整体概述

随着"互联网+"被纳入国家战略，数字教育出版正以前所未有的速度席卷而来。2015年是中国全面深化教育改革的关键之年，多重利好政策不断，促进数字教育出版市场规模逐步扩大，艾瑞咨询数据显示，2015年数字教育市场规模达1 192亿元，预计2018年有望突破2 046亿元；2015年数字教育用户规模为7 227万人，预计2018年用户规模达1.3亿人①。数字教育出版市场扩大的主要原因是随着互联网教育的不断发展，学生和家长有了在线学习观念、学习和消费习惯，开始认可在线学习课程，同时，手持终端迎合了用户碎片化的学习需求。

2015年上半年数字教育市场发展凶猛，然而下半年则出现了轻微膨胀，产品不再以新颖度吸引投资者，而是要靠用户规模和可行的商业模式去争取融资。在探索的过程中，陆续有一些企业倒闭。接下来将从教育信息化、在线教育和技术服务供应商等几方面概述2015年数字教育发展轨迹。

（1）教育信息化

2015年教育信息化看点不断：国家"互联网+"战略带动"互联网+教育"成为教育信息化发展的主旋律；首届国际教育信息化大会通过《青岛宣言》，各国代表齐聚一堂，共同探讨教育信息化的行动指南；第二次全国教育信息化工作电视电话会议召开，国务院副总理刘延东总结教育信息化成绩和经验，部署"十三五"期间的教育信息化工作……

教育信息化是在教育管理、教育教学和教育科研等方面，全面深入运用现代信息技术，进行教育数字化、网络化、智能化和多媒体化，促进教育改革与发展的过程，包括K12教育信息化、职教信息化和高教信息化。②

①企业数量。据互联网研究院统计，2013—2015年中国教育信息化企业数量如图1所示。从图中可以看出教育信息化企业数量逐年增加，呈上升趋势。

---

① 艾瑞咨询.《2015互联年度数据·在线教育篇》。
② 互联网教育研究院. 2015年中国互联网教育行业研究。

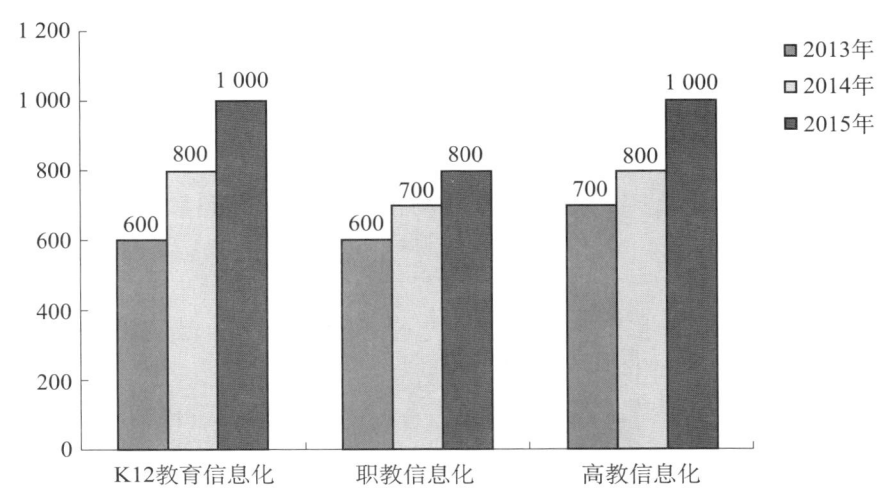

图1 2013—2015年中国教育信息化企业数量（B2G）（单位：家）

数据来源：互联网教育研究院

其中，K12领域上升趋势最为明显，从2013年的600家直升到2015年的1 000家左右。这种大幅度的增长离不开政府的推动，也得益于互联网技术的不断发展，从而使教学管理越来越智能化。除了起步较早的科大讯飞外，一起作业网、学科网、高考资源网等都是发展得较好的K12教育信息化企业。

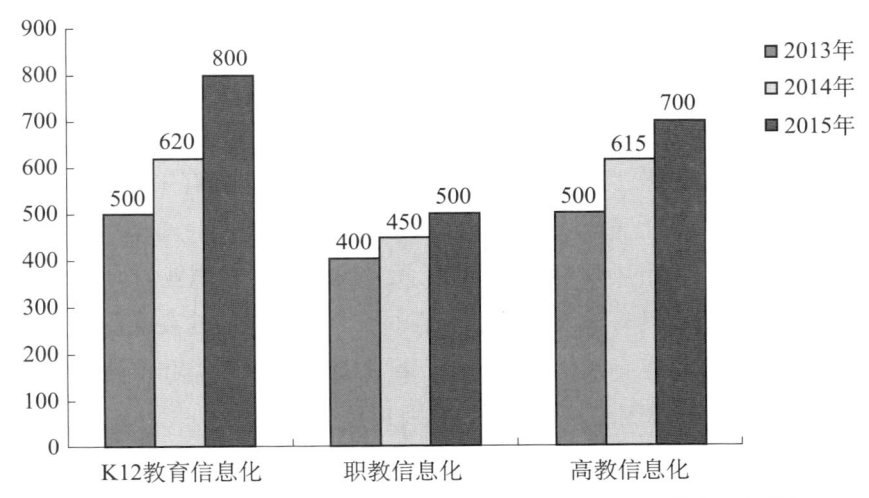

图2 2013—2015年中国教育信息化市场规模（B2G）（单位：亿元）

数据来源：互联网教育研究院

②市场规模。从图中可以看出，2015年K12教育信息化的市场规模达800

亿元；职教信息化的市场份额达500亿元。2015年高等教育信息化所占市场份额达700亿元。

（2）在线教育

①市场规模。据互联网教育研究院2015年数据显示，2015年中国在线教育市场规模约为399亿元，高等网络教育市场和移动学习市场份额较大（见图3）。

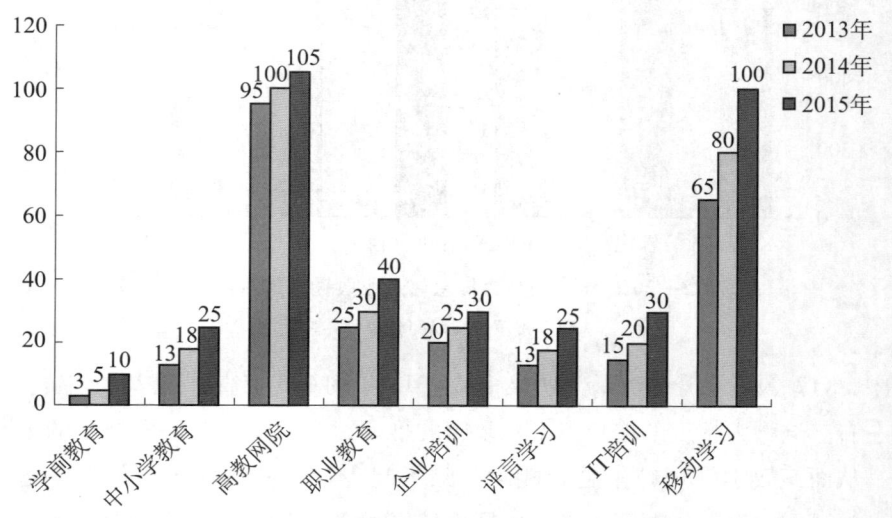

图3　2013—2015年中国在线教育市场规模（B2C）单位（亿元）

数据来源：互联网教育研究院

②企业数量。中国在线教育企业数量逐年攀升，且增长率越来越大，互联网教育研究院估测（见图4），面向B2C业务的在线教育企业数量约有5 668家。首先，移动学习有1 200家居首；中小学教育领域拥有1 000家。其次是职业教育、IT培训、语言学习类企业，也达800家（如图4）。2015年IT培训市场需求仍然较大，市场份额约占30亿元人民币。虽然职业教育的用户几乎都是一次性的，很少具有较强的粘性，但由于职业技能的社会必需性，职业教育领域内的企业数量也有大幅度的增长。再次是学前教育类和语言培训类企业数量出现减退情况，原因是学前教育领域因其受众的特殊性，家长们更偏爱线下的教学方式，线上教学不易找到较好的赢利模式，长期的入不敷出使不少相关项目都已撤出了市场。最后，高教网院企业数量几乎没变，主要是因为高等学历教育市场没有放开。2014年国务院下放高等学历网络教育的审批权，中国大学开展在线学历教育业务迎来了春天，每年的市场规模在100亿元人民币左右。

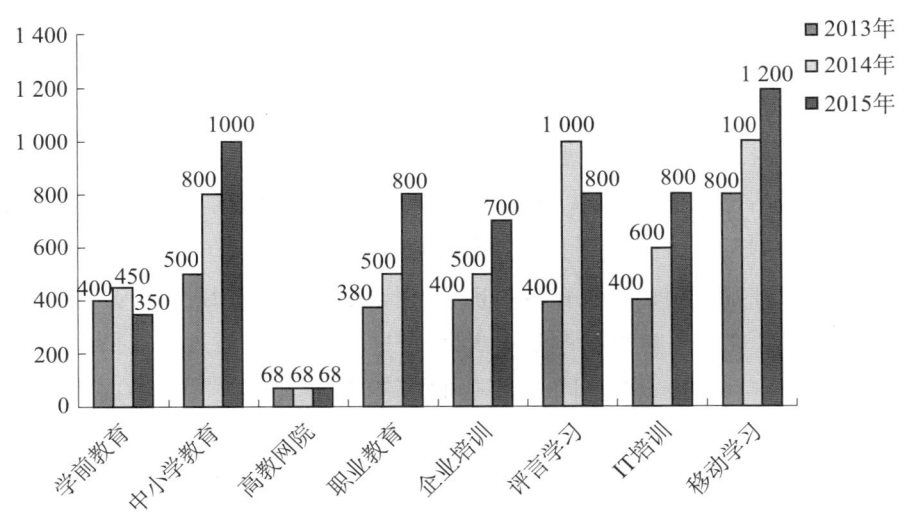

图4 2013—2015年中国在线教育企业数量（B2C）（单位：家）

数据来源：互联网教育研究院

③在线企业培训。在线企业培训市场属于在线教育的B2B类型，即企业通过网络技术对员工进行培训的模式。2015年在线企业培训的数量已达到700家左右，市场规模为30亿元左右，可见在线企业培训是一个值得开发的领域。

（3）技术服务供应商

数字技术是推动数字教育往深度和广度发展的推进剂和牵引机，主要应用于课程录播技术开发、网络平台与直播教学平台建立、课程制作、录制工具、课程外包开发等领域。目前，在中国技术服务供应商中，首先，课程外包开发技术的提供商数量最多，市场份额约30亿人民币。其次，网校学习管理系统平台（LMS）企业数量也较多，约300家，市场份额为20亿元人民币。

随着中小学在线教学领域的逐渐开发，直播教学技术越来越受到人们的欢迎。虽然直播教学技术提供商只有150家左右，但市场份额已达20亿人民币左右，其未来3~5年的发展不可小觑。

2015年数字教育出版总体来说，企业数量和市场规模都呈上升趋势，众多行业崛起，市场也开始进入"去粗取精"的阶段。

2. 数字教育出版布局及特点

在国家政策和互联网浪潮影响下，传统教育出版社纷纷开始结合自身优势向互联网全媒体转型，布局在线数字教育。各出版社基于教材、教辅和渠道优势，利用互联网技术，进行资源整合与数字化处理，搭建资源平台，开始转型。

出版社在布局在线数字教育时，主要表现出以下两个特点。

第一，自身利用互联网技术布局在线教育。如凤凰传媒旗下的凤凰云计算中心利用互联网技术整合资源，进行数据库建设、在线阅读、视频点播、网游动漫、数字印刷等业务开展，推出凤凰悦读和凤凰享听两个自由大众出版平台，多个项目开始赢利；中文在线目前已和国内200多家出版机构进行合作，整合内容，向手机、手持终端、互联网等用户提供产品，通过版权衍生产品等方式提供数字内容增值服务，同时为国内数字出版企业构建"一种内容、多种媒体、同步出版"的全媒体出版模式，中文传媒通过并购、重组，推动公司跨入互联网国际化业务领域和优质内容资源在移动终端产品化。

第二，与互联网公司合作布局在线数字教育。安徽出版集团近日再次迈开了前进的步伐，旗下负责数字出版与新媒体业务的安徽教育网络出版公司与一起作业信息科技有限公司签订了"平台互联应用"战略合作协议，这是K12最大的在线教育平台与地方出版"大鳄"的第一次牵手。这次安徽教育拿出了质量最好、在安徽全省覆盖率超过80%的主流教辅，也标志着"一起作业"成为了国内第一家获得出版社主流教辅授权的在线教育平台。[①]

3. 数字教育出版运营

（1）数字教育出版运营模式

第一，为政府、学校提供数字教育解决方案。该模式周期短、见效快，能够直接满足教学环节上直接需求，已形成了一定的赢利模式。比如，通过数字化教育资源以及数字化校园涉及的电子书包、教务管理、阅卷系统、直播教室等软件和系统的销售来获得利润。

第二，通过平台提供教育服务。它需要一个长期培育的过程。在线教育的发展，需要利用先进的互联网技术，将最好的教育资源和教育服务，打破时间、空间的限制，第一时间传播到教育用户手中，这个过程离不开平台的建设。

第三，数字教育解决方案与平台提供服务结合。如时代在线教育平台，一

---

① 安徽教育出版社专访内容记录。

方面，它通过为学校提供数字化教育资源和产品服务，帮助其提高教学效率；另一方面，它通过加大平台建设力度，为老师、学生、家长提供一个大的虚拟教学环境，满足每个受众的需求，同时利用大数据技术，挖掘受众群体的个性化需求，为其提供一对一的教育服务。[①]

（2）数字教育出版营收情况

根据互联网教育研究院吕森林发布的《2015年中国互联网教育行业研究》显示，截至2015年年底，中国互联网教育领域企业数量约有9500家，包括学前教育、中小学教育、高等教育、职业教育、出国留学、语言学习以及教育信息化、综合类项目等领域（见图5）。

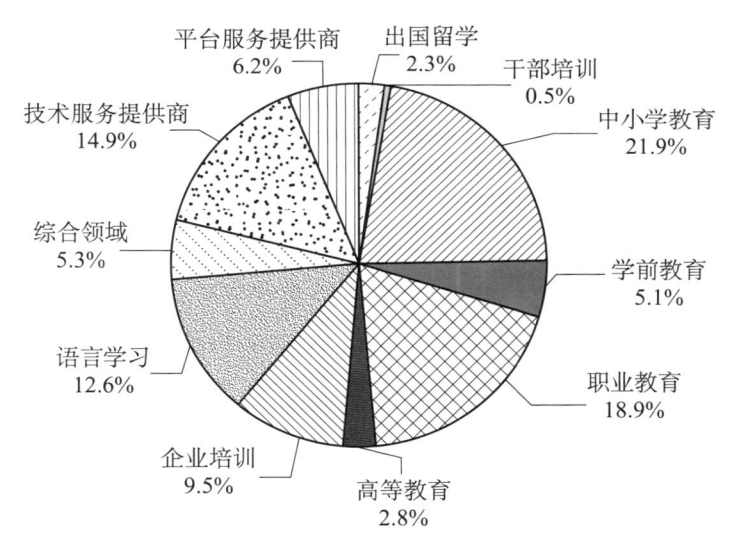

图5　不同教育细分占比统计

数据来源：互联网教育研究院

这些领域的企业营收情况有以下四类特点。

第一类：营收呈增长状态。根据互联网教育研究院的数据（见图6）分析，从整体上看行业平均增长速度达70%以上，其中最突出的是出国留学类、语言学习类、中小学教育类以及综合类的项目营收。营收幅度的递增令人喜悦，但我们也需冷静看待数据。例如，一个初创公司第一年营收10万元，第二年营收100万元，表面上看增长了10倍，但因为基数太少，这种增

---

① 安徽教育出版社专访内容记录。

长的意义并不大。所以，互联网教育企业想要成长到一定的规模，不可一蹴而就。①

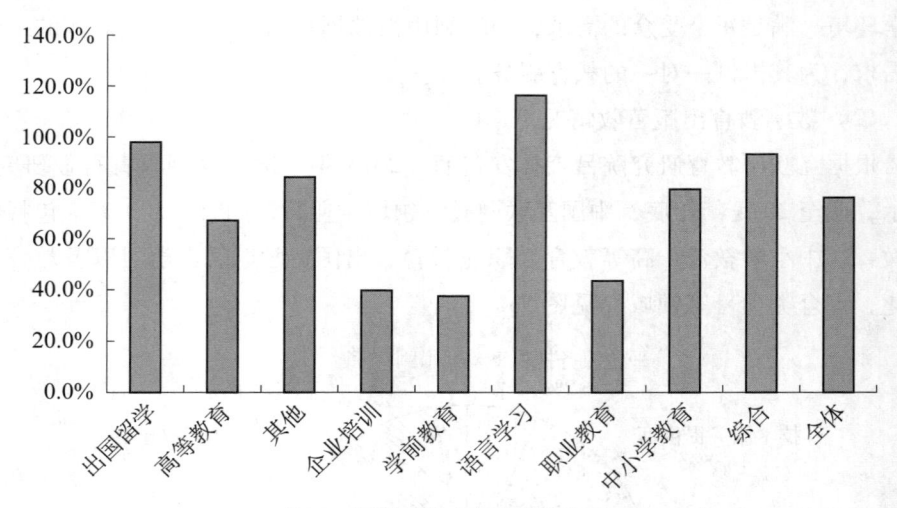

图6 互联网教育行业增长幅度

数据来源：互联网教育研究院

第二类：营收呈两极分化。根据互联网教育研究院的数据（见表1）分析，最高的综合类企业营收达 3 465 万元，而营收最少的是 1 800 万元，表明互联网企业发展的两极分化非常明显。② 2015 年营收良好的是职业教育，紧跟其后的是中小学教育。

表1 2015 年互联网教育企业平均应收

细分领域	用户数增长平均值	营收增长平均值	企业规模（人）	营收规模平均值（万元）
出国留学	54.4%	97.9%	59	2 900
高等教育	62.0%	66.9%	90	2 358
其他	46.5%	84.5%	94	2 526
企业培训	40.0%	39.5%	76	2 211
学前教育	28.0%	35.0%	55	1 800
语言学习	94.5%	109.6%	88	3 211

---

① 互联网教育研究院．《2015 年中国互联网教育行业研究》。
② 同上。

续表

细分领域	用户数增长平均值	营收增长平均值	企业规模（人）	营收规模平均值（万元）
职业教育	46.7%	45.9%	77	2 690
中小学教育	106.2%	77.4%	91	2 842
综合	110.5%	95.6%	110	3 465
全体	81.8%	72.6%	87	2 761

数据来源：互联网教育研究院

第三类：多数亏损，少数赢利。据互联网教育研究院对400家在线教育公司的调查，70.58%左右的公司处于亏损状态，13.24%的公司持平，只有16.18%的公司保持赢利状态，具体如图7所示。

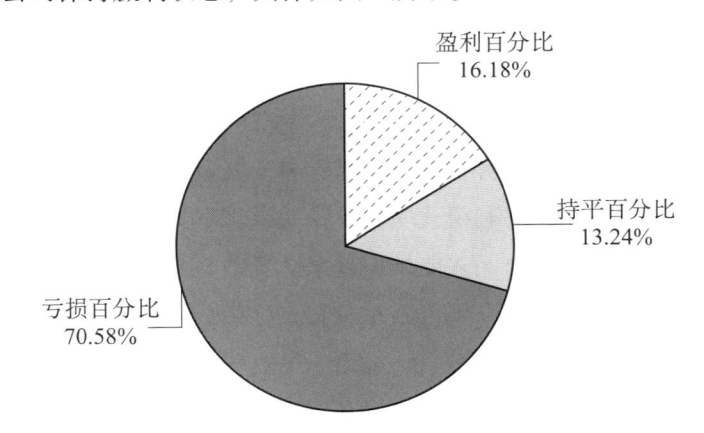

图7 互联网教育行业盈亏情况

数据来源：互联网教育研究院

但是从整体上来说，因为新进入的项目非常多，且已经有一部分项目死亡，所以整体上赢利的企业预计不超过5%，而收支平衡的教育企业数量约为10%，死亡率约为15%，亏损率约为70%，具体如图8所示。

教育是一个发展较缓慢的行业，纵有互联网的加速，一个项目从开始投入资金到逐步发展进入盈亏平衡状态，通常需要3—5年的时间（少数项目除外）。而且互联网教育行业相比于传统线下培训更具挑战力，具体体现在：前期投入资金多，后期课程制作、平台维护及产品营销推广每一步都至关重要，这需要耐心和毅力。

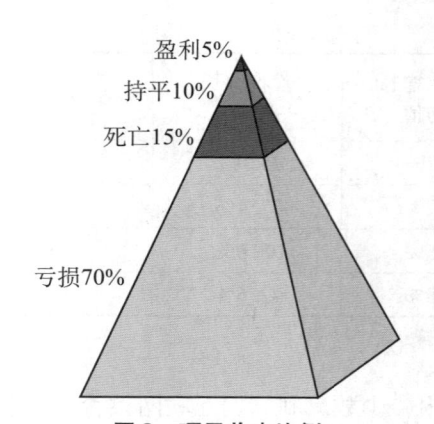

盈利5%
持平10%
死亡15%
亏损70%

图8　项目收支比例

数据来源：互联网教育研究院

第四类：营利性公司。据调查，目前数字教育市场上赢利性的企业主要有四类。①在线教学平台企业，如网校平台 EduSoho、直播教学平台展视互动、视频托管平台 CC 视频等，这些企业的营收规模增长均在 100% 以上。②网络/硬件，如服务器托管、云服务平台、录播设备。互联网教育基本是以课程为赢利收入点，但是在最初的赢利模式中，支撑这些课程的网络硬件最先赚钱。只有硬件设施跟得上，在线产品才能推广起来。③教育信息化公司。教育信息化公司每年所占的市场份额为 2 000 亿元左右。这类公司基本上都是做体制内生意的企业，如高校大量开发慕课，催生了一大批企业，还有硬件供应商、MOOC 开发商、技术供应商等。④大牌 B2C 类企业。这类互联网教育企业的营收规模较大，如学而思网校，其 2015 年的营收比 2014 年增长了两倍；沪江网的收入规模约在 3 亿元，也是少数过亿收入的互联网教育企业；新东方在线的收入增长也较好，为 20% 左右。①

（3）数字教育出版产品情况

根据 2015 年数字教育市场产品需求的特点和新产品动态，主要有以下八类②。

①101 网校类产品。这类产品是早期把优质资源搬运到其他学校的产品。近几年网校也在不断演变：课程学习长约为 10 分钟，符合移动化、碎片化趋

---

① 互联网教育研究院．《2015 年中国互联网教育行业研究》．
② 朱兆伟．"互联网＋教育"业态全景观察［J］．中小学信息技术教育，2016，05：12—14．

势；录播课程变成直播形式，提升了课程的互动性和体验性；录课技术也进步了，由"语音+课件"走向三分屏、录屏、电子白板和液晶等形式。

②"跟谁学"类家教O2O产品。该类产品是类似家教中介网站演变的产品，2015年上半年陈向东的"跟谁学"最为火热，经过市场角逐，现在只剩下4—5家了，其原因是大部分企业都是在用市场的方法做教育，简单地将教育电商化，没有触及教育的本质，发展难以持久。

③以"猿题库"为代表的题库产品。该产品是专为应试而设计的产品，随着移动互联网、大数据、云计算技术的升温，在2015年光芒显现。但这类产品质量令人担忧，原因是一纲多本、教材版本众多，各地考试标准不统一，高水平教师参与热情不高，很难保证题库质量，其建设消耗大量人力、物力、财力，且更新快、运营成本高。经过多年厮杀，现在只剩下了注重内容和技术的两类题库产品：菁优网、猿题库。

④以"百度作业帮"为代表的拍照搜题软件产品。该产品需要相当的文字识别技术，通过系统算法比对找出试题给出答案，但由于它违反教育规律，不利于学生思维能力的发展，遭到了家长、老师的强烈反对。

⑤以"一起作业网"为首的作业产品。目前典型的作业产品有"一起作业网"和"作业盒子"。"一起作业网"从小学数学和英语切入，逐步延展至初中。教师利用它布置作业，学生利用它在网上写作业，但它是否能完全改变用户的行为习惯，需要时间去验证。

⑥以"好学教育"为代表的职业教育网站。2015年国家出台一系列政策支持职业教育，职业教育网站也大为增加，它主要是建造、医学、财会、教师等专业领域职业技能培训和资格证考试，其平台采用O2O模式，线上是直播课程、线下是"实操+助教"答疑。职业教育打通了从用户到用人单位的商业延展闭环，让平台直接与招聘渠道对接，教育和就业无缝连接，孵化出新的商业模式。

⑦以"学信科技"为代表的教育信息化平台。该类产品涉及多媒体教学、电子书包、翻转课堂、教学测评、校务管理、家校沟通、校园一卡通等内容，是覆盖学习、生活的管理全场景的智慧校园产品。例如，安徽教育出版社以"时代e博"为品牌打造了"时代教育在线——电子书包应用服务云平台"。该类平台对数字化资源、数字化教学设计的诉求很高，但是目前大家更重视硬

件，且资金有限很难普及。

⑧以"爱学堂"为代表的优质资源。其代表平台有中小学 MOOC 学习平台爱学堂、盒子鱼英语情境智能学习平台、趣味短视频学习、江苏教育出版社的"题库资源加工平台"、大象出版社的"内容资源加工平台"。

（4）数字教育出版投融资情况。随着移动互联网和信息技术的发展，数字教育在中国进入高速发展期。经过了 2014 年的洗牌，2015 年数字教育市场进行了行业调整。从 2015 年年初起，数字教育领域已发生近百起融资案例，预计融资总额近 10 亿美元，其中语言、职业和 K12 教育是投资最为火热的三个方向。

二、中国数字教育出版面临的问题及对策

（一）数字教育出版面临的问题

1. 数字教育出版理念尚未全面形成

互联网数字教育如火如荼，但传统"教师讲授，学生听讲"模式短时间难被撼动，传统教育观念也很难改变；同时，数字教育的赢利模式尚不明朗（即"有赢利，没模式"），数字教育"开课易，赢利难"①，很多企业虽清楚数字教育的发展趋势，但不敢冒进，仍固守着教材教辅。因此，当前需要教育主管部门对各数字教育企业进行大力引导②。

2. 产业区域化强，资源难以整合

中国教育市场有 2.6 亿学生、52 万所学校、1 600 万教师、3—5 亿的家长③，从数字看市场巨大，但全国教材版本众多，版权难以规避，资源制作难。区域性教育市场使其生存的商业模式、生态模式也各异，互联网无法整合区域

---

① 龚维忠，周扬. 后转制时期，数字出版对大学出版社发展的考量［J］. 出版广角，2015（Z1）58—61.
② 唐世发. 冷静看待"繁荣"的在线教育市场［J］. 出版参考，2015，17：40—41.
③ 杨现民，唐斯斯，李冀红. 发展教育大数据：内涵、价值和挑战［J］. 现代远程教育研究，2016，01：50—61.

个性化用户需求,因此教育从业者得出一个共识:活下来比较容易,但要做大基本不可能;只有了解各地升学政策、教学进度、学生特点,深扎在一线,才能提供最适合本地的服务①。

3. 技术与教育的融合深度不够

我国的数字教育产品主要有组成、合成、融合三种。组成类产品居多,合成类较少,融合类少之又少。但用户最满意的是融合类产品提供的服务,最不满意的是组成类产品。总的来说,数字时代下我国的教育出版产品或服务的内容与技术的融合程度低,也就是说,目前的数字产品或服务与用户需求的契合程度低,产品或服务严重不足。

4. 数字教育的生态圈尚未建立

"互联网+教育"重塑了教育行业生态,为学习者提供了更加立体的学习环境,为教师提供了多元化教学手段。K12 学生学习动力往往没有成人自主学习意愿强,不能按成人模式去推广,录播、题库、游戏虽好但无法在 K12 落实;此外,教育环境的纯净化杜绝了广告、游戏等后向收费的互联网经营模式。纵观形形色色的新产品新业态,具有影响力的"互联网+教育"模式还没有产生,"互联网+"并未给教育带来实质性变化②。因此怎样构筑生态圈,打造合理、健康、开放的新型教育生态链成为行业的新课题。

5. 数字出版标准不统一

目前我国数字出版标准化建设虽取得了一定的成效,但仍处在初期阶段,面临着相对滞后、发展不全面、体系化欠缺的问题。③ 例如,目前 4 000 多项国际互联网标准中只有 3 项是我国制定的④,国内标准更是处于混战状态。以电子图书为例,国际通用 PDF 格式,国内除了 PDF 格式以外,还有北大方正、超星、知网等企业自主研发的 CEB、PDG、CAJ 等格式。这给我国数字出版进军国际市场带来了成本困扰,同时不利于内容资源的交换和整合,多种阅览器的下载和安装也增加了阅读成本和门槛⑤。

---

① 唐世发. 冷静看待"繁荣"的在线教育市场[J]. 出版参考,2015,17:40—41.
② 张岩. "互联网+教育"理念及模式探析[J]. 中国高教研究,2016,02:70—73.
③ 陶玉霞. 数字出版标准建设发展研究[J]. 中小企业管理与科技(上旬刊),2015,05:142—143.
④ 陈美华,陈东有. "纸媒"到"全媒":数字技术影响下出版业的转型[J]. 江西社会科学,2016,03:232—238.
⑤ 同上。

6. "翻转课堂"的教学成效难以检验

"翻转课堂"不同于传统课堂，互联网环境下让师生减负、高效、低成本的教学模式现在还没有出现。同时，由于网络学习脱离了教师的监控，加上传统教学条件难以翻转，学生往往对课前预习的主动性不强，课堂内又不擅长讨论，这直接影响了"翻转课堂"教学效果的检验，这也是当前数字教育的一大问题。

7. 不懂得互联网环境下的数字化教学设计

在学生人手一台数字化终端设备学习环境下，我国绝大多数老师不懂得如何利用数字化资源和教学平台进行教学设计，反而增加了教师负担，导致课堂效率低下，因此老师对数字化教育特别反感。

（二）数字教育出版的问题对策

1. 明确角色定位，树立数字教育理念

教育出版企业开展数字出版时要考虑版权、内容丰富度、资源特色、VR、AR等；在互联网环境下，应注重"教育＋内容＋技术"的融合，树立以用户为中心、以内容服务为王、用户全方位体验的数字时代下的互联网思维教育出版[1]。

2. 加强内外部资源的重组与整合

互联网时代的数字教育出版靠自身能力进行升级不太现实，需将国有资本、集体资本和非公有资本汇集到一起，在统一的标准下化零为整，形成优势[2]。同时，教育出版商应加强与各类学校、出版社、教师、教育专家等的合作，通过兼并重组、组织边界扩展、战略合作等方式，实现互利共赢，并通过与互联网企业合作，对接线上线下资源，扩大优质资源覆盖，推动在线课程资源共享，从而探索教育新方式。

3. 技术回归教育本质，研发符合教学规律的产品

技术带来的教育变革再强，也难以取代人际深度互动。因此，技术应支持

---

[1] 易伟兰. 出版转型环境下我国教育出版数字内容服务研究 [D]. 湘潭大学, 2015.
[2] 龚维忠，周扬. 后转制时期，数字出版对大学出版社发展的考量 [J]. 出版广角, 2015 (Z1): 58—61.

符合教学规律的产品，各出版社要配合传统教育内容升级现有教育产品，以适应各种终端学习需求；加强互动性与趣味性课程产品研发并进行课程模块、资源颗粒化、知识体系化开发，生成不同的产品形式（如微课、慕课、虚拟现实等）；适应线上线下学习模式；利用大数据追踪学习行为，实现产品更新换代。

4. 加强战略布局，打造数字教育产业生态圈

"互联网+教育"不再局限于"在线教育"，而且会给教育的全过程、各环节带来更深刻的改变，直至重塑一个开放的教育生态环境。[1] 为此企业要规划发展战略，提供构建生态圈的原始动力；同时，全力布局在线教育产业价值链，构建生态圈[2]。如以时代出版为发起人，中国新闻出版研究院、广东出版集团等 30 余家单位共同建立了"数字与新媒体出版产业技术创新战略联盟"；2015 年 1 月，安徽出版集团与北京昊天智城、合肥市高新区开启战略合作，着力打造"智慧城市"；湖南中南基地集合国内外数字出版企业组建理事会，成立了中南国家数字出版基地投资发展公司，主要负责园区、基地建设管理，招商引资，组建融资担保公司等。

5. 加快行业标准建设，规范行业发展

数字出版产品和服务形式多样，技术标准也各异，需要国家及新闻出版广电总局加大扶持，促进技术商有效整合现存标准或制定新的标准。同时，各方要积极参与国家标准制定，形成教学工具、教学资源管理、教学服务平台、学分认定与学分转换等方面的统一行业标准[3]。

6. 建立有效的在线教学评估体系

基于网络平台的翻转课堂教学评价方式应该以形成性评价为主，在学生学习的过程中，利用交互系统和学生学习的智能诊断系统等，客观记录学生学习微视频的次数、时间、提出的问题、任务完成时间、自主合作探究能力，从而形成相对客观的评价[4]。

---

[1] 张岩. "互联网+教育"理念及模式探析［J］. 中国高教研究，2016，02：70—73.
[2] 刘美华，王谷香. "互联网+"时代出版企业在线教育发展战略探析［J］. 出版发行研究，2016，02：50—53.
[3] 徐兴华. 移动互联时代数字出版产业的融合：问题与对策［J］. 浙江工商职业技术学院学报，2015，04：26—31.
[4] 刘燕. 教育信息化下大学英语运用翻转课堂的理性探析［J］. 西昌学院学报（社会科学版），2016，01：156—160.

7. 推广互联网环境下数字化教学设计标准与培训

教师掌握数字化课堂教学设计标准，就好像安上了数字化课堂的翅膀，只需要按部就班、拖拽数字化资源到相应的环节上就可以轻松备课，提升教学效率。

目前上海睿泰集团与首都师范大学、华中师范大学、上海外国语大学联手打造了在线教学设计"产学研"标准实验室，包括在线教育教学设计的规范、认证和评估三部分。它的问世将给K12、职业教育、企业（成人）培训的数字化教学老师送去及时雨，推动数字教育出版产业在现实课堂应用的发展。

三、中国数字教育出版产业发展趋势

（一）专注核心优势，做垂直、做细微

目前我国数字出版企业的产品都比较初级，且相差不大。在开展数字出版时，企业应突出自身的资源、品牌、渠道、地域性、专业性等核心优势，在信息服务、咨询研究等领域进行深入拓展。① 即地方出版社牢牢抓住"地方"两个字，秉承"专、精、特"②，明确市场定位，把事情"做垂直、做细微"③，力争"小而美"；并根据本地区教育特点，走特色化、差异化道路（如开发优质数字化资源，变产品供应商为服务商；以服务学校教学为核心，打造各种数字化平台；发展电子商务平台，推动营销体系升级；打造专业数据库），以保持其在特定区域或领域中的优势。④

（二）回归理性，寻求安身立命之本

2015年数字教育经历了市场火拼后，正逐渐回归理性。如新东方将更多资

---

① 刘晔. 关于出版产业发展方式转变的几点思考［J］. 出版广角，2015，06：11—13.
② 易伟兰. 出版转型环境下我国教育出版数字内容服务研究［D］. 湘潭大学，2015.
③ 邵林. 互联网逻辑下教育报刊转型的"可为"与"不可为"［J］. 出版参考，2016，04：9—12.
④ 陈小平. 出版社开发在线职业教育教材路径探析［J］. 出版发行研究，2015，04：44—46.

源与精力放在"线上内容与服务的优化"上，强调师资力量对互联网教育的驱动，依靠品牌、威信和教师资源来布局在线教育生态。由此可见，数字教育的竞争焦点主要在商业闭环的打造和找准自己的特色发展方向。

近几年百度、腾讯、阿里纷纷布局在线教育，证明了数字教育市场潜力巨大，各级出版社也对数字教育发展未来信心十足，但出版社该怎么和"BAT"竞争呢？事实上，互联网公司主要是做技能拓展培训，更多是培养外兴趣爱好；而教育出版社主要立足在线教育，帮助学校提高教学质量，双方目标市场不同。同时，互联网公司希望做可以推广到全国的产品，而各省的教育和考核模式均不同，如果没有多年的地方经验且充分了解当地的教育模式和特色，是不可能做好的。

（三）确立学习者主体地位，教育体验趋于个性化

数字教育时代，人的主体性得到了极大的释放[1]。同时，用户的需求也发生了变化，要求更多的学习机会、更高频率的使用资源、更高效的利用移动终端和实体性资源[2]。然而，目前数字教育产品与用户需求的契合度并不高。因此，运用大数据、云计算等技术改进课程设计、创新教学策略，成为未来在线教育的最大需求[3]。北京网梯科技董事长兼CEO张震和好未来董事长兼CEO张邦鑫也强调，通过技术提升用户体验、发展个性化学习和智慧学习，是未来十年在线教育的重要方向。目前，已有一些企业通过数据挖掘和搜索引擎入局在线教育，帮助用户精准匹配教育产品，如决胜网。此外，也有网游公司尝试把游戏和学习结合，为学习者创设游戏化学习情境，以增强学习黏性[4]。

（四）市场配置教育规模与资源，促使教育更加公平

2015年是数字教育的分水岭，数字教育市场配置也逐渐加深，主要体现在教育规模和教育资源上：

从规模来看，据《第37次中国互联网络发展状况统计报告》透露，中小

---

[1] 吴南中."互联网+教育"内涵解析与推进机制研究[J].成人教育，2016，01：6—11.
[2] 黄美娇."互联网+教育"给高等教育带来的变化与挑战[J].福建商业高等专科学校学报，2016，01：42—46.
[3] 陈兰枝，范军.教育出版数字化转型的困境与对策研究[J].编辑之友，2015，06：10—13.
[4] 张岩."互联网+教育"理念及模式探析[J].中国高教研究，2016，02：70—73.

学教育用户使用率最高（37.7%）。这部分用户数量最大，需求也最为强烈。其次是职业技能培训和职业考试，使用率都在20%以上。未来这两大领域会有十分广阔的发展前景。而人才这一块，随着P2P、众筹、大数据等的兴起，许多新兴互联网金融企业都面临着人才匮乏的状况。除了金融学及相关专业，同时具有互联网和金融数据分析经验的人才供给远不能满足市场需求，因此在线教育势在必行。

作为教育资源配置的一种新方式，"互联网＋教育"正慢慢推动教育资源配置达到最优，促进教育公平。首先，"互联网＋教育"可将已有优质资源的价值和作用发挥到最大。因为通过互联网可让一位优秀老师去服务成千上万个学生，而学生只需要一个终端，就可以随意挑选教师。其次，"互联网＋教育"可加强跨地区、行业和时间的交流，促进资源流动共享，不仅可丰富资源内容，减少资源低水平建设，还可缩小因地域、时空和师资力量差异所导致的教育资源鸿沟[①]。

（五）资本市场成为教育出版升级借力的主要阵地

在线教育出版的持续发展需要足够的资本，MOOC课程的策划、开发、平台维护、配套产品开发等也都需要大量资金。回顾2015年，无论国有还是民营公司，资本市场都成为它们升级借力的主要阵地[②]。

国有公司方面，青岛城市传媒于2015年9月登陆上海主板市场；读者传媒于12月10日正式在上海证券交易所上市；还有企业探索资本与文化的融合之路，如中南传媒于2015年11月与潇湘资本成立出版传媒首家基金管理公司——泊富文化。

民营公司方面，2015年1月，北京中文在线正式在深交所上市；9月15日，山东世纪天鸿教科科技在新三板挂牌；知名财经出版机构蓝狮子于11月26日登陆新三板，在此之前，蓝狮子已向皖新传媒出让45%的股权，加之此次上市，可以看出蓝狮子已经开始将经营重心由传统出版转为自媒体和文化服务平台；此外还有荣信教育、北京圣才教育等。

[①] 平和光，杜亚丽．"互联网＋教育"：机遇、挑战与对策［J］．现代教育管理，2016，01：13—18．

[②] 黄先蓉，刘玲武．2015年出版传媒业融合发展的新态势［J］．出版广角，2015（Z1）：13—16．

（六）职业教育领域角逐加剧、新技术不断应用以及投融资空间广阔

职业教育领域人才匮乏，2015年下半年以来，以虚拟现实、机器人为代表的新科技运用到职业教育领域，探索新的发展模式，同时也加快了该行业的发展步伐。

数字职业教育融资也不断，继2014年100教育一亿多元收购环球职业教育在线，2015年天舟文化收购翡翠教育60%的股权；财经教育网校高顿网校宣布与腾讯课堂达成合作协议，提供全方位的财会金融证书类培训课程；还有一些IT培训机构正在大规模融资。在线职业教育的市场格局还没有固定，细分行业的机会仍然非常多。

（七）探索持续赢利模式，实现商业模式转型

任何一个商业模式都是一个由客户价值、企业资源和能力、赢利方式构成的三维立体模式。[①] 未来数字教育出版的商业模式探索主要体现在以下几个方面。

1. 设计赢利模式，定位核心竞争优势

赢利模式设计主要分析客户和用户、产品或服务、业务活动、竞争门槛等因素之间的商务逻辑关系和优化组合，进一步确定企业核心竞争优势。

2. 整合企业资源和能力，打造持续赢利模式

打造持续的赢利模式要求企业能持续为客户提供满足需求的产品或服务，这进一步要求企业根据自身的资源和能力，提高资源配置效率和资源配置效益。

3. 传递客户价值，实现商业模式转型

在线教育尝试的商业模式主要有B2B、B2C、C2C、C2B以及O2O等，但出版企业多年在教育系统中积累的资源优势更有助于拓展B2C、B2B2C以及O2O模式。

---

① 刘美华，王谷香．"互联网＋"时代出版企业在线教育发展战略探析［J］．出版发行研究，2016，02；50—53．

4. 强化版权的保护与开发

如果说版权的保护和开发在传统出版时代还没有触及企业的生存底线，那么在数字时代，它就几乎成为出版业的救命稻草。出版业必须不断提高资源整合和版权深度开发利用的能力，注重集约运营和品牌建设，开辟生存发展的新空间。

（作者单位：上海睿泰企业管理集团有限公司）

中国数字出版标准化年度报告

张书卿

一、国内外发展背景和情况

（一）国外标准化发展背景和情况

当今世界主要发达国家已经建立了适应市场经济发展的自愿标准体系，并达到完善阶段。在该标准体系下，形成了政府委托非赢利性组织管理和协调国家标准，各协会、学会和专业团体根据市场发展，组织企业制定各行业、领域团体标准，企业自愿使用，形成了国家标准、团体标准和企业标准三个层次。标准已经深入社会生活的各个层面，为法律法规提供技术支撑。标准一旦被法律法规所引用，便成为法律法规的一部分，具有法律效应。产品只有符合标准，并通过严格检验检测手段和规范的合格评定程序，才能进入市场，从而形成标准制定、标准实施、检验检测、合格评定等良性循环发展的模式。产品要获得市场准入在市场上流通的重要条件是产品应当符合技术法规和相关标准的规定，需要通过合格审定来证明。企业的任何违法行为都可能受到法律的惩罚，直接危及企业的生存。

发达国家不断通过各种国家或区域标准设置技术壁垒，阻止发展中国家产品进入其市场。标准是区域经济内针对其他标准的一种非关税贸易壁垒的武器。美国、法国、英国、日本等都将标准化作为重要的国家战略。同时，标准化也是国际贸易的推动器，特别是国际标准的发布和应用，为衡量进出口商品的质量提供了重要依据。这些发达国家控制着全球绝大多数的标准化组织，以此来控制最新的科技标准的制定，目的是抢滩国际市场，进而控制着整个产业。

据不完全统计，在国际标准化组织的 1954 个 TC 及 SC 秘书处和 WG 召集人中，美国承担了 608 个，占 20.6%；德国 481 个，占 16.3%；英国 445 个，占 15.1%；法国 264 个，占 8.9%；日本 156 个，占 5.3%[1]。由此可见，美、德、英、法、日五个发达国家在国际标准化领域中占据着绝对的主导地位，现有绝大多数国际标准也基本上反映了他们的技术水平。如果企业在全球市场上通过国际标准化组织（ISO）或国际电工委员会（IEC）标准，在欧洲市场上通过相应的欧洲标准（EN），可以打破发达国家设置的技术壁垒，提高出口。

截至 2014 年年底，我国承担 ISO 和 IEC 技术委员会（TC）和分技术委员会（SC）主席、副主席总数达到 43 个，秘书处总数达到 70 个，较 2001 年主席数量增加 39 个，承担秘书处数量增加 62 个。目前，我国主导制定并发布的 ISO 和 IEC 标准共有 182 项，占全世界国际标准数量的比重尚不足 0.7%，与发达国家相比差距显著[2]。

在数字出版领域，美、英、法等发达国家也抢占先机，控制了相关标准化技术委员会和分技术委员秘书处。例如，法国标准化协会（AFNOR）承担了 ISO/TC46 信息与文献标准化技术委员会的秘书处，该技术委员会下设 5 个分技术委员会，其中 SC4（技术互操作）秘书处由芬兰标准协会（SFS）承担；SC8（质量统计和绩效评估）秘书处韩国技术标准局（KATS）承担。SC9（识别与描述）由美国标准化协会（ANSI）承担。SC10（文件储存和保存条件的要求）由德国标准化协会（DIN）承担，SC11（档案/报告管理）秘书处由澳大利亚标准协会（SA）承担。国际标准化组织和国际电工委员会联合第一工作组（ISO/IEC JTC 1，信息技术标准化技术委员会）秘书处设在美国标准化协会（ANSI）。

发达国家利用承担国际标准化组织秘书处优势，抢先把国内标准发展为国际标准。例如 DOI 曾经是美国国家标准 ANSI/NISO Z39.84-2000，2012 年美国组织专家通过 ISO/TC46/SC9 的标准化程序将其成功转化为国际标准 ISO 26324：2012《信息与文献——数字对象标识系统》（DOI）。PDF（便携式文档格式）标准是 Adobe 公司[3]研发的企业标准，该标准从 2005 年至 2012 年陆续

---

[1] 张冰．新形势下企业参与国际标准化工作的现状及建议［J］．中国质量技术监督，2015，08.
[2] 以上数据来源于中国标准化协会 2016 年第一期国际标准化综合知识培训班《资料汇编》。
[3] Adobe 创建于 1982 年，是世界领先的数字媒体和在线营销方案供应商，公司总部位于美国加利福利亚州圣何塞。

通过 ISO/TC130（印刷）发布为 ISO 国际系列标准：ISO 19005-1：2005《文件管理——电子文件长期保存用文档格式——第 1 部分：PDF 1.4 的使用（PDF/A-1）》、ISO 19005-2：2011《文件管理——电子文件长期保存用文档格式——第 2 部分：ISO 32000-1 的使用（PDF/A-2）》、ISO 19005-3：2012《文件管理—电子文件长期保存用文档格式—第 3 部分：在嵌入式文件支持下使用 ISO 32000（PDF/A-3）》、ISO 32000-1：2008《文件管理 便携式文件格式》。EPUB3.0 标准（IDPF）是数字出版联盟的团体标准，该标准主要由美国的大企业组织制定并实施。2014 年美国组织相关专家将该标准通过 ISO/IEC/JTC 1 的标准化程序成为国际标准化组织的技术规范（TS）[①]。

（二）国内发展背景

1. 国家层面

2015 年是我国标准化工作的改革年。2015 年 3 月，为落实《中共中央关于全面深化改革若干重大问题的决定》《国务院机构改革和职能转变方案》和《国务院关于促进市场公平竞争维护市场正常秩序的若干意见》（国发〔2014〕20 号），国务院印发了《深化标准化工作改革方案》。该方案根据标准化工作中存在的问题，确定了改革的基本目标是简政放权、放管结合，并提出了未来标准化改革的总体目标：建立政府主导制定的标准与市场自主制定的标准协同发展、协调配套的新型标准体系，健全统一协调、运行高效、政府与市场共治的标准化管理体制，形成政府引导、市场驱动、社会参与、协同推进的标准化工作格局，有效支撑统一市场体系建设，让标准成为对质量的"硬约束"，推动中国经济迈向中高端水平。改革措施包括：建立高效权威的标准化统筹协调机制；整合精简强制性标准；优化完善推荐性标准；培育发展团体标准；放开搞活企业标准；提高标准国际化水平。简单地说，就是对内借鉴国外经验，建立政府引导和市场驱动相结合的标准体系，鼓励团体标准的制定和实施。对外鼓励国内社会组织和企业参与国际标准，争取承担更多国际标准组织技术机构和领导职务，增强话语权，推动中国标准和企业"走出去"。

[①] ISO 或 IEC 出版在未来有可能形成一致意见上升为国际标准的文件。但是，当前由于不能获得批准为国际标准所需要的支持；是否已协商一致尚未确定；其主题内容尚处于技术发展阶段；或另有原因使其不可能成为国际标准立即出版。

《标准化法》的修订也在进行中，其修订方案与该改革方案的思路相辅相成。

为贯彻实施《深化标准化工作改革方案》，2015年8月国务院办公厅印发《贯彻实施〈深化标准化工作改革方案〉行动计划（2015—2016年）》。该行动计划了提出了第一阶段（2015—2016年）的各项任务，明确了各项任务的保障措施。

2015年4月国家标准化管理委员会①根据发布的《深化标准化工作改革方案》，印发了《2015年全国标准化工作要点》。其确立了深化改革，狠抓各项任务落实；紧贴需求，加强重点领域标准制定；强化实施，提高标准化质量效益；提升水平，加快标准走出去步伐；夯实基础，保障标准化事业持续发展5部分、36项工作要点。

2015年12月国务院办公厅印发《国家标准化体系建设发展规划（2016—2020年）》，对我国未来5年内的国际标准化体系建设提出了具体要求。具体目标是：到2020年，基本建成支撑国家治理体系和治理能力现代化的具有中国特色的标准化体系；标准化战略全面实施，标准有效性、先进性和适用性显著增强；标准化体制机制更加健全，标准服务发展更加高效，基本形成市场规范有标可循、公共利益有标可保、创新驱动有标引领、转型升级有标支撑的新局面；"中国标准"国际影响力和贡献力大幅提升，我国迈入世界标准强国行列。并根据上述具体目标，部署了10项任务和5项保障措施。

2. 行业政策和产业层面

国家新闻出版广电总局（国家版权局）是国务院主管我国新闻出版、广播影视和著作权管理的机构。同时，该机构作为我国新闻出版业标准化管理机构，对数字出版和新闻出版业标准化工作做出了一系列重大部署。

2015年4月总局与财政部联合出台了《关于推动传统出版和新兴出版融合发展的指导意见》，提出了我国新闻出版业实现数字化转型的新目标：按照积极推进、科学发展、规范管理、确保导向的要求，立足传统出版，发挥内容优势，运用先进技术，走向网络空间，切实推动传统出版和新兴出版在内容、渠

---

① 国际标准化管理委员会是国务院授权的履行行政管理职能、统一管理全国标准化工作的主管机构。

道、平台、经营、管理等方面的深度融合，实现出版内容、技术应用、平台终端、人才队伍的共享融通，形成一体化的组织结构、传播体系和管理机制。力争用3—5年的时间，研发和应用一批新技术、新产品、新业态，确立一批示范单位、示范项目、示范基地（园区），打造一批形态多样、手段先进、市场竞争力强的新型出版机构，建设若干家具有强大实力和传播力、公信力、影响力的新型出版传媒集团。

2015年是新闻出版业"十二五"规划的收官之年，我国新闻出版业获得长足发展。此外，2015年也是"十三五"规划的编制之年，推动产业转型升级、融合发展仍将作为我国新闻出版业"十三五"时期的重点任务。

2015年国家新闻出版广电总局积极同国家发改委、财政部、科技部及中央文资办沟通，为出版企业争取国家财政文化产业发展专项资金50亿元，共支持项目834个，比2014年度的800项新增34项，其中重点项目478项，一般项目356项。用于推动新闻出版业数字化转型升级的项目进一步增多，由2014年的77项增加至2015年的98项，并将传统媒体和新兴媒体融合发展也纳入重点支持范围，支持项目为36项[①]。

在"十二五"规划期间，我国新闻出版标准化工作得到全面发展，工作成效显著，在多个领域实现突破，完成了标准化工作机构的全面布局，拥有覆盖全行业的印刷、出版、发行、信息化、版权4个国家级标准化技术委员会和1个行业标准化技术委员会。委员会委员总人数达到436名，ISO注册专家30名，各行业专家400余位；建立各类标准化研究机构、实验室、实施机构11个，标准化试验与推广基地18个、联盟及试点单位等31个。[②]

3. 产业层面

2015年，数字出版产业规模继续保持增长，传统出版数字化转型不断升级，媒体积极践行融合发展理念，融合发展成效显著，数字出版产业结构日趋完善，基本形成了门类齐全的数字出版产业体系。数字阅读成为平民百姓重要的阅读方式。

---

① 王飚. 2015年数字出版：收官之年亮点频现［N］. 中国新闻出版广电报，2015–12–24.
② 以上数据来源于国家新闻出版广电总局《新闻出版业标准化"十二五"期间工作成果》。

二、数字出版标准化工作取得的成绩

(一) 标准化组织机构建设趋于完善,信息化建设不断增强

2015 年 4 月全国新闻出版信息标准化技术委员会在京召开成立大会,标志着该标准化技术委员会实现了由行业级标委会向国家级标委会的升级,我国新闻出版业标准化组织建设基本完成。目前我国新闻出版业共有 5 个专业标准化技术委员会——全国新闻出版标准化技术委员会、全国新闻出版信息标准化技术委员会、全国出版物发行标准化技术委员会、全国印刷标准化技术委员会和全国版权标准化技术委员会,分别负责新闻出版、信息、发行、印刷和版权领域的标准化工作。其中,前四个为国家级的标准化技术委员会,最后一个为行业级标准化技术委员会。这些标准化技术委员会均将重点放在数字出版、数字发行和数字印刷的标准制定上。

这些标准化技术委员会已经建立或将要建立专门的标准化网站平台来发布标准信息。由国家新闻出版广电总局建立的新闻出版标准化协作平台,2015 年部署迁移到中国新闻出版研究院,目前正在升级改造中。

(二) 国内标准制定领域不断扩展,标准体系建设逐渐完善

1. 电子书内容系列标准全部出炉

全国新闻出版标准化技术委员会组织制定的 13 项电子书内容行业标准(见表 1),目前全部完成并发布。

表 1 电子书内容系列标准

序号	标准号	标准名称	归口标准化技术委员会	状态
1	CY/Z 25－2013	电子书内容标准体系	全国新闻出版标准化技术委员会	发布
2	CY/T 96－2013	电子书基本术语	全国新闻出版标准化技术委员会	发布

续表

序号	标准号	标准名称	归口标准化技术委员会	状态
3	CY/T 97-2013	电子书内容元数据	全国新闻出版标准化技术委员会	发布
4	CY/T 98-2013	电子书内容格式基本要求	全国新闻出版标准化技术委员会	发布
5	CY/T 110-2015	电子图书标识	全国新闻出版标准化技术委员会	发布
6	CY/T 111-2015	电子图书质量基本要求	全国新闻出版标准化技术委员会	发布
7	CY/T 112-2015	电子图书版权记录	全国新闻出版标准化技术委员会	发布
8	CY/T 113-2015	电子图书阅读功能要求	全国新闻出版标准化技术委员会	发布
9	CY/T 114-2015	电子图书质量检测方法	全国新闻出版标准化技术委员会	发布
10	CY/T 115-2015	电子书内容版权保护通用规范	全国新闻出版标准化技术委员会	发布
11	CY/T 116-2015	电子书内容平台基本要求	全国新闻出版标准化技术委员会	发布
12	CY/T 117-2015	电子书内容平台服务基本功能	全国新闻出版标准化技术委员会	发布
13	CY/T 133-2015	电子图书版权信息检测	全国新闻出版标准化技术委员会	发布

这些标准的制定对电子书的术语、标准体系、标识别、格式、质量、功能、版权保护、平台建设规范等各个方面进行了积极的探索，并在行业内达成了协调一致的意见，形成了行业标准，为我国电子书的健康发展提供了技术支撑和指导。

2. 中国标识符系列基础标准家族日益完善

标识符标准是新闻出版业的基础标准。对新闻出版内容进行唯一标识是我国对内容资源进行管理和应用的基石。全国新闻出版标准化技术委员会一直以来高度关注标识符标准。根据国际标准化组织 ISO/TC46/SC9 制定的标准，全国新闻出版标准化技术委员会积极采用和参考国际标准[①]，制定我国相应的国家和行业标准（见表2）。进而，根据我国提出的和主导制定的拥有我国知识产权的国际标准 ISO17316—2015《国际标准关联标识符》（ISLI），全国新闻出版标准化技术委员会将其转化为国家标准《中国标准关联标识符》。制定此标准的同时，我国制定了配套的系列标准研制工作方案，拟通过该国家标准体系的建立，推动 ISLI 在国内和全球的实施与推广。

这些标准分别对我国新闻出版内容资源、内容提供者和相关机构进行编码和标识，此编码是内容产品信息交换和流通的基石，这些标准共同构成相互支撑的标准体系，为我国新闻出版内容的管理、发行和使用做出重要的贡献。

表2　新闻出版标识类标准

序号	标准号	标准名称	与国际标准关系	状态
1	GB/T 5795－2006	中国标准书号	修改采用国际标准 ISO 2108：2005《信息与文献 国际标准书号》（ISBN）	发布
2	GB/T 9999－2001	中国标准连续出版物号	修改采用国际标准 ISO 3297：1998《信息与文献——国际标准连续出版物号》（ISSN）	发布
3	GB/T 13396－2009	中国标准录音制品编码	修改采用国际标准 ISO 3901：2001《信息与文献——国际标准录音制品编码》（ISRC）	发布
4	CY/T 82—2012	新闻出版数字资源唯一标识符	非等效采用 ISO 226324《信息与文献——数数字对象标识新系统》（DOI）	发布

[①] 国家标准与国际标准的一致性程度分为三种：等同、修改和非等效。与国际标准的一致性程度为"等同"和"修改"的国家标准被视为采用了国际标准，而与国际标准的一致性程度为"非等效"的国家标准不被视为国际标准，仅表明国家标准与国际标准有对应关系。等同采用分为两种：一是国家标准与国际标准在技术内容和文本结构方面完全相同；二是国家标准与国际标准在技术内容上相同，但可以包含小的编辑性修订，修改后采用，国家标准与国际标准之前允许存在技术性差异，这些差异应清楚地标明并给出解释。

续表

序号	标准号	标准名称	与国际标准关系	状态
5	CY/T 83—2012	中国标准名称标识	修改采用 ISO27729：《信息与文献——国际标准名称标识》（ISNI）	发布
6	CY/T 8—2012	中国标准乐谱出版物号	修改采用 ISO10957：《信息与文献——国际标准乐谱出版物号》（ISMN）	发布
7	GB/T XXXX	中国标准关联标识符	修改采用 ISO17316：2015《国际标准关联标识符》（ISLI）	等待发布

3. 《数字出版内容卫星传输规范》系列标准

经原国家新闻出版总署批准，由全国新闻出版标准化技术委员会组织开展了《数字出版内容卫星传输规范》系列标准的研制工作。该系列标准分为5部分（见表3），分别就卫星传输数字出版产品的基本信息及数据规格的采集要求、传输系统中导航数据模型和导航数据描述、传输系统卫星投递数据的传输要求、卫星传输终端的数据接收及存储卫星信息回传系统、承载网络及通信协议、消息协议格式及回传信息描述等进行规范，旨在有效发挥卫星传播渠道优势，以促进数字出版产品的广泛传播。

表3 《数字出版内容卫星传输规范》系列标准

序号	标准名称	归口标准化技术委员会	状态
1	数字出版内容卫星传输规范 第1部分：信息采集	全国新闻出版标准化技术委员会	即将发布
2	数字出版内容卫星传输规范 第2部分：数据导航	全国新闻出版标准化技术委员会	即将发布
3	数字出版内容卫星传输规范 第3部分：数据传输	全国新闻出版标准化技术委员会	即将发布
4	数字出版内容卫星传输规范 第4部分：数据接收	全国新闻出版标准化技术委员会	即将发布
5	数字出版内容卫星传输规范 第5部分：信息回传	全国新闻出版标准化技术委员会	即将发布

4. 《数字期刊》系列行业标准即将发布

全国新闻出版信息标准化技术委员会组织制定了《数字期刊》系列行业标准。该系列标准包含《数字期刊术语》《数字期刊分类与代码》《数字期刊核心业务流程》《数字期刊产品服务规范》和《数字期刊内容质量管理规范》5项标准。2015年全国新闻出版信息标准化技术委员会对5项标准广泛征求了意见，随后召开了系列标准送审稿专家审查会，并于12月完成了5项标准的报批工作。

5. 《数字出版统计》系列行业标准

全国新闻出版标准化技术委员会在成功组织《图书、报纸、期刊和电子出版物的发行统计》标准的基础上，组织专家制定《数字出版统计》系列标准。该系列标准拟分为《数字图书统计》《数字期刊统计》《数字报纸统计》和《数据库统计》等标准。目前《数字期刊统计》行业标准草稿已经完成，其他标准也正在制定过程中。该系列标准的制定将为我国新闻出版行业的数字出版统计提供支撑和参考。

6. 版权系列标准

为了有效地解决互联网版权管理与保护的一系列难题，以带动以新媒体产业为核心的版权相关产业的长足发展为目标，全国版权保护标委会组织制定了一系列版权相关标准。2015年正式颁布《数字版权唯一标识符（DCI）》《版权利描述元数据》《版权服务基础代码集》《版权服务基础数据元》和《嵌入式版权服务接口规范》5项基础性标准。

此外，全国版权保护标准化技术委员会还组织了《平台外部数据交换接口规范》《嵌入式版权服务流程规范》《数字作品版权登记档案数据规范》《数字作品版权登记业务流程规范》等10项工程标准的制定，目前已经完成专家评审，并报批到国家新闻出版广电总局。

7. 《数字出版内容提供商信用等级评定规范》等3项行业标准

《数字出版内容提供商信用等级评定规范》《数字出版服务提供商信用等级评定规范》和《数字出版网络提供商信用等级评定规范》3项行业标准由全国新闻出版标准化技术委员会组织制定。此系列标准于2015年在总局数字出版司立项。2015年6月召开了标准项目启动会，目前正在积极制定过程中。该系列标准的制定将对我国数字出版内容和技术提供商进行规范,以促进我国数字出版各个环节的健康发展,保障数字出版的有序发展。

8. 《网络教育出版物质量评价规范》和《网络文学出版物质量评价规范》2 项行业标准

全国新闻出版信息标准化技术委员会组织了《网络教育出版物质量评价规范》和《网络文学出版物质量评价规范》2 项行业标准的制定。该标准于 2015 启动,目前正在积极制定过程中。这两项行业标准的制定将对我国网络教育出版物和网络文学出版物的质量进行规范,旨在提高我国数字出版内容的质量。

9. 《中小学数字教材加工规范》行业标准

随着我国数字出版的发展,数字教材的应用也越来越广泛,对数字教材进行规范,成为我国数字出版标准化工作的重要任务。2014 年由人民教育出版社提交标准提案,经国家新闻出版广电总局批准立项,全国新闻标准化技术委员会组织了《数字教材加工及检测》行业标准的制定。该项标准受到广泛的关注和支持,教育部等部门和单位在标准制定中都提出了重要的建议。在标准起草中,根据评审专家意见,该标准名称调整为《中小学数字教材加工规范》。2015 该标准正式由国家新闻出版广电总局发布。该标准旨在解决电子课本内容资源的基础开发规范以及跨平台跨终端使用的问题,为基础教育类数字出版提供基本的技术支撑。同时,该标准为开发国家教材资源数据库及建立教材资源评测体系奠定了基础。

10. 发行领域标准制定积极开展

《中国在线信息交换》(简称 CNONIX)国家标准是由全国出版物发行标准化技术委员会组织制定的,该标准采用了最新版的泛欧书业组织的《在线信息交换》(ONIX)标准,确定了我国传统出版和数字出版与出版发行业务相关的核心元数据,规范了我国出版物流通领域图书产品信息描述与交换格式。基于该标准的进一步实施,2015 年全国出版物发行标准化技术委员会组织制定了《基于 CNONIX 的图书产品信息采集规范》《CNONIX 标准符合性测试规范》和《书业电子商务流程规范》等多项行业标准。

11. 数字印刷和绿色印刷标准抓紧推进

紧跟印刷技术日新月异的变化以及适应新兴领域对标准的需求,全国印刷标准化技术委员会加强数字印刷等领域的标准制定,《胶印数字化过程控制（多部分）》《绿色印刷 书刊柔性版印刷过程控制要求及检验方法》等重点标准正在抓紧制定。同时伴随整个社会环境保护意识的加强,绿色印刷标准成为印刷领域标准化工作的热点。全国印刷标准化技术委员会积极推进绿色印刷标准的制定,2015年完成了CY/T 129-2015《绿色印刷 术语》;CY/T 130.1-2015《绿色印刷 通用技术要求与评价方法 第1部分:平版印刷》;CY/T 131-2015《绿色印刷 产品抽样方法及测试部位确定原则》;CY/T 132.1-2015《绿色印刷 产品合格判定准则 第1部分:阅读类印刷品》等4项绿色印刷标准。

12. 重大工程标准

重大工程研发是国家新闻出版广电总局推动行业升级转型的重要举措,标准包是重大工程开发的基础,起着纵览全局和统一规范各包技术的重大作用。重大工程标准技术性、系统性强,流程管理严格,时间进度紧,同时标准包任务与工程总体目标和工程技术分包关联紧密,对内对外协调难度非常大。

全国新闻出版标准化技术委员会承担了数字版权保护技术工程标准包的工作。经过多年的努力,至2015年标准包完成25项数字版权保护技术工程标准的起草并通过了审核,并经过该工程的管理机构通知发布,并开始实施。

同时全国新闻出版标准化技术委员会承担了国家复合出版系统工程标准包的工作。至2015年标准包已完成38项该标准的《需求调研报告》《标准工作组稿》和《标准编制说明》的编制任务,并全部通过了标准包的内部评审,以及由国家新闻出版广电总局新闻出版重大科技工程项目领导小组办公室组织的专家评审。

为配合国家知识资源总库重大项目,国家新闻出版广电总局在2015年启动了专业数字内容资源知识服务模式试点工作。根据"统一部署、标准先行、分步推进、鼓励创新"的原则,受总局委托,全国新闻出版标准化技术委员会启动了8项通用标准的制定工作。截至目前,《知识服务标准体系表》《知识资源基础术语》和《知识资源描述通用规范》等8项通用标准已经完成报批。

(三) 我国新闻出版业参与国际标准的深度不断增强

全国新闻出版标准化技术委员会一直积极跟踪和参与国际标准的制定,积极采用《国际标准书号》《国际标准连续出版物号》和《国际标准录音制品编码》等多项国际标准，并积极组织我国相关领域的专家参加到国际标准书号（ISBN）和国际标准录音制品编码（ISRC）的修订中。这有利于我国及时跟踪国际标准，及时反映我国呼声，提高我国的主动权和话语权。此外，在多年跟踪和积累的基础上，2010年全国新闻出版标准化技术委员会正式提出我国首个新闻出版业国际标准《国际标准关联标识符（ISLI）》，并于2011年正式获得ISO立项。在国家标准化管理委员会和国家新闻出版广电总局的大力支持下，经过中方专家多年努力，2015年5月由我国主导制定的《国际标准关联标识符（ISLI）》在ISO正式出版。该标准是标识信息与文献领域中实体之间关联的标识符，旨在解决信息技术环境下资源关联应用的问题。此标准的成功出版，标志着我国新闻出版业逐步打破了英、美、德、法在国际标识符领域的长期垄断，在国际标准化活动中取得实质性进展。

全国出版物发行标委会积极跟踪和参与相关的国际标准化活动，2010年首次以观察员身份参加欧洲电子数据交换组织（EDItEUR）的出版物在线信息交换标准（以下简称ONIX）国际指导委员会工作年会，2011年成为该组织正式会员，并以中国国家工作组身份成为ONIX国际指导委员会成员之一，参与国际书业标准的工作与讨论并行使投票权。2015年全国出版物发行标委会组织专家赴德国参加法兰克福书展期间召开的"出版物在线信息交换标准"和"全球书业贸易主题分类标准"（以下简称THEMA）国际会议，会议期间中国代表团表达了我国的立场和意见。中国代表团还与EDItEUR组织进行了专门会谈，就交流合作、标准内容、业务发展等方面进行进一步沟通和协调。

在2012年德国由于经济危机无力承担国际标准化组织印刷标准化技术委员会（ISO/TC130）秘书处的情况下，我国凭借多年参与国际印刷标准化工作的经验，通过积极争取，自2013年起成为ISO/TC130秘书处承担国。自承接该工作以来，ISO/TC130秘书处先后组织召开了第27届工作组会议及全体会议、第28届工作组会议、第28届工作会议及全体会议。很好地承担了秘书处的工作职责，保证了ISO/TC130各项工作的正常运转。经ISO投票决定，2015年起由我国蒲嘉陵博士担任ISO/TC130主席，他顺利主持了ISO/TC130第29届工作组会议（2015年5月11—17日，意大利博洛尼亚）和第29届工作组会议及全体会议（2015年11月2—8日，韩国首尔）。此外，2015年ISO/TC 130

秘书处共发起各类投票47项，其中新项目提案（NP）投票8项，委员会草案（CD）投票7项，国际标准草案（DIS）投票9项，技术规范草案（DTS）投票2项，最终国际标准草案（FDIS）投票1项，委员会内部投票（CIB）10项，系统复审（SR）8项，废止确认（WDRL）投票2项。除了履行国际秘书处的职责外，2015年我国印刷领域还积极推动了由我国主导制定的ISO 16762《印刷技术 印后加工 一般要求》、ISO 16763《印刷技术 印后加工 装订产品》两项国际标准的制定。

（四）标准宣传和培训定期开展，标准实施后台和后续工作逐渐开展

标准实施一直以来是新闻出版标准化工作的薄弱环节，2015年各个标准化技术委员会都加强了标准的培训和推广工作。

全国新闻出版标委会在标准宣贯培训方面取得比较好的成绩。根据总局对标准实施应用的要求，经国家新闻出版广电总局人事教育司批准，全国新闻出版标准化技术委员会于2015年4月、6月和10月分别组织了《电子书内标准系列标准》和《学术出版系列标准》培训活动，3期培训学员将近800人，取得了良好的宣传效果，推动了标准的进一步实施。

全国新闻出版信息标准化技术委员会于2015年5月、8月、9月、11月和12月成功举办了《数字内容对象存储、复用与交换》和《新闻出版内容资源加工规范》标准宣贯培训班，共计200余人参加了培训。培训期间，该标准化技术委员会还通过微信平台实时收集学员反馈意见，与学员开展了深层次的对话与交流，效果显著，为行业标准的实施起到了重要的推进作用。

2015年，全国出版物发行标准化技术委员会召开了3次标准化培训工作，培训近200人次。其中，CNONIX国家标准学习培训班1次，数字化转型升级标准培训2次。通过培训，各单位对标准内容、数据流转与要求、应用示范的工作目标以及工作思路等方面的有了更为清晰的认识。为帮助各单位能够实施CNONIX标准，发行标委会以CNONIX联合实验室为基础，结合各技术公司的实施操作经验，与CNONIX标准应用示范单位一起赴试点单位湖南省新华书店、中国高等教育文献保障系统管理中心等多家相关单位分别就出版产品基础数据项、试点工作成果、实施工作需要关注的技术问题进行了沟通。同时，组

织了 CNONIX 国家标准应用示范工作 22 家示范单位和相关技术企业在 2015 年北京 BIBF 国际书展上举办"CNONIX 国家标准应用示范成果展",组织了"构建新闻业数据体系建设""立足标准数据,服务产业应用"等三场主题演讲活动。

2015 年全国印刷标准化技术委员会分别在 3 月、5 月、7 月和 10 月举办 4 次标准培训班,对绿色印刷标准和装订标准进行培训。培训人数超过 200 人,起到了很好的宣传效果。为方便印刷标准的推广与使用,2015 年印刷标委会与中国标准出版社合作出版了《常用印刷标准汇编(2015 版)》,共收录国家标准 45 项,行业标准 32 项,受到业内和社会的广泛欢迎和好评。在 2015 年 11 月印刷标委会举办年会期间,组织专家对如何缩小我国印刷产业在标准化管理、标准化理念、绿色印刷技术等领域与国际先进水平的差距等问题进行了探讨,对促进和提高我国印刷产业的企业管理、印刷标准化和绿色印刷领域的技术进步及可持续发展起到了积极的推动作用。

(五)标准测试和认证提上工作日程,测试实验室建设将引领行业标准化迈上新台阶

标准符合性测试就是测量产品或系统的功能、性能、安全性等指标,并比较其与相关国家标准或行业标准所规定的指标之间符合程度的测试活动。由于数字出版的技术性特征,数字出版产品是否符合相关标准需要专业的设备和工具对产品进行标准符合性测试。建立标准符合性测试实验室是实现标准符合性测试的第一步,实验室的建立必须得到国家实验室认可委员会(CNAL)的批准,这样在出具的测试报告中就可以给出相应的认可标志,其测试结果才能得到国家的承认,并在国际上互认。认证是指由国家认可的认证机构证明一个组织的产品、服务、管理体系符合相关标准、技术规范(TS)或其强制性要求的合格评定活动。如果一个企业的产品通过了国家认证机构的产品认证,就可获得国家级认证机构颁发的"认证证书",并允许在认证的产品上加贴认证标志。这种被国际上公认的、有效的认证方式,可使企业或组织经过产品认证树立起良好的信誉和品牌形象,同时让顾客和消费者通过认证标志来识别商品的质量好坏和安全与否。我国已建立统一的认证认可制度,但在新闻出版领域,认证认可体系仍是未开发的领域,急需建立新闻出版认证认可体系。

中国新闻出版研究院已经成功获批建立数字出版标准符合性测试北京市重点实验室。目前该实验室对截至2012年底新闻出版业发布的国家标准、行业标准进行了可测性梳理，完成了3项标准草案和3项测试用例集及测试集成系统和工具的需求规格说明及前期开发。同时该实验室购置了音视频质量测试设备、数字出版资源加工标准符合性测试工具集、标准间的标准符合性测试工具集、学术著作出版物标准符合性测试工具等专用测试工具，增强了实验测试能力。同时，对认证认可基本概念、技术、标准和政策、法规等多个层面进行研究，为在新闻出版领域建立认证认可体系和开展认可认证活动提供技术支撑。

三、数字出版领域标准化工作形势和趋势分析及下一步重点工作

（一）数字出版领域标准化工作形势和趋势分析

当前，我国把标准化工作作为国家治理体系和治理能力现代化的基础性制度，纳入我国经济活动和社会发展的重要任务和战略中。国家新闻出版广电总局对标准化工作也越来越重视，出台了《新闻出版行业标准化管理办法》，建立多个专业标准化机构，网聚了大批专家，培养了大批人才。数字出版作为新兴的领域和行业发展趋势，得到国家政策上支持和资金上大力扶持，在标准制定中参与的出版企业越来越多，企业对标准化工作的认识和积极性越来越高。所以我国数字出版标准化工作形势一片利好。未来数字出版仍是我国标准化工作的重点领域，出台的标准数量将继续增多，也将占很大比例。

同时根据我国目前推出的标准化改革方案，我国标准将分为政府主导制定的标准和市场自主制定的标准。由政府主导制定的标准分为强制性国家标准和推荐性国家标准、推荐性行业标准和推荐性地方标准；由市场自主制定的标准分为团体标准和企业标准。政府主导制定的标准侧重于保基本，市场自主制定的标准侧重于提高竞争力。所以未来3—5年后，我国制定的数字出版国家标准和行业标准将侧重在基础和管理性标准，而产品标准和服务标准将提倡制定为团体标准，这样我国数字出版国家标准和行业标准的数量增加将放缓，而团

体标准的数量将增多。国家新闻出版广电总局将制定我国新闻出版业团体标准发展指导意见，以引导和帮助我国新闻出版业团体标准的发展，同时委托相关单位建立团体标准咨询服务中心，为协会、联合会等团体制定团体标准提供咨询服务，协助团体的健康发展。与此同时，我国新闻出版标准化技术委员会的工作重点将放在基础和管理标准的制定上。

由于数字出版标准技术性很强，对于数字出版产品或服务是否符合标准，需要通过仪器和设备进行检测和检验才能判定，所以建立数字出版标准复合性测试和认证机构变得非常有必要且刻不容缓。一旦成功建立标准性复合型测试和认证机构并开展工作，数字出版标准将率先实现标准制定—标准检测—标准认证—标准实施标准化工作良性循环。这将极大促进我国数字出版标准的实施，加速我国新闻出版业标准化水平的提升，填补我国标准化工作的空白。

鉴于国际上标准竞争越来越白热化，我国各级政府对国际标准化活动的支持不断增强。企业参与国际标准化活动的意识逐渐提高，会有更多企业参与到国际标准化活动中，届时我国主导制定的国际标准也将越来越多，我国在国际标准化活动的能力越来越强，话语权也将随之增长。

（二）数字出版标准化工作下一步重点工作

1. 探索国家标准、行业标准和团体标准协调发展之路

根据《深化标准化工作改革方案》，建立政府主导制定的标准与市场自主制定的标准协同发展、协调配套的新型标准体系，健全统一协调、运行高效、政府与市场共治的标准化管理体制。在标准体系上，进一步优化推荐性国家标准、行业标准、地方标准体系结构，推动向政府职责范围内的公益类标准过渡，逐步缩减现有推荐性标准的数量和规模。在标准范围上，合理界定各层级、各领域推荐性标准的制定范围，推荐性国家标准重点要制定基础通用、与强制性国家标准配套的标准；推荐性行业标准重点要制定本行业领域的重要产品、工程技术、服务和行业管理标准，培育发展团体标准。在标准制定主体上，鼓励具备相应能力的学会、协会、商会、联合会等社会组织和产业技术联盟协调相关市场主体共同制定满足市场和创新需要的标准，供市场自愿选用，增加标准的有效供给。在标准管理上，对团体标准不设行政许可，由社会组织

和产业技术联盟自主制定发布，通过市场竞争优胜劣汰。国务院标准化主管部门会同国务院有关部门制定团体标准发展指导意见和标准化良好行为规范，对团体标准进行必要的规范、引导和监督。在工作推进上，选择市场化程度高、技术创新活跃、产品类标准较多的领域，先行开展团体标准试点工作，支持专利融入团体标准，推动技术进步。

国家新闻出版广电总局应根据该改革方案，对新闻出版业的国家标准、行业标准、团体标准进行合理规划。在《新闻出版业标准化管理办法》的基础上，研究和出台《新闻出版业团体标准管理办法》等相关管理条例，并规划相关措施，推动新闻出版业国家标准、行业标准和团体标准相互协调和共同发展。

2. 建立行业标准化立项协调和标准审查机构

由于目前有多家标准化技术委员会同时制定多项数字出版标准，为了避免行业标准产生交叉、重复现象，同时为了提高行业标准质量，建议新闻出版业的标准化管理机构——国家新闻出版广电总局建立行业标准立项前的协调和标准审查机构。该机构将负责行业标准立项前的审查和协调。可以通过建立新闻出版行业标准馆，在行业标准立项前对相关标准进行查询和查重，确定此类标准是否已经制定，并组织各个标准化技术委员会和新闻出版广电总局负责部门及相关专家召开会议讨论是否制定此类标准及如何避免交叉和重复。同时，该部门负责对标准报批后和出版前的质量审查，审查内容包括标准材料是否齐全、标准化程序和标准格式是否规范和标准内容有没有硬伤及和其他标准有无交叉和重复等问题。该机构可由具有丰富标准化经验的老专家组成。

3. 建立行业标准电子投票系统和公开、共享平台及标准实施信息反馈和评估机制

标准化技术委员会要将电子投票系统纳入标准的意见征求以及标准的审查阶段，是《标准化事业"十二五"规划》[①] 的要求，但由于各种原因，我国新闻出版领域的标准化技术委员会还没有建成电子投票系统。我国目前数字

---

① 标准化事业"十二五"规划 [EB/OL]．http://lczx.mofcom.gov.cn/accessory/201201/1325841074090.pdf

出版标准的制定只是通过发函的形式向委员和各省新闻出版局征求意见，并没有直接给相关企业和代表投票的权利。我国目前数字出版标准的审查也没有引入投票机制，标准审查的范围不够广泛、代表性不够全面。建立电子投票机制有利于企业参与标准化工作，增强企业的话语权，增强企业参与标准的积极性。

《深化标准化工作改革方案》提出，要充分运用信息化手段，建立制修订全过程信息公开和共享平台，强化制修订流程中的信息共享、社会监督和自查自纠；推动免费向社会公开公益类推荐性标准文本；建立标准实施信息反馈和评估机制，及时开展标准复审和维护更新。为了提高我国标准公开性、公正性并加强实施，我国新闻出版业主管部门应尽快将此工作纳入发展规划，多方筹集资金，建立新闻出版业标准公开、共享平台，并邀请相关专家和业内人士研究新闻出版业实施信息反馈和评估机制。

4. 完善数字出版标准符合性测试实验室建设，开展数字出版标准符合性测试和认证认可活动

虽然我国新闻出版业标准符合性测试实验室已经获批建立，配备了基本的硬件设施，购置了实验室的音视频质量测试设备、数字出版资源加工标准符合性测试工具集、标准间的标准符合性测试工具集、学术著作出版物标准符合性测试工具等专用测试工具，但我们还需要完成新闻出版业标准符合性测试相关标准的研制，使实验室真正具备开展标准符合性测试活动的能力，不断研究行业对标准符合性测试和认证的需求，配备相应的软件和硬件设施及能够顺利开展标准符合性测试的专业技术人员，并逐步建立新闻出版业认证认可体系，获得行业认证认可资质。同时，需要对数字出版标准符合性测试实验室进行宣传，推动行业增强认识，鼓励相关企业对其产品进行标准符合性测试并获得认证。推动标准制定—标准实施—产品标准符合性测试—产品认证认可体系的建立，推动行业的健康发展，提高数字出版产品的质量和竞争力，满足消费者不同层面的需求。

5. 扩大数字出版国际标准跟踪范围和加强合作力度，推动我国标准走出去

数字出版标准涉及信息技术和新闻出版等多个领域，国际数字出版标准也涉及多个标准化领域。例如，在 ISO 国际标准化组织中，就有多个标准化技术委员会涉足数字出版标准的制定。我国当前只重点跟踪了或参与制定了 ISO/TC46/SC9（标识与描述）、ISO/TC130（印刷标准化技术委员会）和欧洲电子数据交换组织（EDItEUR）的标准，对于 ISO/TC46/SC4（技术互操作）、ISO/TC46/SC8（质量统计和绩效评估）、ISO/TC46/SC10（文件储存和保存条件的要求）、SC11（档案/报告管理）制定的标准不熟悉，没有跟踪和研究。对国际标准化组织和国际电工委员会联合第一工作组（ISO/IEC JTC 1，信息技术标准化技术委员会）制定的多项数字出版标准也没有跟踪和参与。我们要密切专注这些标准化技术委员会的标准化活动，并积极参与和表达中国的意见。此外，在国际上还有一些标准化组织也在积极制定数字出版标准，如国际数字出版论坛(IDPF)的 EPUB 系列标准、万维网联盟（W3C）制定的广为业界采用的超文本标记语言、可扩展标记语言等数字出版相关标准。再者，我国应密切跟踪和关注世界发达国家制定的国内标准，如美国全国信息标准化组织（NISO）、英国书业通讯委员会（BIC）和其他国家标准化组织制定的标准，这样有助于我们预先了解到国际先进标准化动向，并提前进行跟踪和研究，以便为我国新闻出版标准化工作提供参考。同时，我们应鼓励国内社会组织和企业参与国际标准，积极推动我国先进标准的"走出去"，将其发展为国际标准，被别的其他国家和地区广泛采用。同时，加强与相关标准化组织的合作，建立标准共享平台，提高标准化合作水平。

（作者单位：中国新闻出版研究院）

相关专题报告

中国数字版权保护状况年度报告

童之磊　闫　芳

随着云计算、大数据等新技术、新业态不断发展，2015年我国数字出版产业依然保持了约30%[①]的稳步增长。在新的增长态势下，用户规模持续扩大且不断向移动端进行聚集[②]，由此引发了一系列的移动端内容传播的数字版权保护新问题。

2015年又被称为中国的IP元年，IP一个法律术语"知识产权"的英文"Intellectual Property"首字母缩写，在产业中被引申为广大受众所熟知的、具有粉丝基础的文化产品的代称，充分体现了版权价值在迅速提升。随之而来的各种与IP相关的版权关系更加日益复杂，对数字版权保护的需求更为突出和快速增长，对数字出版从业者和监管机构等提出了更高的要求。

一、我国数字版权保护新进展

与数字版权保护相关的立法不断获得新进展，补充或扩展了我国在数字版权保护方面的法律体系。最高人民法院已经连续7年发布中国法院知识产权司法保护状况白皮书，北京、上海、广州地区的三家知识产权法院自2014年底先后设立，已经运行了1年多的时间，审理了不断高发的各类网络著作权案

[①] 数字阅读白皮书发布：2015数字阅读用户规模达到2.96亿［EB/OL］. http：//media. people. com. cn/n1/2016/0413/c14677-28274021. html

[②] 数字内容大爆发，2016年数字版权保护产业快速增长可期［EB/OL］. http：//www. chyxx. com/industry/201601/382514. html

件。"剑网行动"进行了10年盘点，又完成了第11年的网络专项治理行动。这一系列措施均可以看出我们国家在数字版权保护领域不断取得新的成绩。

（一）整体概述

1. 数字版权立法保护新进展

（1）《最高人民法院关于适用〈中华人民共和国民事诉讼法〉的解释》的实施，确认了更有利于权利人的司法诉讼程序

《最高人民法院关于适用〈中华人民共和国民事诉讼法〉的解释》自2015年2月4日起施行。该解释第二十五条规定了"信息网络侵权行为实施地包括实施被诉侵权行为的计算机等信息设备所在地，侵权结果发生地包括被侵权的人住所地"。这一规定明确了网络侵权案件的侵权结果发生地包括被侵权人的住所地，改变了之前包括网络著作权案件在内的网络侵权案件的立案管辖规则，使得日益增加的网络著作权案件的权利人得以在自己的住所地提起诉讼，大大便利了权利人维权诉讼的开展。同时在权利人相对集中的所在地法院立案审理案件，更有利于法院查清原告权属情况和被侵权情况，在权利人层面有助于司法裁判统一标准，加强了数字版权网络著作权的民事程序司法保护。

（2）《中华人民共和国刑法修正案（九）》的实施，增强了对数字版权网络著作权的刑事司法保护

《中华人民共和国刑法修正案（九）》自2015年11月1日实施。该修正案增加了"明知他人利用信息网络实施犯罪，为其犯罪提供互联网接入、服务器托管、网络存储、通讯传输等技术支持，或者提供广告推广、支付结算等帮助，情节严重的，处三年以下有期徒刑或者拘役，并处或者单处罚金。"等内容，明确了在提供互联网接入、服务器托管、网络存储、通讯传输等技术支持，或者提供广告推广、支付结算等帮助的网络服务提供商的刑事责任，这一修正案强化了对网络行为和网络犯罪的监管，增强了对数字版权网络著作权的刑事司法保护。

（3）《著作权行政处罚实施办法（修订征求意见稿）》向社会公开征求意见

2015年9月8日，国家版权局针对《著作权行政处罚实施办法（修订征求意见稿）》向社会公开征求意见。该意见稿就行政处罚程序、网络服务提供者的行政责任以及网络环境下的版权执法等内容进行了修改，以解决版权行政执法工作中特别是办理侵犯著作权的行政案件中遇到的实际问题，进一步完善版权行政保护制度，加大对侵权盗版行为的行政打击力度。

2. 数字版权司法保护新进展

2015年，随着"互联网+"行动计划的实施，人民法院受理的知识产权案件数量快速增长，且审理难度不断加大，涉及著名影视文化作品互联网传播的著作权纠纷案件不断增多，涉互联网知识产权侵权纠纷不断涌现，使得知识产权审判面临新挑战。

（1）案件数量持续增长

2015年，各级法院新受理知识产权案件123 493件①，同此上升5.98%；审结119 511件，同此上升8.46%。其中著作权案件66 690件，同比上升12.1%，著作权案件中60%为网络著作权案件②，约4万件。网络著作权案件数量逐年攀升，是著作权案件中数量最多的案件。③

表1　知识产权案件年度数量比对

年份	知识产权一审民事案件	知识产权一审行政案件	涉知识产权刑事案件
2009年	30 509	1 971	3 660
2010年	41 718	2 391	3 942
2011年	58 201	2 470	5 504
2012年	83 850	2 899	12 794
2013年	88 583	2 901	9 212
2014年	94 501	4 887	10 803
2015年	101 324	10 926	10 809

资料来源：最高人民法院（数据均为地方法院结案量）

---

① 2015年全国法院审判执行情况［EB/OL］. http：//www.chinacourt.org/article/detail/2016/03/id/1824191.shtml
② 最高院马秀荣：网络著作权的司法保护［EB/OL］. http：//tech.qq.com/a/20160428/042357.htm
③ 中国法院知识产权司法保护状况（2015年）［EB/OL］. http：//www.zhichanli.com/article/30049

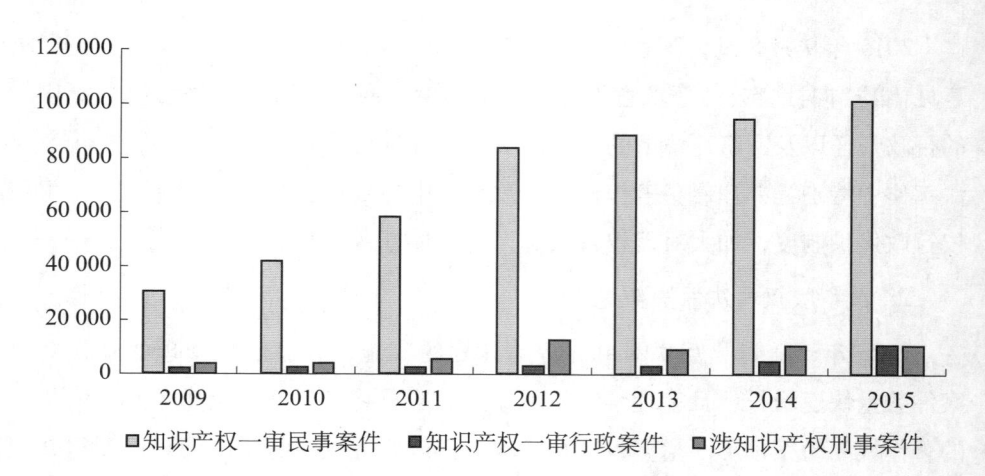

图1 知识产权案件年度数量比对

（2）各地审判数量①

全国各地的法院中，北京、上海、江苏、浙江、广东五省市收案数量持续在高位运行，新受理知识产权民事一审案件数约占全国法院该类案件总数的70%。除广东省在新受理案件数量上保持稳定外，其他四省市新受理知识产权民事一审案件数量同比均大幅增加，江苏省增幅最为明显，达到38.71%。随着京津冀一体化建设的推进，知识产权案件数量持续增长的态势逐步从北京向周边辐射，天津市知识产权受理案数量大幅攀升，全市三级法院新受理知识产权民事一审案件同比上升50.41%。安徽随着建设创新型省份目标的加速推进，知识产权案件数量增长迅速，全省三级法院新受理知识产权民事一审案件同比上升101.26%。山东、陕西、湖南、黑龙江四省新受理知识产权民事一审案件同比增幅较大，均在30%以上。

3. 数字版权行政保护新进展

（1）国务院印发《关于新形势下加快知识产权强国建设的若干意见》

2015年12月22日，国务院印发《关于新形势下加快知识产权强国建设的若干意见》提出，要完善行政执法和司法保护两条途径优势互补、有机衔接的知识产权保护模式：一是加大对知识产权侵权行为惩治力度，严厉打击知识产

---

① 最高法发布2015中国法院知识产权司法保护白皮书［EB/OL］. http://www.sipo.gov.cn/ztzl/ndcs/qgzscqxcz/xwfb/201604/t20160422_1264240.html

权侵权行为；二是严厉打击知识产权犯罪，重点打击链条式、产业化知识产权犯罪网络；三是建立健全知识产权保护预警防范机制；四是加强对新业态和新领域创新成果的知识产权保护；五是规制知识产权滥用行为。

(2) 第十一次"剑网行动"

2015年，国家版权局对"剑网行动"进行了10年盘点[①]，据不完全统计，2005年至2014年连续十年开展的"剑网行动"，针对网络文学、音乐、视频、游戏、动漫、软件等重点领域，集中强化对网络侵权盗版行为的打击力度，共查办案件4 681起，依法关闭侵权盗版网站2 676个，没收服务器及相关设备1 178台，罚款人民币1 135万元，移送司法机关追究刑事责任案件388件，查处了一批侵权盗版大案要案，网络版权保护水平明显提升。

第11次"剑网行动"也于2015年如期开展，此次行动在前10年的工作基础上，措施更加有力，成效更加显著。[②] 行动重点任务涉及网络音乐、云存储、应用APP、网络广告联盟、网络转载等领域，共查处行政案件383件，行政罚款450万元，移送司法机关刑事处理59件，涉案金额3 845万元，关闭网站113家。主动监管的16家视频网站中被诉侵权的版权纠纷案件数量急剧下降，列入监管名单的20家网络音乐服务商向社会公告独家授权和非独家授权的音乐作品及重点音乐作品版权预警名单。

(3) 国家新闻出版广电总局、国家版权局系列网络版权保护举措

除了开展第11次"剑网行动"，2015年，国家新闻出版广电总局、国家版权局还通过其他一系列措施来加强版权保护工作。包括印发了《关于推动网络文学健康发展的指导意见》，发布了《关于规范网络转载版权秩序的通知》，发布了《关于规范网盘服务版权秩序的通知》，下发了《关于责令网络音乐服务商停止未经授权传播音乐作品的通知》，发布了《关于大力推进我国音乐产业发展的若干意见》，通过这一系列举措强调加强网络文学作品版权保护、明确网络版权转载的重要问题、规范网盘服务版权秩序、要求各网络音乐服务商限期将未经授权传播的音乐作品全部下线、加强对数字音乐作品的版权保护，这些举措均取得了切实效果和具有重要意义。

---

① 十年"剑网行动"，连创佳绩；网络版权执法，再谱新篇 [EB/OL]. http://www.ncac.gov.cn/chinacopyright/contents/518/254396.html

② "剑网2015"工作总结会 [EB/OL]. http://www.ncac.gov.cn/chinacopyright/contents/518/270761.html

（4）我国软件正版化步入新常态

2015年是"十二五"规划的收官之年，也是推进使用正版软件工作进入新常态之年。[①] 2015年推进使用正版软件工作取得新进展，软件著作权登记量达29.24万件，同比增长33.63%；软件和信息技术服务业收入达4.3万亿元，同比增长16.6%。同时，进一步巩固了政府机关软件正版化工作成果，各级政府机关软件正版率显著提高，中央和省级机关软件正版率达96%。中央企业软件正版化工作取得重大进展，98.62%的五级及以上企业实现软件正版化。

4. 数字版权社会保护新进展

（1）微信知识产权保护[②]

中国数字阅读用户规模达到2.96亿，其中手机阅读用户占到52.2%，微信公众平台日均浏览量（PV）超过30亿，已经成为用户获取内容的重要媒介，但同时也逐渐暴露出侵权乱象，公众号抄袭现象屡见不鲜，是知识产权侵权投诉高发区。《2015微信知识产权保护白皮书》显示，从2014年第四季度到2015年第三季度，微信共处理涉知识产权案件1.3万件，其中，原创声明功能保护了515万次原创文章，品牌维权平台处理了7千多例涉嫌售假举报。白皮书的发布有助于广大微信用户和知识产权人更好地维护自己的合法权益，促进了互联网知识产权生态的良性发展。

（2）云盘版权保护

截至2015年年底，我国的云盘用户已达到4.5亿[③]，然而云盘用户的规模爆棚带来的管理混乱、管理水平低下、标准参差不齐等问题日渐突出，最突出的问题是不法分子利用云盘数据共享的特点，将他人合法资源进行非法传播以牟取利益。

"剑网2015"的重点之一，是开展规范网络云存储空间版权专项整治。推动重点网络云存储企业就其版权问题开展自查自纠，坚决查办利用网络云存储空间进行侵权盗版的违法活动，遏制利用网络云存储空间侵权盗版的势头。《关于规范网盘服务版权秩序的通知》发布后，百度云盘和6家视频网站及权

[①] 我国软件正版化步入新常态［EB/OL］. http：//www.ncac.gov.cn/chinacopyright/contents/9787/294349.html

[②] 国内互联网企业首发平台知产保护白皮书［EB/OL］. http：//www.legaldaily.com.cn/IT/content/2016-01/11/content_6440160.htm? node=69671

[③] 中国云盘用户将突破4.5亿 业界携手抵制侵权盗版行为［EB/OL］. http：//it.people.com.cn/n/2015/1103/c1009-27727714.html

利人签署了云盘版权保护共同声明，携手抵制网络云盘上的侵权盗版行为。

（3）互联网视频正版化

搜狐视频、腾讯、优酷土豆、凤凰视频、爱奇艺、56 网、PPS、PPTV 等互联网公司于 2015 年 7 月发起组建互联网视频正版化联盟①，旨在通过联盟成员的自律、互助，维护互联网视频版权市场的良好秩序。联盟成员承诺在自有平台向公众提供正版、优质影视作品，承诺遵守"先授权后使用"的基本版权准则，不在自有平台主动提供未经其他联盟成员授权的节目，并就相关版权问题发生时联盟成员的责任和义务做了相关约定。

（二）年度对比分析

较之 2014 年，2015 年的数字版权保护在立法保护、司法保护、行政保护和社会保护方面都有一些新的进展。

在立法保护方面，最高人民法院《关于适用〈中华人民共和国民事诉讼法〉的解释》和《中华人民共和国刑法修正案（九）》的颁布实施以及国家版权局针对《著作权行政处罚实施办法（修订征求意见稿）》向社会公开征求意见都反映出我国立法保护的推进，在不断补充或扩展我国在数字版权保护的法律体系；但针对数字版权保护更为直接相关的实体法律的立法上，如《著作权法》的第三次修订，在 2015 年亦尚未有新的较大的进展。

在司法保护方面，全国的知识产权案件依然呈增长态势，且网络著作权案件占比突出。案件主要出现在北京、上海、广东等省市，尤其是互联网企业集中的北京更是网络案件的高发地。北上广地区知识产权法院相继设立及运行，使得审判权运行机制更加合理，审判效率明显提高，司法公信力显著提升，对加强数字版权保护的司法审判有一定作用；但依然存在赔偿标准的不统一问题，以及审理网络直播案件、涉及体育节目的案件、聚合搜索网站的案件等新商业模式下的网络著作权案件的服务提供商的责任难以认定等问题。

在行政保护方面，2015 年的"剑网行动"，有自己的特点，重点突出，对网络版权实施分类管理，专项行动确定的 6 项重点任务，都是针对当前网络领域问题最突出、相关产业反映最强烈、现实性很强的几大问题。此次行动进一

---

① 互联网视频正版化联盟在京成立［EB/OL］. http://www.ipraction.gov.cn/article/xxgk/gzdt/bmdt/201507/20150700058283.shtml

步净化了我国的网络空间及网络版权环境。从数据上看，2015年的剑网行动在处理案件的数量上比2014年小幅下降，移送司法机关的数量上没有大的变化，关闭的网站数量较2014年大幅度减少。

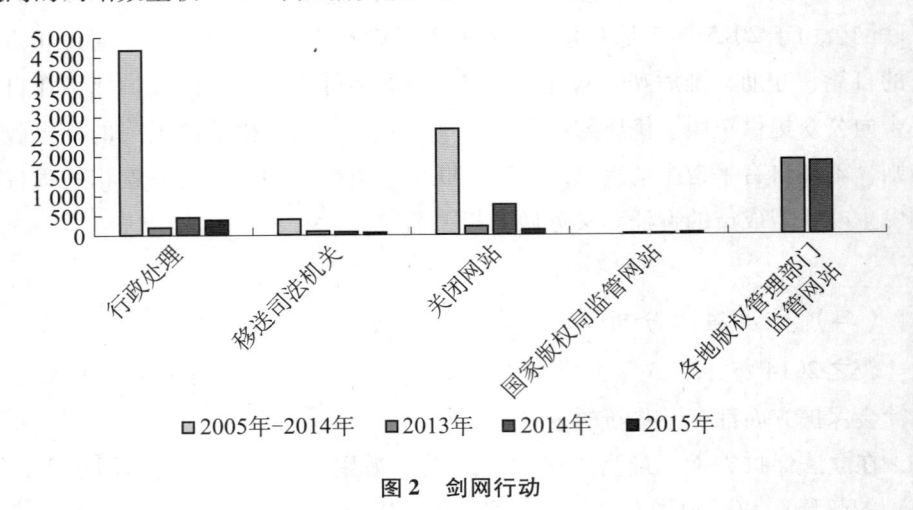

图2 剑网行动

在社会保护方面，微信、云盘网站企业、视频网站企业、社会企业自觉地呼吁保护版权、坚持正版的行动，带动了全民维权意识，维护了权利人的合法权益，营造出良好的网络版权经营环境，推动网络产业的发展。

二、各省区版权保护状况统计分析

（一）各地区版权保护状况综述

全国来看，北京、上海、江苏、浙江、广东五省市收案数量持续在高位运行，新收知识产权民事一审案件数约占全国法院该类案件总数的70%。[①] 而北京、上海、广州知识产权法院相继设立以来，3家知识产权法院始终把案件审判作为第一要务来抓，受理案件数量较多，审理效率明显提高。据统计，截至

---

① 最高法发布2015中国法院知识产权司法保护白皮书［EB/OL］. http：//www.sipo.gov.cn/ztzl/ndcs/qgzscqxcz/xwfb/201604/t20160422_1264240.html

2016年3月31日，3家知识产权法院共受理案件19 502件，审理了一批有国际影响的知识产权案件，在探索具有中国特色的知识产权司法保护制度和按照新的司法体制运行方面也取得显著进展。

（二）我国部分地区版权保护情况

1. 北　京

2015年，北京三级人民法院全年审结知识产权案件24 561件，同比增长25.4%。在民事案件上，全年共新收一审知识产权民事案件13 939件，同比增长24.1%；审结11 858件，同比增长8.49%。新收案件中著作权案件10 935件，占全部新收案件的78.45%，是占比绝对多数的案件类型[1]。

随着京津冀一体化建设的推进，知识产权案件数量持续增长的态势逐步从北京向周边辐射，北京法院审理了一批在国内国际产生重要影响典型案例，包括被列入2015年中国法院10大知识产权案件的陈喆（笔名琼瑶）诉余征（笔名于正）著作权侵权案，发挥了司法在知识产权保护中的主导作用。

北京法院依法公正审理知识产权案件，加大对知识产权的保护力度，鼓励创新营造良好法治环境：一是依法提高知识产权损害赔偿数额；二是努力降低权利人维权成本。三是不断提高知识产权审判专业性[2]。

在行政执法方面，2015年以来，北京市文化执法总队着力突出网络文化市场监管重点，在新类型网络案件查办方面实现了新突破，"净网"行动成效明显。其采取网上巡查和现场检查等方式，以网络文学、手机文学、移动智能终端应用程序平台等为重点，巡查网站1.16万余家次，立案282起，罚没款166.7万元；协助抓获犯罪嫌疑人4名，关闭贴吧、论坛503个，封停用户413个，添加关键词1864组，清理有害信息20余万条。其开展了2次整治网络游戏专项行动，重点打击网络动漫、网络游戏中提供含有诱导未成年人违法犯罪和渲染暴力、色情、恐怖活动等违法违规行为，对20家网站做出了行政处罚，罚款30万元[3]。

---

[1] 北京市高级人民法院工作报告［EB/OL］．http：//www.bjrd.gov.cn/zdgz/zyfb/bg/201602/t20160223_160205.html

[2] 北京知识产权法院积极探索专业审判之路［EB/OL］．http：//www.ncac.gov.cn/chinacopyright/contents/518/276788.html

[3] 北京：聚焦文化市场重点领域　确保"净网"行动取得实效［EB/OL］．http：//www.shdf.gov.cn/shdf/contents/2835/266744.html

2. 上 海

2015年，上海全市法院受理各类知识产权案件10 080件、审结9 335件，同比分别增加31.11%、22.52%。全市法院受理一审知识产权民事案件8 004件，其中一审著作权纠纷案件5 983件，同比上升43.41%。受理侵害作品信息网络传播权纠纷案件4 029件，同比上升29.97%；侵害作品信息网络传播权纠纷案件占全部一审著作权纠纷案件的67.34%[1]。著作权纠纷案件上升以及信息网络传播权纠纷案件的上升和占比情况，说明上海文化创意产业尤其是网络信息产业在繁荣发展的同时，版权保护与管理还存在不小的风险和漏洞。

作为上海市新闻出版（版权）局主管下的公共服务机构上海版权纠纷调解中心与上海知识产权法院建立了诉讼与非诉讼相衔接多元化纠纷解决机制[2]，根据双方诉调对接协议内容，经当事人同意，无论是在"立案前""开庭前"，还是"判决前"，上海知识产权法院都可以将版权纠纷委托给上海版权纠纷调解中心进行非诉调解。互联网环境下的数字作品版权问题的普遍性和复杂性导致很多案件特别是新型网络侵权案件不能及时得到合理解决，案件审理耗费时间长，维权成本高的问题已经成为制约上海版权及文化产业发展的重要瓶颈。诉讼和仲裁外的调解，特别是由第三方专业机构参与并介入的调解在解决知识产权纠纷中的作用日益显著。

在行政执法方面，2015年，上海市、区两级"扫黄打非"执法部门共查缴侵权盗版及非法出版物近100万件，处理互联网有害信息7.3万条，取缔关闭非法网站2 000余家。

3. 广 东

2015年，广东省人民法院审结知产案件约占全国1/4，全省新收知识产权民事一审案件23 766件，著作权案件新收14 700件，占比61.85%[3]。涉互联网知识产权侵权诉讼持续高发，网络案件依然是知识产权审判中争议和挑战最大的领域。广州知识产权法院在全省知识产权审判中的影响举足轻重，该院全年共受理各类知识产权案件4 940件，审结3 393件。

---

[1] 《2015年上海法院知识产权司法保护状况》白皮书［EB/OL］. http：//finance. sina. com. cn/sf/news/2016-04-22/112128115. html

[2] 版权多元化纠纷解决机制合作协议签约［EB/OL］. http：//cbj. sh. gov. cn/cms/realPathDispather. jsp？resId=CMS0000000005352719

[3] 广东法院知识产权司法保护状况（2015年度）［EB/OL］. http：//www. cnipr. com/sfsj/zscqfy/201604/t20160426_ 196519. htm

广东省审理的案件中涉互联网知识产权侵权诉讼持续高发，涉互联网案件带来新的法律问题，如中山商房网络科技公司诉中山暴风科技公司侵害著作权纠纷案是首例因微信公众号未经授权转载或抄袭他人作品引发的侵权案件。

在行政执法方面，广东省版权局在2015"剑网行动"专项行动期间，全省共出动执法人员76 878人次，巡查网络经营单位2 724家，主动监管本地网站800余家，查办案件35宗，行政罚款143.1万。广东省版权局查处了甘肃百通影视有限公司诉56网侵犯《秦腔宝典》著作权等重大案件，获得国家版权局授予"查处侵权盗版案件有功单位（一等奖）"称号①。

三、数字版权保护技术发展状况

版权是随着技术的发展而不断发展的，版权管理工作也同样离不开技术手段的支持。必须高度重视技术手段在版权工作中的重要作用，这是由版权工作高度社会化的特性所决定的，是版权工作的发展形势决定的，也是版权执法力量仍然相对薄弱的现实所决定的，因此必须运用技术手段来破解由于技术发展带来的版权问题。

（一）国家版权监管平台投入使用，技术为版权管理"添翼"②

2007年至2010年，国家版权局开发完成了国家版权监管平台一期工程。国家版权局与全国31个省级版权局通过平台实现了互联互通，大大提高了工作效率。此后，又对该平台进行了升级改造，新增北京、天津、上海、重庆四个直辖市文化市场行政执法总队作为平台用户。在平台二期建设过程中，国家版权局首先开发了针对视频作品的互联网版权执法监管系统及著作权登记的信息统计、发布、查询系统，2015年10月已经完成终验。平台实现了对视频作品的互联网版权执法监管及全国作品著作权登记数据信息的动态汇总、实时发布和检索查询。下一步，国家版权局将把监管平台的开发工作继续引向深入，

---

① 砥砺奋进 继往开来：2015年广东省版权保护工作概览［EB/OL］. http://www.xwcbgdj.gd.gov.cn/news/html/zxdt/article/1460964456380.html
② 国家版权监管平台应用专题培训在京举行——技术为版权管理"添翼"［EB/OL］. http://www.ncac.gov.cn/chinacopyright/contents/518/266254.html

对所有类型作品以及 APP 等新媒体通过平台实施版权监管，扩大软件正版化监管工作的相关功能，对著作权集体管理组织及涉外认证机构的管理与服务工作也将借助平台进行。同时，还将研究开发无线移动办公系统，将版权工作从 PC 端扩展到移动端。

国家版权监管平台是开展版权工作的重要技术支撑，开发建设版权监管平台正是为了适应版权工作的客观规律，适应新时期新形势对版权工作提出的新要求，克服执法力量不足的短板，借助现代技术手段，实现提高版权工作水平的目的。

（二）DCI 版权保护体系建设完成[①]

DCI（Digital Copyright Identifier，数字版权唯一标识符）是为适应数字网络化环境的版权公共服务需求，由中国版权保护中心自主创新研发的集在线版权登记、快速维权和交易结算等于一体的整套服务体系。自 2010 年中国版权保护中心正式将 DCI 体系建设构想提出以来，历经 5 年的理论建构、模式创新、科研攻关、标准制定、平台搭建和应用探索，目前 DCI 体系第一阶段基础应用平台已全面搭建，在各重要版权细分行业领域的嵌入式服务示范应用正陆续上线和展开业务。特别是国家信息中心与中国版权保护中心于 2015 年开始进行 DCI 体系战略合作，表明了 DCI 体系在落实国家"互联网+"战略和国家知识产权战略行动上到了关键性实施阶段。DCI 体系有针对性地解决了互联网版权的确权、授权与维权问题，为许多与版权相关的行业带来了改变。DCI 体系是互联网的基础设施和战略资源，用技术的手段帮助我国网络版权迎来了新秩序时代。

（三）北京市用高科技手段巡查网络侵权[②]

北京市文化执法总队针对网络侵权行为，用高科技手段巡查网络侵权。北京市网络文化监控一期系统已投入使用，并初步实现对涉侵权盗版类网络非法出版物的全网络动态监控。目前北京市对投资较大的电视剧、网络剧进行重点

---

① DCI 体系：解决海量授权的"开关"［EB/OL］. http：//www.ncac.gov.cn/chinacopyright/contents/4509/276762.html

② 北京市网络文化监控一期系统投入使用　盗版侵权实现全网动态监控［EB/OL］. http：//www.cac.gov.cn/2016-04/15/c_1118627837.htm

保护，要求网站提前就版权信息和播出时间、方式进行沟通，同时重点监测辖区内各视频网站侵权盗版行为，发现违规行为依法查处。其先后对《中国好声音》《我是歌手》及中超联赛等综合文艺节目、体育节目和连续剧提供版权保护；在2015年集中治理网络未经授权擅自播放音乐作品的行为，取得很大的成效。

四、典型案例分析

2015年，关于智能移动终端第三方应用程序（APP）侵权的网络服务提供商的责任认定、体育赛事节目的法律保护及网络转载版权保护等问题都成为数字版权保护中的热点话题，出现了一批新的典型案例，分析这些案例对于今后的数字版权保护工作的开展具有一定的指导意义。

（一）"阿里云手机助手"侵犯海岩作品信息网络传播权一案

【案情】

原告中文在线数字出版集团股份有限公司（以下简称"中文在线"）经知名作家侣海岩（笔名：海岩）授权，取得了包括《一场风华雪月的事》《玉观音》在内的多部作品的信息网络传播权专有使用权。2015年1月，中文在线发现"阿里云手机助手"中未经许可传播含有上述作品的应用程序，并向阿里云公司发送公函，要求其立即删除涉嫌侵权的应用程序。但阿里云公司收到公函后，未对应用程序做任何处理，中文在线遂提起诉讼。法院一审认为，阿里云公司与案外人签订《应用服务合作协议》，由阿里云公司提供平台，案外人提供应用及软件，供用户下载使用，且该过程双方具有充分的意思联络。据此认定阿里云公司与案外人符合"以分工合作等方式共同提供作品"，其行为构成侵权，判决被告阿里云公司赔偿经济损失12万元。

阿里云公司提起上诉。北京知识产权法院经审理后，认为根据《应用服务合作协议》的约定，阿里云公司通过API接口导入案外人UC应用市场产品。但阿里云公司提供的证据显示涉案应用程序的下载链接并未指向UC应用市场，而是阿里云公司的关联方淘宝软件公司的网站，且未能对此作出合理解释，故二审法院合理认定阿里云公司与案外人之间并非单纯的API数据接口服务关系，其经营的"阿里云手机助手"向公众提供了涉案应用程序，侵犯了中文在线对涉案作品享有的信息网络传播权。二审法院驳回阿里云公司上诉，维持原判。

【判决文书】

北京市朝阳区人民法院（2014）朝民（知）初字第40334号民事判决书；北京知识产权法院（2016）京73民终47号民事判决书。

【分析】

大数据表明，手机已然成为用户获得阅读内容的第一途径，各种智能移动终端第三方应用程序（APP）越来越多，与此同时，这些APP内容直接侵权以及提供这些APP的网络服务提供商侵权的案件也呈现爆发态势。如何判断网络服务提供者是否提供了侵权作品，或网络服务提供者虽然没有提供侵权作品但其对侵权作品的传播是否存在主观过错，成为此类网络著作权案件的焦点问题。事实上，在利益驱使下，很多自称中立的网络服务提供商早已不中立，公然利用技术设置打着用户提供内容的幌子在替代网络用户提供侵权作品，吸引眼球甚至直接攫取经济收益，却拿着适用"避风港原则"作为挡箭牌。面对如此严峻的版权保护环境，确实需要我们的立法和司法更进一步，对这些侵权行为进行更为细致的界定和责任追究，从法律制度的构建和司法实践上让此类侵权盗版无处藏身，更为切实地保护权利人利益。

（二）手机报运营商发送新京报文章信息诉讼案

【案情1】

经新京报社授权，原告派博在线（北京）科技有限责任公司（以下简称"派博公司"），获得了《新京报》刊载文字作品的复制权、信息网络传播权及获酬权。原告发现被告咪咕数字传媒有限公司（以下简称"咪咕公司"）未经原告许可，在其运营的增值服务"中国移动手机报—新闻早晚报"向用户发送含有原告作品的信息《艾滋男童的校园新世界》。原告认为被告行为侵犯了其合法权利，诉至法院。被告辩称涉案文章属于时事新闻，属于合理使用。一审法院审理判定原告享有涉案作品的复制权、信息网络传播权、专有使用权及获得报酬权，被告行为侵犯了原告依法享有的著作权权利，侵权行为的性质法院认为咪咕公司侵犯的是原告依法享有的复制权。一审法院判决咪咕公司赔偿派博公司经济损失三百元及合理支出一千五百元。

被告上诉至北京知识产权法院，二审法院维持原判。

【判决文书】

北京市东城区人民法院（2015）东民（知）初字第7635号民事判决书；

北京知识产权法院（2015）京知民终字第1699号民事判决书。

【案情2】

原告派博在线发现被告咪咕公司未经原告许可，在其运营的增值服务"中国移动手机报—新闻早晚报"向用户发送含有原告作品的信息《公益慈善组织透明度平均分35.49》。原告认为被告行为侵犯了其合法权利，诉至法院。一审法院审理后给出了与上述《艾滋男童的校园新世界》一案一审完全一致的认定和判决结果。

咪咕公司上诉至北京知识产权法院。二审中咪咕公司就本案提交了新的证据，用以证明涉案文章最早出自于第三方的报告。二审法院认为一审法院认定被诉侵权行为侵犯了被上诉人的复制权，该认定并无不当。但二审法院同时认定虽然被诉侵权文章均来源于新京报文章，但鉴于该部分内容并非该文章作者的独创性表达，故该使用行为并未构成对被上诉人著作权的侵犯。二审法院撤销了一审判决，驳回派博在线的全部诉讼请求。

【判决文书】

北京市东城区人民法院（2015）东民（知）初字第7634号民事判决书；

北京知识产权法院（2015）京知民终字第1697号民事判决书。

【分析】

两个案件的一审判决结果完全相同，二审出现了完全不同的终审判决，各自具有不同的典型意义。进一步去分析为何出现不同的结果，对于理解网络转载版权保护中的权属认定及侵权行为认定有一定的帮助，值得业界注意。

《艾滋男童的校园新世界》一案中，新京报文章是对该事件进行了相应整理、加工、采访等，已不属于单纯事实消息，未构成"时事新闻"。新京报文章全文1 700余字，涉案侵权文章约230字，后者的文字表述与前者的相应部分几近相同。

《公益慈善组织透明度平均分35.49》一案中，新京报原文章部分内容均来源于其他机构于发布的《中国公益慈善组织透明度观察报告（2013—2014年度）》。新京报文章全文700余字，涉案文章约240字，后者的文字表述与前者的相应部分基本相同，但该部分内容与上述《观察报告》相比可以看出，其或

307

者采用了与《观察报告》相同或基本相同的文字表述，或者仅是将《观察报告》表格中的数据用简明文字予以表述。法院认定派博在线仅仅有权禁止他人使用其作品中具有独创性的部分，因涉案文章与新京报文章中相同的部分并非其作品中具有独创性的部分，故上诉人对上述内容的使用未构成对被上诉人著作权的侵犯。

网络转载的版权保护问题是当前的一个热门话题，针对网络转载版权保护，权利人首先要确认其被转载的作品或内容拥有其作为作品的独创性表达的前提，才能更有针对性地展开数字版权保护维权工作。

五、数字版权保护存在的困境及应对的措施

互联网、大数据、云计算等新技术、新业态给生产生活带来了深刻变革，各种新技术助力数字出版产业的高速发展，同时也带来了知识产权保护运用的新问题，给我国的数字版权保护不断提出新的挑战。

（一）盗版情况依然严峻

数字出版的传播模式和赢利模式均要求大量作品，面对数量庞大的作者和作品，正规正版数字出版企业与权利人逐个进行谈判，消耗了大量人力、物力并投入巨额的版税成本。但是由于网络信息传播权、数字化复制权容易被侵权盗版者利用，不法侵权盗版者看到了这个快速增长的市场，大肆利用新的传播和推广技术进行肆意侵权盗版。文学作品的侵权形式变得更加隐蔽，技术更为高明，规避法律责任的方式更为多样。盗版情况严重是数字出版产业良性发展的最大阻碍，据艾瑞咨询的数据显示，仅在网络文学领域，2014年的盗版行为就造成整个文化创意行业损失近100亿元[①]。

正版网络文学从诞生之日起，就开始存在小盗版文学网站，因其准入门槛低，资质审核宽松，单纯依赖通过浏览换广告费的模式来赢利，过去很多年都是权利人举报及多方努力一个个地去进行维权，难度很大，其侵仅现象很难根

---

① 2015年中国网络文学版权保护白皮书简版 [EB/OL]．http：//www.iresearch.com.cn/report/2515.html

除。这种情况下需要转化一种思路，行政监管部门之间要主动协同作业，把开办网站的门槛规范要求践行到位，从源头上让这些盗版网站彻底失去生存的空间，彻底解决泛滥的小盗版网站的问题。

事实上，在利益驱使下，很多自称中立的网络服务提供商早已不中立，公然利用技术设置打着用户提供内容的幌子在替代网络用户提供侵权作品，获得眼球经济甚至直取经济收益，却还叫嚣着其行为适用"避风港原则"。这些网络服务商的商业规模和影响力不容小觑，他们的行为对数字出版的正版市场造成的不利影响相比大量的小盗版网站有过之而无不及。确实需要我们的立法和司法更进一步，对这些侵权行为进行更为细致的界定和责任追究，从法律制度的构建和司法实践上让此类侵权盗版无处藏身，更为切实保护权利人利益。

（二）用户的正版消费习惯尚未养成

小网站盗版的泛滥和商业性质的网络服务提供商的行为不再中立，使得用户获取盗版内容的成本越来越低，这在某种程度上助长了用户对于阅读内容的"免费午餐"的习惯养成，不愿为正版的数字出版内容付费买单。公众的版权意识淡薄，正版消费习惯尚未养成，同样也是数字出版版权保护的一个难题。

数字作品的最终流向是消费者，是社会公众，因此，提升社会公众的版权保护意识，是实现版权保护的重要途径，是保障数字出版产业可持续发展的关键所在。政府及行业协会应通过各种方式在全社会营造尊重创造、尊重版权的良好氛围，通过各种渠道向社会公众普及版权保护法律常识，形成全社会自觉抵制盗版、侵权的公众心理基础，从而构筑起数字出版产业健康发展的基石。

近年来，政府及相关部门也进行了多方面的努力，以政府和相关部门为主导，社会各界参与，通过每年的网络治理"剑网行动"、426知识产权宣传活动、发布知识产权司法审判的典型案例等一系列的活动和宣传，在一定程度上向公众普及知识产权的常识，提升了公众对正版内容的意识，但仍然还没有在全社会范围内形成非常强的正版消费理念。放眼未来，需要进一步加大版权保护宣传力度，引导产业链各环节及社会公众树立和强化版权保护意识。除从完善法律法规、加强行政监管等多方面入手外，帮助公众对网络"免费午餐"意识的转变，引导其支持正版内容的消费，也是数字版权保护的必然之举。

（三）数字版权保护立法需要加快进程

之所以关于智能移动终端第三方应用程序（APP）侵权的网络服务提供商的行为及责任的性质认定、体育赛事节目的法律保护等问题都成为数字版权保护中的热点话题，某种程度上还是在于这些案例的出现，都或多或少地挑战了现有的数字版权保护法律体系在具体案件审理时的适用标准问题。在我们现有既定的成文法律体系中，对这些因新技术、新业态中出现的案例，很难找到可以完全适用的具体法律依据，只能找到原则上进行适用既有的法律依据，但相同或类似的案例在不同的法院、不同的法官审理案件时往往会出现不同程度的理解甚至完全相反的适用，难免就引发了业界广泛地关注和讨论。

自2011年7月启动第三次《著作权法》修法已经历时四年多，或因涉及各方利益，或因技术的更迭过快，虽然社会各界普遍关注，多次呼吁加快修法进程，但这次因本土国情做出的主动性修订安排至今仍无明确的定稿期限。可以以《著作权法》第三次修订为契机，推动相关配套法规、规章的相应修订等，如从网络著作权审理最重要的单项财产权、信息网络传播权入手，制定《信息网络传播权保护条例实施细则》，也不失为一种有效的选择。另外，期待《著作权行政处罚实施办法》在修订征求意见结束后，尽快完成修订流程。

总之，进一步完善规范数字版权保护的法律体系，完善著作权相关法律制度，让司法审判机关在处理日益增加的网络著作权案件时适用法律的标准更加统一，让版权行政管理部门查处网络侵权盗版的力度更大，全方面提升侵权赔偿的法定赔偿上限，引入惩罚性赔偿适用范围，鼓励对网络侵权行为实行诉前禁止令规则等，方能更加适应新形势下数字版权保护工作的新要求。

回顾2015度，展望2016年，在"数字创意 重塑文化"的主题下，数字出版行业正在大踏步地前进，我国的数字版权保护工作不断取得新的成绩，如果能够更好地解决数字版权保护新问题，构建更为完善的数字版权保护体系，相信数字出版会迎来更为美好的明天。

（作者单位：中文在线数字出版集团股份有限公司）

中国数字出版教育年度报告

张　博　葛清秀　李竹君　赵一铭

一、中国数字出版教育的新进展

伴随现代信息技术的发展与普及，我国数字出版产业持续飞速发展，政府已将数字出版提高到了国家战略地位，很多出版单位、IT企业等都在积极研究和开发数字出版业务。在此背景之下，数字出版产业对人才的要求也在不断提升，不仅是在思维方式、能力要求还是在知识储备、技术水平等方面都要求高校开展的教学出版教育进行改革。数字出版人才培养始终是理论研究界和实践界关注的一个焦点，因此，各大高校都在积极地创新教学理念，探索多样化的教学方式，建构媒介融合教育的全新体系。

（一）国家政策、出版业体制改革推动出版教育快速发展

目前，新闻出版业迎来了一个非常好的时代，处在三个有利的大背景之下：一是国家的文化强国战略，党的十七届六中全会明确提出，推动文化产业成为国民经济支柱产业，而出版业作为文化产业的重要组成部分会得到国家的进一步的扶持；二是我国新闻出版业体制改革正不断深化，确立了建设新闻出版强国的发展目标；三是出版与科技融合是出版业发展的重要方向，推动文化与科技融合已成为新闻出版业转型升级的重要途径。另外，从世界范围看，当前数字化已成传媒业发展的必然趋势，数字化环境下的媒介融合将推动产业资源深度整合。

就我国的数字出版业来看，2015年可谓是"亮点纷呈"。首先，管理部门形成合力，国家新闻出版广电总局、财政部联合发布《关于推动传统出版和新

兴出版融合发展的指导意见》，指明了融合发展的路径和方向。其次，财政支持更加有力，国家下达文化产业发展专项资金用于推动新闻出版业数字化转型升级的项目由去年的 77 项增至 2015 年的 98 项。最后，产业规模依旧给力，截至 2014 年年底，我国数字出版产业规模突破 3 300 亿元，在新闻出版业所有门类中增速最快。

在走向"出版强国"的进程中，我国数字出版产业规模会不断扩张，产业形态加剧升级、转型，数字出版业对人才的需求量大增，所需的人才类型会越来越多、层次越来越高。作为培养行业人才主要途径之一的数字出版教育，也在不断调整方向和脚步，力求为行业输出优秀的人才。

（二）学科规模不断扩大，课程设置不断细化

我国在高等院校设立出版专业已经有三十多年了，在此期间我国高校的出版专业培养了大批出版传媒的研究和应用型人才，为我国出版传媒事业的发展提供了巨大的智力支撑和人才保障。

截至目前，全国高校设立编辑、出版、发行等专业的院校已有 80 多家。近几年，10 多家高校为了适应新技术、新媒体和新产业及媒体融合发展的需求，开设了数字出版专业。2012 年教育部将数字出版专业作为特色专业正式列入本科专业目录，成为继编辑出版专业之后又一个出版类专业，武汉大学、北京印刷学院、天津科技大学、四川大学、中南大学及湘潭大学等院校已设立数字出版本科专业。在 2013 年 12 月召开的高校出版专业教学指导委员会会议上，初步确定了出版学、传播学、数字出版概论、数字媒体编辑、数字媒体技术与应用、数字版权管理、数字出版物编创、数字出版营销为数字出版专业的核心课程。

从全国来看，北京大学、武汉大学、北京印刷学院、上海理工大学等 100 多所高校开设了有关数字出版的专业或相关课程；近 40 所高校在传播学、印刷工程、编辑出版学、计算机等专业目录下开设了电子出版、数字传媒、数字印刷、数字媒体艺术、新媒体、软件工程（新媒体）等数字出版教育专业方向，形成了一定的教育规模；30 多所高校在传播学、图书情报学、管理学硕士学位点下设立了数字出版方向，培养硕士研究生；5 所高校在传播学、图书情报学博士等学位点下设立数字出版方向，培养数字出版方面的博士研究生。

从课程设置来看，一些学校为了积极迎合当下新媒体高速发展的趋势，逐步开展了数字出版教育，而现代出版技术方面的专业课也被不少高校列入课程设置，以天津科技大学、武汉大学、北京印刷学院、中南大学、湘潭大学等5所高校本科出版专业设置的主要课程为例，不难看出高校在出版教育中已愈来愈重视数字出版领域的专业课程的开设。但是，由于多方面因素的制约，数字出版领域的课程在种类上还很难很好地满足我国数字出版业当前的需求。

此外，由于各高校开设数字出版相关课程的专业不同，各高校在课程的具体设置上自然也各有千秋。"新闻传播学"学科下，主要是以新闻传播学内容为主的课程，如北京印刷学院新闻出版学院，其下设有传播学（数字出版方向）、出版学、新闻学三个二级学科硕士点，学制为两年半，数字出版便是出版学二级学科下的一个研究方向。"图书馆、情报与档案管理"学科下，主要以出版发行学内容为主的课程，如武汉大学的信息管理学院出版科学系，为学生开设了出版发行基础理论、编辑理论实务、出版企业管理理论等课程。

在实践课程方面，我国一些高校目前的数字出版专业，在传统的编辑出版学专业多年的基础之上，以产学研为纽带，以市场为导向，以新闻出版和文化企事业单位为依托，建立稳定而完善的出版教育实训基地，出版企业和高校联合培养办学的模式也慢慢成形。尽管如此，过去长期受到传统出版教育理念的影响，数字出版实习基地大部分还是设在各地的新闻出版相关的企事业单位，对学生的培养和锻炼主要还是集中在编辑加工、校对等文字能力和发行能力上；而并没有在数字出版相关单位，如互联网企业、网站平台、音像电子出版企业等建立实习基地，这不仅轻视了对学生数字化方面技能的培养和锻炼，更是忽视了我国出版发展对数字出版领域复合型人才需求极大的现状。

（三）教学方式不断改革，能力培养仍是重点

在数字化、信息化时代，出版技术广泛运用科技成果，与此对应的出版编辑人才，不仅要具有传统编辑出版流程的核心能力，即选题策划、编辑校对、市场营销的能力，而且应具有创新的思维模式和一定水平的计算机与网络应用等能力。高校在培养出版编辑人才时，越来越注重培养学生对数字化技术的掌控能力。首先，在教学时加强学生的专业计算机知识学习，紧密结合编辑专业的技术需求，让学生将网络传输技术与编辑出版能力更好地融合。其次，加强

学生的编辑软件学习，开设编辑软件学习实训课程和操作实验室，培养学生的实践技巧。

教师也在不断改革教学方式和方法，充分利用现代媒体进行教学，除了课堂教学外，还将课下大量的时间用在指导学生进行作品的创意和制作。除此之外，教师尽量减少课堂教学实践，将学生组成实践小组，让学生将大量时间用于数字出版物的策划、编辑、制作，使其能够从海量信息中选择、加工、创作出有个性的作品。

（四）数字出版基地建设逐渐完善

数字出版是一门应用型学科，仅靠高校难以完成人才培养的重任。因此，目前各高校在充分利用高校教学资源的基础上充分发挥国家数字出版基地和数字出版企业的优势，将高校数字出版人才实训纳入到我国文化产业基地的建设中，高校与数字出版产业基地的联系与合作不断增强，形成优势互动。

原国家新闻出版总署在2010年发布的《关于加快我国数字出版产业发展的若干意见》中提到："在全国形成8—10家各具特色、年产值超百亿的国家数字出版基地或国家数字出版产业园区，形成20家左右年主营业务超过10亿元的具有国际竞争力的数字出版骨干企业。"自上海张江第一家国家数字出版产业基地启动以来，目前我国共有14家国家数字出版基地，先后批准成立的上海、重庆和杭州等国家数字出版基地涵盖了数字出版的各大方向，吸引和培养了众多数字出版人才。从各基地的发展战略和重点来看，也实现了由审批起步向差异化、特色化发展的阶段性过渡，形成了更为清晰的定位。如上海张江的网络游戏和超算服务，天津和重庆的云计算技术服务，杭州的移动阅读和网游动漫，江苏扬州园区的数字教育（电子书包）和电子（纸）阅读器等，都彰显出各自的特色与优势。

（五）"政产学研用"合作培养模式不断成熟

高校数字出版教育"政产学研用"合作培养模式不断成熟，即政府、企业、大学、研究机构相互合作和联合培养，有效地将政府管理、企业经营以及高校科研相结合。"政产学研用"协作多以共建产业技术创新联盟的形式出现，内容包括：将出版确定为地方重点专业，加快专业建设的发展，提供财政经费和其他项目资源支持。如北京市人民政府和国家新闻出版广电总局共建北京印刷学院，国家新闻出版广电总局与上海市人民政府共建上海理工大学出版印刷学院。

高校聘任研究机构专家讲学，在人才、项目等方面实现资源及成果共享，高校和企业之间则采用资源互补的形式进行合作。高校借此模式提高育人质量，实现与市场接轨，为数字出版行业培养复合型人才。校企之间的协作途径包括共建实践基地或研发机构、建立大学科技园、校办企业（高校出版社）等。如北京印刷学院与电子工业出版社共建数字出版实习中心等。

（六）重视互联网、大数据等技术与数字出版的结合

当前，大数据的影响力已全面渗入出版业，推动出版数字化、智能化和交互性的发展态势，对数字出版的管理、业务和营销更是产生了深刻的影响。大数据技术给数字出版和资源整合带来的机遇和挑战，对出版工作者也提出了新的要求。因此，承担出版人才教育主体的各大高校都在致力于更新教育理念，改革人才培养模式。首先，高校开始将大数据的理念贯穿到数字出版教育的过程中去，开展一些紧密结合出版专业的应用型计算机课程及数据分析、数据挖掘相关的课程，培养学生根据专业技术提炼数据信息来进行策划报道、设计版面、信息整理和市场需求预测的能力。其次，大数据时代强调实践操作能力，因此高校的数字出版专业人才培养模式逐渐从传统的课堂教学为主转变为扩大实践教学比例，以此提高学生的动手能力，让学生能够熟练掌握计算机排版技术、多媒体出版技术和网络出版技术。

二、中国数字出版教育的典型范例

（一）立足专业的培养理念和定位，夯实专业基础

高校的出版教育应当从传统出版向数字出版转型，树立"大编辑、大文化、大媒体"的教育理念。在数字出版环境下，技术固然重要，但内容仍然为王，编辑仍然承担着生产和传承人类文化和文明的历史重任。因此，高校要培

养学生熟练运用多种媒体技术的能力，努力实现传播最大化，提高文化的传播力和社会影响力，参与国际竞争。

2016年又有多所院校新开设了数字出版相关专业，各自隶属的学院主要包括新闻与传播学院、计算机学院、信息管理学院等，所设课程也不尽相同。

北京印刷学院新闻出版学院成立于2010年11月，拥有编辑出版学、新闻学、传播学、数字出版、广告学、英语语言文学、网络与多媒体7个本科专业。作为我国首批开办数字出版专业的高校，该校数字出版人才的定位以数字技术为工具，以数字内容的创意表达为手段，以数字内容的开发与经营管理为重点，培养数字出版产业需要的数字媒体编辑专门人才。

北京大学、武汉大学和南京大学都是国内开设相关专业的一流的大学，基础课程的设置也各有特色。北京大学的相关专业开设在新闻与传播学院下，主要课程有信息检索与利用、电子出版技术（媒体与语言）。南京大学和武汉大学的相关专业开设在信息管理学院下，南京大学与数字出版相关的课程有数据库系统原理及其应用、程序设计语言、信息传播技术、信息检索、信息技术导论、信息组织、Internet实用技术、数字出版技术等；武汉大学开设的相关课程有数字出版导论、计算机基础、网络编辑、信息系统设计与应用。

（二）扩充高素质的教师资源，繁荣学术研究

师资队伍是办学基础，是出版专业发展的重心。截至2015年，出版专业教师队伍迅速壮大，其中高职称、高学历者成为中坚力量。以武汉大学信息管理学院出版科学系为例，现有专职教师14人，教授11人，副教授2人，讲师1人；其中博士后4人，博士13人，9人先后到美、法、日等国从事访问研究，5人到"台湾南华大学"从事客座研究。如此高水平的教师越来越多，形成了一支数量庞大的战斗在教学第一线的优秀教师队伍。并且许多高校越来越重视教师的专业提升，如北京印刷学院依托研究平台经常组织多学科教师，以科研为纽带，形成研究梯队，跟踪国内外数字出版前沿，开展跨学科研究活动，进行学术交流。

许多高等院校，如武汉大学成立的专业研究机构，几乎成为编辑和出版学理论研究的摇篮，"学院派"的称呼也由此而来。"学院派"重理论挖掘，重学理分析；业界重实践探讨，重现实解剖。学界与业界研究遥相呼应，共同推

动我国相关专业研究的深入，繁荣学术研究，推动编辑出版学专业的发展。

（三）依托先进的科研核心，优化课程设置

课程设置直接决定了人才的知识与能力结构，而基于市场需求和行业发展背景，数字出版业的教育需要熟悉技术、出版和市场等多方面的专业人员，形成研究团队，充分发挥不同学科的交叉优势。

北京印刷学院与中国新闻出版研究院、商务印书馆、方正阿帕比公司、国际版权交易中心等共建数字出版人才培养教育教学实践基地，为研究机构出版企业的科研人员提供教学场所，为学生提供实践机会，增强学生的知识运用能力和动手能力。在"十一五"期间，学院科研经费450余万元，其中纵向科研经费230余万元，主持国家社科基金项目2项，省部级项目33项，横向项目14项，出版学术专著和教材100多部，发表学术论文800多篇。北京印刷学院还优化课程设置，增加教学实训课时，减少理论课时；增加校外实践学时，减少在校上课学时，学生可以根据个人需求和社会需求来选择不同模块课程的比重。数字出版课程分为三大模块：出版理论与文化模块，包括编辑学出版学等内容；数字出版技术模块，包括网站架构数据挖掘多媒体设计制作等；数字内容管理模块，主要是数字内容的管理和营销（包括版权贸易网络营销）等。

上海理工大学设立数字出版研究所、数字印刷研究所，逐渐形成综合多学科的开放式教学模式。同一门课程分别由专业教师、领域专家和实践指导教师进行专题授课，内容涵盖出版学基础、编辑理论，并结合数字媒体、信息组织和检索、数据库等前沿技术，培养学生在电子书制作、期刊设计、网页规划等方面的综合能力。学校注重提升学生的自主学习能力，开放学习资源，并经常聘请专业领域的人士讲演教学。武汉大学的电子出版研究所，综合计算机、出版领域的教师和专家，在教学内容上以技术类课程为主，强调对学生数字内容策划、编辑和销售能力的培养。此外，武汉大学将课堂教学和学术交流相结合，通过前沿讲座和学术讨论交流活动来推动数字出版科研与教学，对于提高行业影响力和学生动手能力都具有积极作用。

（四）设立特色的专业培养模式，培养复合人才

当下，数字出版企业迫切需要"复合型人才"，也就是既懂传统出版又懂

数字技术，既懂内容加工又懂市场经营的双栖人才。顺应时代发展的数字出版教育首先应认真分析当前及未来复合型人才的特征，剖析培养目标、教学模式和课程设置，从而形成完善的课程和知识体系，丰富人才培养模式。

在学科创建之初，各高校的编辑出版学专业教育依托于所在学校的学科资源，在长期的发展中，基本形成了各具特色的专业培养模式，探索出了符合各个学校特点的编辑出版学专业教育之路。比较有名气的如河南大学的编辑学教育、武汉大学的发行学教育、北京印刷学院的出版学教育等，它们都依据自己的办学特点和业界对相关人才的需要，形成了自己的"王牌"专业和"王牌"培养模式。

在新闻传播本科教学改革实践中，复旦大学逐渐生成了"2+2跨学科教学"培养的全新理念。所谓"2+2跨学科教学"培养模式，是指基于培养复合型新闻传播人才的目标，将新闻传播学科四年制本科教学培养过程分成2个为时2年的阶段：在第一个"2"阶段（即第一、第二学年），要求新闻传播学科各专业学生任选1个非新闻传播学科的专业，并系统修读该所选专业的主要课程；在第二个"2"阶段（即第三、第四学年），要求学生在系统修读了一门非新闻传播学科的专业的主要课程的基础上，进一步修读新闻传播学科的各类课程，并在教师的指导下完成跨学科的理论、知识与技能的复合。

北京印刷学院在学科建设中重点考虑和优先发展"数字出版与传播"学科和专业建设，形成数字印刷、数字出版、数字媒体艺术、数字媒体技术共同构成的新型数字媒体专业群。北京印刷学院在人才培养模式上也有创新：一是以人文社科、法律素质教育以及出版专业基本素养教育为基础，培养学生大出版、大传播背景下的人文素养；二是以数字出版的信息技术基本知识及相关技术应用教育为特色，培养学生对信息系统和技术的应用技能；三是以数字内容的采集、汇聚、集成与有效表达能力训练为核心，培养学生对数字信息的获取能力和知识表达能力；四是以媒介经营、资本运作、管理沟通、运营服务能力训练为重点，培养学生对数字出版媒介经营管理的能力。

三、中国数字出版教育发展中的主要问题

我国数字出版人才的培养起步较晚，人才培养体系的理论和实践都不成

熟。高校在人才培养方面大多学习和借鉴国外领先的市场经验和成熟的行业模式，但我国有自己的国情，教育也不例外，将理论和我国出版教育的实际相结合，探索出符合中国实际情况的数字出版人才培养机制，才能为我国数字出版事业的发展提供人才支持。经过多年的发展，出版教育事业有了长足的发展，但问题仍然存在，以下是对这些问题的归纳。

(一) 课程设置待完善

1. 理论框架不健全

数字出版产业是个新兴产业，行业的发展并不成熟，相对应的数字出版教育也没有相对完整的理论框架和课程设计。现如今的数字出版课程设计往往是建立在原有的传统编辑出版专业之上嫁接了一下数字技术的相关课程，教学内容以传统出版和纸质媒体的相关理论作为引导，容易让学生感觉陈旧无趣、不符合实际。对于研究生教学，教材难以统一，导师大多根据自己的研究成果自编讲义授课，以课题研究带动专业教学，难以形成知识体系。

2. 培养模式单一

人才的培养必须遵循一定的教育规律，简单的依赖课程调整或模块的做法很难改变单一的培养模式，难以达到培养出复合型人才的目标[1]。四年本科教育实际上学生只有三年多在校学习时间。以某高校编辑出版专业为例，其开设的必修、选修等相关专业课程有31门之多，既要求编辑出版人才具有多学科的背景知识和基础，掌握编辑学、出版学、图书发行专业知识，又要求其掌握计算机、网络、新媒体等技术。大而全的课程设置是大多数院校所采用的形式，目的是满足方方面面的要求，但学生在学习过程中给出的反馈却不尽如人意，普遍反映是虽然课程设置很全面，但对于每一项知识学得都比较浅显，学生感觉自己似乎什么都会，却只会一点儿，所以相对而言没有竞争优势。

对于高层次、复合型数字出版人才的培养应当在硕士、博士阶段进行[2]。在内容管理、全媒体出版、数字出版营销、数字出版理论4个方向让学生进行

---

[1] 吴鹏，程放. 数字出版转型期高校出版人才培养策略探究[J]. 出版发行研究，2014，02：91—94.

[2] 余上. 出版硕士教育实践与探索——以华中科技大学出版硕士教育为例[J]. 河南教育·高校版，2015，12：20—22.

系统学习。这样，数字出版人才首先具备了扎实的出版专业知识，又通过研究生阶段对数字出版技术的研究和实践，具备了一定的数字产品策划和制作能力，符合行业对复合型人才的定位和要求。

在本科阶段则应开设专门的数字出版专业，培养技能型的"专才"。围绕合格的数字出版人才所应具备的内容策划与出版、网络运营与维护、产品营销与市场运作等能力，制定科学合理的培养方案，使其了解图书出版、报刊等传统出版的知识和流程和掌握实现传统纸质内容在新媒体上呈现的数字技术；应注重培养学生在出版活动中对数字媒体及数字文化产品的策划、设计、编辑和运营能力，培养其社交能力。

而专科层次数字出版人才的培养要定位于前端，即资源加工技术岗位。数字出版机构缺少一线的操作人员，在培养目标上，尤其要加强实践教学，培养学生的操作能力，在原有文字录入、图形图像处理、排版制作的基础上，更需要让学生熟悉使用数字出版常用软件。

3. 教材建设滞后

教材建设是专业培养目标得以实现的重要保证。现如今，许多高校出版专业的教材较为陈旧，没有充分吸纳数字出版学术研究的最新成果和反映数字出版产业的最新动态，与数字出版产业的现状和发展严重脱节。我国出版史、出版法律法规、网络出版等课程，到目前还未出现十分适合教学使用的教材。教材与实际情况不符合，严重阻碍了培养适应当下数字出版产业情况的人才。

（二）师资结构待调整

1. 专业知识的更新问题

新技术、新业态的繁荣发展很大程度上由人才所决定。数字出版时代，高校和出版社一样面对一个全新的领域，数字出版从业人员本身经验就不足，高校更是缺少具有数字出版丰富实践背景和经验的教师队伍。专业教师的知识结构对出版专业学生的影响十分深远，既有学术地位又兼任出版企业负责人的实力派教师凤毛麟角。理论派的教师应去行业里充实自己，实践派的教师也应更新自己的理论知识。然而，这点在实际上却很难实现，一方面，教师本身有非常繁重的授课任务和科研压力，没有大量集中的时间进行行业内学习；另一方面，没有专项资金支持教师参加书展、论坛等行业交流活动，这种情况在普通院校显得尤为突出，这导致教师难以获得一手的行业发展信息，更多时候只能通过阅读二手资料获取有限的信息。

2. 业界师资的引进问题

无论是本科教学还是出版专业硕士教学，为了能使所培养的人才更符合实际工作需要，很多学校提出要引进业界师资力量以增强教学的实践性，有的学校的专业硕士现在也确实在实行双导师制。这种制度本身是非常有利于学生成长的，但内部存在一个数量配比失衡的问题。且真正有时间、有精力、有热情参与到出版专业各层次人才培养的业界精英很少，而且其地理分布还很不均衡，主要集中在出版业发达地区。他们从事兼职教学的高校基本上都是985院校或211院校[1]，而普通高等院校的出版专业业界师资问题难以落实。因此，业界师资的教学模式还有待拓展。如果只是引进业界师资进行课堂教学，很多知识很难明确地转化为显性知识传授给学生，由于没有经过实际工作的锤炼，学生在接受某些知识时也不那么透彻。

(三) 实践课程需强化

1. 实践课程缺乏

数字出版编辑专业的毕业生的就业形势不容乐观，即使找到编辑出版相关的工作，在具体的实践操作上还面临着很大的问题，这就要求高校除了应该向学生传授理论知识外，还应该让学生在课余时间进入企业进行专业实习。许多高校重视理论教育忽视实践数字出版专业的实用性、可操作性，这就让很多毕业生进入工作岗位之后很难适应工作需求[2]。目前我国编辑出版类专业课程设置中理论课与实践课比例为9:1，这对于培养高素质、高技能的数字出版人才来说远远不够。理论与实践相结合的人才培养模式的实施已经刻不容缓。

---

[1] 王丹丹. 出版专业教学中的问题与困境——一线教师的思考 [J]. 现代出版，2016，01：55—57.

[2] 李宏葵. 把握新形势掌握新规律大力培养高素质出版人才 [J]. 出版科学，2015，23（2）：5—7.

2. 软硬件设施缺乏

数字出版产业的蓬勃发展，促使高校的出版专业教育逐渐提升技术类课程在整个课程设置中的比例，以期提高学生的技术水平，学生也确实非常青睐此类课程，但值得注意的是尽管专业在扩招，学生人数不断攀升，但专有实验室的硬件及配套的软件数量却是有限的。此外，软件的更新换代速度远超高校采购审批的速度，当软件投入使用时，往往已经是过时的配置，在一定程度上导致教学始终跟不上行业发展的节奏。

3. 专业实习岗位缺乏

专业实习一直都受到学生的重视和期待，他们认为在出版企业实习可以充分锻炼实际工作能力，但现实与期待往往不相符。对于本科在校生而言，即使是在学校的合作签约单位实习，也仅能获得一些简单的校对工作和图样设计工作，核心的选题设计、成本核算、编辑加工、营销推广、电子书制作等环节都只能让他们走马观花地浏览一下过程，为期2—3个月的集中实习并不能实现实习目标，只能走马观花浏览出版工作的流程，而且出版企业对这样的合作也并不期待，因为会产生学生安全问题、企业商业机密安全问题等。

4. 课外实践与理论教学冲突

集中实习难以满足学习需求，于是很多学生选择在课余时间自己寻找实习单位兼职，以积累实际工作经验。但是很多报社、杂志社、传媒广告公司等对兼职人员的工作时间进行限定，并有很强的工作任务，这一点与学校的规章制度就会产生冲突。学生如果想要做好工作，就有可能会旷课，或因为时间问题无法完成课业任务；如果想要保证学分绩点，就有可能无法完成工作单位的任务，二者很难兼得[1]。

5. 国际交流合作机会有限

在数字出版时代，国外出版集团正在利用信息技术上的优势加紧进入中国市场，中国的出版业必须应对挑战[2]。这就离不开对具有国际竞争力的高素质出版人才的培养。我国高校的编辑出版学专业，在国际合作与交流上还处在起

---

[1] 赵少远. 数字出版时代高校对编辑出版人才培养浅析 [J]. 新闻世界 2015，01：181—182.
[2] 王丹丹. 出版专业教学中的问题与困境——线教师的思考 [J]. 现代出版，2016，01：55—57.

步阶段,具体表现为:对本专业英语课程教学不够重视,没有开设专业外语,更没有双语授课和使用原版教材;缺乏对国外出版业的研究,无法为学生提供了解国际化出版运作的机会;不注重与国外高校的学术交流与战略合作。

四、加快中国数字出版教育发展的对策

面对新形势之下的数字出版产业,培养数字出版的创新应用型人才需要高校和社会机构的多方努力与通力合作。对于两者而言,培养理念与模式必须突破,原有的体系必须重建,课程设置与教材编写也必须优化,师资力量的培养也必不可少。与此同时数字出版机构的管理与运行机制也需要更加合理化,社会选择和社会培养机制需要进一步的完善,国内外成功经验更值得我们借鉴[①]。

(一)优化数字出版师资队伍

教师是实施教育的主导力量,数字出版人才的培养离不开优秀的数字出版教师队伍。但是目前数字出版专业的师资薄弱是多数高校的软肋,专业教师通常学历较高、科研能力较强,但一是因为教师多缺乏业界经历和技能,二是因为考核中科研占较大比重,导致教师缺少实践的精力;聘任的业界教师往往经验丰富但投入教学的时间有限。基于此,高校可以通过两个方面实现师资队伍的优化。

1. 引 进

各高校加大聘请力度,引进关于数字出版各学科的领袖人才,例如一些熟悉业界出版流程的资深出版人、出版科研单位的专家和领导,聘请他们到大学担任专、兼职教授。这些出版界人士的加入,弥补了高校教师缺少实践经验的缺陷,为我国的出版教育注入新鲜血液。另外,高校还可以打破常规用人机制,大力引进在数字出版、互联网、多媒体方面有丰富经验的工作人员加入到教师队伍中来。

---

① 赵少远. 数字出版时代高校对编辑出版人才培养浅析[J]. 新闻世界,2015,01:181—182.

2. 强　化

外部引进人才或多或少都会具有一些困难，从数字出版专业的长远发展角度考虑，加大本校教师的内部培养才是根本。例如，高校应该主动联合企业办学，充分发挥业界教师的实践指导作用；数字出版基地应积极接受教师培训，通过举办数字出版师资研修班等方式，优化出版教师队伍。高校可以与出版社合作，邀请出版社资深人士到学校担任兼职教授，专业教师到出版社挂职锻炼，双方互惠互利。除此之外，一些高校还可以积极选派青年教师到出版业发达的国家去接受优质的继续教育，或通过学术研讨和经验交流等方式来加强对内部师资力量的培养。如此，既可以近距离了解行业需求，按需培养，又可以结合业界经验丰富的编辑人员、管理人员及市场人员的协助共同培养业界所需人才。

（二）构建多元模式，培养复合应用型人才

为了适应数字出版产业的形势，培养模式的变革是势在必行的。首先，对于整个出版编辑学科来说，高校应为学生设立不同的研究与学习方向，让学科更为细化，让学生有更多的选择空间，不应盲目设定方向，或强制为学生开课。其次，提倡教学与实践相结合，无论是在传统媒体还是在数字化平台中，出版行业归根到底的任务还是对内容的编辑和出版物发行，所以实践技能的教学是很有必要的；而且作为应用型创新人才，一定的经验积累对学生的社会生涯来说是很有利的。

借鉴德国的校企办学、校企联合共同培养人才的双元制培养模式。其主要是以"职业能力的培养"为本位，以"为未来工作而学习"为目标，以"职业活动的开展"为核心的教育模式。这是实现学校与企业培养应用型人才的无缝对接的一种方式。企业所需要的人才与高校所培养的人才紧密相连，以学代工。高校依托自身强大的教育优势，拥有深厚的知识与理论底蕴，在此基础上推动校企联合，使产学研一体化协同发展。同时，也为学生积累了丰富的实践与工作经验，无需数字出版机构耗费不必要的资源进行培养，便能达到毕业即能上岗。

在培养模式上，以信息技术为基础，以编辑出版为核心内容，综合多学科进行人才培养，不单单局限在单一出版学科内。以武汉大学为例，其数字出版专业以出版理论、计算机技术和信息科学理论为三大基础学科,在此基础上开设相关数字出版课程。为体现出版理论和数字技术的结合,武汉大学构建了"平台+模块"的课程体系。平台类课程主要有两大类:一是传统出版理论,如出版学基础、编辑理论等;二是数字技术和信息管理,如计算机基础、软件工程、信息组织检索等。模块类课程主要面向新型数字出版业务,如电子书、数字期刊、网络游戏、数字动漫等。

另外,每个高校的历史和资源不同,编辑出版人才培养模式也不同,有两种人才培养模式值得借鉴:一是"宽口径"的"2+2"人才培养模式,即本科4年由2年学习其他学科知识和2年学习编辑出版专业知识构成。前2年多开设文史哲通识课程,后2年在学生明确专业方向后大量加入专业课。陕西师范大学和北京师范大学已运用这一培养模式拓宽了出版专业学生的学科视野。二是"厚基础"的实践型人才培养模式,这种模式更注重培养学生的出版实践能力。如美国芝加哥大学出版专业2年制课时中,第一学年为3个学期的课程学习,第二学年为编辑、写作、出版设计的实习。英国爱丁堡纳比尔大学出版专业学生第一年主要学习出版理论知识,第二年到该校出版社实习,编辑1—2本图书和2期学术杂志。学生通过专业实践,动手能力更强[1]。

(三) 建立与大数据时代相适应的人才培养理念

随着互联网、云计算、物联网等信息技术的飞速发展,数据正以前所未有的速度在增长和累积,大数据时代已悄然来临,并正以革命的姿态在经济、社会、文化等领域开启重大变革,其影响力已全面渗入新闻出版业,推动出版数字化、智能化和交互性的发展态势,为社会提供更具个性和针对性的文化产品。如何主动应对大数据时代数字出版和资源整合带来的机遇和挑战,与时俱进、面向未来地推动编辑教育和编辑人才培养是当前编辑教育工作的重要课题。

高校培养复合型数字化编辑人才是完善自身发展,更好地服务于社会文化发展的内在要求。大数据不仅对新闻出版业更新理念提出了新的挑战,也对报纸、杂志、出版社、电台、电视台、互联网、广告公司等信息传播企业的从业

---

[1] 申玲玲,闫伟军. 出版转型背景下高校编辑出版人才培养路径探析[J]. 中国编辑,2016,01:85—86.

者，特别是编辑工作者提出了新的要求。

因此，在文化多元化、信息海量化的今天，高校在编辑人才的培养过程中要适应社会对人才的需求，改革传统的培养模式。一是在低年级阶段可以以专业内容为支撑，做到重人文、宽领域，多方面培养学生的综合素质与能力；二是加强实践课程建设，大胆进行课程删、减、改，腾出更多的时间开设实训课程，对学生进行能力训练，适当开展服务社会、服务地方的校地合作，为学生提供更多实践练习的平台和机会；三是编辑专业的发展和进步要时刻保持与社会的发展同步，根据信息化社会发展的需求开设网络编辑、手机编辑、电子书制作、数字媒体方案策划与采写、网络资讯传播等课程，始终保证自己是处于社会发展的最前端，只有这样才能够更加充分、有效地去了解和满足整个社会对于编辑人才的实际需求①。

（四）推进课程设置改革，尝试联合教学

我国的出版课程相对主要集中在独立学位的培养上，除了学生自己选修其他专业外，很少有学校开展联合教学的模式。一方面，是由于我国高等教育注重基础理论教育，学生需要利用大一阶段学习除专业外的公共基础课程，到了大二才开始进行深入学习专业课程。而我国教育对理论知识和文字能力更为侧重，如现代语文、文学经典这样的课程在教学内容中占了很大的比例。另一方面，就大学本科的出版学而言，课程门类繁多，联系却不够紧密，学生不能系统地对某一领域深入学习。这就造成了学生毕业后到就业岗位中很难快速地胜任工作任务，为用人单位产生价值。因此，在教学设置上如何提高学生多方面的专业背景知识，是我国出版教育需要着重考虑的问题。

在这方面，我国高校可以借鉴英国出版教育的联合教学形式，也就是出版专业与其他专业同时学习，最终获得联合学位。这样一来，学生不仅学习了出版的核心课程，还可以根据个人兴趣和就业方向来为自己量身定做课程，增加自身的就业优势。例如，英国最早开设出版学专业的牛津布鲁克斯大学，本科阶段就开设了11个相关专业方向的课程。除此之外，出版学院还可以和人文学院、信息管理学院、计算机学院等其他学院一起学习课程，即采用多学院合

---

① 钟华丽. 大数据时代的编辑人才培养略论［J］. 成都中医药大学学报：教育科学版，2015，01：41—43.

作教学的方式。这样的教学模式实质上是一种资源共享的方式，这种方式有利于数字出版专业获得最优质的教学资源，还可以培养学生个人的兴趣方向，增加学生未来就业的竞争力。

（五）强调数字化学习，提高数字技术操作能力

数字化、信息化时代，出版技术广泛运用科技成果，因此数字时代需要的编辑人才，不仅要具有传统编辑出版流程的核心能力，即选题策划、编辑校对、市场营销的能力，而且应具有创新的思维模式和一定水平的计算机与网络应用能力等。高校在培养编辑人才时，要注重培养学生对数字化世界的掌控能力。首先，加强学生对专业计算机知识的学习，紧密结合编辑专业的技术需求，让学生充分认识到网络传输技术为编辑出版带来的便利和效益。其次，加强学生对编辑软件的学习，开设编辑软件学习实训课程和操作实验室，激发学生的学习兴趣。再次，营造数字化编辑的学习环境，开展紧贴专业的文化活动和技能比赛，利用自己学到的知识和操作技能，对发生在身边的大事小事进行编辑整理。

（六）重视出版业营销管理方向人才的培养

新媒介环境下，出版媒介融合趋势不可逆转，报纸、杂志、图书、影视、网络之间共享内容资源，彼此借力共赢的跨媒体、互动型出版已成常态。一个运作娴熟的媒介公司在推出产品时，往往要考虑多种媒介形式的联动效应，除了出版纸质媒介之外，视听媒介和新媒体的开发与价值延展也在考虑之列[1]。例如，一家出版单位可能同时拥有杂志、网站、APP、微博、微信等。"家业"一大，需要的管理人员自然就多。为了扩大自身影响力，吸引读者关注，进而吸引广告商或品牌的加盟使企业获得利润，出版单位在做好内容的同时，也需要更多的跨媒体营销活动策划人员和执行人员。市场人才需求决定高校人才培养的方向，因此笔者建议高校在培养编辑出版专业人才时可做出详细的市场调查，把出版业营销管理作为其中的一个方向加以重视。正如柳斌杰所言，培养一批既熟悉专业出版知识，又掌握现代数字出版技术和善于经营管理的复合型

---

[1] 袁勇麟. 媒介融合研究的新视角［N］. 光明日报，2008-2-23（5）.

人才，是刻不容缓的艰巨任务。

（七）强化学生岗位技能和综合职业能力的培养

数字出版是一门应用型学科专业，学生需要将其学到的理论知识转化为实际的动手操作能力。目前的学生普遍缺乏实践能力，特别是缺乏数字化与媒介融合时代业界亟需的各种技能。考虑到新媒介环境下，无论是传统出版行业的转型还是数字出版行业的兴起都造成了对数字出版人才需求量的极大提升，高校应当增加对学生数字出版技能的实训。这一方面，很多学校是以开设技术类课程的方式未进行，在教学的同时完成对学生的实践技能的训练。例如，一些高校开设的"摄影摄像""数字媒体技术""视频编辑""音频编辑""PS"等课程，课程最终考核结果亦可以学生作品的形式呈现。另外，笔者建议高校也可以开展一些关于数字出版技能的专项训练，如"电子书编辑出版实训""电子期刊编辑出版实训""网站编辑实训""电子阅读器出版实训""APP出版实训""微信出版实训"等，锻炼学生对数字出版行业的感知和编辑出版技能。当然，培养学生的实践与创新能力，最有效的途径是建设校内融媒实验平台，借助平台开展卓有成效的实践。此外，高校还可以通过举办一些数字出版技能竞赛，在促进学生掌握数字出版基本知识的同时，更熟练地掌握数字出版、数字营销的基本操作技能。在技能大赛的引导作用之下，教学方式应当更重视任务驱动与项目引导相映衬，教学内容应当与岗位需求相结合，教学评价也更侧重于实践操作和过程考核，并在日常教学中将技能大赛常态化，从而提高学生学习的内驱力，达到"寓教于赛、以赛助教、以赛促学"的目的[①]。

[①] 唐乘花，袁超."产学研合作"教育视角下高职数字出版竞赛项目教学的探讨[J].创新与创业教育，2015，05：128—130.

附件：

设立数字出版研究所（教研室）部分高校一览表

设立数字出版研究所（教研室）部分高校一览表

序号	高校名称	研究所（研究室）名称
1	北京大学	电子出版新技术国家工程研究中心
2	清华大学	清华大学伊斯雷尔·爱泼斯坦研究中心、清华大学国家形象传播研究中心、北京千橡网景科技发展有限公司社会化媒体联合研究中心
3	武汉大学	国家多媒体软件工程技术研究中心、媒体发展研究中心
4	复旦大学	传播与信息研究中心
5	中国传媒大学	广播电视研究中心、广播电视数字化教育部工程研究中心、广播电视艺术学研究基地、新媒体研究院、传播研究院、国际传播研究中心、媒介与女性研究中心、传媒教育研究中心、传媒艺术与文化研究中心、亚洲传媒研究中心、国际新闻研究所、网络舆情研究所、传媒科学研究所、国际传播战略与发展研究中心、传媒经济研究所、欧洲传媒研究中心、编辑出版研究中心、政治传播研究所
6	上海交通大学	传播研究所
7	中国人民大学	传播媒介管理研究所、公共传播研究所、公共外交研究院、视听传播研究中心、网络舆情研究中心、危机传播管理研究中心、现代广告研究中心、新闻伦理与传播法律研究所、舆论研究所
8	华东师范大学	大数据科学与技术研究院、传播学研究中心
9	浙江大学	传播与文化产业研究中心
10	深圳大学	传媒与文化发展研究中心
11	香港大学	新闻及传媒研究中心
12	厦门大学	传播研究所
13	华中科技大学	媒介技术与传播发展研究中心、数据存储系统与技术教育部工程研究中心
14	上海理工大学	国家数字印刷工程研究中心、出版与传播研究所、数字出版研究所
15	上海大学	上海大学传媒研究中心
16	武汉理工大学	广告与编辑研究室、电脑广告设计室、影视制作实验室、广告司法摄影实验室、多媒体制作实验室、编辑出版系统实验室
17	湖南师范大学	文化与传播研究所、出版科学研究所、中国传播与现代化研究中心
18	河南大学	新闻编辑出版科学研究所、传媒研究所

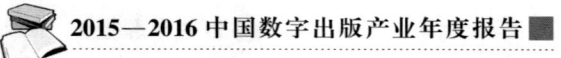

续表

序号	高校名称	研究所（研究室）名称
19	成都理工大学	信息处理与通信技术研究室，视频制作和编辑实验室、传媒艺术研究所
20	浙江林学院	人文实验教学中心广告实验室分室
21	青岛科技大学	编辑出版学教研室、广告学教研室、传播学教研室、数字媒体实验中心
22	西安欧亚学院	报纸编辑实训室
23	江西师范大学	数字媒体技术实验室
24	东北电力学院	计算机基础教研室、媒体技术专业教研室
25	重庆工商大学	传播理论与应用研究所
26	陕西科技大学	公关传播研究所
27	暨南大学	传媒产业研究中心、品牌战略与传播研究中心、舆情分析与研究中心、广播电视研究中心、媒介批评研究中心
28	上海科学院新闻研究所	新闻与传播研究中心、中国舆情研究中心、新媒体研究中心
29	郑州大学	穆青研究中心、文化产业研究中心、传媒发展研究中心、新媒体研究中心
30	河南大学	编辑出版科学研究所、传媒研究所、纪录片研究中心
31	四川省社会科学院	新闻传播研究所
32	东北师范大学	传播学研究所、数字教育媒体传播研究所、媒介素养课程研究中心
33	华中科技大学	媒介技术与传播发展研究中心
34	苏州大学	出版研究所
35	南京大学	大众传播研究所、国际传媒研究所、政府新闻学研究所、新闻研究所、网络传播研究所、城市文化传播研究中心
36	湖南大学	科技新闻与传播研究所
37	西南政法大学	新闻传播实验教学中心
38	北京城市学院	社会舆情研究中心
39	北京工商大学	艺术传媒实践中心
40	上海建桥学院	智能终端与移动应用研究所、媒体与数字艺术研究所
41	浙江传媒学院	互联网与社会研究中心、话语与传播研究中心
42	武汉理工大学	数字传播工程研究中心
43	北京师范大学	新媒体影像研究中心
44	湖北第二师范学院	网络文化研究所
45	河北大学	网络技术研究所、中美媒介研究所
46	华中师范大学	国家语言资源监测与研究网络媒体中心
47	南京邮电大学	艺术与传播研究所、数字媒体研究中心、影视制作中心
48	浙江工业大学	网络传播与文化研究所、影视传播与新媒体研究中心

（作者单位：上海理工大学）

中国数字出版产业基地研究报告

毕 昱

一、发展背景

(一) 概念及理念

1. 定 义

数字出版基地主要由政府或民间组织、机构规划建设,通过控制产业基地招商定位,吸引数字出版行业的相关企业入驻,在基地内产生产业聚集和规模效应,形成完整的产业链,从而促进数字出版产业快速发展的产业园区。

目前通过国家审批的已运营及在建的国家级数字出版产业基地有:上海张江、重庆、杭州、湖南中南、湖北华中、天津、广东、西安、江苏、安徽、北京、福建海峡、山东青岛、江西南昌等14个。纵观这14个数字出版产业基地的发展历程,可以进一步归纳出我国数字出版产业基地的发展理念及其演进脉络。

2. 规划理念

我国的数字出版基地从规划之初就有着清晰的发展理念。产业聚集是产业发展和区域发展的必然产物。由于产业聚集具有规模效益、创新效益和竞争效益,它们所共同构成的集聚效益具有自我强化的功能,因此,建立产业集聚区成为现在各个国家普遍采用的产业发展模式。《国家"十二五"时期文化改革发展规划纲要》提出:"规划建设各具特色的文化创业创意园区,支持中小文化企业发展。优化文化产业布局，发挥东中西部地区各自优势，加强文化产业基地规划和建设，规范建设一批全国文化产业示范区，发展文化产业集群，提高文化产业规模化、集约化、专业化水平。"该指导思想同样适用于中央和地方政府重点扶持的新兴文化产业——数字出版产业。在《新闻出版业"十二五"时期发展规划》中，要加强产业园区和产业基地的建设，到"十二五"末，要在全国建成8—10家年产值超百亿元并各具特色的国家数字出版产业基地或国家数字出版产业园区。目前的格局与规划的吻合度很高，说明该指导理念得到了贯彻和实施。

（二）建设及运营模式

1. 建设模式

数字出版产业基地模式的出现成为地方政府在文化产业上谋求发展的最佳机遇。地方政府踊跃申报数字出版基地，获得批准后，大力扶持并积极推进建设工作。这不仅是为了表现出对于中央决策的重视，更是由于地方政府看到了数字出版无限的发展空间和赢利可能。国家新闻出版广电总局是数字出版产业的行业主管部门，各地方政府则是区域产业规划和政策制定的主导者。数字出版产业基地的建设和发展与两者的共同努力密不可分。通过"部省市合作机制"，国家行业主管部门可以更好地指导地方的工作，而地方的经济发展又与国家的整体战略紧密结合在一起。实践证明，这种合作机制对于数字出版产业基地的发展大有裨益。上海是第一个采用"部省市合作"机制推进地区数字出版产业发展的省市，继上海之后，重庆、湖南、天津、湖北和江苏等省市的基地均延续这种模式。在此模式中，基地建设领导小组的作用非常重要。小组每年召开一次联席工作会议，总结、部署相关工作，协调重大合作事项。

2. 管理模式

数字出版虽然已经过一段时间的发展，但真正开始产业化、规模化建设的时间并不长，数字出版产业基地在建设之初，大多依托于地方原有大园区（或开发区），因此，初始阶段没有独立的运营管理机构，基本都是依靠大园区的管委会或下属机构进行管理，即管委会模式，天津、重庆、江苏等省市的基地都是采用这种模式。管委会是地方政府的行政派出机构，采用行政手段对基地进行管理运营。此模式管理层级较少，自主权较大，由于基地的发展纳入到整个园区的统筹规划中，因而降低了建设成本。但是，缺点也是显而易见的，比如人员编制问题、缺乏市场运营机制、没有专业的数字出版管理团队、缺乏深度服务能力等。

随着市场经济体制的建立和完善以及政府职能的转变，公司制的管理运营模式开始崭露头角。上海张江基地就是采用公司制的运营模式，最近几年，张江基地的迅猛发展无疑是该模式的最好证明。公司制的管理主体是由国资投资公司控股的管理公司，这些公司运用现代企业制度进行基地运营。该模式的优点是能提供行业针对性的服务内容，提升市场化的运营效率，提高各种专业资源的对接效率。目前，包括广东、湖南中南、湖北华中、江苏、西安等基地都已经开始筹划建立专门的基地管理公司，并且对公司的股权结构、管理团队、组织架构等都进行了多样性探索。例如，湖南中南基地集合国内外几家从事数字出版的大企业组建理事会，成立中南国家数字出版基地投资发展公司，负责园区、基地的建设管理、招商引资，并组建融资担保公司。公开招聘公司的经营管理团队，实现所有者和经营者分离。江苏基地则采用管理公司的管理、服务、运营三分离的模式。

（三）特　点

1. 地方政府大力支持

为鼓励更多数字出版企业入驻基地，各地政府出台了不少优惠政策扶持企业，促进数字出版产业的发展。如杭州市编制了《杭州市数字出版产业"十二五"发展规划》，出台了《关于加快杭州市国家数字出版产业基地建设的通知》，从资金、财税政策、版权保护、人才工作等方面加大了对数字出版产业的扶持。鉴于目前入驻的数字出版企业大多规模小而散，无固定资产抵押，融资贷款比较困难的情况，江苏数字出版产业基地已与多家银行签订协议，为入驻企业提供贷款。重庆数字出版产业基地拓展融资渠道，出台优惠政策，吸引并留住数字出版的龙头企业。湖北省为入驻湖北华中数字出版产业基地的企业提供了包括退税免税、贷款贴息等优惠政策。湖北省政府每年还拿出2 000万元专项经费支持数字出版产业的发展。同时，武汉经济技术开发区会同财政、税务、工商、金融等部门制定了系列扶持政策，对入驻基地企业给予物业购买折扣或租金补贴，并着手打造投融资服务、公共服务、专业人才培养三大平台，推动数字出版产业的发展，并每年提供3 000—5 000万元的"数字出版企业发展项目专项资金"，用于支持基地公共基础设施和功能性平台建设，以及融资贴息、房租补贴、购房补助、高端人才引进补助、优秀项目扶持、名优产品奖励等。

2. 基地建设布局灵活，用地规划宏大

几乎所有的国家数字出版产业基地都采用了"园中园"模式，即在已有的开发区（或园区）里，新规划一块土地或几幢楼宇用于基地发展、招商，而不是新建一个园区。这种模式的好处显而易见，既可以加快基地建设步伐，实现数字出版企业的快速集聚，又可以利用大园区的优惠政策和闲置资源，避免重复建设。后期成立的一些基地，采用了更加灵活的产业布局模式，以"一城多园""一中心，多园区"等方式拓展基地的覆盖范围。杭州以城市为单位申报，实行"一个核心园区，数大功能园区"的模式。广东采用"一中心，多园区"的模式。江苏创造出"一区多园"的模式，以南京雨花经济开发园区为中心，设南京、苏州、无锡、扬州四个处于不同城市的园区。这样的模式为企业提供了更多选择，降低了企业的入驻成本。不过，这种模式的管理成本是否会提高，管理效率是否会降低都有待验证。

此外，几乎所有的国家数字出版产业基地都制定了宏大的用地规划。重庆基地规划用地约167 000m^2，500 000m^{2}的建筑面积；天津基地规划面积约3 500 000m^2，建筑面积达到2 600 000m^2；湖北华中基地规划用地约164 000m^2，建筑面积约320 000m^2。一些新建基地规划更为宏大，西安基地规划用地约667 000m^2，而湖南中南基地的规划超过了1 300 000m^2。采用"多园区"模式的基地建设和规划面积更为可观。需要注意的是，用地规划宏大不等于产业规模宏大。有些地区数字出版产业基础还比较薄弱，如此大规模的"圈地"有重蹈以往各种园区深陷卖地经济泥沼的覆辙之虞。规划需要具有一定的前瞻性，但是，更重要的是要积极探索打造新型基地产业服务模式，将真正有实力或有潜力的数字出版企业汇聚起来，才能将基地做大做强。

3. 发展模式走向差异化、特色化

从各基地的发展战略和重点来看，实现了由审批起步向差异化、特色化发展的阶段性过渡，形成了更为清晰的定位。如上海张江的网络游戏和超算服务，天津和重庆的云计算技术服务，杭州的移动阅读和网游动漫，江苏扬州园区的数字教育（电子书包）和电子（纸）阅读器等，都彰显出各自的特色与优势。

二、发展现状

全国共设立国家级数字出版产业基地 14 家，经过近十年的积累与沉淀，国家数字出版基地在培育产业龙头、科技创新、传统出版转型升级等方面，起到了积极的示范引领作用。

（一）上海张江国家数字出版基地

概述	上海张江国家数字出版基地是国内首个国家级数字出版基地，产业业态是以原创和 IT 新技术为基础，逐渐形成数字出版、网络游戏、动漫、新媒体为核心的业态
政策及配套措施	上海国家张江数字出版基地为入驻企业提供财政及税收支持、政府采购支持、第三方服务支持、人才培训及公共服务平台支持等，积极协助基地内企业争取国家新闻出版广电总局（原国家新闻出版总署）的政策倾斜和试点
产业环境	上海国家张江数字出版基地已经初步建成国家微电子产业基地、国家软件基地和信息安全基地，并形成了国内规模最大、结构最完整、技术最先进的信息产业技术开发体系，能够为数字出版提供坚实的周边产业支撑
发展规划	第一，明确发展重点；第二，找准产业方向；第三，依托国家新闻出版广电总局（原国家新闻出版总署）和上海市政府，共同打造全国教育出版和移动阅读基地，完善数字出版产业链；第四，完善数字出版公共服务平台，争创全国版权示范基地；第五，全面加强企业市场拓展服务；第六，加强基地企业人才培训；第七，着力建设一支学习型、创新型的开发团队

（二）重庆北部新区国家数字出版基地

概述	2010 年 4 月 26 日，全国第二个、西部首个国家级数字出版基地在重庆北部新区挂牌成立。基地采取"园中园"方式在北部新区高新园设立，占地约 6 万 m²
政策及配套措施	北部新区政府承诺，拿出 1 亿元的产业基金，用于扶持软件服务外包和数字出版企业。重庆市政府办公厅下发《关于加快重庆数字出版产业发展的指导意见》
定位	打造十大产业：数字图书、数字报刊、互联网出版、手机出版、数据库出版、按需出版和数字印刷、网络游戏动漫、数字音乐、数字教育、跨媒体复合出版
发展规划	坚持"打造完整的数字出版产业链，形成三大产业层次"的思想：核心层是数字化技术从事的出版，包括传统出版的数字化和新兴数字媒体的出版；外围层是以数字版权为内容、数字媒体为载体、数字出版为通道的文化服务，包括多种互联网经济和手机增值服务；关联层是数字出版、数字版权、衍生文化产品及设备的研发、生产和销售。根据指导思想，基地突出数字出版产业"无线移动、交互性、个性化、跨媒体"的发展方向

（三）江苏国家数字出版基地

概述	江苏国家数字出版基地创建于 2011 年，是全国第九家国家级数字出版基地，包括南京、无锡、苏州、扬州、镇江 5 个园区，目前 5 个园区入驻数字出版相关企业百余家，从内容提供、平台建设到终端服务，已经初步形成较为完整的产业链条和运营模式，2015 年基地营业收入 250 亿左右
南京园区	2011 年 6 月 22 日经原国家新闻出版总署批准，江苏国家数字出版基地（南京园区）正式落户中国（南京）软件谷——雨花经济开发区。基地总规划以雨花经济开发区 28km² 为建设核心区，以 70km² 的中国（南京）软件谷为数字出版基地发展的延展区。目前，园区注入了时代传媒、新华报业、迪杰特教育、淘宝集分宝等 130 余家数字文化类企业。为服务入园企业，基地搭建了"展示、体验、云计算中心"综合服务平台和"数字文化中心"配套服务平台，已正式对外运营服务。到 2020 年，基地将形成数字文化全产业链，培育一批具有国际竞争能力的企业
苏州园区	苏州阳澄湖数字文创园，是江苏高铁新城打造"高铁枢纽，创智枢纽"产业的引擎和探索城市新产业发展的重要载体。以"专、精、特"的数字出版样板园区的发展目标为指导，重点发展游戏、互动教育、电子图书等数字出版产业，附加延伸电子商务、应用软件、互联网产业，初步形成了"3＋x"产业发展模式。园区分为 A、B 两个区域，A 区整体占地 10 万 m²，建筑面积约 20 万 m²，主要建设中小型企业孵化基地，B 区总占地 21 万 m²，规划建筑面积 25 万 m²，主要打造高端的文化产业区。2015 年实现收入 140 亿元

续表

无锡园区	江苏国家数字出版基地（无锡园区）于2012年3月29日挂牌奠基。无锡日报报业集团作为基地的主要运营单位，坚持一体两翼的模式，以无锡报业大楼为中心，联合新吴区、梁溪区、滨湖区共同打造三大数字产业聚集区
扬州园区	江苏国家数字出版基地扬州园区于2011年7月30日挂牌成立，园区规划建筑面积25万m^2，由"一园"（数字出版产业园）、两区（生产制造区、生活配套服务区）、"四中心"（数字内容创作中心、数字版权交易中心、数字平台运营中心、数字阅读器研发中心）组成，目前已经形成集数字媒体原创生产、版权交易、平台运营、研发孵化为一体的综合性产业链
镇江园区	睿泰数字产业园，位于镇江市南徐大道298号，占地约4.67万m^2，规划建设面积15万m^2，总投资9亿元人民币，2012年底启动建设，2015年完成一期工程9万m^2。园区的三大发展目标是：打造中国最大的数字教育内容制作基地；打造中国国际数字教育版权交易中心和教育技术转移中心；打造全球最具活力的互联网教育创业孵化器

（四）武汉华中国家数字出版基地

1. 概　述

2011年9月在湖北武汉挂牌成立。该基地总部位于武汉经济技术开发区，规划用地164 440m^2，总建筑面积32.88万m^2，融企业独栋、写字楼、展示中心、商务酒店、高端会所、情景商街于一体，集商务、会展、文化、旅游、体验于一身，是目前国内首个以"打造产业生态"为概念的数字出版产业基地。该基地采取"定向开发、市场主导、多元投资、联合运营、主体突出"的运作模式，大力引进和培育数字产业链上"高成长、高回报"的优质项目，培育业内骨干企业和创新人才。

2. 定　位

重点发展数字出版、文化工业、文化创意、创新教育、文化传媒、展示交易、智能制造、商务服务等八大产业门类。

（五）天津国家数字出版基地

2011年10月挂牌成立，目前有40家企业入驻。2011年8月29日，国内最大的数字出版云计算中心在该基地正式上线运营，云计算技术成为其特色之一。

（六）长沙中南国家数字出版基地

概述	2010年7月26日批复。为加强对基地建设发展的组织领导，国家新闻出版广电总局（原新闻出版总署）和湖南省人民政府建立署省联席会议制度，每年召开一次联席会议，专题研究解决基地建设发展中的重大问题
政策	基地建设发展采取"虚实结合"的开放式运营模式。入园企业为基地骨干企业，同时最大限度地吸纳全世界数字出版战略投资者和创业者，作为基地的成员企业在基地所在地进行工商登记，享受基地政策优惠，共同促进基地的繁荣发展。组建担保公司，为中小企业和个人创业者提供投融资担保
发展目标	建设四大平台，构建湖南数字出版完整产业链： 1. 数字出版产业发展平台 2. 数字出版运营技术平台 3. 数字出版内容营销平台 4. 数字出版公共服务平台

（七）杭州国家数字出版基地

概述	2012年4月揭牌。该基地包括滨江数字出版核心园区、杭报数字出版园区、中国移动手机出版园区、中国电信数字阅读园区、华数数字出版园区、数字娱乐出版园区、滨江动漫出版园区、人民书店数字出版园区等八大功能园区
定位	以杭州市现有的产业布局为基础，以数字内容产业为核心，以版权交易为手段，通过资源整合，建成国内一流的集原创、研发、生产、孵化、培训、交易、运营为一体的综合性数字出版产业带。基地建设由3个核心部分组成，即内容原创、版权交易、终端服务
发展目标	杭州国家级数字产业出版基地建设的总体目标是以版权贸易为核心，以流程再造为手段，建成一个集创新、孵化、示范为一体的国家级数字出版产业基地

（八）陕西西安国家数字出版基地

概述	2012年6月，陕西西安国家数字出版基地揭牌。该基地位于软件新城，规划占地2km^2。将重点发展手机出版、电子书、传统出版数字化、数字动漫与网络游戏等六大业务板块
定位	西安国家数字出版基地将大力发展以"高新技术为支撑，数字化内容为核心，版权交易为手段"的数字出版产业，建成集内容原创、技术研发、数字加工、版权运营、终端服务等为主的产业集群，建成集孵化培育、人才培训、平台运营等为一体的服务体系，通过辐射带动作用，引领陕西乃至西部地区数字出版产业的发展

续表

发展目标	该基地力争到 2020 年建成在世界范围内有重大影响、年产值超过 300 亿元的数字出版基地，成为全球数字出版产业链条中的重要组成部分

（九）青岛国家数字出版产业基地

定位	2014 年 3 月 21 日，青岛国家数字出版产业基地正式运营，基地包括终端研发生产园区、数字出版内容园区、企业孵化园区、数字创意新媒体园区、软件研发园区等五大园区
发展架构	终端研发生产园区以海尔集团、海信集团为依托。数字出版内容园区以青岛出版集团为依托。数字创意新媒体园区以国家广告产业园为依托。软件研发园区以青岛光谷国际海洋信息港软件园为依托

（十）福建海峡国家数字出版产业基地

海峡国家数字出版产业基地将整合现有资源，以福州和厦门数字出版产业为中心，构筑包括福州、厦门、漳州、泉州、莆田等在内的沿海数字出版产业带，并向平潭综合实验区延伸。其采用"园中园"的模式建设，设立福州园区、厦门园区和平潭综合实验区等 5 个产业园区，重点发展数字图书、数字报刊、海峡数据库出版、动漫游戏、移动互联网出版、数字印刷、数字版权七大业务板块。到"十二五"末期，基地拟入驻数字出版企业 300 家以上，从业人员 1.5 万人以上，实现年产值 120 亿元以上。到 2020 年年底，争取入驻数字出版企业 500 家以上，从业人员 3 万人以上，实现年产值 300 亿元以上。

（十一）北京国家数字出版基地

概述	北京市唯一的国家级数字出版基地，是落实国家文化发展战略，助推北京市成为国家文化中心，是实现文化创新、科技创新和金融创新融合发展的重要举措
发展目标	基地将成为国内企业"走出去"的枢纽，也是国际企业进入中国的首选之地，将打造国家级的文化产业自由贸易区，并成为推动"工业 4.0"发展的示范园区，促进传统出版向数字出版转型，促使产业、城市及生活融为一体，进入智能化时代，成为北京市建设世界宜居城市的典范区域

续表

定位	北京国家数字出版基地将基于移动互联网发展趋势，以教育出版、移动出版、互联网出版为核心。基地将按照"差异发展、特色发展、错位发展"的理念，建设成为国际化、国家级的数字出版产业核心区
特点	基地将以产业运营为核心，以城市开发为基础，以金融投资和产业研究作为驱动，整合全球资源，构建版权、内容、技术、标准、资金、渠道等关键环节，完善行业生态系统，占领行业市场制高点和技术制高点，成为行业重要的国际会议举办地和国际标准及相关组织的所在地

（十二）安徽国家数字出版基地

安徽国家数字出版基地合肥园区坐落在合肥高新技术产业开发区，园区一期项目占地 2.2 万 m^2，投资 26.5 亿元，建筑面积达 60 万 m^2，已全部建成并投入使用。2012 年启动的二期千亩园区建设项目，初步培育建成集内容企业、技术企业、渠道企业、终端企业于一体的数字出版产业链，构建数字出版产业公共服务平台及教育培训、科研、产业孵化、产品展示、信息交流、体验等中心，建成集综合服务区、金融服务区、生活配套服务区、人才培训平台等为一体的数字出版园区。

建成后，合肥园区将力争引入国内外知名数字出版企业 10 家左右，入驻 100 家以上数字出版及相关企业。到 2020 年，预计实现年产值 350 亿。

（十三）广东国家数字出版基地

广东国家数字出版基地，2011 年 5 月揭牌。以广州为核心，采取"一园区，多基地"的建设方式，以"发挥区位优势，突出技术研发，着力市场培育，实现集聚发展"为工作主线。到 2026 年，逐步在全市范围内形成包括福田、南山、龙华三个孵化基地和前海园区中心，致力于建设面向全球的国际化数字出版内容产业中心。

福田孵化基地以"设计+数字内容产业+众创空间"为产业链生态，第一期项目建筑面积 3 万 m^2，入驻全球顶尖"设计+数字内容"企业 39 家，2015 年产值 10 亿。二期规划建筑面积 6.7 万 m^2，计划 2016 年底完成并投入运营，入驻企业 60 家，产值 30 亿元。

南山孵化基地以"游戏+内容 IP 产业"为特色。龙华孵化基地以"国家级数字技术研发平台+数字产品体验中心"为特色。前海园区中心以"金融+数字版权为特色",聚合海内外优质创意资源,形成"文化+"组团式发展的产业格局,打造深圳作为"一带一路"桥头堡枢纽地位的数字出版产业战略高地。

(十四) 江西国家数字出版基地

江西国家数字出版基地于2015年6月在南昌高新区成立。将按照"一基地,多园区"的发展模式,重点打造"互联网+传媒""互联网+动漫游戏""互联网+数字内容""互联网+手机应用""互联网+人才培训"等五大集群,形成以南昌高新技术开发区为主体,辐射周边,带动江西省传统出版向新型出版转型升级的数字出版核心区。

(十五) 主要问题

1. 产业板块重叠及定位模糊

天津国家数字出版基地成立了全国最大的云计算中心,而重庆国家数字出版基地也在打造亚洲最大的云计算基地。重庆国家数字出版基地提出重点培育和打造数字图书、数字报刊、互联网出版、手机出版、数据库出版、按需出版和数字印刷、网络游戏和动漫、数字音乐、数字教育、跨媒体十大产业门类,"求大求全"带来定位模糊。

2. 传统出版单位与基地契合度不高

入驻企业结构不尽合理,从而影响基地资源的整合、上下游产业链的协作,产业聚合度降低。如入驻上海基地的企业中包括技术提供商、网络和渠道商以及终端设备商。但是处于数字出版产业上游、拥有丰富内容资源的传统出版社却在少数。

3. 扶持政策体制滞后

政府用项目资金支持,并采用免租、税收返还等优惠政策吸引企业入驻,从而产生了"政策候鸟"型企业,哪个基地提供的优惠多,就上哪里。在各基地间跑来跑去,导致典型的"候鸟式"迁徙现象。数字出版牵涉的行业广泛,包括文化产业、新闻出版产业、软件产业、通信产业等,这些行业都有各自的主管部门，因此出台的扶持政策也是各自为政，缺乏系统性。

4. 运营管理的功能性与经营性冲突

以上海张江为例，其运营主体是基地公司。基地公司主要业务是推进基地建设、产业发展等公共服务，所以造成了基地发展越来越大，但是基地公司的发展相对滞后的状况。

5. 复合型专业人才供求矛盾突出

高校数字出版相应师资力量匮乏，又缺乏与出版企业的交流。教学与数字出版产业脱节，产学研断链，使数字出版产业发展所需的即懂出版、又会技术、还善于经营的复合型数字出版人才供不应求。

三、发展趋势

国家数字出版产业基地（园区）发展至今，已经到了从1.0版向2.0版转型的关键阶段，必须寻求新的发展模式和路径，实现更大的跨越式发展。

（一）基地发展的1.0模式

国家数字出版产业基地（园区）发展的1.0模式，即政策、行政化、硬基础"三要素"组成的驱动模式。其中，政策指数字出版产业基地（园区）普遍通过土地、财税、人才等政策的倾斜，为基地（园区）发展提供了优惠的政策资源。行政化指产业基地（园区）被赋予行政职能、更高的行政级别或领导人级别高配，为基地（园区）发展提供了更多的便利优势。硬基础指数字出版产业基地（园区）管委会或开发公司将大量资金投入于给水、排水、通电、通路、通信、通暖气、通天然气或煤气以及场地平整的建设，为基地（园区）发展提供了良好的设施保障。尽管还有其他驱动因素，但这"三要素"无疑是数字出版产业园区发展最为基本且长期存在的内生要素。

（二）基地发展的2.0模式

经过多年的发展，大多数基地（园区）已经不同程度地具备了上述"三要素"，园区1.0中的要素驱动力渐弱，同时园区的发展环境也发生了深刻的变化，驱动数字出版产业园区未来发展进入2.0模式，即在创新升级时期中，产业园区持续调整发展驱动要素、合作方式、发展路径，以实现产业生态、社会生态与自然生态相融合的发展模式。其中，驱动要素为"制度、融合化、软环境"。制度是指制定并完善国家立法层面的数字《出版产业园区管理条例》，从顶层设计上明确产业园区的地位、功能等；制定并完善地方政府建设产业园区间沟通协调、利益分享等机制；重视完善数字出版产业园区管委会自身的管理制度设计，通过完善的制度获取管理红利。融合化指数字出版产业园区内的企业与企业、企业与学研界的融合；园区间资金、项目、管理、品牌等的互动融合；产业与社会间以产兴城、以城促产的融合，通过这三个层面的融合获取空间利用和拓展的红利。软环境指数字出版产业园区应重视建设智能化、信息化的智慧园区，集约化、循环发展的绿色园区，人际关系融洽、创新氛围浓厚的文化园区等，通过软投入获取创新红利。

  2.0版的数字出版产业基地（园区）将从招商引资的经济体量导向转向招才引智的技术含量导向，产业能级进一步提升。基地（园区）建设与发展成为我国创新驱动发展战略中的重要环节，一些表现突出的产业基地（园区）已经意识到这一问题，在招商引资、园区管理等方面引入市场机制，并率先开展转型发展，呈现出2.0版的雏形。

  对于未来的2.0版的形态，可以进行预测。若以经济发展、创新发展、产业合作、公共服务、社会发展5项指标来衡量，面向未来10—20年，数字出版产业基地（园区）2.0版的特征可具体表现为几个方面。

  首先是推动经济发展力争其成为所在区域经济与我国产业发展、社会就业和城镇化的主要载体，融入全球产业链；更多跨国公司入驻基地（园区），诞生一批本土大型企业和跨国公司；形成完整的园区上位法体系、公平开放的经济制度和市场环境。在创新发展方面，基地（园区）科技创新功能确立，在一批主要产业领域形成自主技术体系，有能力开展技术前瞻布局；建成智能化、信息化的基础设施，拥有国际化的科学研究人才、团队和机构，以及一批高水准的企业研发中心；保持较高的研发投入，持续产出国际知名的自主研发成果和产品。在产业合作方面，由大量创新型中小企业组成的完整产业配套体系；日趋增多的对外兼并和联盟行为，逐渐增多的园区"飞地"模式，日益明晰的东中西部区域功能定位；密切的园区内外技术合作和资源共享，有效的产学研介合作，日趋一体化的跨园区创新链。

构建和完善公共服务。包括制定和开展适应合作和创新功能形成的园区规划与管理；形成具备规范透明的行业监管与投资贸易体制；发展发达的现代服务业和中介机构，吸引国际国内活跃的创业者；形成进入退出无障碍的人才、知识自由流动机制。

推动社会发展。推动深度的产城融合，发挥高品质的基地商业功能、生活功能和人文环境，形成较高的公民科学素养；制定科学有效且持续改进的园区政策；形成具有良好的品牌效应，受到社会密切关注。

（三）突破基地发展瓶颈的对策

若想突破国家数字出版产业基地在发展中遇到的瓶颈，我们应该从以下几个方面进行思考。

应首先思考如何进一步发挥产业规模效应。土地红线、环境保护、人力成本等边界条件面临紧约束，而某些基地产业的附加值低、布局分散、内生性匮乏等关键问题尚未完全解决。传统依靠资源投入和叠加取得产业规模效应的模式已经难以为继，而新兴文化创意产业和消费型、服务性经济的新一轮增长又在蓄势待发。再此过程中，应该通过何种模式来取得新一轮的产业规模效应，提升产业能级，实现园区经济的二次增长是值得思考的问题。

其次，要思考如何进一步促进创新。创新是产业升级和国家成长的核心举措。数字出版产业基地发展至今，仍然十分缺乏较广范围、较高水平的文化内容研发创新活动，创新管理的"软实力"亟待提升。进一步依托园区发展，在开放式环境下探索形成成熟有效的创新组织机制和协作模式，推动知识产权成果源源不断转化为现实生产力，加快产业向价值链高端攀升。

再次，要思考如何进一步加强基地功能建设与服务。随着产业园区功能的不断丰富，面向单一功能——加工贸易出口和生产制造型产业集聚的园区服务模式日趋不能适应新的需求。产业生态不足、社会功能不健全、产城分离严重、招商政策趋同以及上位法律匮乏等问题，日益被数字出版产业园区管理者和企业所重视。在此过程中，如何适应新形势、新需求，依靠专业化、市场化的运作方式，进一步加强基地功能建设与服务，打造特色园区，为基地企业提供高品质服务，都是基地需要考虑的问题。

最后，要考虑如何进一步发挥对周边区域的引领带动作用。我国区域发展战略已经进入了新的阶段，在更高层次上的区域功能定位和宏观协作如"一带一路"战略正在实施和部署。增强周边区域辐射、区域内产业园区整合将是产业基地下一轮发展不可避免的重大议题。因此，在国家区域战略的整体框架下，数字出版产业园区自身亟待考虑如何进一步发挥对周边区域的引领带动作用，成为所属区域的"心脏大脑"、重要"功能器官"和关键网络节点。

（四）实现基地持续发展的关键

实现基地持续发展，关键是从聚核、聚链发展到聚网的"三聚"综合阶段。

具体而言，应从5个方面推进。

深化改革：创新产业基地（园区）管理体制，规范基地（园区）管理；推进产业基地（园区）法律体系建设，明确基地（园区）法律地位；创建园区管理机构，健全园区管理职能；创新产业基地（园区）运行机制，提高园区管理效率。

科学发展：坚持集聚式的发展方式，推动基地（园区）产业升级；依托核心企业，拓展基地（园区）产业链条；提高发展层次，优化基地（园区）产业结构。

内涵提升：加强产业基地（园区）创新平台建设，驱动基地（园区）提质增效；发挥企业主体作用，激发企业创新活力；提升企业技术创新能力，大力支持协同创新；加大科技创新环境建设，搭建基地（园区）创新服务平台。

合理布局：打造多位一体的综合功能园区，完善园区服务质量；合理规划布局，完善产业园区区多功能服务体系；改善民生福祉，推进和谐园区建设；发展循环经济，建设生态产业园区。

政企联动：推进产业基地（园区）的合作共建，实现跨区域协调发展；加大政府支持力度，推进共建园区建设；共享共建园区利益，建立长效合作机制；创新管理体制，提高共建园区的经营效率。

面对创新驱动发展的战略取向和迫切需求，我国产业园区需要加快推动自身的改革创新和升级发展，进一步发挥支撑引领作用，为我国全面建成小康社会、实现社会主义现代化做出新的更大贡献。

怎样结合线下的实体园区，做好线上的虚拟园区运营，形成线下线上相互补充、互相促进之势，已成为很多园区思考的问题。同时，一些门户网站也在思考推出虚拟园区板块，为园区和园区企业服务。

四、政策及建议

（一）土地政策

2014年可谓是中国产业园区的政策年，尤其是下半年，各大部委及相关部门相继颁布条文，土地、资金、产业等园区行业的立足根本先后被触及。其中，清理地方优惠政策等为产业园区戴上了紧箍咒，应对变局，微妙的变化正在发生。

2014年12月9日，国务院发布的《国务院关于清理规范税收等优惠政策的通知》（以下简称"62号文"），从税收方面规范了园区招商的路径。62号文提出，除相关法律法规规定的税政管理权限外，各地区一律不得自行制定税收优惠政策。未经国务院批准，各部门起草其他法规、规章、发展规划和区域政策都不得规定具体税收优惠政策。

在中央级文件出台后，随着相关细则的出台、各地方的落实，可以预见，部分产业园区或将感受到市场的寒意；模式优秀、硬实力强的园区运营主体，有望拥有更加公平的竞争格局。应对新的政策环境，如何抓住核心竞争力，完成自我升级和迭代，将成为摆在所有园区运营主体面前的现实问题。

62号文通知，严禁对企业违规减免或缓征行政事业性收费与政府性基金、以优惠价格或零价出让土地，并且严禁低价转让国有资产、国有企业股权以及矿产等国有资源。

如果说早期的文化地产竞争还停留在圈地、销售甚至招商上，那么新常态下的文化地产已开始转向核心环节运营管理的竞争。对于业内企业来说，或将面临着转型之痛、模式之变等一系列问题。

（二）产业政策

数字出版产业的管理主体主要由国家新闻出版广电总局、文化部、工业和信息化产业部几个国家部门承担，国内从事数字出版经营者主要需要向这些部门申请相应的产业经营牌照。

数字内容生产方面，在 2002 年，原新闻出版总署和信息产业部联合出台《互联网出版管理暂行规定》；在 2007 年年底，原新闻出版总署通过了《电子出版物出版管理规定》；2010 年 8 月，原新闻出版总署颁布了《关于加快我国数字出版产业发展的若干意见》。

随着我国数字出版产业园区的迅猛发展，园区在发展过程中出现的一系列问题是不容忽视的。现在大部分地方政府进行的是资金方面的支持和政策上表示支持数字产业园区发展的态度，而缺少对于这个行业的规范。现有的法规主要是关于新闻出版、互联网出版、版权等方面，而在数字出版产业管理上的差异比较大，在数字出版产业统一管理方面需要尽快出台相关法律法规。因此，针对数字出版产业统一管理方面，提出以下几个层面的建议。

明确各地建立的数字出版产业园区申请报批国家级数字出版产业基地的相关核查标准，建立数字出版产业基地进入和退出机制。出台相关评判标准，其中包括高科评审方式、动态审核标准和内容等，同时针对各个等级的不同设定相应的政策支持范围，通过动态审核各级数字出版产业园区建立企业间的信任度，通过等级评判标准进行企业对口的吸引纳入。

为我国数字出版产业基地的具体发展模式、营销模式、融资方式、发展方向、发展优势等提供指导性意见。通过法律法规规定相关部门对数字出版产业基地发展的智力、技术、资源、许可经营上的支持，使各数字出版产业基地均可结合当地数字出版产业的具体特点和优势进行发展，即避免各地区数字出版产业的同质化，又让当地文化产业资源的运营达到最大的效益；通过对各地区的数字出版产业的整合，使我国数字出版产业水平整体得到提高，并尽快弥补我国数字出版产业的短板。

（三）公共服务平台建设

公共服务平台是数字出版基地公共服务的重要载体和实现途径，对促进产业发展和基地发展环境改善具有重要作用。加快数字出版产业基地公共服务平台建设有利于基地逐步形成社会化、市场化、专业化的公共服务体系和长效机制，对于促进资源优化配置和专业化分工协作，推进共性关键知识产权保护技术的开发、转移与应用具有重要作用，同时，对于推动战略性新兴产业发展，完善基地产业服务体系，促进基地自主创新和转型升级也具有重要意义。公共服务平台完善与否，很大程度上代表着数字出版产业基地发展的后劲和前景。健全完善的公共服务平台体系，是衡量产业基地核心竞争力的重要指标之一。

1. 构成要素

基地公共服务平台系统一般由科技资源供需主体、中介机构、运营管理机构、平台硬件系统以及平台运行机制（软件系统）等要素构成。资源供应者、资源需求者、中介机构和运营管理机构共同构成了平台的相关主体，硬件系统是平台运行的物理基础，软件系统（平台运行机制）是平台系统的核心，运行机制解决平台能否高效运转的关键。

2. 主要模块

基地公共服务平台的功能模块主要包括（但不限于）以下部分。

（1）产业数据查询服务

主要是依托行业来建立行业性数据平台，这样可以使基地内的同类产业集群共享共用行业数据、国家知识资源数据总库、知识产权检索数据库等。这些数据中心还应该包括资源信息数据库、成果数据库、资料数据库和文献数据库等。

（2）智力资源服务

智力资源具有能动性，不仅是被开发的对象，而且具有自我开发和利用的能力，所以只要有良好的流动环境，智力资源即可自动达到最优化的配置状态。如人才招聘服务、培训和人力资源再开发等服务，通过人力资源的培训、提升挖掘智力资源的潜力，为基地企业的发展提供重要的、持续的智力。智力资源服务系统在各类基地中都存在着广泛的需求，特别是一些以高技术产业为核心的科技园区，因此是基地公共服务平台的通用部分。

（3）仪器设备共享系统

主要是促进园区内特别是相同产业门类内部企业之间仪器设备共享。共享系统通过整合基地内企业拥有的仪器设备，通过注册、协调、远程操作等方式，在整个基地内合理有效地对现有资源实现共享，从而避免仪器设备的重复购置，提高仪器设备的使用效率，减少浪费。

（4）技术研发服务系统

基地技术研发服务系统主要立足于相关产业，通过进一步加强资源整合力度、创新资源共享机制，加强对基地企业技术创新的服务支撑，增强自主创新能力，促进产业结构优化升级，提升产业竞争力。技术研发服务系统主要以行业门类为划分标准，如软件产业技术研发系统主要内容面向软件企业、信息化企业等用户，为其提供各类专业技术服务，包括软件构件化技术服务、软件测试与质量保障服务、软件系统与IT运营服务、嵌入式系统与软件设计服务、软件知识产权服务等。

（5）基地中小企业公共服务系统

其是指按照开放性和资源共享性原则，面向基地中小企业，提供信息查询、技术创新、管理咨询、知识产权服务、创业辅导、市场开拓、金融担保、环境治理等服务支持和要素支撑的服务性平台机构。

（6）创业孵化服务系统

创业孵化系统主要为基地初创型企业提供各种孵化服务，帮助企业降低创业风险和创业成本，促进科技成果转化，为基地产业结构调整以及经济发展提供活力和动力。具体孵化服务主要包括政策服务、办公场地租赁、人员培训、专业技术平台提供、企业运营管理人才服务、投融资服务和相关的咨询服务等。

（作者单位：北京国家数字出版基地发展有限公司）

中国视觉素材产业研究报告

王 钧 黎元楷 柴继军

一、视觉素材产业现状

视觉素材产业是由商业图片库产业发展而来,目前图片素材交易在整个素材产业中占比达到90%以上,视频素材业务也多由图片库公司所经营。

素材主要包括图片素材和视频素材,其中图片素材包括编辑图片、创意图片以及插图漫画等。视频素材同样包括编辑类视频素材和创意类视频素材内容。

(一)视觉素材产业发展历程

视觉素材产业是由图片库产业发展而来。图片库从字面上可以理解为图片的资料库,在数字化时代亦指影像信息的数据库。其功能是将摄影师提供的图片(即影像信息)给图片需求方即客户,图片库公司在其中扮演代理商或分销商的角色。

商业图片库公司一方面要收集、整理、编辑摄影师提供的图片,并与摄影师签订协议,由图片库运营公司负责代理这些图片的权益——图片库公司销售图片一般是指基于图片版权管理的使用权益,而非图片版权本身;另一方面,图片库公司要采用各种手段,接触图片用户,并将图片使用权出售给用户,用户按照协议规定的使用范围使用图片,并支付相应费用,图片用户支付的费用由图片库公司与摄影师分享。

商业图片库的出现是社会分工的产物,随着图片代理机制的形成而出现。图片代理机制就是指摄影师从事拍摄活动,将所有作品通过图片代理人或图片代理机构来面向图片用户、图片市场。19世纪末，世界上第一家图片库公司应运而生。当时的图片库主要是摄影师群体基于一种分工的需求建立的，并且主要是为媒体提供服务。摄影师可更专注于拍摄，而图片库销售人员负责和报刊杂志建立紧密的联系。

进入20世纪，印刷质量的进步使广告表现形式能更注重视觉效果。到了20世纪中期，广告越来越多的使用摄影作品，专门服务于广告行业的图片库开始诞生。此后，摄影图片迅速市场化并发展成为了一项产业，到20世纪90年代时，商业图片市场已经成为全球文化产业中的重要力量，商业图片库也成为了一个年营业额达数十亿美元的产业。从20世纪40年代到90年代是商业图片库市场迅速成长壮大起来的时期，在美国也出现一些具有代表性的图片库，如ImageBank，Tonestone，ComStock等。

进入20世纪90年代，计算机的发展使摄影图片完全转换为数字信息成为可能；通讯技术的发展特别互联网普及使信息传输更加快捷。就此，图片库行业也开始出现新的商业形态，市场规模迅速扩张，并推动了图片库行业大规模并购整合，并出现了像GettyImages和Corbis这样的大型综合型图片库。Corbis和GettyImage在创建后，采用数字化结合互联网的模式，客户不仅可以在互联网上搜索到图片，还能在达成协议后，即时在网络下载。在进入21世纪后，美国商业图片库行业已基本为GettyImages和Corbis所主导。

2005—2006年，数码摄影器材开始普及，使得摄影师门槛大幅下降，并产生大量由业余摄影拍摄的优秀图片。由于管理摄影师和销售渠道的成本较高，GettyImages和corbis等图片库们对摄影师的开放程度很低。2005年Fotolia公司的成立创造了一种新的图片代理模式——微利图片库（MicropaymentStock，也被称为微付图片或微图），接着iStockphoto等类似的图片库也加入到这个阵营。这种新型的图片机构，向包括业余摄影在内的所有图片作者开放，以低的价格卖给中低端客户。微利图片公司在2005年后的欧美市场大量出现，并对Getty Images，Corbis等图片产业巨头的垄断地位构成挑战，同时也推动了整个商业图片库市场规模的持续增长。

此外，欧美国家视频素材行业在2007年出现快速增长，其背景是互联网带宽的增长推动越来越多视频素材交易转移至互联网平台。根据ACSIL（The Association of Commercial StockImage Licensors）对全球73家样本视觉素材库公司的统计，2011年全球视频素材行业交易规模约为3.94亿美元。

（二）中国视觉素材产业发展现状

在中国，新华社创办的中国图片社最早从事类似图片库的活动，面向国内外提供图片资料。而真正的商业图片代理活动开始于20世纪90年代初。改革开放促进了社会发展与经济繁荣，并导致了商业图片需求的出现。20世纪90年代中叶，诞生了以代理国外正片为基础的北京全景视觉图片公司与北京美好景象图片公司。1998年，专业代理中国摄影师作品的北京东方印象图片公司成立。

到20世纪90年代末期，随着互联网的普及，中国图片库行业加速发展。广州、上海、深圳、重庆、福州等地分别创办了一些图片库公司，依托互联网的数字化图片库渐渐成为主流。而互联网媒体的出现，对图片的需求大大增长，东方IC于2000年前后成立。进入21世纪至今，中国商业图片库行业一直处于快速发展阶段，2005年Getty和Corbis相继进入中国，而一些本土化商业图片库也取得稳定的市场地位。

2007年底中国出现首家微利图片供应机构——微图网，近年来相继有多家微利图片库成立，并引起业界的普遍关注。但总体来看，微利图片交易在整个图片库市场中占比仍较小，对传统的商业图片库公司难以构成威胁，而该行业也未出现取得绝对领先地位的公司，市场格局仍较为分散。

整体而言，相比国外市场，目前中国商业图片库及整个视觉素材行业市场化水平还不是很高，图片市场受多种因素的制约，市场规模远远低于欧美国家。相比国外市场，中国原创图片的质量以及价格水平也普遍较低。从图片库市场的政策环境来看，中国法律法规对于著作权保护的立法还有所欠缺，司法与执法相对较弱，由此导致图片市场相对混乱，摄影作品被盗版、侵权的事件层出不穷，中国市场付用户比例远低于欧美市场。

（三）视觉素材分类

1. 按照需求划分，可分为编辑类素材和创意类素材两类

编辑类素材：具有时事新闻价值，记录可以引起公众兴趣的单纯事实消息

的素材。图片是信息的载体，编辑类图片更注重内容，真实反映时间、场景以及人物。编辑类图片按照最终客户的实际用途、发行数量、发布期限、发布区域、发布次数等具体因素定价，主要面向杂志、报刊、网络等传媒类企业客户。

创意类素材：具有形式感、情感、文化以及象征性意义的图片。图片具有足够内涵，表达出具有普遍意义的主题，题材遍布人物、时尚、静物、城市风光、自然风光等，广泛适用于广告公司、设计公司、商业机构等。商业创意类图片一般按照图片的精度、大小及授权使用的时间、范围、形式等具体因素定价。

2. 按照版权管理方式，视觉素材可分为版权管理类（RM）素材和免版税（RF）素材两大类

版权管理类素材具有不可转让的、一次性授权使用的特征，受时间、空间和用途等条件限制。购买者每次使用该类素材都必须获取其相应授权，授权费用是根据最终客户使用的用途、地域、使用期限、使用周期、大小等因素来计算的。

免版税素材具有不可转让的、非排他性授权使用的特征，只以数字形式提供，尺寸受限制，不受使用时间、空间限制。购买了免版税素材后，客户可以在多重时间内用于多个用途，而不需付任何附加费用。近年来兴起的微利图片库，其出售图片主要为 RF 图片。相比 RM 图片，RF 图片的价格要低很多。

3. 依据商业的最终用途划分，共可分为七大类

传统平面媒体用片：报纸、杂志等传统平面媒体是商业图片主要应用领域之一。传统平面媒体又可以分为两大类型：一是综合性报纸、杂志媒体；二是以图片内容为主的报纸、杂志。其中，综合性媒体以新闻报刊为代表，图片强调新闻的真实性，图片需求量极大，图片价格往往根据图片新闻价值而定。以图片为主的报纸、杂志，以图片为主要载体传播信息。这类图片以专题为主，图片的需求量大，更加强调图片的内涵与质量，图片的价位比较高。尤其是对于《中国国家地理》《时尚》等专业性图片杂志，对图片的艺术性与欣赏性要求很高，相应的图片价位也很高。

互联网媒体用片：对于商业图片市场而言，互联网媒体是最新也是发展最

快的客户群体。是"读图时代"最主要践行者，由于不受版面和出版周期限制，互联网媒体对图片的使用量十分巨大。

图书用片：图书用片的范围十分广阔、用片数量较大，但对于图片的选择性强，比如要求图片具有一定的资料意义，整体看价位相对较低，对图片质量要求不是很高。

广告用片：广告用片的范围十分广泛，但客户对图片的选择性强，广告用片价位普遍较高，并且对图像的质量、内容的创意性要求很高。广告代理商将图片应用于各式各样的广告作品，以满足客户需要。可以说，广告用片市场是图片需求量最大、回报最高的细分市场。

企业用片：企业用片一般集中在年报、宣传品、内部刊物、展示设计等，也有的广告用片会通过企业层面进行采购。企业用片一般针对性强。企业使用图片的价格和广告用片价格相当。面向企业的图片市场是一个不断增长的市场。

包装、装饰用片：产品的包装，以及贺年卡、装饰画、月历等都需要很多图片，这类客户对图片的质量要求极高，要求图片艺术性强，图片的价位也很高，涉及题材也十分广泛，儿童、美女、情侣、风景、名胜以及各种题材的精彩艺术图片。

视频素材：视频素材与图片素材类似，也可大致分为编辑类视频和创意类视频，编辑类视频主要用于电视节目，主要客户是广电系统企业；此外，一些电影和电视剧制作公司也会购买视频素材，以节约拍摄成本。创意类素材主要用于电视广告，其主要客户是广告公司和企业。相比图片市场，目前中国视频素材市场规模还较小，但考虑到其广泛的客户群，未来增长速度将十分可观。

二、中国视觉素材产业发展环境

（一）文化产业上升为国家支柱型产业，各项配套政策逐步完善

文化产业上升为国家支柱型产业，财政、税务、金融等各项配套政策逐步

完善，文化产业迎来历史发展机遇，视觉素材行业作为其重要组成部分，势必会迎来快速增长期。2009年中国第一部文化产业专项规划《文化产业振兴规划》出台，标志着文化产业已经上升到国家战略性产业；2010年，《中共中央关于制定国民经济和社会发展第十二个五年规划的建议》中首次提出"推动文化产业成为国民经济支柱性产业"，文化产业成为国家战略产业方向；2011年《中共中央关于深化文化体制改革推动社会主义文化大发展大繁荣若干重大问题的决定》，吹响了文化产业成为国民经济支柱产业的号角，其中提出加大财政、税收等方面对文化产业的支持。

"十二五"时期国民经济和社会发展规划纲要，从夺取全面建设小康社会新胜利、推进中国特色社会主义伟大事业的高度，明确提出要推动文化产业成为国民经济支柱性产业。支持文化产业发展的政策措施正在加快出台，中央和地方财政设立了文化产业发展专项资金，文化产业税收减免政策相继颁布；证监会支持符合条件的文化企业发行上市，鼓励文化类上市公司进行并购重组，稳步扩大文化企业债券市场融资水平，推动完善经营性文化单位转企改制的配套制度；银监会引导银行业金融机构不断推进适应文化产业大发展大繁荣的信贷管理制度创新，推动适应文化产业特点的金融产品创新；保监会公布了首批11个保险业支持的文化产业的试点险种。这充分地体现了国家进一步加强对文化建设的战略部署，文化产业上升为国家战略，为创意文化素材行业提供了难得的历史机遇。

(二) 版权保护环境日趋改善，视觉素材产业迎来黄金发展期

我国《著作权法》于1990年审议通过，文中提到"对文字作品、音乐、美术、摄影等作品，无论是否发表，依照《著作权法》依法享受著作权"。《著作权法》的实施以及修改，对保护著作权人的权益、保障文化创意行业有序发展起到了很大的推动作用，同时，对全社会树立保护知识产权意识也具有重大意义。

2012年7月进行的《著作权法》第三次修改，是该法颁布以来首次自主、全面的修改，适应了我国现阶段文化产业发展水平的需要。修改草案整合了散见于行政法规、司法解释等法律文件的相关规定，试图解决社会各界长期关注的问题，对于提高我国的著作权保护水平，妥善处理创作者、传播者和社会公

众利益的平衡，具有重大和深远的意义。对于视觉素材行业来讲，《著作权法》的深入落实，将大幅提高对摄影、视频等原创作品的保护力度，也将对提升视觉素材行业营收起到重大作用。

由于数字作品借助互联网的低成本和快速复制传播的特点使得网络盗版和互联网版权保护问题日趋严峻。近年来国家打击盗版使得企业违法成本上升，版权价值的提升也激发了权利人的版权意识。2015年国家版权局、国家网信办、工信部、公安部联合开展的"2015剑网行动"直指网络音乐、网络云存储、应用程序APP、网络广告联盟、网络转载等领域的盗版侵权行为。2016年1月腾讯首次发布《2015微信知识产权保护白皮书》，据介绍，微信公众号的图片侵权投诉比例为25%，个人账号摄影作品侵权投诉比例高达67%。微信公众平台日均浏览量（PV）超过30亿，已经成为重要的内容媒介。微信作为中国最大的社交平台正式向侵权行为亮剑。随着国内版权环境的不断规范，互联网版权服务产业迎来黄金发展时期。

（三）读图时代以及数字媒体发展，推动视觉素材产业几何数量级增长

21世纪是高度图像化的时代，影像在生活中已无处不在，读图时代已经到来。数字电视、互联网、可视电话、多媒体等新科技的出现优化了图像的制作方法，拓展了图像的传播途径。新科技在为人类带来新的视觉革命的同时，改变着文化传播的方式。文化传播由文字传播向图像传播转变，图像传播正成为当代文化样式的潮流，这一文化转向现象推动了图像文化的发展，实现了现实生活中读图时代的到来。

读图时代的形成和数字媒体发展为图像传播的发展提供了市场需求和技术动力，推动视觉内容行业快速增长。依据于读图时代人们日益增长的新的消费需求，图像与广告、电视、互联网、手机等数字化新业态密切结合，成为承载和传递信息的重要媒介，形成极具视觉冲击力的传播方式，在商业领域、传媒领域、艺术领域乃至整个社会生活中，都产生着越来越重要的作用。因此在21世纪是图像和影像高度社会化的时代，无论是媒体领域还是商业领域，视觉素材已经成为加强竞争力的重要因素，市场对视觉素材需求量极大，视觉内容行业呈快速增长态势。

三、视觉素材产业链分析

（一）视觉素材行业产业链描述

视觉素材行业的上游为视觉内容提供方，主要包括摄影师、摄像师、设计师、艺术家（画家）等；下游图片需求方包括广告公司、公关公司、设计公司、媒体、出版商、电视台以及企业等；以行业角度来看，下游行业主要包括广告、传媒、互联网、广电等行业。

视觉素材平台可为客户提供来自全球的优质图片和素材，满足客户的多样化需求。同时，还能为客户提供定制拍摄服务，满足客户独特精致的图像要求。中国媒体数量繁多，包括报纸、杂志、网络、电视等，各类媒体均离不开大量的图片、视频、音频素材的支撑。特别是随着互联网、移动互联网的快速发展以及新媒体的兴起，互联网行业已成为视觉素材行业的第一大客户群。

视觉内容供应方 摄影摄像师 通讯社 影视机构 → 视觉素材供应商 图片库 → 视觉素材需求方 广告行业 传媒行业 互联网行业

（二）产业链上游影响因素

视觉素材行业的上游是内容供应方，既包括签约摄影师、摄像师、设计师、艺术家等个人群体，也包括图片社、通讯社、媒体等机构，其中，媒体既可能是视觉素材公司的内容供应商，也会成为其下游客户。

对上游内容提供方，视觉素材供应商（或称图片库公司代理商）一般具有较强的议价能力，且对签约摄影师的资格有较高要求。近年来，随着近年来数码相机尤其是数码单反相机的普及，包括手机摄像头像素的不断增长，摄影门槛不断降低，而上游图片内容的供应则会长期处于过剩状态。相比之下，商业图片库或者代理商则相对稀缺，因此，对上游而言视觉素材供应商的强势地位短期内不会改变。

（三）产业链下游影响因素

视觉素材行业下游用户包括广告公司、公关公司、设计公司、媒体、出版商以及企业等；按客户分布行业来看，下游行业主要包括广告行业、传媒行业、互联网及广电行业。下游行业的景气度会直接影响视觉素材产业发展速度。

1. 广告行业

广告业是创意视觉素材最主要的下游应用行业，以国内外经验来看，图片库行业发展与广告业景气度紧密相关。对于编辑类视觉素材主要应用的下游媒体行业，由于媒体收入主要来源于广告收入，因此，媒体行业发展也同样与广告业增长趋势呈正向关系。以国外经验来看，视觉素材市场规模基本维持在广告市场规模的1%左右，而在中国，视觉素材市场规模占广告市场规模比例远低于这一比例。尽管如此，考察广告业发展前景，依然是判断中国视觉素材行业发展趋势的重要途径。

根据传播媒介不同，广告可分为网络广告和传统广告两大类。网络广告是指在网络上做的广告，利用网站上的广告横幅、文本链接、多媒体的方法，在互联网上刊登或发布广告，通过网络传递到互联网用户。传统广告主要指以广播、电视、报纸、杂志等传统媒体为载体的广告。网络广告具有覆盖范围广、费用低廉且具备多媒体的动感、发布迅速、互动性强等优点，成为近年来广告行业的主要增长点。

相比于全球市场，过去几年间中国广告市场一直保持较高增长速度。在过去几年间，中国广告市场实现了年平均20%左右增长，其中以网络广告市场增速最快，远远高于其他传统媒体广告。从营业额占GDP比例来看，我国广告业营业额在GDP中所占比例较低，低于全球平均水平和发达国家水平。此外，我国人均广告支出也远低于欧美等发达国家，因此，随着国民经济的稳步快速发展以及人民生活水平的不断提高，我国广告业发展潜力巨大。据普华永道预测，到2014年，中国将成为仅次于美国的全球第二大广告市场。作为广告行业上游行业之一的视觉素材产业，其市场规模必将随着广告产业规模的增长而增长，加上中国日趋改善的版权保护环境以及客户付费意愿的增长，其增长速度将明显大于广告业平均增速。

2. 传媒行业

传媒行业是指传播各类信息、知识的传媒实体部分所构成的产业群，它是生产、传播各种以文字、图形、艺术、语言、影像、声音、数码、符号等形式存在的信息产品以及提供各种增值服务的行业。传媒行业可分为传统媒体和新媒体两大类，传统媒体是指报纸、期刊、广播、电视等传统的媒介形式，它们分别拥有着相当大的受众群体。随着信息技术的迅猛发展，新媒体作为一支新的生力军异军突起。新媒体是新的技术体系支撑下出现的媒体形态，如数字杂志、数字报纸、数字广播、手机短信、移动电视、网站、桌面视窗、数字电视、数字电影、触摸媒体等。近年来，中国传媒行业呈现稳步增长态势。

中国经济的平稳增长、经济结构的调整和优化，以及在国际政治经济领域话语权的不断增强，为传媒行业的发展提供了广阔空间。传媒行业的快速发展为其上游的视觉素材行业提供了强有力的支撑，无论是报纸、期刊、广播、电视等传统媒体还是新媒体，都离不开各种图片、视频素材的支撑。特别是随着信息技术的迅猛发展，传媒产业化进程不断加快，传统单一传媒的生存空间越来越受到挤压，集团化、规模化、国际化是未来传媒行业的发展趋势，这就对图片、视频、音频的质量提出了更高的要求。因此，全面、丰富的视觉素材库的重要性愈加显现。

3. 广播电视行业

除报纸、杂志、互联网之外，广播电视行业也是视觉素材行业的另一重要载体，成为视觉素材行业开拓的新客户类型。近年来，随着三网融合的稳步发展，传统广电媒体与新媒体融合发展提速，广电行业逐渐成为文化产业的支柱以及国民经济新的增长点。

多媒体、全媒体是各电台、电视台发展的必然方向和必由之路，预计未来几年各电台、电视台将加快数字化、网络化进程加快构建采、编、播、存、用一体化的数字技术新体系，构建面向多个播出平台、多种传播渠道、多类用户终端的综合制播系统和多媒体分发平台，加强内容的技术开发和业态创新，提供新形式、新模式的全媒体服务。广电行业向全媒体战略转移，必然会增加对图片、视频、音频素材的需求，因此，视觉素材行业在广电领域发展空间巨大。

4. 互联网行业

互联网行业对视觉素材行业具有双重意义。一方面，视觉素材行业的本质是利用互联网渠道做平台联系供需两端：供应方通过网络上传内容（包括图片、插画等），需求方则通过线上图片库搜索所需图片并下载。互联网行业作为视觉素材行业的基础，将推动视觉素材行业持续快速发展。另一方面，互联网行业的网络媒体、网络广告、网络游戏、网络视频等细分行业作为视觉素材需求方，又是该行业下游产业的一部分。因此，互联网行业未来发展速度，对于视觉素材产业发展同样具有重要参考意义。

随着互联网的迅速发展，互联网行业成为视觉素材行业发展最快的市场，所有正规网络公司或传统企业网站都会大量使用图片以增强网络的可视性。互联网已经渗透到社会生活的各个层面，因此，图片、视频等视觉素材在互联网行业的应用面十分宽广，需求也将逐渐增加。

（四）视觉素材行业商业模式

1. 典型商业模式描述

图片库公司作为视觉素材行业最主要参与者，其经营运作一般有三个主要环节。

第一，图片库公司接受上游内容提供方的委托，包括摄影师、设计师、媒体、通讯社、图片社等，这些个人或机构与图片库公司形成委托与被委托的关系。内容提供方以协议的方式将其作品委托给图片库公司，由图片库公司代理这些视觉素材的权益，素材权益出售所获得的收益由图片库公司与作者共同分享。

第二，获得代理权后，图片库公司将对视觉素材进行管理，在经过编辑、整理以及分类后，原始的素材才会真正成为图片库里的"商品"。对于多数图片公司而言，图片编辑部门往往是公司团队中人数最多的，编辑能力以及利于图片展示和搜索的后台处理能力，往往是图片库公司竞争力的重要体现。

第三，视觉素材的营销。商业图片库公司会主动与用户接触，主要包括媒体、广告公司、大型企业等，目前主流图片公司绝大多数不会将个人用户视作目标客户。素材营销多采取线下一对一方式，包括对客户个性化需求的理解、及时接受图片用户反馈的信息，目标是最大限度开发图片市场价值。

商业图片库的运作主要基于互联网平台，用户可通过互联网版权交易平台进行浏览、搜索、联系在线客服等，但与典型的电子商务企业有所区别：一是商业拓展方面，仍主要采取传统的线下营销方式；二是费用支付方面，商业图片库公司与客户之间也多采用传统的线下支付。相比传统图片库公司，近年来兴起的微利图片库则更接近于典型 B2C 电子商务企业。

整体来看，视觉素材供应商在产业链中的价值主要体现在两个层面：一是作为内容供应方和终端客户之间的代理，体现的是渠道价值；二是作为摄影图片"加工商"，视觉素材供应商将摄影照片转化成可供出售的视觉创意产品，实现了图片商品化过程中的"增值"。

正是由于视觉素材供应商在整个商业图片产业中重要的增值服务角色，以简单的收益分成比例来看，图片库公司在素材收益中的分成也明显高于内容提供方。就国内市场而言，图片库公司收取素材售价的 50%—80% 不等的收益，而上游摄影师的分成比例则在 20%—50% 之间。此外，由于基本不涉及库存及物流费用（随着网络带宽的增加，已较少使用光盘递送），该行业企业普遍保持较高的利润率，目前国内图片库企业的毛利率在 40% 左右，而净利润率达到 30% 左右。

现金流方面，对于上游内容提供方，图片库公司不会采取预付费的方式，而是在下游交易完成后再给予上游收益分成。下游客户则多采用即时付款或预付款方式，也不会出现欠款问题。因此，视觉素材行业企业的现金流表现良好。

2. 微利图片库商业模式

由于微利图片库主要出售免版税（RF）素材，而非传统商业图片库代理的版权管理（RM）素材，加上其主要面向个人及中小企业客户，因此在商业模式上与传统图片库公司有明显区别。

免版税素材（RF）是指客户只需支付第一次购买的费用，就可以无限次数地使用图片，并不需另外就使用的媒体、数量、年限、区域等另付费取得授权。由于这类图片的售价极低，这也是"微利"一词的来源，使得客户门槛大大降低。而上游内容方面的门槛同样较低，微利图片库主要吸收无法进入传统图片库的图片，提供者既包括专业摄影师也包括业余摄影师。

微利图片库的运作流程，一般是由素材作者上传自己拍的照片到网站，网站负责代理销售，根据下载量用户可以获取相应的版税收入。整个在线交易的链条大致可分为四个步骤：一是由图片供应商（多为个人摄影师、设计师等）在数据库上传照片并经过审核；二是图片需求方（用户，以个人和中小企业为主）在数据库中搜索和找到想要的图片；第三，用户支付购买后下载图片，或通过预先付费下载图片，四是图片库公司与图片供应者进行收益分成。

相比传统的商业图片库，微利图片库可视作典型的电子商务 B2C 模式，微利图片库公司一般不会有线下销售团队，也不会进行传统的线下客户开拓，用户均来自网络渠道；用户通过第三方网络支付平台进行付费或充值，并进行单张或批量图片下载。

上游内容提供方在微利图片收入中的分成比例一般在 20%—50% 之间，略低于在传统图片库中的分成比例。对于微利图片库公司而言，其相应的毛利润率也较高，比如美国 ST 的毛利率自 2007 年以来一直保持在 60% 以上。但由于微利图片库同质化竞争激励，营销费用及研发费用持续上涨，微利图片库的净利润率并不高，如 ST 的净利率由 2007 年的 30% 左右下滑至 2012 年的 18%。

就市场规模而言，尽管处于快速增长过程，但现阶段微利图片库图片存量、图片品质较传统商业图片库均有较大差距，其交易规模远低于传统图片库。不过，未来上下游两方面因素将导致微利图片库市场规模占比持续增长。上游层面，微利图片公司为了大量地扩充自己的图片，愿意接纳任何一个向它提供图片的摄影师，图片数量将快速扩充；而专业摄影门槛的降低，将使得业余摄影师也能够提供优质内容。下游客户层面，由于价格门槛较低，大量的个人及中小企业成为潜在客户，而随着内容的充实与质量改进，将大大增加此类客户的付费意愿。

3. 视觉创意相关服务拓展

除了主流的图片及视频素材的代理业务，视觉素材提供商还会围绕代理业务为客户提供更多的定制化服务，目前国内企业提供服务主要有以下几类。

（1）委托拍摄

委托拍摄就是根据客户委托，通过员工摄影师或签约摄影师，根据客户需求定制拍摄图像素材。比如视觉中国集团、全景视觉等公司均有自己的员工摄影师和摄影棚，可根据客户委托进行拍摄及后期编辑。

（2）数字媒体管理

所谓数字媒体管理，简单来讲就是为客户搭建图片数据库管理系统。随着信息化时代来临，对于一些有大量图片资源的媒体或机构而言，对现有图片进行数字化管理的需求越来越强烈。而图片库公司基于自身在图片数字化管理方面的技术优势，可以帮助客户搭建管理系统，实现图片的在线管理、展示、发布、分享等。

（3）版权服务

对于图片使用可能面临的版权风险，客户可以委托图片库公司进行版权服务。图片库公司可以帮助客户解决所使用的图片、视频、音乐中可能涉及的肖像权、物权、音乐词曲版权等的侵权问题与风险，确保客户无风险地合法使用。有需要的时候，还可以帮助客户在第一时间联系到肖像权及物权所有者，以合理价格快速获得版权使用许可授权。

（4）视觉创意众包服务

目前，国内主要商业图片库公司旗下均设有社交媒体板块，比如视觉中国拥有国内最大的基于视觉为兴趣的互联网垂直社区 shijue.me，为超过 300 万设计师、摄影爱好者注册会员提供视觉灵感、创意工具、众包定制等在线服务；全景视觉旗下的全景 CIRCL 等也与其类似。因此，依托这些创意人才资源与图片库的素材资源，视觉创意供应商可以为客户提供创意众包服务。不仅可以满足客户多样化的创意需求，也能够进一步丰富图片库的资源储备。

（5）整体视觉营销解决方案

基于委托拍摄及数字媒体管理服务，国内视觉素材供应商也开始尝试提供视觉素材管理的整体化解决方案。比如，在执行委托拍摄后，可以为客户搭建数据系统对拍摄内容进行在线管理，同时还可以将这些内容作为图片库产品进行代理销售。例如北京国际电影节举办时，视觉中国集团作为官方图片社，旗下摄影师、摄像师及编辑将对电影节全程跟踪拍摄，同时还为电影节建立"在线图片/视频素材管理系统"，为电影节的注册媒体提供便捷的在线图片和视频素材的检索、浏览及下载服务。视觉中国集团还依托其海内外的媒体传播渠道，将北京国际电影节的图片、视频向国内外近万家媒体用户发送。

四、视觉素材产业竞争格局

（一）中国视觉素材行业竞争格局

就国内市场竞争格局，创意类素材领域最主要的两家企业是视觉中国集团和全景视觉。前者依托与 Getty Images 的合作关系，拥有大量优质的国际化创意类图片资源；后者则是中国最早的数字商业图片库之一，在本土创意内容方面较具竞争力。

在编辑类领域，主要参与者可分为"国家队"和"民资队"两大类，其中，"国家队"主要包括新华社、中新社、中国日报亚洲新闻图片网等，尽管不具有独立的市场地位，但其在中国图片交易总量中仍占有份额；"民资队"则主要包括视觉中国集团、东方 IC，此外还包括专注于细分领域的 Osports 全体育传媒图片社、FOTOE 图片库等。

此外，在微利图片领域，企业体量与传统商业图片库企业相比，有较大差距，目前也没有绝对领先的企业存在，而全景视觉等图片库也拥有自己的微利图片板块，整体来看，各家微利图片库之间的竞争实力尚无明显差异。

从中国视觉素材行业市场集中度来看，领先的四家企业占据市场 50% 以上份额，与其他竞争者差距较大。其中，视觉中国集团是最具综合实力的竞争者，根据 2015 年年报，视觉中国和全景视觉分别实现营收收入 5.43 亿元和 8 200 万元。

（二）中国市场主要的本土企业

1. 视觉中国集团

该公司成立于 2000 年，是国内第一家基于互联网的图片版权交易平台，创造了中国图片市场的历史；2014 年公司成功登陆深交所 A 股主板市场。公司通过 2015 年 7 月战略投资全球顶尖的摄影师社区 500px、2016 年初确定收购全球第二大高端视觉内容版权服务供应商 Corbis Images、与视觉内容版权服务供应商 Getty Images 加强在全球范围内的战略合作等一系列措施，一跃成为视觉内容版权服务行业的全球领导者，也成为国内第一家主营业务升级为国际龙头的文化传媒企业。

据视觉中国集团 2015 年年报显示，公司总资产 27.70 亿元、净资产 20.80 亿元；实现主营收入 5.429 亿元、同比增长 38.8%；实现归属于公司股东的净利润 1.575 6 亿元、纳税总额 6 477 万元。

2. 全景视觉

成立于 1993 年的全景图片库可算是中国最早的商业图片库，全景的创始人吕辰在印刷业务中逐渐看到商业图片市场的需求，并激发了图片业务的兴趣。在经营传统图片近 10 年后，全景图片库在互联网时代也抓住了机会，创造了一个高速成长的传奇，并成为了中国第一家获得创业投资机构垂青的商业图片库——2006 年 3 月，纪源资本（GGV）、中经合投资全景视觉 800 万美元。

2015 年 9 月，全景登陆新三板市场。据全景视觉 2015 年年报显示，公司总资产 1.98 亿元、净资产 1.61 亿元；实现主营收入 8 200 万元，同比增长 126.9%；实现归属于公司股东的净利润 1 225 万元。

3. 中国图书社

新华社旗下的中国图片社拥有 50 多年历史，是中国最早开展图片库业务的机构。中国图片社旗下拥有图片制作中心、商业图片采集中心、图片出版中心、商业图片营销中心、图片影像器材维修中心等五大中心。依托新华社强大的政治资源，中国图片社在政治、经济、社会等新闻图片领域拥有垄断性地位，且这些也是商业化图片公司较难介入的领域。

4. 东方 IC

东方 IC 是一家专业的多元化视觉资源提供商和图片技术服务商，公司成立于 2000 年，东方网入股该企业。公司拥有新闻图片中心、创意图片中心、东方 IC 包年、英语图片网站四个图片平台，以及东方 IC 图片管理系统、东方 IC 视觉传播等增值服务。东方 IC 的产品和服务覆盖了从专业到大众，从低端到高端，从新闻到创意，从国内到国外的整个图片行业领域。

整体来看，东方 IC 在编辑类图片领域具有较强的竞争优势，依托股东东方网的背景，在华东地区占有较高市场份额。东方 IC 目前正朝着综合型视觉素材提供商方向发展，但在创意类图片领域，相比视觉中国集团及全景视觉，差距仍较为明显。

五、中国视觉素材产业发展趋势

（一）互联网技术和视觉技术的飞速发展、影像设备的日益成熟，拉动对视觉内容的强劲需求

新兴技术是驱动创意图像素材行业发展的最主要因素之一。互联网技术和视觉技术的飞速发展、影像设备的日益成熟带来了视觉内容行业的革命，改变了行业的运营模式，成为行业快速整合的技术驱动力。

现代互联网信息技术的发展和影像设备的成熟推动着新媒体环境的形成，信息传播呈影像化趋势，另外随着受众视觉素养的提高，对影像传播需求也大增。

互联网技术的发展、数码设备的普及降低了图片库进入门槛，一方面互联网时代吸引大范围的视觉内容的创造者，增加了图片库的资源供给，一个普通人具有独特视角的简单作品等都有可能成为潜在交易的负载者，需求的多样性已经让视觉内容市场不再单纯依靠摄影大师们有限的作品及受局限的视野；另一方面，由于互联网技术发展，3G技术的普及以及即将到来的4G时代，加上配备移动终端的开发、智能手机应用，人们获取影像的方式变得容易，并且扩大了影像影响范围，所有的个人和企业均可成为图像的潜在需求者。

新的拍摄设备（如 Go Pro 相机，高清数字摄像机）和新的拍摄手法（如延时摄影、大范围运动延时摄影、360度全景、慢动作播放、暂停播放、3D等）带来了视觉内容供应上的巨大突破。

视觉技术的飞速发展不仅改变了视觉内容创作的方式，也进一步拉动了视觉内容的需求。"无人机""全景视频""机器视觉""虚拟现实（VR）""增强现实（AR）"等新视觉科技将用户带入虚拟世界，给用户以全新的视觉体验，并将深刻影响传媒娱乐产业，在新闻报道、教育、旅游等领域有着广泛的应用。

(二) 企业向全价值链方向发展，强者愈强的局面逐渐形成

从国内外视觉素材行业龙头企业的发展现状来看，优势企业基本都采取了"内容+渠道+服务"全价值链的竞争策略，这也有利于企业利润最大化。随着我国视觉素材行业格局的基本形成和产业发展的逐渐成熟，预计国内龙头企业也将逐渐强化全价值链的发展方向，市场将形成强者愈强的局面。目前国内视觉素材行业龙头企业如视觉中国集团、全景视觉等均推出了多种形式的增值服务，全价值链竞争的态势初显。由于图像素材行业自身的特点，用户的使用习惯、喜好、消费能力决定了一个企业的未来，龙头企业凭借内容、技术和品牌的优势，其竞争力将不断强化，形成强者愈强的态势。

(三) 市场进一步细分催生专业图片库

在综合性视觉素材企业的激烈竞争中，市场将进一步细分，完成高、中、低市场布局，一批专业化图片库将逐渐形成。商业图像市场的发展将对图片库企业提出更加专业的图像需求，进一步促使专业化图片库的形成。满足商业客户需求的定制服务将深入发展，有利于提升图像素材在企业广告和市场推广中的地位，这为专业图片库的形成提供了产业基础和条件。多家时尚杂志开始筹备图片库建设，一些私人摄影师、摄影棚也开始专门拍摄一些特殊的创意图像，如IT产品、医疗、农业等类图片。市场将形成综合性图片和专业图片库共存的局面。

(四) 消费市场增长迅速，商业模式发生变革

互联网和摄影技术对视觉素材行业的影响与日俱增，尤其在"众包"技术盛行下，图像素材行业的市场结构不断发生变化，微利图片库的市场份额不断上升，消费市场进入爆发增长期。即使是国际大型图片库企业也不得不开始考虑以更多的形式向互联网用户提供低成本的图像素材，如Getty Images收购了iStockphoto成为了微利图片社中的巨头。中国本土创意图像素材市场有庞大的消费群体，消费市场的扩大将改变中国图像素材行业业态。

[作者单位：视觉（中国）文化发展股份有限公司]

附 录

2015年中国数字出版大事记

一、电子图书

2015全民数字阅读人文大讲堂启动

2015年1月16日,在首都图书馆新馆举行的"全民数字阅读论坛"上,全民数字阅读联盟、2015全民数字阅读人文大讲堂正式启动。该联盟由中国新闻出版研究院、龙源数字传媒集团主办,首都图书馆、中国期刊协会、联通阅读基地、北京出版发行业协会、国民阅读研究与促进中心及300多家期刊社和出版社协办,北京、上海、成都等8个城市共同发起。

宁波建成首个地铁数字图书馆

2015年1月27日,宁波地铁数字图书馆正式投入运行。宁波轨道交通数字图书馆内置3 000册精品图书、500集有声读物、20G中国传统文化经典资源库、100集经典影片,内置无线Wi-Fi环境,配备屏幕阅读、U盘下载和手机扫码3种享用资源的方式。

宁夏启动全民阅读数字平台建设

2015年2月2日,由宁夏回族自治区党委宣传部、自治区财政厅、自治区新闻出版广电局在2014年年底立项建设的"书香宁夏·全民阅读"数字平台在银川启动。数字平台的建设旨在实现"书香宁夏、全民阅读、文化强区、人人有责、每人一个图书馆、随时阅读不犯难"的目标。平台由该区相关部门与北京中文在线数字出版股份有限公司合作搭建。平台承载的10万种以上正版数字图书、3万种有声图书、3 500种数字期刊、23万种中小学试卷、2万多种中小学课件、50万分钟以上的教育教学视频及几十万分钟影视剧节目资源，可以实现实时更新，任何人在任何时间、任何地方都可以通过多种数字终端免费使用该数字平台上的任何内容，实现"24小时无障碍无边界"阅读，全天候为所有读者提供数字阅读服务。

内蒙古呼和浩特推出"云借阅"服务

2015年2月12日，内蒙古呼和浩特市玉泉区图书馆推出"云借阅"服务。读者找到自己喜欢的图书、期刊，使用手机扫描"云借阅"触摸屏或者书刊上的二维码即可下载图书、期刊的数字版离线阅读。目前，读者通过"云借阅"可阅读热门图书和期刊2 000册，图书馆每个月还会根据读者需求进行更新。

粤港澳古籍民国文献网上资源共享平台开通

2015年6月11日，广东省立中山图书馆、香港中央图书馆和澳门中央图书馆在各自网站互开网络端口，正式开通粤港澳古籍民国文献网上资源共享平台，推动粤港澳三地在古籍保护方面的交流与合作。该平台囊括粤港澳3家图书馆所藏的古籍民国文献和地方文献的全文数据，成为当前中国规模最大的古籍地方文献公益网站之一。广东省立中山图书馆首期110万页珍贵的古籍地方文献资源已在平台上线，免费供读者全文查阅。

技术内容平台联手打造阅读书城

2015年11月14日，东软云观信息技术有限公司分别与二十一世纪出版社集团、湖南少年儿童出版社、京东图书签署战略合作协议，共同构建K－12（从幼儿园到高三年级）阅读群体数字出版生态圈。东软云观与二十一世纪、湖南少儿社的战略合作内容主要集中在版权内容数字化、图书版权资源共享、线上线下联合推广等层面；与京东图书签署战略协议后，双方将联合运营由东软云观打造的"哪吒看书"APP。

2015年重点网络文学网站骨干编辑人员专题培训班

2015年11月18日至20日，国家新闻出版广电总局数字出版司、人事司在京共同举办2015年重点网络文学网站骨干编辑人员专题培训班。此次参与培训的人员来自目前我国规模影响较大、市场份额较高的30家网站。培训期间，60余名学员深入学习了习近平总书记在文艺工作座谈会上的重要讲话精神及《中共中央关于繁荣发展社会主义文艺的意见》等中央文件精神，系统地了解了网络出版的相关法律法规，也全面熟悉了数字版权的相关知识。学员们还就网络文学发展的深层问题、网络文学内部的管理机制等话题进行了交流与讨论。本次培训旨在提高网络文学骨干编辑人员的导向意识、把关能力，进一步熟悉网络出版相关法律法规、掌握网络编辑出版技能，引导网络文学出版企业健全作品审读流程及管理办法，完善内容质量管理长效机制，建立有利于精品力作不断涌现的编、审、发出版全过程质量评估体系和控制机制。

海峡两岸网络原创文学大赛揭晓

2015年11月23日，由中国出版集团主办的海峡两岸网络原创文学大赛在京揭晓，《星星亮晶晶》《萤火虫飞呀飞》获本届大赛"大佳银奖"，《狗事》《塞北塞北》《青果青》获"大佳铜奖"，《我的背后是祖国》等10部作品获优秀奖，"大佳金奖"空缺。大赛面向海内外华语作者，共收到有效参赛作品1 086部。历经10个月的收集、整理和评审工作，文学评论家李敬泽、潘凯雄、白烨等对复审的200部作品进行了评定。

中国全民阅读网上线

2015年11月25日，由国家新闻出版广电总局指导、新闻出版总署信息中心建设管理的全国全民阅读工作网站"中国全民阅读网"上线仪式在京举行。"中国全民阅读网"是总局组织开展全民阅读的重要平台，是各地宣传展示全民阅读工作成果、分享交流先进经验的权威窗口，是"互联网+全民阅读"的基础支撑。网站具有上情下达、工作指导、资源整合、分享交流、意见征集、社会宣传等多项功能。

二、互联网期刊

第九届中国期刊创新年会

2015年1月15日，以"创新·融合·发展"为主题的第九届中国期刊创新年会在京举行。本届中国期刊创新年会由中国期刊协会、中国新闻文化促进会、中国新闻出版研究院联合主办，出版发行研究杂志社承办。来自全国各出版集团、期刊集团、大型新媒体公司的主要负责人围绕期刊数字化转型，从期刊刊网融合的变革发展、运营创新模式、发展策略与实践等方面进行探讨。

全民数字阅读论坛暨 TOP100 排行发布会在京举行

2015年1月16日，由中国新闻出版研究院和龙源数字传媒集团主办的"全民数字阅读论坛暨 TOP100 排行发布会"在首都图书馆新馆报告厅举行。"2005—2014 数字阅读影响力期刊"和"首届全民数字阅读城市排行"也同期发布。来自《读者》《故事会》《三联生活周刊》《中国新闻周刊》《财经》《读书》等数百位期刊代表，来自北京、上海、深圳、南京、常州、武汉、成都等城市的代表参加发布会。首都图书馆、中央电视台《读书》栏目、中国期刊协会、北京出版发行业协会、联通阅读基地、中国北京出版创意园区等协办了此次发布会。研究者主要基于中国 4 000 多种人文大众类期刊在国内外通过互联网、移动互联网、三大运营商的网络化传播和数字阅读的情况，根据阅读量、付费量、地域、时间、类别做出前 100 名的排行。中国新闻出版研究院、龙源期刊网络传播研究中心、中国人民大学、上海理工大学、北京印刷学院、中央财经大学、华东理工大学等高校和研究单位在 10 年间对阅读数据进行持续的跟进研究分析，其间每年发表《期刊网络传播和数字阅读白皮书》。此次大会从 10 年的角度，对期刊数字化转型的历程和数字阅读发展的特征进行盘点和解读。

第五届两岸期刊研讨会在台湾举行

2015年6月23日至29日，第五届两岸期刊研讨会暨期刊展在台湾举行。研讨会由中国期刊协会和台北市杂志商业同业公会共同举办，从数字化出版、多媒体发展、平台载体以及广告新应用、新形态的商业模式、创新以及整合能力等议题切入，探讨如何创造更受欢迎的阅读新体验。期刊展精选大陆和台湾地区的知名畅销期刊在台北进行展览。

2015 中国（武汉）期刊交易博览会

2015年9月18日至20日，2015 中国（武汉）期刊交易博览会在武汉国际会展中心举行，并在宜昌、襄阳设立分会场。由国家新闻出版广电总局、湖北省人民政府、中国邮政集团公司联合主办，本届刊博会主题为"新常态、新融合、新发展"，举办了创新发展论坛、国际数字出版论坛、"一带一路"国际期刊出版论坛、华中国际版权论坛、中国广告东湖论坛、低碳经济论坛，还围绕新常态下期刊产业发展主题，针对全球期刊业面临的诸多挑战，如何从单一媒体、传统媒体、平面媒体，向全媒体、新媒体、数字媒体转型，专门设置了数字时代的广告与营销、数字媒体的跨平台传播、媒体未来的更多想象等多个平行分论坛。

全国党刊年会聚焦"互联网+"

2015年9月23日,互联网+党刊高峰论坛暨第六届全国党刊年会在京召开。本次大会由中国期刊协会党刊分会主办、北京支部生活杂志社承办、前线杂志社协办,全国44家省、市、自治区党委主管主办的省级党刊和党建类杂志社的社长、总编及采编骨干百余人参加,探讨在当前媒体多元化竞争日趋激烈的形势下,如何有效运用"互联网+"的手段,加快传统媒体和新媒体的融合发展,进一步提升党刊的传播力和影响力。

第十一届中国科技期刊发展论坛在青海举行

2015年9月24日,第十一届中国科技期刊发展论坛在青海省西宁市开幕。本届论坛主题为"融合发展:新常态下科技期刊的发展之路"。论坛上,杨卫、刘旭分别作了题为《走向转型期的中国科技期刊论文》《借鉴系统论与竞争力思想整体提升科技期刊质量》的主题报告。中国编辑学会会长郝振省、日本国家科技信息研究院知识基础信息部部长水野充也围绕科技期刊融合发展这一话题做了报告。本届论坛首次在西部地区举行,并将专题探讨区域科技期刊品牌建设与西部创新驱动发展。

三、数字报纸

陕西报业2015纸媒与新媒体融合发展研讨会在陕西西安召开

2015年1月30日,由陕西省报业协会主办的"陕西报业2015纸媒与新媒体融合发展研讨会"在陕西西安召开。本次研讨会旨在探讨纸媒如何持续发挥主流媒体舆论引导力,总结各报社与新媒体融合发展的经验,研究如何继续推动纸媒与新媒体融合发展。陕西主要报纸及报业新媒体的60余位媒体代表参加研讨会。

全国少儿报刊界研讨数字化转型

2015年4月27日至29日,中国少年儿童报刊工作者协会在重庆市召开第七届理事会第一次会长会议和第二次常务理事会议,会议围绕"创新·融合·

发展——媒体融合背景下的少儿报刊数字化转型"主题展开学习讨论和交流。会议邀请数字出版转型发展较快的中国少年儿童新闻出版总社、上海教育报刊总社、少年先锋报社、英语周报社等单位代表作了题为"推动转型升级、促进融合发展""少儿报刊数字化转型中的困境与思考""教育教辅类报刊如何实现报网融合发展"等经验交流；会议还就少儿报刊如何进一步推动传统报刊与数字技术的融合发展、数字化与人才培养以及转型理念、方式、步骤等问题展开探讨。来自全国的61位常务理事代表参加了会议。会议由重庆少年先锋报社承办。

2015年中央报刊主管单位工作会议在京举行

2015年5月20日，国家新闻出版广电总局新闻报刊司在京举行2015年中央报刊主管单位工作会议。会议总结了今年上半年中央报刊管理工作取得的成绩，并就进一步推动报刊管理各项工作任务的落实做出了部署。来自中央报刊主管单位的100余名相关负责人参加会议。

全国优秀少儿报刊座谈会在京召开

2015年6月23日，中宣部出版局、国家新闻出版广电总局新闻报刊司在京召开全国优秀少儿报刊座谈会。座谈会上，优秀少儿报刊代表获颁荣誉证书。同时，总局全民阅读活动办公室在中国儿童中心、青少年阅读体验大世界挂牌成立"全国少儿报刊阅读基地"，并向北京市一所小学和一家幼儿园捐赠了一批优秀少儿报刊。

首届党报评论融合发展论坛在京举行

2015年7月10日，由人民日报社主办的首届党报评论融合发展论坛在北京举行。来自中央宣传部、中央网信办、中国记协等部门的领导，以及中央新闻单位和全国31家省级党报的主要领导及评论业务负责人，共同探讨党报评论融合发展问题。论坛举行期间，与会嘉宾结合传统媒体与新兴媒体融合发展的时代背景，围绕"党报评论如何用好'金话筒'""当评论遇上'互联网+'""激发党报的'共同体意识'"等议题，进行讨论。

四川日报集团与阿里联合成立"封面传媒"

2015年10月28日，四川日报集团与阿里巴巴集团正式宣布成立"封面传媒"，建设一个强调"个性化定制"的新型主流媒体。作为一个移动媒体平台，"封面"将以新闻客户端为主打，以The cover. cn网站为基础，涵盖微博、微信、视频、数据、论坛、智库等，逐步推出多个垂直细分领域的产品矩阵。四川日报集团与阿里巴巴集团已联手组建全新的封面传媒有限责任公司，就"封面"传媒进行运营。

四、手机出版

博雅出版论坛聚焦移动阅读

2015年4月25日，博雅出版论坛在京举办第18期活动，聚焦移动阅读。此次活动中，与会者围绕未来的阅读将呈现怎样一种形态、全民阅读时代移动阅读的未来面临怎样的挑战等话题展开交流，并分享了各自对于移动阅读发展的见解。活动由北京大学、外语教学与研究出版社等单位联合发起。

"书香中国e阅读"推广工程在京启动

2015年4月28日，"书香中国e阅读"推广工程在京启动。推广工程依托中国移动、中国电信和中国联通三大运营商的手机阅读平台，通过政府购买服务的方式，在北京、上海、广州等地选取1 000万名进城务工人员，免费提供数字阅读服务。

天翼终端交易博览会在南京举办

2015年7月3日至5日，2015年天翼终端交易博览会暨高峰论坛在南京国际博览中心举办。本届博览会主题为"互联网＋，智能为你而来"，是中国电信"互联网＋"行动在产业生态层面的具体落实，重点聚焦智能终端、产业互联、可穿戴设备及智能硬件等领域，致力于打造支撑"互联网＋"的产业生态圈。

五、网络游戏

第四届全球移动游戏大会在京举行

2015年4月23日至25日，第四届全球移动游戏大会在北京国家会议中心举行。GMGC2015四场大会主题为：2020，岂止未来；合纵全球，有融乃大；

进化·革命；伐谋·韬略。大会的八大会议板块包括开发者训练营、独立游戏开发者大赛等。来自全球40多个国家、超过2万名移动游戏业界精英参会。

中部游戏产业联盟在郑州成立

2015年6月6日，由河南云和数据联合发起成立的中部游戏产业联盟成立大会暨第一届一次会员代表大会举行。来自百度、360、腾讯、魔方等40多家游戏生产商及180余位联盟成员参加了成立大会。中部游戏产业联盟由掌趣、诺特、神游、云和等一批河南本土游戏企业联合北上广深及河南籍优秀游戏人发起，是河南省首个专业性游戏行业联盟，也是中部规模最大的游戏联盟。中部游戏产业联盟涵盖手游、页游、端游的研发和运营，以及测试、统计、知识产权等全产业链条。手游是联盟推动的核心和重点。

中国音数协游戏工委成立

2015年6月30日，中国音像与数字出版协会游戏出版工作委员会成立大会在京召开。会议表决通过了游戏工委规章、会费收取标准、财务管理办法、选举办法等，并选举产生了游戏工委领导成员。游戏工委是中国音数协今年以来组建的第7个二级协会，之前已经组建了专业数字出版工委、大众数字出版工委、数字阅读工委、数字教育出版工委、音乐产业促进工委和电子出版工委。

六、网络动漫

第12届中国动漫金龙奖

2015年1月5日，第12届中国动漫金龙奖全球大赛，由国家新闻出版广电总局和广东省人民政府联合主办。本届金龙奖延续"漫画综合奖""动画综合奖"和中国漫画大奖的奖项设置，增加了"两个推荐"评奖制度和"最具人气"奖项。本届比赛增设3个游戏类奖项："最佳游戏改编奖""最佳动漫IP奖"和"最具潜力手游奖"，单设"最佳海外漫画奖"与"最佳海外动画奖"，并开设"小金龙"少儿类漫画奖项，面向幼儿组（3—6岁）、小学组（7—12岁）评选"最佳少儿单幅插画奖"与"最佳少儿四格漫画奖"。

福建漳州携手台湾开发动漫产业

2015年3月12日,福建漳州牛庄集团、漳州牛庄文创园与台湾动漫文化创意产业发展交流协会在漳州文化创意园签订战略合作协议。台湾动漫文化创意产业发展交流协会将把漳州牛庄文创园作为在大陆首个挂牌的文创园。

中国西安第四届国际原创动漫大赛在京启动

2015年6月10日,由西安市人民政府、中国电视艺术家协会卡通艺术委员会共同主办的"中国西安第四届国际原创动漫大赛"在京启动。本届大赛以"新国风·新丝路·新动漫"为主题,融合丝路文化元素,树立"动漫新国风",打造民族动漫工程。设置了最佳动画影院片奖、最佳漫画奖、丝路国际艺术"民族动漫"特别奖、新丝路创业奖等奖项,其中新丝路创业奖"最佳奖"奖金为20万元,为单项奖金最高奖项。大赛增设优秀学生动漫作品创业奖。

第四届"动漫北京"活动在京开幕

2015年7月24日至26日,第四届"动漫北京"活动在北京国家会议中心开幕。活动包括动漫游戏互动体验、中国动漫游戏高峰论坛、金翼奖颁奖典礼、动漫游戏嘉年华四大板块,涵盖网络游戏互动娱乐、IP授权商务洽谈、coser大赛、动漫游戏嘉年华狂欢、二次元西瓜节等诸多内容。

第十三届中国国际数码互动娱乐展览会在沪开幕

2015年7月29日,第十三届中国国际数码互动娱乐展览会(ChinaJoy)在上海开幕。本届展会以"让快乐更简单"为主题,来自全球30多个国家和地区的700余家企业参展。展会期间,还举办中国国际数码互动娱乐产业高峰论坛、中国游戏商务大会、中国游戏开发者大会、世界移动游戏大会、ChinaJoy嘉年华等一系列专题会议和互动活动。

陕西首个动漫产业创业孵化中心揭牌

2015年9月11日,陕西首个动漫产业创业孵化中心在西安揭牌成立。该中心主要服务于美术设计、广告创意、动漫游戏制作、影视动画创作、文化传播、信息技术等领域。该孵化中心按照"政府主导、市场配置、企业主体、高校支撑"四力合一的动漫游戏类文化创意产业运营模式,以陕西动漫产业平台为主导,以公司为主体,规划建设五大中心:服务外包中心、技术创新中心、孵化器中心、人才培养中心、版权外包及交易中心。孵化中心还建立了项目评估委员会,形成专家评估机制,对申请入孵的企业和项目进行专业和综合的评估,并根据不同的对象,将孵化运行模式分为课题型、准公司型、孵化企业型和风险投资型等，形成较为科学的管理体系。

第八届中国国际漫画节在广州开幕

2015年9月29日，第八届中国国际漫画节开幕式暨2015年"原动力"中国原创动漫出版扶持计划入选项目发布仪式、第12届金龙奖颁奖典礼在广州市星海音乐厅举行。作为国家级的政府扶持项目，2015年"原动力"中国原创动漫出版扶持计划的29个扶持项目和10个重点扶持项目在开幕式现场公布。漫画节主办方还揭晓了本届"动漫广州奖"的获奖名单，表彰和鼓励中国动漫机构与个人所做出的成绩与努力。漫画节金龙奖的15个奖项也于当晚揭晓，其中，中国漫画大奖由《长歌行》获得，《西游记之大圣归来》分别获得最佳动画长片奖和最佳动画导演奖。

"动漫客"网络大赛奖项揭晓

2015年11月19日，由贵州省文化厅、贵阳市人民政府主办，贵阳国家高新技术产业开发区、贵州出版集团公司承办的第九届亚洲青年动漫与数字艺术"动漫客"网络大赛奖项揭晓。本届大赛奖项共分为动画、漫画、数字艺术以及文学改编漫画4个类别，总计15个奖项。组委会共收到来自20多个国家及地区的2万余部作品。动画类：最佳动画短片为《一指城》，最佳动画长片为《王子和108煞》，最佳动画长片提名为《桂宝之爆笑闯宇宙》；漫画类：最佳故事漫画为《回音》，最佳绘本为《我有一双美丽的眼睛》，最佳插画为《战墟》；数字艺术类：最佳移动互联网应用设计为《beads》；文学改编漫画特别征集：金漫客奖空缺，银漫客奖为《三十三剑客图之昆仑奴》，铜漫客奖为《天才召唤师》《猜凶》（晨风绘制）和《猜凶》（浩子peterpan）。

七、视　频

爱奇艺与英特尔成立战略联盟

2015年1月14日，爱奇艺与英特尔成立"爱奇艺–英特尔战略联盟"，共同研发高效的视频服务系统。双方通过定向联合研究，着力攻克视频存储、转码分发、云计算、大数据分析性能优化等领域的技术难题。英特尔深度参与爱奇艺数据中心和内容分发网络的下一代革新。

优酷土豆公布全新组织架构

2015年3月5日,优酷土豆集团正式成立合一文化和创新营销两个业务单元以及电影、电视剧等九大中心。优酷土豆集团旗下共有优酷、土豆、合一影业、云娱乐、合一文化、创新营销六大业务单元。合一文化聚焦电视剧产业的制作和投资,以及创新型网生内容制作;创新营销业务单元重在建立基于互联网的营销创新业务模式。九大中心包括电影、游戏、动漫、音乐、教育5个产业中心以及电视剧、综艺、娱乐、资讯4个内容中心。

2015优秀网络视听作品推选活动启动

2015年6月15日,中国网络视听节目服务协会宣布正式启动"2015优秀网络视听作品推选活动"。评选涉及微电影、网络剧、网络动画片、网络纪录片、网络音频节目、大学生原创作品和拍客作品等,是网络视听原创内容领域的国家级年度评选活动。此次推选活动旨在引导内容创作方向,鼓励优秀原创作品,发掘扶持新锐创作人才。活动在全国范围内征集2014年7月至2015年6月间,以网络为第一播出平台的原创视听作品,评出3个单元、20个子类的67个奖项,最高奖金为10万元。活动首次开设"大学生原创作品单元",鼓励和推动大学生创作,激发其创造力和创新力。

互联网视频正版化联盟在京成立

2015年7月11日,互联网视频正版化联盟在京宣布成立。该联盟由搜狐视频、腾讯、优酷、土豆、凤凰视频、爱奇艺、56网、PPS、PPTV等互联网公司发起组建,旨在通过联盟成员的自律、互助,维护互联网视频版权市场的良好秩序。当天召开的"网络云存储版权保护研讨会"上,联盟成员就相关版权问题发生时的责任和义务做了相关约定。该联盟成员承诺,在自有平台向公众提供正版、优质影视作品,遵守"先授权后使用"的基本版权准则,不在自有平台主动提供未经其他联盟成员授权的节目。

八、数码印刷

国内首家印刷物资电商平台上线

2015年1月8日,江苏大道电子商务有限公司专业从事印刷物资线上线下交易的网络平台"印材城"在江苏泰州正式上线运行。这是国内首家印刷物资电商平台。"印材城"汇聚全球知名印刷品牌，建立物资在线交易和供应链金融服务为一体的印刷物资交易平台，并为报业提供行业资讯。

3D 技术打印建筑亮相江苏苏州

2015年1月20日，5幢使用3D打印技术建造的建筑亮相江苏省苏州工业园区。建筑的墙体由大型3D打印机层层叠加喷绘而成，打印使用的"油墨"由建筑垃圾、水泥、砂浆和特制凝固剂等制成。3D打印的墙体牢固强度是传统建筑承重墙的5倍。

《生产型数字印刷机目录（2015 年）》发布

2015年3月2日，国家新闻出版广电总局发布了《生产型数字印刷机目录（2015年）》。列入2015年版《目录》的生产型数字印刷机由2012年版的247种增至343种。作为《数字印刷管理办法》的配套文件，《目录》进一步明确了生产型数字印刷机认定标准及范围。2012年版《目录》包括单张纸生产型彩色数字印刷机、单张纸生产型黑白数字印刷机、连续纸生产型彩色数字印刷机、连续纸生产型黑白数字印刷机4类。2015年版《目录》在此基础上，根据单张纸与连续纸、多色与单色/双色、静电、喷墨与磁成像等不同要素，将生产型数字印刷机细化为10类。

国内首条报业数码印刷生产线签约

2015年3月17日，人民日报社印刷厂就引进数码生产线与北大方正电子有限公司正式签署协议，成为国内首家打造喷墨数码印刷生产线的报业印刷机构。此次人民日报社印刷厂引进方正喷墨数码印刷生产线来进行报纸的数字印刷，同时兼顾书刊市场，发展图书期刊等业务领域，实现其多重业务组合，为后续的数字印刷发展奠定坚实的基础，也为国内报业印刷拓展图书、期刊市场提供借鉴。

2015 中国数字印刷联盟高峰年会

2015年4月7日，由中国印刷设备及器材工业协会、北京印刷机械研究所主办，数码及网络印刷分会、今日印刷杂志社承办的"2015中国数字印刷联盟高峰年会"在广东东莞召开。本次会议得到了惠普、施乐、柯尼卡美能达、佳能、富士施乐、方正、悠印、美国赢船的大力支持，来自全国各地的印刷企业、行业协会、专家学者、专业媒体等200余人参会。

中国印刷产业技术发展路线图首次发布

2015年4月10日,中国印刷产业技术发展路线图在第三届中国(广东)国际印刷技术展览会首次发布。发布会对中国印刷产业技术发展路线图的总体结构体系进行了阐述和讲解。路线图以"科学性、前瞻性、创造性、引导性"为宗旨编制而成,总体分为印刷传媒、包装印刷、数字印刷、印刷制造、印刷装备及器材和绿色印刷6个部分,从近期、中期、远期3个阶段分析2015年至2025年技术发展路径,详细阐述了我国印刷产业"十三五"时期乃至今后较长时间的发展趋势,明确了产业的重大技术需求,提出了一系列重大战略举措和政策措施建议。

中国云出版印刷平台上线运营

2015年5月14日,由江苏凤凰新华印务有限公司建设的"CCPP中国云出版印刷平台"正式上线运营。江苏凤凰新华印务有限公司与深圳报业集团印务公司联合,建设"CCPP平台创意设计(深圳)中心",为平台中的"凤凰定制"板块提供专业创意设计支撑,满足个体用户日趋多元化、创意化、个性化的产品服务需求。定制板块的先导产品为"我的作文集"。发布会上,江苏凤凰新华印务有限公司现场与出版印刷、报业媒体、IT电商、知名作家等CCPP平台产业链各环节代表签订了战略伙伴合作协议。

全国印刷复制信息系统建设推进会召开

2015年5月28日,全国印刷复制信息系统建设推进会在江苏南京举办。该系统全国联网建设"三步走","第一步"实现京冀两地委托书联网备案"目标已基本完成,北京和河北已实现互联互通。全国印刷复制委托书备案系统系列标准也在制定中,北京、河北、上海、江苏、安徽、山东、湖南、广东、云南等地均已建成独立的印刷管理信息系统。

全国首个印刷文化保护基地在闽授牌

2015年7月22日,中国印刷博物馆福建印刷文化保护基地和国家新闻出版广电总局出版产品质量监督检测中心福建分中心设立授牌仪式在福建建阳举行。此次在连城四堡、南平建阳、三明宁化三地设立的中国印刷博物馆福建印刷文化保护基地是全国首个印刷文化保护基地,总局出版产品质量监督检测中心福建分中心是总局质检中心的第9个分设机构。仪式上,中国印刷博物馆、中国出版博物馆与福建省新闻出版广电局签署了《关于共同建设福建印刷文化保护基地的合作协议》。

绿色印刷材料（上海）交易中心揭牌

2015年10月16日，绿色印刷材料（上海）交易中心揭牌暨沪版教材绿色印刷材料服务平台上线。交易中心旨在通过对绿色印刷源头的控制，实现对教材绿色印刷的全程监管。交易中心以服务沪版教材绿色印刷材料采购为基础，利用"互联网+"技术，线上交易、线下展示、质检咨询多渠道商业模式相结合，为绿色印刷的采购提供安全可靠、便捷高效、低价优质的服务。

2015亚洲国际标签印刷展览会在沪召开

2015年12月1日至4日，2015亚洲国际标签印刷展览会在上海新国际博览中心举行。本届展会围绕数字印刷、产品防伪、柔印技术等主题进行展示与研讨。

第十三届毕昇印刷技术奖在京揭晓

2015年12月10日，第十三届毕昇印刷技术奖在京揭晓。该奖项是我国印刷业最高奖，其中毕昇印刷杰出成就奖6名、毕昇印刷优秀新人奖11名。来自政府主管部门、各地印刷技术协会、印刷企业的代表和获奖人员近400人参加了大会。

九、数字版权

华中版权交易中心有限公司成立

2014年12月29日，华中国家版权交易中心有限公司在武汉正式挂牌成立，以华中国家版权交易中心为依托，联合中国南山开发集团、华中科技大学出版社共同组建而成。公司通过线上、线下等多种交易方式和途径，把版权交易活动向网络空间拓展延伸，搭建集版权展示、交易、投融资及各种商务活动为一体的平台。

中国网络正版音乐促进联盟成立

2015年1月29日，由近30家成员单位发起的"中国网络正版音乐促进联盟"在京成立。联盟由版权管理机构、海内外知名音乐公司、音乐领域相关组织和音乐人代表组成，以推动网络音乐版权产业发展，维护权利人合法权益为宗旨。与会代表有中国音乐著作权协会、IFPI（国际唱片业协会）等版权管理机构，索尼、华纳等 10 余家海内外知名唱片公司，以及酷狗音乐、QQ 音乐等数字音乐平台和权利机构。联盟《自律公约》提出，将促进音乐产业上下游形成有效的自律机制，积极响应国家版权部门的主动监管、建立健全企业内部自查制度、联盟成员间对未经授权内容建立及时通知和删除机制等。

八大互联网平台共同发布《保护原创版权声明》

2015 年 3 月 15 日，今日头条等 8 家互联网平台共同发布了《保护原创版权声明》，旨在抵制抄袭盗版，保护内容消费者权益。该联署行动由新媒体排行榜组织发起，联署者包括百度百家、凤凰新闻客户端、今日头条、搜狐新闻客户端、网易新闻客户端、微博、一点资讯共 8 家互联网平台，通过共同约束，呼吁保护内容消费者权益。

中国国际数字知识产权监测维权平台上线

2015 年 4 月 22 日，中国国际数字知识产权监测维权平台上线发布。中国国际数字知识产权监测维权平台，又称 426so 平台，是国家数字音像传播服务监管平台旗下子平台。目前，426so 平台基于国家数字音像传播服务监管平台前期工作成果，已形成针对院线新上映影片的网络防盗解决方案，为版权人提供监测维权服务。

第五届北京音乐版权保护与产业发展论坛举办

2015 年 4 月 24 日，主题为"共识·共商·共赢"的世界知识产权日宣传周主题活动暨第五届北京音乐版权保护与产业发展论坛举办。来自唱片公司、音乐版权公司、音乐网站的代表和词曲作者、音乐网民就互联网音乐付费模式、付费标准等问题展开讨论。

天津推网络版权保护公益视频

2015 年 4 月 26 日，以"网络版权的保护与维权"为主题的公益普法专题访谈视频在天津市版权协会网站发布。该视频由天津市版权局和天津市版权协会联合制作。在视频中，南开大学法学院知识产权专家对网络版权概念及延伸，生活中常见的微博、微信、互联网等网络领域侵权和维权问题进行了讲解；天津市版权局有关负责人对 2014 年"剑网"行动、打击网络侵权活动、重点案件进行了介绍。

全国版权示范城市联盟在青岛揭牌

2015年4月29日，全国版权示范城市联盟成立大会在山东青岛举行。杭州、成都、青岛、苏州、昆山、广州、厦门、张家港等全国版权示范城市代表共同签署了《全国版权示范城市联盟合作协议》。青岛市文化市场行政执法局代表8个全国版权示范城市发出了《全国版权示范城市联盟倡议书》，倡议各版权示范城市加强版权工作的沟通交流，强化版权保护与推动版权创意产业发展工作的协作，发挥典型示范作用，带动全国版权工作不断取得新突破。国家版权局、山东省、青岛市有关部门负责人参加了成立大会。

第四届世界知识产权版权金奖颁发

2015年6月11日，第四届"世界知识产权版权金奖（中国）"在福建厦门颁发，14个作品或机构获奖。莫言的《红高粱》（文字作品）、中央电视台的《舌尖上的中国Ⅰ》（影视作品）等6部作品获得作品奖，北京爱奇艺科技有限公司、北京掌阅科技有限公司等4个单位获得推广运用奖，张抗抗、厦门市美亚柏科信息股份有限公司等4个个人或单位获得保护奖。颁奖仪式由WIPO和国家版权局共同主办，中国版权协会和福建省版权局承办。

海峡国家版权交易中心有限公司成立

2015年6月11日，海峡国家版权交易中心有限公司揭牌仪式在福建厦门举行。该公司由厦门文广传媒集团有限公司牵头发起，与厦门市美亚柏科信息股份有限公司、厦门维信投资有限公司、厦门外图集团有限公司、建信信托有限责任公司共同投资设立。公司按照股东资源优势互补原则配置，旨在充分发挥股东各自在传统出版、云服务及数字知识产权保护等技术、文化投资、版权进出口代理及交易、金融服务等领域的优势资源，实现"科技+文化+金融"的融合发展。公司围绕"海峡两岸"这一战略定位，搭建集版权确权、代理登记、展示、交易、保护、投融资、产业化运营为一体的全产业链高端服务平台，实现资金融通、在线支付和信息中介等互联网金融服务，拓展供应链金融等业务，打造海峡两岸版权交易与贸易平台、海峡两岸文化创意数字出版孵化基地，推动版权资源的优化整合，以实现版权资源价值最大化。

12家单位成立国家版权交易中心联盟

2015年10月28日，12家经国家版权局批准的国家版权交易中心（国家版权贸易基地、国际版权交易中心）宣布成立"国家版权交易中心联盟"，旨在加强版权保护和运营，发挥各自特点，整合优势资源、互惠互利、资源共享、合作共赢，共同推动版权产业发展。该联盟包括中国人民大学国家版权贸易基地、北京国际版权交易中心、北京东方雍和国际版权交易中心、华中国家版权交易中心、台儿庄国家版权贸易基地、青岛国际版权交易中心、国家海峡版权交易中心、广州市越秀区国家版权贸易基地、西部国家版权交易中心、国家版权贸易基地（上海）、成都国际版权交易中心、横琴国际知识产权交易中心等12家单位。

全国标准版权政策宣贯会举行

2015年10月30日，国家质检总局、国家版权局、国家标准委在深圳市联合举办了全国标准版权政策宣贯会。国家标准版权保护工作组办公室相关负责人介绍，从2010年10月开始，国务院在全国部署打击侵犯知识产权和制售假冒伪劣商品专项行动，并从2012—2015年连续4年将"打击针对含有著作权的标准类作品侵权盗版行为"列入打击侵犯知识产权工作的重要内容，取得显著成效。同时，全国"双打"办还在今年下半年的工作安排中，将"查处网络非法转载含有著作权的标准类作品的侵权盗版行为，取缔曝光一批利用互联网非法上传标准的网站、单位"纳入重点工作。会议还介绍了我国最新的标准版权保护方面的情况，以及我国保护国际标准版权、打击侵权盗版案件的经验、国际标准化组织版权政策和查办国际标准版权案件的情况，并对加强标准版权保护促进标准传播提出了建议。

百度云盘和六大视频网站签云盘版权保护声明

2015年11月3日，百度云盘和六大视频网站及权利人组织在京签署了云盘版权保护共同声明，表示共同制止利用云盘擅自分享他人作品的行为，自觉抵制擅自分享他人作品的违法行为。根据北京网络版权监测中心的监测数据分析，利用云盘违法传播他人作品的现象呈持续上升的趋势。对此，北京市版权局在开展云存储空间侵权治理专项行动中，对违法行为进行坚决查办，推动网络企业开展自查自纠。同时，支持首都版权产业联盟进一步发挥社会组织作用，利用版权调解机制化解版权纠纷，遏制利用网络云存储空间侵权盗版的势头。

北京成立专门版权组织服务动漫和游戏产业

2015年11月10日，首都版权产业联盟动漫和游戏委员会成立大会暨第一次全体会员大会在北京召开,标志着北京市首家以版权服务为主体的动漫和游戏行业组织建立。成立大会表决通过《首都版权产业联盟动漫和游戏委员会章程》。动漫和游戏相关企业、版权服务中介机构、法律维权机构、行业专家、大学院系、版权保护宣传媒体等共计80余家单位和个人成为该委员会的首批会员。该委员会旨在充分发挥首都版权产业的资源优势,积极推动产业发展并为行业提供服务,打造全国的动漫游戏版权监管平台、全国版权服务中心。

国家版权局与世界知识产权组织签署合作备忘录

2015年12月1日,国家版权局和世界知识产权组织在上海签署了《关于进一步加强中国国家版权局与世界知识产权组织双边合作的谅解备忘录》,并举行新闻发布会。双方在版权领域全面开展合作。在巩固和加强版权领域现有交流合作的基础上,进一步加强版权宣传、人才培养,推动双方高层及工作层交流与沟通,以规划未来合作方向,从而更好地鼓励创新,保护创新成果。双方代表在新闻发布会上就中国与世界知识产权组织今后合作的方向和意义等回答了记者的提问。来自世界知识产权组织相关部门、世界知识产权组织中国办事处、中国版权协会、中国版权保护中心、上海市版权局及各著作权集体管理组织和版权产业界、学界的代表参加了活动。

十、综　合

中国社会科学院2014年度创新工程重大科研成果皮书数据库发布暨研讨会在京举行

2015年1月9日,中国社会科学院2014年度创新工程重大科研成果皮书数据库发布暨研讨会在京举行。皮书数据库是以社科文献社皮书系列研究报告为基础,整合中国发展与中国经验,以及世界经济与国际关系领域的研究文献、实证报告、调研数据和媒体资讯建设而成的数据库产品。在总结以往数据库建设经验的基础上,2014年升级完善的新版皮书数据库立足学术出版和皮书品牌建设,瞄准数字出版技术前沿,着力提高广大用户体验,在优质内容资源整合、数字资源编辑标引规范建设、社会科学索引系统建设、专业检索功能优化、资源按需定制与精准推送等方面均实现了新的突破，并将皮书纸书出版、皮书数字出版及皮书国际出版流程贯通，正在打造皮书研创出版、信息发布与知识服务专业平台。

吉林音像社推融媒体四大产品线

2015年1月9日，吉林电子音像出版社举办"立体派融媒体互动阅读新体验"新产品发布会。"立体派"图书把三维建模技术、3D立体显示技术、增强现实技术（Augmented Reality，简称AR）、虚拟现实技术（Virtual Reality，简称VR）四大技术进行整合，为读者营造全新的视觉冲击力。目前，吉林音像社推出四大产品线：三维立体手工、模型玩具系列，红蓝视差及3D裸眼系列，AR增强现实系列，VR沉浸式虚拟现实系列。本次产品发布会由吉林省新闻出版广电局、吉林出版集团股份有限公司、吉林电子音像出版社共同主办。

中文在线成国内数字出版第一股

2015年1月21日，北京中文在线数字出版股份有限公司登陆深交所创业板，正式挂牌上市，成为国内数字出版第一股。中文在线此次发行募集资金将用于数字内容资源平台升级改造项目。该项目预计投资2亿元，其中利用募集资金1.6亿元。项目建成后，中文在线将新增各类数字内容10万种。

大数据知识服务支撑平台建设研讨会在京举行

2015年1月23日，由清华大学公共管理学院、中国信息协会、同方知网数字出版集团共同主办的"大数据知识服务支撑平台建设研讨会"在京举行，来自全国各领域的300多位专家学者参加会议。由同方知网开发的大数据知识服务平台，已应用到多家机关单位的社会管理创新工作中。

中国古籍保护协会成立

2015年1月23日，中国古籍保护协会第一次会员代表大会暨协会成立大会在京召开。该协会是由全国古籍收藏、保护修复、整理出版研究等有关企事业单位、社会团体和相关机构与个人自愿组成的非营利性社会组织。目前，协会有会员124人。协会的成立是对正在实施"中华古籍保护计划"的国家古籍保护中心职能的有效补充，有助于形成古籍保护工作的合力。

第八届全国新闻出版业网站年会在京开幕

2015年1月27日，由中国出版协会主办、中国新闻出版研究院协办的第八届全国新闻出版业网站年会暨新闻出版业互联网发展大会在京开幕。年会发布了《2014全国新闻出版业网站运营分析报告》。本届年会以"行业互联网发展"为主题，与会嘉宾围绕"融合发展 互补共荣"话题展开研讨，探寻互联网发展趋势，梳理行业互联网阶段性发展成果，共商如何借助资本、技术、项目等手段实现新闻出版业与互联网的进一步融合发展。来自新闻出版行业、互联网公司、数字技术服务商等领域的200多位代表参会。年会还举办了融合发展投融资圆桌会议、数字阅读与教育分论坛、电子商务分论坛、期刊融合发展分论坛。

中国音像与数字出版协会专业数字出版工作委员会成立

2015年2月6日，经国家新闻出版广电总局批准，中国音像与数字出版协会专业数字出版工作委员会成立大会在京召开。会议期间，投票选举产生了专业数字出版工作委员会主任委员、副主任委员和秘书长，表决通过了专业数字出版工作委员会筹备工作报告、规章、自律公约、会费收取标准、财务管理办法、工作计划的报告等。50余家会员单位代表出席了会议。

阿里巴巴推出阿里经济云图

2015年3月2日，阿里巴巴推出大数据产品——阿里经济云图。申请并开通进入阿里经济云图的权限后，各级政府可自助查询当地多维度的电子商务经济数据，为实现互联网经济分析与决策提供支持。阿里经济云图将分阶段逐步推出地方经济总览、全景分析、数据监测以及知识服务等功能，数据覆盖全国34个省级行政区、300多个地级市、2000多个县级行政单位，数据可以细化到区县一级，历史数据最早可以追溯到2013年。

南京大学在京组建研究院

2015年3月14日，南京大学紫金传媒研究院（北京）在京成立。紫金传媒研究院（北京）还与中国国际广播电台、共识传媒集团和视觉中国集团3家单位签署了战略合作协议。紫金传媒研究院将以"聚焦媒体实务"为特色，搭建一个新闻传播学界和业界交流沟通、互利双赢的平台，一方面为南京大学新闻传播学院的师生在北京开展教学、科研、实习提供服务；另一方面也为传媒界人士参与南京大学新闻传播学院的教学、科研、培训提供便利。

腾讯文学和盛大文学联合成立的阅文集团

2015年3月16日，腾讯文学和盛大文学联合成立的阅文集团正式挂牌。

盛大文学和腾讯文学旗下的起点中文网、创世中文网、潇湘书院、红袖添香、小说阅读网、云起书院、QQ阅读、中智博文、华文天下等网文品牌统一由阅文集团管理和运营。两家公司的合并，将整合双方的内容、影响力等资源，成为最大、最全的移动阅读平台。

2015年数字出版管理工作会在沪召开

2015年3月19日至20日，2015年数字出版管理工作暨经验交流现场会在上海召开。会议对过去一年数字出版工作进行了总结，同时分析形势、安排部署今年的工作重点。来自总政宣传部新闻出版局、各省（区、市）新闻出版广电局的数字出版业务负责同志参加了会议。

国内首家海洋专业数字出版平台上线

2015年3月26日，国内首家海洋专业数字出版平台——中国海洋数字出版网正式发布上线。中国海洋数字出版网历时3年建成，由海洋出版社自主研发。网络平台内容涵盖海洋领域的图书、期刊、图片、音视频以及海洋知识库与海洋专题数据库。

阿里巴巴与贝塔斯曼签署数字音乐分发协议

2015年3月30日，德国音乐版权管理公司贝塔斯曼音乐集团宣布，已与阿里巴巴集团签署音乐数字版权分发协议。此次合作为阿里巴巴带来超过250万个音乐版权，同时也使得贝塔斯曼能在中国发展合法音乐业务。

2015亚太CDN峰会在京举行

2015年3月30日，2015亚太CDN（内容分发网络）峰会在京举行。业界相关人士围绕CDN的发展方向、行业标准、增值服务以及广电高清CDN的建设方向等相关问题进行了探讨。CDN的作用在于减少传输冗余以及以存储换传输。其应用范畴最主要是娱乐性的音视频、数据文件的传输、网页的加速等。腾讯、网宿科技、迅雷、乐视云、华数传媒、阿里云、中国国际广播电视网络台等单位的代表参加了本次峰会。

中国出版集团公司成立内容建设委员会

2015年4月7日，中国出版集团公司在北京召开内容建设委员会成立暨首届编辑大会。新成立的中国出版集团公司内容建设委员会设置顾问委员会、咨询委员会、工作委员会、战略合作单位、专题领导小组等机构，各位专家将在集团产品线规划建设、各类基金项目论证、各类出版物评奖、"中版好书"评选、集团及各单位年度选题论证会等各项重要活动中深度参与。专家资源由集团各单位划分维护，负责跟进专家的最新研究动向和成果，及时推动成果转化。

全国新闻出版信息标准化技术委员会成立

2015年4月10日，全国新闻出版信息标准化技术委员会在京召开成立大会。出版行业信息标准化委员会作为总局直接领导的专业技术标准化工作机构，其定位是总揽全行业信息标准化工作全局，承担并协调新闻出版行业信息化建设中的标准体系建设、标准立项和标准制修订等管理工作。与会人员讨论了《新闻出版信息标准化体系表》和《全国新闻出版信息标准化技术委员会第一届工作计划》，表决通过了《全国新闻出版信息标准化技术委员会章程》和《全国新闻出版信息标准化技术委员会秘书处工作细则》。

第十届中国传媒年会在武汉举办

2015年4月11日，由传媒杂志社主办，湖北日报传媒集团、湖北省广播电视总台承办的第十届中国传媒年会在武汉举办。本届年会以"转型之机与融合之道"为主题，会议期间发布了《2014中国传媒创新报告》《中国广电产业发展报告》《互联网＋，传媒转型与融合》三大主题报告。会议还设有"报业发展论坛""传媒资本论坛""传媒技术融合论坛"3个分论坛，通过对媒体融合的政策分析、媒体融合创新案例和经验介绍、学界的前沿研究和最新成果发布等方式，推动传统媒体间的融合及传统媒体与新媒体的融合，实现了全媒体内容生产与价值增值的良性互动。

安徽成立文化产业电子商务联盟

2015年4月12日，安徽文化产业电子商务联盟成立大会暨合作签约仪式在合肥举行。联盟旨在通过实现企业联合、平台聚合、资源整合、供需结合、商机契合、营销融合，携手开拓市场，提升企业竞争力。联盟由安徽新媒体集团牵头，安徽日报报业集团、安徽广播电视台、安徽出版集团、安徽新华发行集团、安徽演艺集团、安徽广电传媒产业集团等10家单位共同发起组建。联盟服务和产品涉及图书、影视、电子出版物、新闻信息、演艺票务、动漫游戏、在线教育等。联盟官方网站"安徽文惠网"同时上线。

首届中国数字阅读大会在杭举行

2015年4月21日，首届中国数字阅读大会在浙江杭州举行。大会以"融合·创新·梦想"为主题。在数字阅读大会上，咪咕数字传媒有限公司发布了

2015数字阅读白皮书、启动了"2015数字阅读+"计划，通过全民和阅读计划、书香校园计划、掌上书店计划、悦听中国计划、移动慕课计划、华文数字阅读计划等助力全民阅读。大会同时发布"悦读中国"榜中榜，并举行2014年度颁奖仪式，启动了2015年互联网文学联赛。大会以"改变阅读的力量""融合构建新生态""互联网+时代的在线教育"为主题，举行了3场峰会。来自数字出版、文化产业和互联网相关企业的700多位精英参加大会。

第十一届深圳文博会举办

2015年5月14日至18日，第十一届中国（深圳）国际文化产业博览交易会在深圳举办。文博会主会场的展出面积为10.5万平方米，设有九大展馆，分别为文化产业综合馆、创意设计生活馆、影视动漫游戏馆、新闻出版馆、丝绸之路馆、艺术品馆、非物质文化遗产馆、文化旅游和工艺美术馆。政府的组团、企业和机构展团共计2 286个，全国31个省（区、市）及港澳台地区全部参展。还设立了61个分会场和76个专项活动点。本届文博会共有活动728项，包括中宣部、国家新闻出版广电总局等中央有关部委举办的座谈会、研讨会等5项重要活动，主会场举办的43项活动、分会场举办的601项活动等。本届文博会以"一带一路"为主题，首次设立了"丝绸之路专馆"，展出面积超过2 500平方米。

首个国际标准注册中心落户中国

2015年5月16日，以"关联：信息内容产业的未来"为主题的ISLI国际标准推介论坛在深圳会展中心举行。大会宣布ISLI国际注册中心的承办权授予总部位于中国香港的国际信息内容产业协会（ICIA），这也是首个落户中国的国际标准注册中心。ISLI国际标准是基于我国《多媒体印刷读物（MPR）》国家标准及其底层技术，由中国新闻出版研究院、深圳市天朗时代科技有限公司等单位共同提出提案。论坛期间，国际信息内容产业协会（ICIA）与中国国家新闻出版广电总局共同签署了《战略合作备忘录》，双方将共同致力于ISLI国际标准的推广和促进整个信息内容产业的发展。同时，在中国国家新闻出版广电总局、中国国家标准化管理委员会的支持下，ICIA和中国音像与数字出版协会在深圳文博会期间还举办了"ISLI国际标准推介展"。

江西国家数字出版基地揭牌

2015年6月5日，江西国家数字出版基地建设研讨会暨江西国家数字出版基地揭牌仪式在南昌高新区举行。数字出版基地按照"一基地、多园区"的模式，在江西全省范围内建设、发展。

社科文献社打造"一带一路"大战略专题数据库

2015年6月25日，社会科学文献出版社建设的"一带一路"大战略专题数据库正式上线运行。该数据库是社科文献社针对"一带一路"战略研究推出的第一个数字出版产品。数据库设置四大学术内容模块：战略研究、实践探索、投资指南与丝路史话。战略研究汇集全面解读"一带一路"战略的权威研究报告；实践探索记录国内外建设"一带一路"的相关实践研究；投资指南全方位、多层次地梳理"一带一路"战略规划涉及的国家和地区投资背景、经济发展状况、投资政策及基本情况，为相关学术研究、制定投资规划提供有力支持；丝路史话则用文字重现了古代丝绸之路的历史地理风貌。

首届中国互联网文学联赛启动

2015年6月30日，首届中国互联网文学联赛启动仪式在杭州举行。本次联赛以"创作和阅读，下一个大神就是你"为主题，是中国互联网文学领域目前为止规格最高、参与面最广的大型联赛。本次联赛采用导师制进行淘汰赛，决赛优胜者将会得到最高5万元的奖金奖励以及最高100万元的单本作品推广资源投入。活动预计推出30部全版权改编作品。此次联赛由中国音像与数字出版协会数字阅读工作委员会、咪咕文化科技有限公司主办，咪咕数字传媒有限公司承办，并联合中文在线、浙江出版集团、华策影视等20余家产业合作伙伴共同协办。

中国医学数字教材与慕课建设研讨会

2015年7月12日，人民卫生出版社举行"中国医学数字教材与慕课建设研讨会"，筹建人卫开放大学。全国100多所高等医药院校的300多位专家学者交流研讨"互联网+医学教育"发展趋势，总结第一批"中国医学数字教育项目示范基地"建设经验，共议中国首套国家级医学数字教材和中国医学教育慕课课程建设与应用。

第六届中国数字出版博览会

2015年7月14日，以"融合·创新·发展"为主题的第六届中国数字出版博览会在北京国际会议中心开幕。本届数博会集中展示了2015年中国数字出版新技术、新产品、新方案。来自政府部门、行业协会、出版集团、数字出版企业的相关负责人围绕"互联网+"时代的出版与阅读、网络文学IP（知识产权）跨界合作、大数据下的媒体融合创新等热门话题作专题演讲。国家新闻出版广电总局第二批转型示范单位融合发展专题圆桌会议和省级管理部门推动融合发展专题会议同期举办。

中国互联网发展基金会成立

2015年8月3日，中国互联网发展基金会在北京正式挂牌，这标志着中国同时也是全球范围内第一家互联网领域的公募基金会正式成立。基金会是经国务院批准，民政部登记注册，由国家互联网信息办公室主管，并具有独立法人地位的全国性公募基金会。该基金会主要通过整合社会资源、调动社会力量、运用网络传播规律激发正能量，弘扬社会主义核心价值观，致力于开展4个方面工作，包括支持中国互联网事业健康发展，使网络空间清朗起来；促进社会主义核心价值体系传播，维护国家网络安全和社会稳定；积极培育中国互联网人才资源，提升中国互联网国际话语权；关注并参与互联网相关的公益活动。

百家图书馆推动数字文献中国本土保存

2015年9月23日，国家科技图书文献中心（NSTL）邀请多个国内图书馆共同发起签署《数字文献资源长期保存共同声明》。国家图书馆、中国科学院文献情报中心、中国科学技术信息研究所、中国农业科学院农业信息研究所、中国医学科学院医学信息研究所、中国社会科学院图书馆、中国人民解放军医学图书馆、北京大学图书馆、清华大学图书馆等近60个文献信息机构的领导和代表出席了发布会，集体签署了《共同声明》。

出版广电大数据产业项目开发协议签署

2015年10月15日，国家新闻出版广电总局、贵州省人民政府《关于合作推动中国文化（出版广电）大数据产业项目开发的协议》签字仪式在贵阳举行。双方合作开发"国家数字音像传播服务平台""广电融合网""广电网络智能终端定制量产推广"等创新项目。国家新闻出版广电总局有关负责同志，贵州省委、省政府有关部门负责同志参加会见及签字仪式。

第十届北京文博会举办

2015年10月29日至11月1日，由文化部、国家新闻出版广电总局和北京市人民政府共同主办的第十届中国北京国际文化创意产业博览会在京举办。

本届文博会以文化与相关产业融合发展为主线，举办综合活动、展览展示、推介交易、论坛会议、创意活动、分会场等六大系列百余场活动。同期还举办主论坛和4场专题论坛、17场推介交易活动、12场创意活动，并在北京市10多个文创功能区和江苏省扬州市设立分会场。还围绕"文博会十周年"举办系列活动。

28项出版物鉴定技术标准与规范通过国家质检总局验收

2015年11月10日，由国家新闻出版广电总局出版产品质检中心承担研制的质检公益性行业科研专项"出版物鉴定技术标准与规范研究项目"全部28项标准规范，顺利通过国家质检总局组织的验收。"出版物鉴定技术标准与规范研究项目"主要应用于全国"双打"（打击假冒伪劣、打击侵犯知识产权）活动。验收通过的28项成果包括11项国家标准、3项行业标准、14项部门规范性文件，内容涵盖对假冒伪劣、侵权盗版的图书、报纸、期刊、音像制品鉴定，以及对印刷复制产品和电子出版物质量检测的标准与规范。

"学习资源数字出版关键技术与应用示范"项目启动会在京举行

2015年11月10日，2015年国家科技支撑计划项目——"学习资源数字出版关键技术与应用示范"项目启动会在人民教育出版社举行。此项目共设置"学习资源集成技术研究与应用""学习云服务平台关键技术研究与平台开发""学习资源数字出版与电子书包标准研究与检测工具开发""学习资源数字出版与电子书包应用示范"4个课题。目标是：集成系统化基础教育学习资源，搭建符合教育教学规律的学习云服务平台，构建电子书包有效应用模式，探索数字出版新业态。此项目由人教社联合华东师范大学、华中师范大学、华中科技大学、中国新闻出版研究院、中国电子技术标准化研究院、北京奥鹏远程教育中心有限公司、福建网龙计算机网络信息技术有限公司、华东师范大学出版社有限公司、安徽教育网络出版有限公司等11家单位共同完成。

搜狗知乎在技术内容方面展开合作

2015年11月18日，搜狗搜索和知乎社区宣布在技术和内容方面展开合作。搜狗向知乎提供提升搜索功能的定制化技术解决方案，知乎也将向搜狗开放内容端口，实现在搜狗搜索中对知乎内容的"垂直搜索"。合作后，搜狗搜索将对知乎平台的问题、话题及用户3个层面的内容进行结构化呈现，满足用户的多层次需求。这是继微信内容频道上线后，搜狗推出的第二个垂直内容搜索频道。

第二届国际数字出版大会在京举行

2015年11月18日至19日,以"年轻的移动阅读群体与出版业的变革"为主题的第二届国际数字出版大会在京举行。来自中国、美国、德国等国家的数字出版人,就全球出版传媒业面临的移动出版新变革新机遇进行探讨。在主论坛上,德国法兰克福国际书展主席尤根·博斯介绍了欧美数字出版的现状。他说,移动出版改变了传统出版的产品、营销、服务模式,包括移动出版在内的数字出版已成为国际书展的重中之重。美国世哲(SAGE)出版社亚太区总裁保罗·伊凡斯谈道,无论电子书还是纸质书,都要以内容质量为前提。德国维肯林克(Wolkenlenker)公司创始人兼总裁塞巴斯蒂安·维诺从知识产权开发的角度,展示了跨媒介融合移动出版的成功案例。同方知网数字出版集团移动出版总监刘艳军则阐述了我国移动出版面临的机遇与挑战。与会者还从产品、技术、赢利模式等方面,分享了各自在数字出版业务上的探索和经验。会议由中国知网主办,中国新闻出版研究院希普思文化咨询公司承办。

中国社科院新媒体研究中心成立

2015年11月25日,中国社会科学院新媒体研究中心在北京成立。该中心由中国社科院新闻与传播研究所主持,旨在联合院内相关研究(院)所,以及全国学界、业界、政界相关研究机构,致力于新媒体传播规律的研究,提高国家治理和应用新媒体的能力。新媒体研究中心有两个目标八大任务。两个目标是:建设一流的新媒体研究基地,打造出色的新媒体专业智库。八大任务是:理论研究、业务研究、人才培养、咨政建言、研发指数、举办论坛、出版著作和国际交流。该中心正在进行5项合作:与上海交通大学新媒体与社会研究中心联合开办"新媒体与国家治理"智库工作坊,与央视-索福瑞媒体融合研究院共同开展传统媒体与新兴媒体融合发展研究,与人民网舆情监测室共同研发"国家微传播指数",与北京字节跳动科技有限公司(今日头条)共同开展新媒体时代的版权研究,与青岛报业传媒集团掌控传媒共同筹建青岛实验室,开展地方新媒体发展的研究。

全国全民阅读工作会议召开

2015年11月25日,全国全民阅读工作会议在京召开。会议总结了近10年来全民阅读取得的成效和经验,研究部署未来一个时期的全民阅读工作。来自江苏、湖北、北京、广东、上海、福建、湖南、新疆8个省(区、市)局代表在会上作了全民阅读工作经验交流发言。中央有关部委相关司局负责人、总局相关司局及直属单位负责人，各省（区、市）新闻出版广电局，新疆生产建设兵团新闻出版局，解放军总政治部宣传部新闻出版局相关负责人参加会议。

中国新闻出版研究院 30 周年座谈会召开

2015 年 11 月 27 日，中国新闻出版研究院成立 30 周年座谈会在京召开。中国新闻出版研究院是我国唯一的国家级新闻出版专业研究机构。30 年来，研究院共编撰行业学术著作和专业图书 200 多种，科研人员每年发表专业学术论文 100 余篇；1996 年至 2015 年，共完成国家级、省部级及其他委托课题 700 余项。研究院已成长为我国新闻出版科研事业的中坚力量，在推进新闻出版强国建设方面发挥了重要作用。中国新闻出版研究院院长魏玉山介绍了研究院 30 年的发展情况及下一步工作打算。中国新闻出版研究院党委书记黄晓新主持会议。中宣部出版局副局长、巡视员刘建生，人民出版社社长黄书元，中国出版传媒股份有限公司副总经理李岩，北京印刷学院党委书记刘超美等在会上发言。总局各司局及直属单位相关负责人、新闻出版兄弟单位负责人、研究院老领导等参加会议。

中国出版创意产业基地 A 区项目奠基仪式

2015 年 12 月 4 日，中国出版创意产业基地 A 区项目奠基仪式在北京市朝阳区南磨房乡举行，版权专业机构、各界社会人士代表等 200 余人参加奠基仪式。中国出版创意产业基地是中国北京出版创意产业园区（德胜园区）的功能拓展区，由北京市新闻出版广电局（版权局）与北京市朝阳区人民政府签约，确定在朝阳区南磨房乡化工路两侧区域选址建设。中国出版创意产业基地项目总占地 22.31 公顷，总建筑规模约 35 万平方米（含周边整合建筑），拟分为 A 区、B 区两个项目分步实施推进。中国出版创意产业基地 A 区项目占地面积 2.56 公顷，地上建筑面积 10.24 万平方米、地下 4.46 万平方米，计划于 2016 年年底建成竣工；B 区项目预计 2017 年动工，可在 2018 年年初完成建设。中国出版创意产业基地将实现集原创出版产品制作、数字出版孵化、版权交易发行、出版文化展示等功能于一体的完整产业链，努力搭建 7 个平台，即出版创意产业企业总部基地、出版创意产业要素交易经纪平台、出版创意产业发展成果展示平台、原创文化创意内容研发孵化平台、人才培训教育平台、出版公共政策和技术服务平台与出版前沿信息发布平台。

中国百年教科书整理与研究课题成果报告会在京举行

2015年12月4日，历时5年的国家社科基金重大项目——"中国百年教科书整理与研究"课题成果报告会在京举行。研究成果主要呈48卷、约4 000万字，涵盖中小学教学的12个学科。其中，《中国百年中小学教科书综录》3卷、《中国百年中小学教科书珍本图鉴》4卷、《中国百年中小学教科书变迁脉络研究》19卷、《中国百年中小学教科书变迁专题研究》19卷、《中国百年中小学教科书已发表成果》3卷。该成果的独特贡献是：首次呈现教科书全学科百年发展全景；创建了百年教科书最全书目，创新教科书编目模式，书目分类、编排更符合教科书体系特性；创立了第一个中国百年中小学教科书全文图像库。另据了解，对清末、民国时期中小学教科书出版业发展状况和装帧设计研究此前从未涉及。该项目协作单位有76家，参与研究人员约550人，收录的百年来全日制中小学教科书有1万余种、6万余册。

读者传媒上交所上市

2015年12月10日，读者出版传媒股份有限公司A股股票，正式在上海证券交易所挂牌上市。这是西部地区第一家在国内主板上市的出版传媒类企业，也是A股中唯一的、有着著名期刊品牌的概念股。募集资金5.04亿元将投入在刊群建设出版、数字出版、特色精品图书出版、营销与发行服务体系建设、出版资源信息化管理平台建设等5个项目上，其中刊群建设出版项目欲投入总的募集资金逾半（2.55亿元）。数字出版包含"读者"数字资源多终端服务平台、中小学语文阅读与作文教育平台、专题资讯手机报和数据加工外包服务等4项。

京津冀文化产业联盟成立

2015年12月16日，京津冀文化产业协同发展研讨交流活动在天津举办。京津冀6家文化企业代表成立京津冀文化产业联盟，致力于加强三地文化产业资源的协同开发、管理和利用，打造在全国有重要影响力的京津冀特色文化产业带。

第二届世界互联网大会在浙江乌镇举行

2015年12月16日至18日，第二届世界互联网大会在浙江乌镇举行。本届大会的主题是"互联互通·共享共治——共建网络空间命运共同体"。大会嘉宾来自五大洲120多个国家和地区，包括20多个国际组织的负责人，以及

600多位互联网企业领军人物、互联网名人、专家学者,涉及网络空间各个领域。大会设置了10场论坛、22个议题,涉及网络文化传播、互联网创新发展、数字经济合作、互联网技术标准、网络空间治理等前沿热点问题。大会新设"互联网之光"博览会,充分展示中外互联网发展前沿技术和最新成果。中国互联网博物馆也在大会上首次向世人展示。大会由国家互联网信息办公室与浙江省人民政府主办,并首次增加联合国经济和社会事务部、国际电信联盟、世界知识产权组织、世界经济论坛等4家国际组织作为协办单位。

网络安全产业联盟(筹)成立

2015年12月29日,中国网络安全产业联盟(筹)在京宣布成立。中国网络安全产业联盟是由我国网络安全行业的代表性企业自愿联合、共同发起组建的非营利性组织。联盟旨在聚合产业势能,营造良好产业发展环境,保障国家网络安全和用户利益,推动网络安全产业做大做强。北京市海淀区领导、网络安全专家以及140多家联盟成员200多名代表参加了会议。

(大事记由石昆根据《中国新闻出版广电报》、新民网、新华网、中国新闻网、中国出版网、腾讯科技、网易新闻、东方网、凤凰网等报道内容搜集整理)

图书在版编目（CIP）数据

2015—2016中国数字出版产业年度报告/张立主编.
—北京：中国书籍出版社，2016.7
ISBN 978-7-5068-5681-2

Ⅰ.①2… Ⅱ.①张… Ⅲ.①电子出版物-出版工作-研究报告-中国-2015—2016 Ⅳ.①G239.2

中国版本图书馆CIP数据核字（2016）第168381号

2015—2016中国数字出版产业年度报告

张 立 主编

责任编辑	许艳辉 陈守卫
责任印制	孙马飞 马 芝
封面设计	北京楠竹文化发展有限公司
出版发行	中国书籍出版社
地 址	北京市丰台区三路居路97号（邮编：100073）
电 话	（010）52257143（总编室） （010）52257153（发行部）
电子邮箱	eo@chinapb.com.cn
经 销	全国新华书店
印 刷	三河顺兴印务有限公司
开 本	787毫米×1092毫米 1/16
印 张	25.75
字 数	490千字
版 次	2016年7月第1版 2016年7月第1次印刷
书 号	ISBN 978-7-5068-5681-2
定 价	90.00元

版权所有 翻印必究